本书承中国法学会婚姻家庭法学研究会资助出版

Practice on Family Law

# 家事法实务

2022年卷

主　　编｜夏吟兰　龙翼飞
执行主编｜林建军　谭　芳　杨晓林

法律出版社
LAW PRESS · CHINA
北京

**图书在版编目(CIP)数据**

家事法实务. 2022年卷 / 夏吟兰, 龙翼飞主编. -- 北京 : 法律出版社, 2023
ISBN 978-7-5197-7633-6

Ⅰ. ①家… Ⅱ. ①夏… ②龙… Ⅲ. ①婚姻法-研究-中国 ②家庭-法律关系-研究-中国 Ⅳ. ①D923.904

中国国家版本馆CIP数据核字(2023)第045352号

**家事法实务(2022年卷)**
**JIASHIFA SHIWU**
**(2022 NIAN JUAN)**

夏吟兰　龙翼飞 主编

责任编辑 陈　慧
装帧设计 凌点工作室

**出版发行** 法律出版社
**编辑统筹** 法律教育出版分社
**责任校对** 王晓萍　王语童
**责任印制** 刘晓伟
**经　　销** 新华书店

**开本** 710毫米×1000毫米　1/16
**印张** 20.5　　**字数** 340千
**版本** 2023年3月第1版
**印次** 2023年3月第1次印刷
**印刷** 唐山玺诚印务有限公司

地址:北京市丰台区莲花池西里7号(100073)
网址:www.lawpress.com.cn
投稿邮箱:info@lawpress.com.cn
举报盗版邮箱:jbwq@lawpress.com.cn
销售电话:010-83938349
客服电话:010-83938350
咨询电话:010-63939796


**书号**:ISBN 978-7-5197-7633-6
**定价**:65.00元

凡购买本社图书,如有印装错误,我社负责退换。电话:010-83938349

# 目录

Contents

## 婚姻家庭·人身


成年意定监护在医疗领域的适用风险与法律应对 王　龙　阚　凯 / 3

代孕协议效力的司法认定
——基于法理、伦理及价值的分析 刘连康 / 12

家庭教育法视角下监护权撤销制度研究 李秀华 / 28

《民法典》第1053条的适用困境与解决 商允超 / 45

离婚经济补偿:现实困境的解构与阐释 马　璇 / 58

离婚损害赔偿制度司法适用的调查研究 张　焱　田　媛 / 77

离婚损害赔偿制度中"其他重大过错"的司法认定 桂芳芳　胡玮铭 / 95


## 婚姻家庭·财产


婚内抚养费制度的构造及困境解决 段凤丽　陈贝贝 / 105

离婚协议中向子女赠与约定能否任意撤销?
——以"利益第三人合同"为视角 高　兴 / 123

从解释论分析夫妻公司财产混同证明责任分配 于　娜　王东莉 / 134

依夫妻共同债务关系的形成性审查确认其存在的客观性
——兼议我国《民法典》相关规定的适用问题及其在诉讼中的优化实践 杨汉平 / 142

“夫妻型”有限责任公司股东责任的承担 王羽涵 / 154

身份关系协议参照适用《民法典》合同编背景下的离婚协议约定违约金制度研究
——以全国247份有关裁判文书为研究样本 宁 韬 / 164

## 继 承

论我国遗产管理人职权的完善
——以构建“必要的遗产管理行为”配套规则为视角 祝双夏 孙怡薇 / 177

论遗产管理人产生变更规则的法律完善 吴国平 / 189

论遗嘱法定撤回之认定 黄清新 / 199

浅议继承协议公证 许 婧 / 213

涉房屋拆迁继承纠纷实务问题研究 赵朝霞 / 221

涉外法定继承纠纷的法律适用与裁判思路 吴慧萍 赵宁宁 / 229

## 家事审判与程序

家庭教育指导制度在家事审判中的运用与完善
——以南京市玄武区人民法院审判实践为视角 王 萍 王 婵 李雪静 / 239

司法社工嵌入家事调查官制度的路径研究
——基于N市Y区人民法院的实证分析 郭莉莉 陈丛蓉 袁晓珺 / 252

涉家暴案件的民事诉讼困境审视与公益诉讼路径探索 尚润泽 杜学民 / 269

英国家事诉讼中脆弱人员出庭制度及借鉴　张艳丽　李亚楠 / 282

执行异议之诉与婚内夫妻财产分割之诉合并审理的程序构建
——以夫妻共同财产执行为视角　张　焱　余　淼 / 299

关于婚姻家庭案件“裁判文书”释法说理的重要性及可(上)诉性的实务探讨　公维亮　王洁莹 / 319

# 婚姻家庭·人身

# 成年意定监护在医疗领域的适用风险与法律应对*

王　龙　阚　凯**

近年来,我国民法典的编纂工作多次被提上日程,却因立法技术不够成熟、民事法律规范体系不够完备等因素被一再搁置。党的十八大之后,在全面推进依法治国的背景下,中国特色社会主义法律体系不断健全、完善,制定《民法典》的条件已经成熟,立法工作随之启动。我国民法典编纂坚持"总则先行,各分编随后"的立法思路,自2017年原《民法总则》通过三年后,我国第一部《民法典》于2020年5月在万众瞩目中问世,成为指导人民生活的"百科全书"。然而,任何一种制度的立法以及贯彻适用都不是径情直遂的。原《民法总则》第33条确立了"成年意定监护"制度,规定成年人在具备完全民事行为能力时,可以书面协商确定自己的监护人,在其丧失或者部分丧失民事行为能力后履行监护职责。这一制度受到了法学界和人民群众的一致认可,这是立法在新时代对人民日益增长的美好生活需求的时代回应,也是增进人民福祉、维护人民权益的重要举措。[1] 但在医疗实践当中,由于成年意定监护制度将传统的"以血缘为纽带的近亲属的知情同意权"也排除在外,导致成年意定监护人在被监护人的医疗决定中的法律及道德风险更高,进而造成在医疗实践中运行效果并不理想,需进一步完善。

## 一、制度概观:从"法定主义"走向"意定主义"的成年监护制度

### (一)从"医疗监护模式"到"权利模式"的监护理念转变

从制度溯源上看,罗马法的"禁治产"制度是成年意定监护这一成人监护制

---

* 本文原载《医学与哲学》2021年第14期,系2021年四川医事卫生法治研究中心青年项目(YF21－Q13);2018年四川医事卫生法治研究中心重点项目(YF18－Z01)的阶段性成果。

** 王龙,北京市华卫律师事务所律师,硕士;阚凯,大连医科大学人文与社会科学学院法学系副教授,博士。

〔1〕 李欣:《意定监护的中国实践与制度完善》,载《现代法学》2021年第2期。

度的原型。受罗马法的影响,成人监护起初在德国、日本均奉行“医疗监护模式”,这使被监护人被隔离于社会之外,其全部决定均由监护人替代作出。[2] 然而这种监护制度假借保护之名,过度限制了个人的自由,逐渐被各国所摒弃。[3] 随着人权保障和人格尊严理念的兴起,成人监护模式转向“权利模式”,开始尊重患者的自主决定权。[4] 2012年《老年人权益保障法》正式出台,在其中新增的第26条中规定了老年意定监护制度,老年人可以依照自己的意愿选定相应的监护人,以实现其作为社会弱势群体的特殊保护,同时也意味着我国成年监护制度已经开始承认和接受人权监护模式。[5] 2017年原《民法总则》更是将这一适用主体范围扩大到全体成年人,从而构建起了我国以行为能力为主导的意定监护模式。《民法典》在这一基础上,承继了相关的立法成果。

### (二)权利模式下成年意定监护人享有知情同意权的证成

在“权利模式”的指引下,在涉及被监护人人身的医疗活动中,必须尊重和保障患者自主决定权已是不争的事实。[6] 然而基于成年意定监护附条件生效的特点,成年意定监护生效时,被监护人(本文语境下即患者)已然处于丧失完全民事行为能力的状态,此时的知情同意权已不能由患者本人行使。根据《民法典》第1219条以及《基本医疗卫生与健康促进法》第32条的规定,这一情形下相关的医疗决策应当向患者的近亲属说明,并由近亲属代为行使知情同意权。成年意定监护制度的确立,使成年意定监护人即使并非患者的近亲属,但基于其监护人的地位及权利仍可代替患者行使民事权利,进而做出知情同意的决定。不少专家学者认为,成年意定监护人的知情同意优越于近亲属的知情同意权,可以视为最接近患者真实想法的“患者推定的同意”。[7] 笔者认为,《民法典》是一部体系融贯的法典。从体系解释来看,《民法典》第1219条是针对患者知情同意制度

---

〔2〕 Wolfensberger Wolf & Tullman Stephen, *A Brief Outline of the Principle of Normalization*, Rehabilitation Psychology, 1982, p. 131 – 145.

〔3〕 杨立新:《我国老年监护制度的立法突破及相关问题》,载《法学研究》2013年第2期。

〔4〕 李霞:《成年监护制度的现代转向》,载《中国法学》2015年第2期。

〔5〕 费安玲:《我国民法典中的成年人自主监护:理念与规则》,载《中国法学》2019年第4期。

〔6〕 满洪杰:《论成年被监护人医疗决定问题:以被监护人意愿为中心》,载《山东大学学报(哲学社会科学版)》2016年第3期。

〔7〕 刘建利:《民法典编纂对医疗代理决定刑法效力的影响》,载《浙江工商大学学报》2019年第6期。

的特别规定，立法者似乎有意特别规定了医疗中的知情同意权主体，故理论上应当优先于《民法典》第33条成年意定监护制度之适用。然而，《民法典》第1219条系任意性规范，而非强制性规范，即患者本人不能或不宜做出知情同意决定时法律给予替代的安排。而这也就允许当事人之间经平等协商对自身权益做出安排进而规避法律的适用。[8] 再者，患者基于其自主决定在“意定主义”的背景下，选择相应的意定监护人进而排除“法定主义”，是出自对意定监护人的信任，也是期待其自主决定权在丧失完全行为能力后仍可得到尊重。那么此时，近亲属的知情同意权作为“法定主义”的产物，理应让位于患者意定选择的监护人的知情同意权。这样既秉承以患者为中心，也符合权利的逻辑。

## 二、成年意定监护制度在医疗活动中适用风险的若干问题

进入新时代，人们在物质水平提高的同时，对美好生活也提出了更高的向往，越来越期待其个体自由得到尊重、权利得到完善以及保护机制的健全。[9] 成年意定监护制度的确立本就是对时代需求的回应，存在天然的制度优势，但医疗活动毕竟涉及公民的生命权和健康权，是人身利益最集中的体现。成年意定监护不受传统的家庭观念和血缘的约束，其在医疗实践中的适用风险主要表现在以下几个方面。

### （一）成年意定监护存在权利滥用的风险

1. 对权利滥用的界定困难。我国传统的生命观秉承“长寿多福”的理念。随着近年来“尊严死”理念的推广，生命质量论逐渐被大众所认可，缓和医疗的原则也逐渐被运用到实践中。《民法典》第35条规定，监护人应以“最有利于被监护人”原则来履职。然而基于医疗活动专业性强的特点，以及个体的生理差异和对生命质量的医疗诉求可谓千人千面。[10] 仅以“最有利于被监护人”的原则恐无法准确界定权利是否滥用，《民法典》也缺乏对滥用意定监护权之情形的正面列举，缺乏在认定何谓“最有利于被监护人”的正面指导，上述原因共同导致在医疗

---

〔8〕 王轶：《民法典的规范类型及其配置关系》，载《清华法学》2014年第6期。

〔9〕 李国强：《成年意定监护法律关系的解释——以〈民法总则〉第33条为解释对象》，载《现代法学》2018年第5期。

〔10〕 冯浩、朴宇芊：《我国现行成年监护制度的反思与完善——兼评〈民法总则〉成年意定监护相关条款》，载《长沙大学学报》2019年第1期。

领域中认定意定监护人滥用权利较为困难。

2. 对器官捐献问题的边界不明。从人格权的角度,《民法典》第 1007 条中再次重申禁止任何形式的人体器官、组织、细胞的买卖。对于器官捐献问题,现行立法始终秉承自愿、无偿的原则。但在实践中,在全面监护的模式下,成年意定监护人仍对被监护人进行从生前到死后的全面管理,甚至涵摄到器官捐献的领域。此外,从患者自主决定权的延伸、替代决定以及全面监护模式下的监护制度来看,监护人对患者器官的处分在公权力的视角下并不违背自愿、无偿的原则。但在实践中,由于器官移植供体的缺乏、加之金钱利益的驱使,若赋予成年意定监护人以器官捐献的权利,无疑会使被监护人被摘除器官的风险更高。由于遗体承载了被监护人近亲属的重大精神寄托,在被监护人生前没有作出捐献意思表示的情况下,监护人的捐献决定很可能侵犯了被监护人近亲属的合法权益。

### (二)医方对成年意定监护查证困难

1. 成年意定监护的形式要件不确定。《民法典》沿用原《民法总则》中的规定,成年意定监护需以"书面形式"作为生效要件实现对被监护人权益的保障,这相对于《老年人权益保障法》而言是立法上的一大进步,但针对何为"书面形式"却没有进一步阐释,也未进行正面列举。此前有观点认为可以适用原《合同法》第 11 条有关"书面形式"的规定,在《民法典》出台前看,这显然不妥。原《合同法》第 2 条明确规定,对于涉及监护的协议,适用其他法律。换言之,成年意定监护协议不属于原《合同法》的调整范围。然而,《民法典》第 464 条第 2 款在沿用"身份性协议原则上不适用合同法"的基础上,增设准用性法律规则,即身份性协议法律没有规定的,可以根据其性质参照适用本编规定。这也就意味着在《民法典》的视野下,对于"书面形式"若无规定即可以参照适用《民法典》第 469 条中对于书面形式的阐述。但笔者认为,倘若对人身合同也适用"合同书、信件、电报、电传、传真等"等财产合同形式的一般规定,在缺乏制度缩口的情形下,无疑会使被监护人的人身权益委托所面临的风险过高,缺少必要的"家长式保护"。对于仅处分财产权益的遗嘱,《民法典》对其形式要件都作出特殊规定,但对成年意定监护这种涵盖人身和财产权益的制度却要援引合同编的一句概括性的"书面形式"明显不妥。对于涉及人身的医疗领域,立法理应更加"审慎",《民法典》对此显然缺乏详细的解释或限缩。

2. 成年意定监护书面凭证的真实性难以考证。意定监护书承载着患者生命健康等人身利益,但是由于可能存在伪造,且在紧急情况时鉴定程序繁琐等查证困难，医方在诊疗活动中对于这一凭证的真实性难以考证。此外，基于意定监护附条件生效的特征，使患者早前签署的意定监护书面临时间长、保存困难的问题。同时，意定监护人也不可能随时随地都携带意定监护书，这无疑会加大医方的查证困难，增加医疗决策成本。这些无形中增加的成本，都将由患者这一医疗服务的终极消费者来承受。

### （三）成年意定监护中医疗监督的力度不足

1. 容易形成“规避监督的生前预嘱”的制度变异。目前，生前预嘱在我国属于立法空白，但宣传推广者不在少数。且基于生前预嘱存在合法性基础，不少专家和学者呼吁在我国建立这一制度以解决人口老龄化以及医疗资源分配不均等问题。[11] 然而，现有研究也一致认为生前预嘱的执行必须确立起完整的监督机制。在成年意定监护制度确立后，患者完全可以将“伤病终末期或临终期的医疗护理方式”告知该意定监护人，由监护人代替患者决定医疗护理方式，进而假借“意定监护”之名，行变异的“生前预嘱”之实。患者的这一行为，无疑是想通过合法的制度来规避生前预嘱在立法上的空缺，在其丧失或者部分丧失行为能力后，自主决定权仍可得到尊重。然而，这种“自我改良”的成年意定监护制度显然缺乏必要的监督机制，这便容易形成“绕过法律监督的生前预嘱”的制度变异，这一“抽象性的预嘱”看似患者作为社会成员的意志自由的延伸，但实则不仅无法满足患者在“具体医疗场景”中享有意思自治的本质需求，也使其原本可以以“当时的医疗水平”来妥善保障的健康权和生命权面临极大的风险。

2. 对成年意定监护人监督的模糊。以杨立新教授为代表的广大专家学者均认为《民法典》在监护制度的监督层面确实存在监督机制模糊等问题。[12] 其中规定由有关个人和组织进行监督，且对这一范围进行了列举。但是，在实践中人们在未涉及自身利益时往往秉承“多一事不如少一事”的观念，使这一监督机制在运行中的效果并不理想，仅以撤销监护资格作为惩戒不仅可能使被监护人处于无人照管之境地，也可能违背被监护人的真实意志。一言以蔽之，现行的监护制度的监督机制不足以应对权利滥用的风险，无法起到应有的监督制约之作用。然而，遗憾的是《民法典》在监护制度中，仅完善了在紧急情况下被监护人无人照管时的临时生活照料问题，并未进一步优化监护监督机制，没有解决现有的矛盾冲突。

---

〔11〕 王龙、阚凯：《生前预嘱的立法问题研究》，载《医学与法学》2020 年第 3 期。

〔12〕 杨立新：《我国〈民法总则〉成年监护制度改革之得失》，载《贵州省党校学报》2017 年第 3 期。

## 三、在医疗领域适用成年意定监护的法律应对

在《民法典》刚出台的背景下,在医疗领域适用成年意定监护的法律制度完善工作应当从维护法典稳定性、增强操作性的角度开展,笔者认为,可以以立法解释、司法解释以及案例指导等形式对成年意定监护制度在医疗领域的适用问题进行补充和强化,进而降低制度的适用风险。

### (一)尊重被监护人的意思决定,加强对患者的权益保障

1. 最大限度协助本人做出医疗决策。《民法典》第35条规定,成年人的监护人履行监护职责,应当最大限度地尊重被监护人的真实意愿。对于"最有利于被监护人"的医疗决策的争论,首先应当最大限度地协助患者本人做出医疗决策,由患者本人对其后续治疗做出安排。在本人不能做出有效决策时,笔者认为,对于何为"最有利于被监护人"的医疗决策不应当通过立法进行"一刀切"的原则性整合,而是应当结合对被监护人的影响等多重因素在具体的个例中考量。此外,对于个例的衡量尺度应当坚持从循证医学的角度出发,以实现对患者权益的保障。

2. 在意定监护设立时明确器官捐献事宜。在面临器官供体紧缺的局面下,由患者在具备完全民事行为能力时作出明确决定,无疑是最好的选择。既可坚持尊重患者自主决定权的原则,沿袭器官捐献中的"自愿原则",也可避免其死亡后的种种冲突。笔者建议,患者对自身器官捐献的时间节点应当控制在丧失完全民事行为能力之前,即在成年意定监护生效之前就应当对器官捐献等事宜明确约定,由患者自己作出决定,以实现明确双方权责边界的目的。倘若患者在具备完全民事行为能力之时未明确器官捐献等事宜,为维护社会秩序,即应当依照《民法典》第1006条的规定,别除成年意定监护人对患者器官捐献的权利,由配偶、成年子女、父母通过书面形式共同表示捐献的意愿。

### (二)完善成年意定监护人在医疗领域的证明责任

1. 逐步推进对成年意定监护的公证。公证制度有公示公信的重大优势,使越来越多的人愿意以公证的途径确保自己的诉求能被有效聆听。自《老年人权益保障法》出台后,对监护协议进行公证成为许多人的选择。在医疗护理这样涉及生命权和健康权的领域中,更需要由公证机关的强证明效力来保证,确保患者

的自主决定能够得到遵循。[13] 因此，应当不断加大对成年意定监护进行公证的宣传，让公证和成年意定监护各自发挥作用，实现对患者自主决定权的最大力度的保护。即使在处理纠纷时，这一免证事实也可以节约司法成本。但笔者认为，若直接“将成年意定监护纳入法定公证的范畴”也显然不妥。[14] 这显然变相地提高了此前设定意定监护的法律门槛，大幅增加即将丧失民事行为能力者设定成年意定监护的成本，与这一制度的立法初衷背道而驰。因此，可在意定监护的宣传推广过程中，加大对于其公证的宣传力度，逐步推进意定监护的公证工作。

然而，公证虽不必作为成年意定监护的成立要件，但作为处分人身和财产利益的成年意定监护仍然为要式法律行为，其形式严谨程度不应逊于仅处分财产利益的遗嘱。笔者认为，法律应当明确成年意定监护应当以书面协议或录音录像的方式作出。其中，意定监护协议的内容应当包括当事人的基本情况，双方对意定监护的意思表示合意，意定监护的限制，订立日期。意定监护自双方当事人签名之日起生效。此外，《民法典》在继承中新增了“录音录像”这一遗嘱的定立形式，并由见证人保证其真实性。笔者认为意定监护的形式也可不局限于书面形式，《民法典》中的多个条款也均体现了法律应对科技发展的与时俱进。因此，法律增设录音录像为成年意定监护的法定设立方式，并辅以见证人制度以确保该成年意定监护的设立是双方当事人的真实意思表示，真正体现法律调整社会关系的价值。

2. 无法查证时，医方应依法采纳近亲属的意见。成年意定监护人作为合同的当事人，对监护合同最为熟悉，且负有合同生效后履行合同的职责，理应承当其相应的举证责任。然而当成年意定监护人无法举证证明或无法查证成年意定监护是否设立时，医方即应当依照《民法典》之规定采纳近亲属的意见。虽然这一处理方式有可能违背患者的真实意志、架空意定监护制度，但在成年意定监护没有达到相应的证明标准时，近亲属才是法律上推定的处于最了解患者真实想法的地位，[15] 而这也符合现行立法的规定。

---

〔13〕 戴伟：《〈民法总则〉第三十三条“意定监护”之公证解读》，载《中国公证》2017 年第 7 期。

〔14〕 郑志华：《我国意定监护公证制度研究——以〈民法典〉编纂为视角》，载《中国公证》2017 年第 10 期。

〔15〕 Ezekiel J. Emanuel & Linda L. Emanuel, *Proxy Decision Making for Incompetent Patients: An Ethical and Empirical Analysis*, JAMA: The Journal of the American Medical Association, 1992, p. 2067 – 2071.

### (三)构建成年意定监护的医疗监督制度

1."私权力监督、社会监督、公权力监督"三方位监督体系架构。原《民法总则》赋予了其他依法具有监护职责的人、居委会以及民政部门等组织以监督的权力。在法条的详细列举的范围内将"民政部门"列在最后,也体现了公权力做最后防线的立法理念。《民法典》也沿用了这一规定。诚然,由公权力机关进行监督,在国家强制力的保障下可以实现全面监督,维护社会秩序,积极承担起国家应有之职责。然而,公权力的行使也有其相应的弊端,如维护成本过高、程序繁琐、监督过于严格等。[16] 因此,在私法领域,主要由私权利主体进行监督,既可有效实现监督的目的,也可以避免国家对公民的自由干预过深,过度限制公民的自由。此外,社会媒体等在新时代所发挥的舆论导向以及监督作用有目共睹,在涉及个人意思表示的私法自治领域,构建起"私权利监督、社会监督、公权力监督"的三方位监督体系,以私权利监督为主,社会监督为辅,公权力监督为最后防线,在实现尊重和保护患者合法权益的基础上,规制意定监护人的行为,使意定监护人更好地履行监护职责,坚持以患者为中心,从患者的利益出发。

2.加强医疗机构的监督职能。现行立法将医疗机构也归入监督组织之列。诚然,医疗机构及其医务人员既有直接接触患者的便利,又拥有专业的医学知识,可以方便在发生纠纷时及时了解真实情况,也可依据自身的知识和经验,履行好监督职责。[17] 但在医疗领域中,医方往往会成为纠纷的一方当事人,也不能排除医方为规避自身风险而袖手旁观。且医疗机构即使履行监督职责,依法向人民法院申请撤销监护资格,最终也有可能将患者置于无人照管的境地,进而成为医疗机构的负担。在面临医生少、病人多的现实矛盾下,医疗机构在实践中必然不愿积极履行监护职责,这也使法律形同虚设,在实践中起不到积极的规制效果。因此,进一步加强医疗机构的监督职能,对医疗机构监督的履行方式进行细化,减轻医方的监督负担,以更好地实现维护患者的合法权益。

---

〔16〕 李静静:《我国成年人意定监护的监督制度构建》,载《吉首大学学报(社会科学版)》2017年第S2期。

〔17〕 满洪杰:《〈民法总则(草案)〉成年监护制度的问题与不足》,载《北京航空航天大学学报(社会科学版)》2017年第1期。

## 四、结语

作为新时代的一部法典,《民法典》背后隐藏的是无数法学家的辛勤付出以及法学界和中国人民的殷切期盼,其立法成果有目共睹。意定监护作为其中的关键性制度更是有口皆碑,虽说在适用中仍存在风险,但总体上看瑕不掩瑜,仍是我国在民事立法中不可磨灭的闪光点。我们也期待意定监护制度能够在今后不断地完善,不仅是在医疗场景中,更是贯穿于被监护人生活的各个方面,在我国人口老龄化的社会背景下,更好地为人民服务。

# 代孕协议效力的司法认定

## ——基于法理、伦理及价值的分析

刘连康*

法是为了人而存在的,法的任务是为人的目的服务。

——耶林(Jhering)

新兴事物的出现必然伴随着争议,代孕因打破传统生育秩序,带来法律、伦理、道德困境而备受争议,双方合意形成的协议效力在我国学术界和实务界存在较大争议。既有论者以代孕违反人伦、难保代孕女性和孩子的合法权利等理由否定代孕协议的效力,也有论者以建构代孕合理规则保障生育权利、实现社会和谐等主张呼吁代孕协议应被赋予效力。目前,司法实务界多数判决以代孕协议违背法律规定或者公序良俗为由认定协议无效,但不可忽视的是,否定协议的效力会使双方利益处于法律保护的薄弱状态,同时也不利于充分发挥私法自治促进人类社会发展之作用。据此,本文以代孕协议效力实证分析为基础,以"合法性""公序良俗"的判定为连接点,意在展现协议效力认定的"另一种可能",并论证"合理性",最后从法理学和伦理学视角探索代孕协议有效认定的"四至范围"。

### 一、实证考察:代孕协议效力认定的司法之状

依一定条件搜集一定量的案例样本是研究代孕协议效力的方法。以"民事案件""代孕协议"作为检索条件在中国裁判文书网、法信等法律平台网站上共检索到40件案例,在剔除无效案例(包括重复案例、内容不具参考性的案例等)后,获得有效案例共计18件。经分析发现,涉代孕纠纷案件展现出以下特点。

---

* 刘连康,北京市东城区人民法院民事审判二庭法官助理。

第一,代孕动因反映多元需求。生育需求往往源于社会角色和社会关系,部分人群为了在社会关系中满足他人对自己的期待或者自己的意愿而寻求代孕。通过分析发现,部分人是由于客观原因不能,如年龄偏大导致生育状况不佳、具有无法生育的疾病等,而部分仅是由于不愿经历生育之苦、求男孩心切、未婚或同性伴侣萌生养育子女想法等原因而寻求代孕。

第二,代孕路径呈两类多样态。理论上讲,根据卵子是否来自代孕女性,可将代孕分为供卵的基因型代孕(又称局部代孕)和不供卵的妊娠型代孕(又称完全代孕)(见表1)。样本案件中,基因型代孕仅为3件,数量较少,剩余均为妊娠型代孕。

**表1 代孕类型分类**

| 序号 | 类型 | 精子 | 卵子 | 妊娠分娩 |
|---|---|---|---|---|
| 1 | 妊娠型代孕(完全代孕) | 夫 | 妻 | 代孕女性 |
| 2 | | 夫 | 第三人 | |
| 3 | | 第三人 | 妻 | |
| 4 | | 第三人 | 第三人 | |
| 5 | 基因型代孕(局部代孕) | 夫 | 代孕女性 | |
| 6 | | 第三人 | 代孕女性 | |

第三,纠纷诉求遍历民事关系。基于代孕动因的多样性,一旦代孕目的未能如约实现,各方主体则根据自身核心利益的不同提出差异化的诉求。从样本案例可以看出,代孕纠纷往往涉及合同纠纷、确认合同无效、不当得利、探望权、监护权、民间借贷等案由(见图1),既有人身关系又有财产关系,更涉及人格利益的保护,可谓错综复杂。

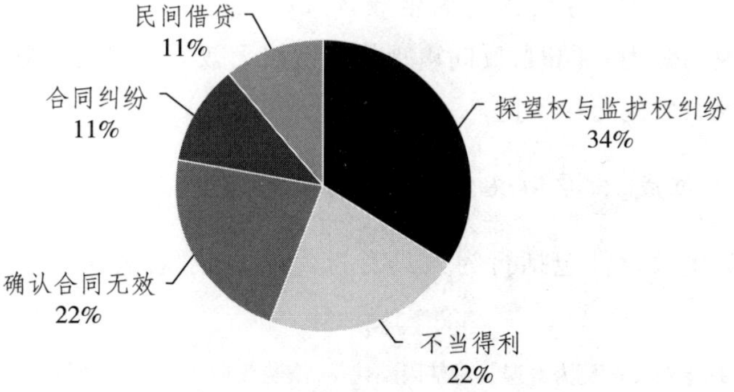


**图1 案由分布**

第四,合同效力构成主要矛盾。无论何种案由纠纷,确认代孕协议的效力是司法裁判的前提。样本案例中,对代孕协议效力的认定存在不同观点(见图2)。探究对代孕协议效力给予否定性评价的原因,裁判者多以违反“公序良俗”“法律的禁止性规定”“以合法形式掩盖非法目的”“公共利益”等原因认定协议无效。

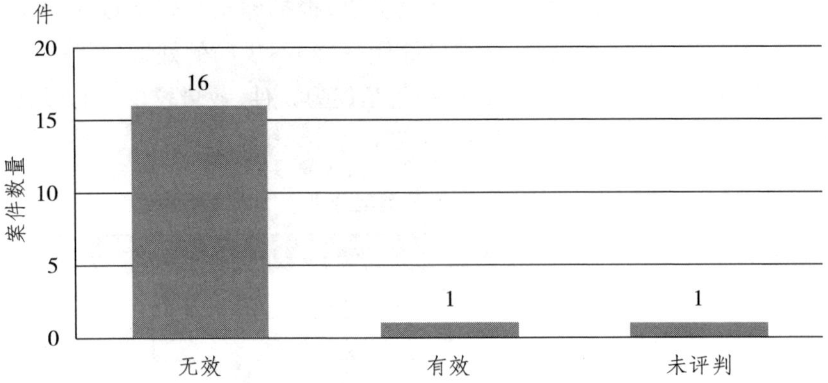


**图2 代孕协议效力**

由上可见,随着代孕的迅猛发展,相关纠纷也逐渐走进司法裁判视野。认定基因型代孕协议违反公序良俗或者兼具其他无效情形,是部分法院的共识,但对妊娠型代孕协议,也有案例认为代孕协议系当事人真实意思的体现而认定其有效。可见,个别法院给予更多的宽容,认为其并不违背社会公德,是有效的法律行为。[1] 要追踪这种差别的根源,我们要考虑更深层次的因素。

## 二、法理辨析:代孕协议效力认定的理性之基

协议被赋予效力始于法律行为生效,可以以法律行为生效要素为考察因素确定代孕协议的效力。同时,反向审视代孕协议无效后对各方的权益保护,探析认定代孕协议有效的合法空间。

### (一)正向证成:代孕协议存在合法性空间

法律行为生效要件包括行为人具有行为能力、意思表示真实自愿、标的合

〔1〕 这种差异现象在英美更为普遍。对基因型代孕,法院倾向于认可代孕母的亲权,但对妊娠型代孕,法院则更多地强调保护委托父母的权益,承认协议的有效性。

法、不违反强制性规定和公序良俗。样本案例中对当事人行为能力、意思表示真实两要件无争议，故笔者从合法性及公序良俗两个要件探析代孕协议的效力。

1. 代孕协议是否违反强制性规定之剖析

强制性规定在现代社会公法和私法二元对立的背景下，成为调整国家强制和私法自治关系的手段。法律上对强制性规定没有明确的界定标准，我国学界对强制性规定定义的通说观点是：关系到国家一般利益、社会秩序、市场交易安全及善意第三人利益保护等的重大事项。[2] 可见，强制性规定所涉及的内容通常与社会公共利益相关联。我国法律赋予强制性规范对合同效力"生杀予夺"的绝对权力。为防止公法过度干预私法领域，《民法典》第 153 条将影响合同效力的强制性规定限缩于法律、行政法规这一位阶层级上，而将更低位阶的规范排除在外。原《合同法》司法解释也强调合同无效不能以地方性法规和行政规章为法律依据。因此，只要不涉足强制性规定的"禁止地带"，其他意思自治均应得到民法的肯定和保护，况且在我国强制性规范包括效力性的禁止性规范和管理性的禁止性规范，只有违反了效力性的禁止性规范才会必然导致合同无效。[3] 因此在法理上也为代孕协议的效力认定留下了"一线生机"。

对代孕行为的限制性规定仅存在于原卫生部颁布的《人类辅助生殖技术管理办法》《人类辅助生殖技术规范》等管理性而非效力性的禁止性规范中，在现行法律和行政法规中未有体现。即使代孕协议与上述规范存在矛盾之处，也不妨碍对其效力的认定。因此，代孕协议效力的认定在我国现有的法律体系框架内存在合法空间。实践中，为实现论证的合法性与正当性，部分裁判者会以"公共利益""公序良俗""非法目的"等为桥梁，将部门规章作为依据评判协议的效力。但应看到，部门规章应对千变万化的社会现象时也力有不逮，因此在适用部门规章时也应权衡利弊，采取谨慎态度。

2. 代孕协议是否符合公序良俗主流价值之考量

公序良俗是"公共秩序"与"善良风俗"的简称，其内涵和外延取决于一定时期内国家和社会的政治、经济、文化、民族等现实情况，是历史和流变的。梁慧星教授曾认为"代替他人怀孕的所谓'代理母'协议，以及代理母中介协会属于危

---

〔2〕 韩世远：《合同法总论》（第 3 版），法律出版社 2011 年版，第 176 页。

〔3〕 王轶：《民法典的规范配置——以对我国〈合同法〉规范配置的反思为中心》，载《烟台大学学报（哲学社会科学版）》2005 年第 3 期。

害家庭关系、违反良俗的类型之一”,[4]该观点自 1994 年发表以来,一度成为代孕协议无效论者的思想来源。该观点在当时或许可以理解,但时至今日或已无法准确反映社会群众的广泛意识。那么,该如何判断代孕协议是否符合“公序良俗”?笔者认为可以采用“经验归纳 + 价值判断”的方法进行判断。

经验归纳是公序良俗判定的第一步。公序良俗存在于社会普通人的相互交往中,反映在思想观念、行为方式、语言习惯、情感等方面,普通人对此有直接的体验和认知。经验归纳就是要以具体时间、地点、事实和公众舆论为基点,以普通人的感受为依据进行归纳提炼。

价值判断是公序良俗判定的第二步。要求在公序良俗内容的确定上必须结合可探知认识的客观伦理秩序、规范以及公平正义原则来综合判断。[5] 这些抽象准则在一定时期和地域集中存在,其内容反映于成文法和生活实践中。

法律之基在民心,决策当问计于民。由湖北社科院、长江商报、大楚网联合开展的网上调查显示,当问及“您觉得做代孕是否违反社会伦理”时,持肯定态度的占 30.2%;持否定态度的占 47.2%;表示不知道的占 22.6%。[6] 显然,有近 50% 的网民明确表示不认为代孕违反社会伦理,有近 70% 的网民并不明确认为代孕违反人伦。可见,代孕行为并不必然引起人们的“反感”,社会大众对代孕逐渐熟悉、包容,家庭人伦观念也悄然发生变化,代孕已为普通人的情感所接纳,时代发展逐渐赋予“公序良俗”新的内涵。此时,如果法官以个人对公序良俗的价值判断代替人民群众的价值观,无疑会减损法律施行实效。

### (二)反向审视:代孕协议无效导致各方法律保障薄弱

上述论证了代孕协议的合法性,但有学者从效果论上否认代孕协议的效力,认为代孕协议无效所带来的收益远高于承认其效力。[7] 对于反对观点,笔者认为,认定代孕协议无效仅是经济利益、人身关系等方面的简单处理,尚未实现更

---

〔4〕 梁慧星:《市场经济与公序良俗原则》,载梁慧星主编:《民商法论丛》(第 1 卷),法律出版社 1999 年版,第 57 页。

〔5〕 杨仁寿:《法学方法论》,中国政法大学出版社 2013 年版,第 332 页。

〔6〕 《对代孕现象的民意调查》,载久久健康网 2021 年 5 月 1 日,https://mip.9939.com/baby/article/3808168.shtml。

〔7〕 刘长秋:《论我国立法规制代孕的价值及其方向》,载《南通大学学报(社会科学版)》2021 年第 3 期。

深层次的权益保护。

第一,委托方目的落空难寻救济。寻求代孕的委托方多数属于客观不能生育或不宜生育,在代孕双方平等自愿的前提下开展代孕,并不意味着有人所担心的歧视女性,更不存在性别压迫的问题。代孕协议若被认定无效,自始至终不产生效力,也不会被赋予法律强制执行力,则意味着假使代孕女性违约,也无须被科以不利的法律后果,变相增加了代孕女性的违约激励因素,委托方很有可能面临求子意愿和经济利益双双落空的结局。

第二,代孕女性人身权益难得保障。否定性观点认为,在代孕中代孕女性往往处于劣势,在人身和财产方面受到严重的剥削,因而立法不应承认代孕协议的效力。[8] 然而,即使双方存在身份权益的让与,也是真实意思的表示,难言"剥削"。代孕作为人工辅助生殖技术的一种,在医学操作和生理效果方面与试管婴儿差别不大,都要经历分娩之痛和医学手术的介入。由于试管婴儿是被我国部门规章所允许的,已经设定保护女性健康的规则,女性的权利可以得到可靠保障。而代孕女性只能通过资质不全、水平不高的医疗机构和中介实施,难以保障其身体健康。同时,在代孕协议无效的情况下,如遇纠纷,代孕女性即便向司法机关寻求救济,也难以获得司法机关的支持。

第三,代孕子女法律地位难以廓清。应当看到,尽管行政主管部门多次对代孕进行打击,但民间代孕始终客观存在,无法消除。代孕子女的出生也成为无法回避的现实问题。若裁判者认定代孕协议无效,那么代孕子女的法律地位如何界定?襁褓婴儿的权益又如何保障?与之相连的人身关系和财产关系因此时刻处于悬而未决状态,这均是司法要面临的问题。在法律地位不清的情况下,代孕子女的利益保护也就无从谈起。

## 三、伦理剖析:代孕协议效力认定的人伦之本

司法知识经历了一个从伦理道德到规则理性,再从规则理性到伦理道德回归的发展过程。[9] 二者相互促进,相互转化。在面对代孕人工辅助生殖技术等新型事物时,裁判者若仅"唯规则论",就无法回应真实社会的司法需求。裁判者若想要作出谨慎、理智的判决,需诉诸公序良俗、风俗习惯等其他资源,也就实现

---

〔8〕 吴才毓:《代孕行为非法化的复合思路——以代孕行为探讨进程中的三步程序为中心》,载《中华女子学院学报》2013 年第 3 期。

〔9〕 孙海波:《疑难案件与司法推理》,北京大学出版社 2020 年版,第 141 页。

了从法律规则到实质道德的再次回归。因此,笔者从法律规则背后的伦理支撑着手,探析赋予代孕协议效力的合理性。

### (一)代孕协议效力认定的伦理障碍之辨析

从更深层次的传统人伦角度看,代孕备受责难之处可以归纳为三点:子女商品论、子宫剥削论、家庭关系混乱论。下面就三种观点逐一展开辨析。

1. 子女商品论与基因繁衍

女性主义哲学家安德森认为,"因为代孕契约将婴儿和妇女看作商品,因此贬低了她们"。[10] 部分学者以此为基石,认为委托人以金钱为对价换取代孕女性子宫的使用权,并要求代孕女性让渡代孕子女的亲权,整个过程将代孕子女作为商品进行交易,充满了不道德。但委托方作为基因父母,对代孕子女的亲权既是权利,也是义务,不能抛弃,代孕子女并非买卖的客体。任何新生事物的产生及发展过程都是一个不断试错的过程,具有危险性,我们不应因其具有危险性而一味予以制止。对代孕协议条款作出限制规定,通过社会各方力量的管控降低其危险性,可以发挥其造福人类的积极性,以实现人类繁衍后代、延续基因等最原初、最深邃的愿望。

2. 子宫剥削论与意志自由

一些女性主义者认为,代孕是一种出租女性子宫的行为,将女性的子宫作为一种工具来繁殖后代,对女性是一种剥削。[11] 该种观点虚拟了两个假设:一是代理女性均非自愿;二是代孕女性都是经济上的弱者。实际上,代孕是以代孕女性自愿为前提,不存在强迫,代孕女性自愿将自己置于代孕的法律关系之中,双方都可能是受益者,也就很难用受剥削来解释。

3. 家庭关系混乱论与家庭稳定

对于母亲的认定,国际社会主要有分娩说、契约说、基因说、儿童最佳利益说四种理论。分娩说以分娩事实为依据使代孕者成为代孕子女法律上的母亲;契约说可直接依据协议约定委托方为代孕子女法律上的父母;基因说认为提供卵子者为代孕子女的法定母亲;儿童最大利益说是依据联合国《儿童权利公约》所确立的子女最佳利益原则,认定代孕子女的母亲,需要考量父母的年龄、职业、品

---

〔10〕 E. Anderson, *Is Womens Labor A Commodity*?, Philosophy and Public Affairs, 1990, 19(1), p. 71 - 92.

〔11〕 王楚:《代孕引发的伦理与法律冲突之思考》,载《法制博览》2019 年第 32 期。

行、健康情形、经济能力等因素。故"母亲"的判定存在很大的不确定性,极易引发家庭伦理冲突。但从历史角度看,人工授精、体外受精等问题都曾引起伦理道德的谴责,现都已烟消云散;从现实角度看,随着人工辅助生殖技术的发展,基因型代孕有逐渐退出历史舞台的趋势,人们对妊娠型代孕更加急需和包容,不会对家庭伦理关系产生冲击,如果控制得当,反而会缓解代孕需求者家庭的压力,维持家庭关系的稳定。

### (二)代孕协议效力认定的本源性之探究

#### 1. 生物伦理学评估规则之验证

生物伦理学是研究人们对待生物所应当承担或者遵守的道德准则和行为规范的综合科学,强调的是一种权衡利弊关系的问题。[12] 对代孕行为的考量需要在人类传统价值观念与委托方的实际需求之间做出权衡,因此,引入生物伦理学的评估原则解决代孕引发的伦理困惑势在必行,即尊重自愿原则、非恶意原则和正义原则。

自愿原则是《民法典》第 143 条第 2 项在伦理层面的表现,也是代孕协议签订的基础。对比域外法律,很多国家和地区并没有完全禁止代孕,而是尊重当事人的生殖选择。这种自愿必须是不受他人影响的、完全的自愿。反观国内,代孕协议的签订同样是基于自愿达成的意思表示,并未出现过非自愿的情况。

非恶意原则是代孕协议实现的保障。该原则指不应将邪恶或者伤害强加于人。所谓伤害,是指一个人的行为对他人、国家利益或者社会公共利益造成的损害。代孕双方都有生育健康子女的期待,因此协议通常会约定女性代孕期间的饮食起居、注意事项等,确保代孕女性的健康和生存利益。代孕行为亦不会对国家利益和社会公共利益造成伤害,规制得当反而会促进社会的良好运转。

正义原则是代孕协议存在的依据。关于正义,罗尔斯希望人与人之间达到一种事实上的平等,为了这种事实上的平等,还要打破形式上的平等,对先天不利者和先天有利者差别对待。[13] 部分代孕需求者在自然生育方面处于劣势,应保障其与生育功能正常的女性享有平等生育的权利。赋予代孕协议效力成就了委托方的天伦之乐和受托方的现实之需,合乎正义原则。

---

〔12〕 李红:《试论生物伦理学与卫生法律政策》,载《中国卫生监督杂志》2006 年第 5 期。

〔13〕 [美]约翰 · 罗尔斯:《正义论》,何怀宏、何包钢、廖申白译,中国社会科学出版社 1988 年版,第 25 页。

2. 生育需求和人格尊严价值之考量

第一,代孕协议有效是满足生育需求的应有之义。生育需求是人类一项基本的、与生俱来的需求,它不应取决于性别、家庭或性行为。如果法律不允许有代孕需求者成为父母,将他们排除在人类繁衍的行列之外,剥夺他们使用人工辅助生殖技术的权利,则意味着社会拒绝平等地对待他们。对代孕女性生育需求的保护,源于联合国颁布《消除对妇女一切形式歧视公约》第 16 条规定的女性自主权,即自主平等地选择婚姻及家庭生活方面的各种权利,包括自主享有对孩子的生育权、监护权等。女性具有对自己身体处置的权利,人一旦被剥夺了此种权利,即其作为人的资格被剥夺,丧失了其作为人的属性。因此,代孕女性有决定是否生殖的权利,应对其生育需求进行保护。[14]

第二,代孕协议有效是保障人格尊严的必要手段。人格尊严具有永久性和普遍性,此项权益受到国家的积极保障,是国家积极保障人权的体现。对人格尊严的保护主要体现在两个方面,一是人不应被视为工具或手段,人若被物化,自然无尊严可言;二是人得以自律自决,不应处于被操控的他律他决的地位。可见,人性尊严是以"自我决定权"为前提。杨立新教授亦认为,自我决定权是以发展人格为目的,对于生命、身体、健康、姓名等具体外在人格要素的控制与塑造的抽象人格权。[15] 因此,对代孕双方选择权的保护,是对其人格利益的保障,当然,这种保障只有通过具体的法律才能彰显,才能消除可能引起的价值冲突,最终彰显人的"自我决定权"。

第三,社会主义核心价值观内涵之呈现。价值观导向反映了一个社会文明进步的程度。自由、平等、公正、法治是社会主义核心价值观社会层面的要求,凝聚着每一个个人和家庭的向往,更是一个国家和民族绵延永续、生生不息的源泉。

当前社会价值观多元已成为共识。从家庭需求看,寻求代孕的缘由既有子孙延续、天伦之乐的传统文化伦理观念驱使,又有寻找精神寄托、享受人伦美好的个人精神需求使然,合乎人伦常情,是关乎万家灯火喜怒哀乐的大事、要事;从国家发展看,为应对中国渐入老龄化社会所引发的一系列社会问题,国家在生育政策领域已放开"三胎",相关配套政策和调整也在紧锣密鼓地制定出台。只要规制得当,代孕在缓解中国社会老龄化问题上将发挥积极作用。赋予代孕协议

---

〔14〕 Rosalie Ber, *Ethical Issues in Gestational Surrogacy*, 21 Theor Med Bioeth153(2000), p. 154.

〔15〕 杨立新、刘召成:《论作为抽象人格权的自我决定权》,载《学海》2010 年第 5 期。

效力符合维护国家利益、社会公共利益的内在要求。

我国社会主义核心价值观具有多元共济、开放包容的精神内核，是马克思主义中国化的重要理论成果，其要求坚持以人为本，尊重群众主体地位，关注人们利益诉求和价值愿望，促进人的全面发展。当前面对社会形势变化和观念更新，加之代孕产业游走于“灰色地带”所带来的法律和社会风险，从代孕协议效力着手规制代孕行为，是满足人民群众对美好生活向往、促进国家社会繁荣进步、实现人和国家协同发展的关键平衡点，在一个文明、理性、宽和、博爱的社会中应当予以支持。

## 四、价值重塑：代孕协议一定条件下有效认定的因素之探

《民法典》第10条规定，处理民事纠纷，应当依照法律；法律没有规定的，可以适用习惯，但是不得违背公序良俗。然而，世间万物纷繁复杂，法律及习惯法无法涵盖一切准则，更无法紧跟时代发展，在法律漏洞不可避免和不得拒绝裁判的双重压力下，作为实践理性的司法必然需要法官的自由裁量权。[16] 基于法理及伦理两方面的分析，可以看出一定条件下认定代孕协议有效符合社会各界的预期，而对于兼具人身性和财产性的新型契约，需要裁判者发挥能动性充分考量各方因素，划定合理边界，确定裁判规则，从严把控，实现“风险防控”和“利益权衡”的双重效果。

### （一）程序性因素：以书面形式且备案审查为要式

1. 书面形式

法律关于形式要件的规定应根据法律规定的含义及契约的性质来确定。[17] 笔者认为，代孕协议兼具财产属性和人身属性，涉及代孕子女亲权的让渡，为了充分保护双方当事人的利益，减少协议效力审查的难度及保障代孕协议的履行，有必要将“书面形式”作为代孕协议成立及生效之前提。

2. 以监管为目的的备案审查

代孕协议突破了“分娩者为母”的传统观点，约定代孕女性对代孕子女亲权的放弃及委托夫妻通过协议约定取得亲权，是亲权取得的新型方式，涉及更为复杂的权利义务关系，因此应引入监管机制。考虑到代孕实施必须借助医疗机构

〔16〕 沈明敏：《论自由裁量权的内涵、价值与规范化行使》，载《黑龙江社会科学》2021年第1期。

〔17〕 王利明、崔建远：《合同法新论总则》（修订版），中国政法大学出版社2000年版，第41～42页。

才能实现,为避免多头管理,提高行政效率,可以由获得授权的医疗机构医学伦理委员会进行监管并经其备案,切实保障代孕系双方真实意思表示及对过程风险的充分认知;同时,可以避免黑中介泛滥,保证代孕行为的正当性和安全性。

(二)实体性因素:以特定类型且符合强制规范为根本

鉴于代孕协议兼具财产及人身属性,笔者以法律行为生效要件为借鉴,结合代孕协议的特殊性,构建代孕协议有效的考量因素(见图 3)。

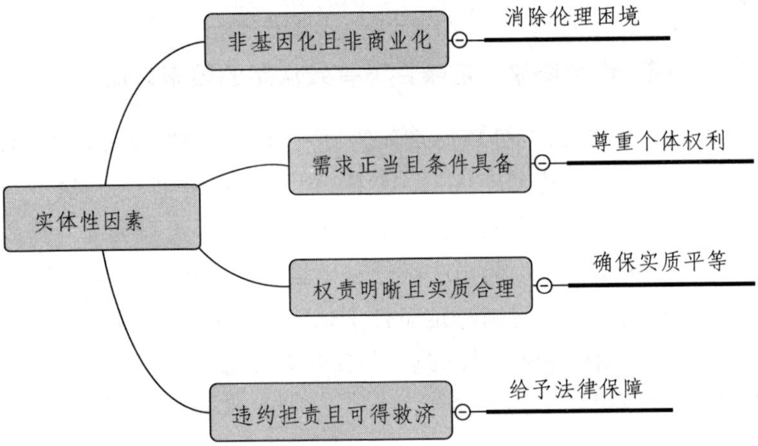


**图 3 代孕协议有效需考量的实体性因素**

1. 非基因化且非商业化

代孕协议有效应以符合伦理上的正当性为前提,以不违反公序良俗为基点。伦理上的正当性及公序良俗的具体标准不易量化,在司法实践中如何认定充满争议。事实上,现实社会对代孕的诟病之处不外乎两个问题:“伦理冲击”和“商业色彩”,可将这两个因素作为伦理正当性和公序良俗判断的指引,为代孕协议司法审查指明路径。

第一,非基因化是破解“伦理困局”的“缓冲带”。法律的终极目的是维持社会秩序,因此,是否对社会秩序产生冲击应为考量因素。鉴于基因型代孕会使代孕女性与子女之间产生遗传学及分娩事实的双重联系,对委托方和代孕女性的家庭关系都易产生冲击,为减少“基因困惑”给人类社会带来的秩序干扰,应当排除基因型代孕,而妊娠型代孕是使用体外授精的胚胎移植技术,将委托人提供的精子和卵子在体外人工授精形成受精卵,再将受精卵移植到代孕母体内,[18]不会像基因型代孕一样会涉及代孕女性的基因因素,因此可将妊娠型代孕纳入协议审查的范围。

第二,非商业化是实现权利保护的"平衡点"。商业代孕有使代孕沦为有钱人的工具、造成贫富之间的悬殊之嫌疑而应被禁止,允许监管下的利他代孕制度更符合社会大众的需求。公正衡量并合理分配民事主体之间的利益是民事裁判的应有逻辑。在英、美等部分代孕合法化的国家,法律准予给代孕女性合理的补偿。我国可以在借鉴国外经验的基础上,结合本国实际,确定对代孕女性的补偿标准。

2. 需求正当且条件具备

代孕行为涉及家庭秩序、生命伦理等多方面,应严格限制代孕双方主体资格,对代孕女性予以充分保护。

对于委托方而言,首先,应为具有合法婚姻关系的夫妇,且以夫妻双方一致同意为前提,以确保家庭秩序稳定及代孕子女成长环境良好;其次,委托方必须无共同子女且具有抚养子女的能力;最后,妻子一方需提供医疗机构出具的不适于怀孕医疗指征的相关证明,如无子宫、身体疾病禁止生育、多次尝试IVF未果等。

对代孕女性而言,首先应为完全民事行为能力人,身体健康,且有过分娩史;其次,代孕女性必须对代孕行为可能给其带来的身体、心理等方面的风险完全知悉,并签署书面的知情同意告知书,确保是代孕女性真实、自愿的意思表示;再次,若代孕女性已婚,应征得其丈夫的书面同意,避免对代孕女性的家庭关系产生冲击;最后,应严格控制植入代孕女性体内的胚胎数量,具体应控制在两个以内为宜。

3. 权责明晰且实质合理

康德认为,"人是理性的存在,他们不仅具有相对价值,而且具有绝对价值、一种本质的价值"。[19] 代孕协议规范配置以强制性规范为主,双方的基本权利不能克减,基本义务不能增加,应当具体明确且实质上公平合理。

代孕女性的权利包括:一是手术实施前的终止权。代孕协议的履行会对代

〔18〕 寇襄宜、曹文兵:《代孕协议的效力》,载《人民司法》2020年第23期。

〔19〕 [德]伊曼努尔·康德:《道德形而上学原理》,苗力田译,上海人民出版社2005年版,第93页。

孕女性的身体机能、家庭关系产生影响,因此,代孕女性在受孕成功前有权提出终止协议。二是由于自身身体等原因的自主堕胎权。成功受孕后,基于代孕女性自身的身体状况等,医生建议终止妊娠的,代孕女性可选择是否堕胎。三是经济补偿权。代孕女性怀孕期间及孕后一段时间内无法参与到工作中,心理和身体经受双重挑战,委托方应提供适当报酬,但应区别于高额酬金的商业代孕。笔者认为,报酬范围应包括代孕女性在代孕期间产生的医疗费、护理费、营养费及因怀孕产生的收入损失等。若代孕女性在代孕期间发生其他风险,委托方也应适当给予补偿,可以通过为代孕女性购买保险来平衡风险。

代孕女性的义务包括:一是出生缺陷避免义务。代孕女性在代孕期间应采取恰当的生活方式、摄取适当营养、在医生的建议下使用药物并定期进行产检,保障胎儿的健康发育。二是婴儿交付义务。代孕协议履行的最终目的就是委托方通过双方约定获取代孕子女的亲权。生产完毕后,代孕女性应立即将代孕子女交付委托方,无亲权保留期。

委托方的权利、义务与代孕女性的主要义务及权利相对应,主要是手术实施前的终止权、对代孕女性相关信息的知情权、给付代孕女性合理经济报酬等。如上述对代孕女性相关权利义务之分析,在此不再赘述。对于委托方而言,受领代孕子女既是权利,也是义务。如经双方一致同意生下代孕子女,且代孕女性在怀孕期间履行了应尽义务,则委托方在代孕子女出生后即获得亲权,对代孕子女负有抚养义务,不得以代孕子女有缺陷为由逃避抚养义务。

4. 违约担责且可得救济

违约责任,是合同当事人不履行合同义务或者履行合同义务不符合约定时,依法产生的法律责任。[20] 违约责任的约定应当责任清晰且具有强制执行力。违约形态确定的依据,是契约义务的类型化。[21] 从双方义务出发,笔者认为代孕协议中存在三种违约形态。

第一,拒绝履行。如代孕女性拒绝交付代孕子女、委托方拒绝接受代孕子女及拒绝支付合理补偿款等。若涉及代孕子女的归属,双方可向法院提起亲权确认之诉,要求按照代孕协议的约定确认代孕子女亲权归属;若涉及委托方补偿款支付问题,则代孕女性可向法院请求按照协议约定履行义务。

---

〔20〕 韩世远:《合同法总论》(第3版),法律出版社2011年版,第585页。

〔21〕 康茜:《代孕关系的法律调整问题研究——以代孕契约为中心》,西南政法大学2011年博士学位论文。

第二,不能履行。除代孕女性身体原因,不适宜继续妊娠外的其他终止妊娠方式,如代孕女性未经委托方同意终止妊娠或代孕女性经委托方要求终止妊娠等,另一方享有损害赔偿请求权。

第三,不完全履行。如代孕女性未及时告知自己的个人信息、未合理饮食及未定期产检等导致婴儿缺陷出生、委托方未及时足额交纳相关费用等,则另一方可要求损害赔偿或支付违约金。

双方可自行约定损害赔偿的范围,但应以实际受损金额或一方可预得利益为基准。对委托方来说,实际受损金额可参照当地经济发展水平确定最低保障,代孕女性可预得利益可按照合理补偿除去过程中投入部分确定。

## 五、结语

时移世易,唯变者胜。法律是生命之源,作为社会矛盾变化的"显示器",会随着社会的变革和发展,做出相应的形式、内容及价值追求的变化。面对新型科技带来的代孕问题,在当前立法尚未完善的情形下,司法裁判之剑可否在大片无效裁判的"荒田野地之处"圈画出一片有效裁判的"精耕细作之田",实现更高、更深层次的权利保护"生态涵养之效"?这更依赖于裁判者的智慧。司法裁判好似一把"双刃剑",处之得当,则能够公私双赢;处之不当,则公私两受其损。因此,个人权利与公共秩序如何平衡需要裁判者积极应对,而坚守个人权利的保护和力促社会的正常运转才能引导人类迈向最大福祉,回应人类深邃希冀。

**附件**

# 关于代孕协议效力审查若干问题的意见
# (建议稿)

第一条 【制定目的】为进一步贯彻落实社会主义核心价值观在民事审判中的指导作用,规范和完善当前形势下人民法院关于代孕协议效力认定等问题,根据《民法典》《全国人民代表大会常委会关于加强法律解释工作的决议》等有关规定,制定本意见。

第二条 【基本概念】代孕协议指的是符合一定条件的受托人,按照有关规定或约定,通过自身为符合特定条件的委托人从事子女代孕的有关事项,而委托人按约给付报酬的协议。

第三条 【基本原则】代孕协议的设立、履行、变更、终止,应遵循自愿原则、诚信原则,不得违反法律、行政法规的强制性规定,不得违反公序良俗。

第四条 【具有法律约束力】依法成立的代孕协议,对当事人具有法律约束力。

第五条 【代孕类型】妊娠型代孕,又称完全代孕,指运用体外受精—胚胎移植技术,使委托方丈夫的精子和妻子的卵子在体外人工授精形成早期胚胎,再将早期胚胎移植到受托方子宫内的技术。

基因型代孕,又称局部代孕,指运用体外授精—胚胎移植技术,将委托方丈夫的精子和受托方的卵子分别取出,在试管内培养促使精卵结合发育成受精卵,直至发育成早期胚胎,然后将胚胎移植到委托方子宫内的技术。

第六条 【委托方主体条件】代孕协议的委托方应当符合以下条件:

(一)具有合法婚姻关系的夫妻;

(二)夫妻双方均自愿同意实施有关代孕的行为;

(三)夫妻双方经济条件良好,具备抚养子女的能力且没有共同的子女;

(四)妻子一方经有资质的医疗机构认定为具有不适于怀孕的医疗指征。

第七条 【受托方主体条件】代孕协议的受托方应当符合以下条件:

(一)身体健康,有过分娩史;

(二)知悉代孕风险并签署书面知情同意书;

(三)已婚女性应当获得配偶的书面同意。

第八条 【形式要件】代孕协议应当采用书面形式订立,并向获得授权的医疗机构医学伦理委员进行备案审查,接受其监管。

第九条 【实质要件】代孕协议约定的代孕方式应限于妊娠型代孕,受托方应获取合理经济补偿。任何组织和个人不得从事基因型代孕。

第十条 【风险预防】实施代孕过程中植入受托方体内的胚胎数量以2个为限。

第十一条 【受托方权利义务】受托方应当享有下列权利:

(一)代孕术前终止权;

(二)紧急自主堕胎权;

(三)经济补偿权;

(四)其他合法权利等。

受托方还应当承担下列义务:

（一）出生缺陷避免义务；

（二）交付义务；

（三）其他合理性义务等。

第十二条 【委托方权利义务】委托方应当享有代孕手术实施前的终止权、对受托方相关信息的知情权等权利，还应当承担给付受托方合理经济补偿、抚养代孕子女等义务。

第十三条 【违约责任】代孕协议双方当事人不履行合同义务或履行义务不完全，应当承担继续履行、损害赔偿等法律责任。

# 家庭教育法视角下监护权撤销制度研究*

李秀华**

## 一、问题的提出

习近平总书记2018年在全国教育大会上强调："家庭是人生的第一所学校，家长是孩子的第一任老师，要给孩子讲好'第一课'。"2021年家风建设首次进入民法典视野。[1] 近年来，因家庭教育不当导致监护权被撤销的案件时有发生。我国《家庭教育法(草案)》第45条对因家庭教育欠缺监护权应被撤销问题进行了明确规制。[2] 2020年全国检察机关"针对未成年人监护侵害和缺失监督，共受理撤销监护权案件446件，同比上升3.1倍，支持个人起诉202件，支持单位起诉109件。黑龙江建三江虐童案、山西怀仁虐童案、北京门头沟伤童案等大量发生在家庭内部的监护侵害案件因医务人员按规定报告得以及时发现"。[3] 因家

---

* 本文原载《中华女子学院学报》2021年第4期。

** 李秀华，扬州大学法学院教授，中国法学会婚姻法学研究会常务理事，江苏省律师协会婚姻家庭业务委员会主任。

[1] 《民法典》第1043条明确规定："家庭应当树立优良家风，弘扬家庭美德，重视家庭文明建设。夫妻应当互相忠实，互相尊重，互相关爱；家庭成员应当敬老爱幼，互相帮助，维护平等、和睦、文明的婚姻家庭关系。"

[2] 《家庭教育法(草案)》第45条规定，公安机关、人民检察院、人民法院在办理案件中，发现父母或者其他监护人实施家庭教育过程中有侵害未成年人合法权益行为的，根据情节可以予以训诫，必要时作出改进家庭教育督促令；拒不改正的，作出责令接受家庭教育指导的决定。符合法定情形的，人民法院可以根据有关人员和单位的申请，依法作出人身安全保护令或者撤销监护人资格。

[3] 2020年，全国检察机关坚持依法惩戒和教育挽救涉罪未成年人，前11个月共批捕未成年犯罪嫌疑人2.04万人，起诉2.93万人；对涉嫌轻微犯罪的未成年人少捕慎诉，依法宽缓到位，未成年人犯罪案件不捕率38.1%，不起诉率32%，附条件不起诉率19.9%，同比分别上升4%、8%和7.8%。参见周斌：《2020年检察机关共受理涉未成年人撤销监护权案446件》，载《法治日报》2021年2月23日。

庭教育等因素导致青少年犯罪问题日益突出,家庭教育外溢性愈加明显。以南京市法院为例,2016～2020 年全市法院生效判决共判处未成年犯 373 起 487 人(见图 1)。[4]

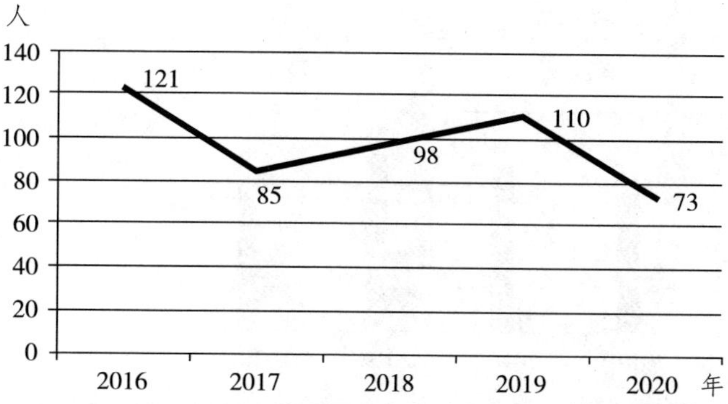


**图 1　2016～2020 年南京市未成年人犯罪人数下降**

资料来源:南京中院新闻发布会,参见《2020 年度南京法院少年审判工作情况》,载南京中院网 2021 年 5 月 25 日,https://www. nanjing Intermediate People's Court。

笔者认为,未成年人走上犯罪道路与监护人责任缺位、家庭教育简单粗暴有密切关系。笔者多年前的研究表明,家庭结构复杂的父母更易针对未成年人实施家庭暴力,其家庭教育理念与方式更应被关注。未成年人家庭暴力不仅给受暴未成年人带来身体与精神伤害,甚至可能影响社会秩序的稳定,引发犯罪。有学者认为:"在家庭教育中,因未成年人家庭暴力带来的伤害往往被忽视或遮蔽。"[5]自 2016 年 3 月 1 日《反家庭暴力法》施行以来,南京市基层法院共受理人身安全保护令案件 408 件,其中发出人身安全保护令 246 件(发出涉未成年人的人身保护令 147 件),驳回 52 件,准予撤回申请 109 件,按撤回申请处理 1 件(见图 2)。人身安全保护令的发出迫使父母反思关于对子女家庭教育的方法与措施,进而优化了家庭教育质量。备受关注的《家庭教育法(草案)》"已提请

〔4〕 南京市法院 2016 年判处未成年犯 107 起 121 人,2017 年判处未成年犯 63 起 85 人,2018 年判处未成年犯 68 起 98 人,2019 年判处未成年犯 81 起 110 人,2020 年判处未成年犯 54 起 73 人,2020 年未成年人犯罪人数呈新低。

〔5〕 李秀华:《儿童家庭暴力干预模式构想》,载《中华子女学院学报》2016 年第 3 期。

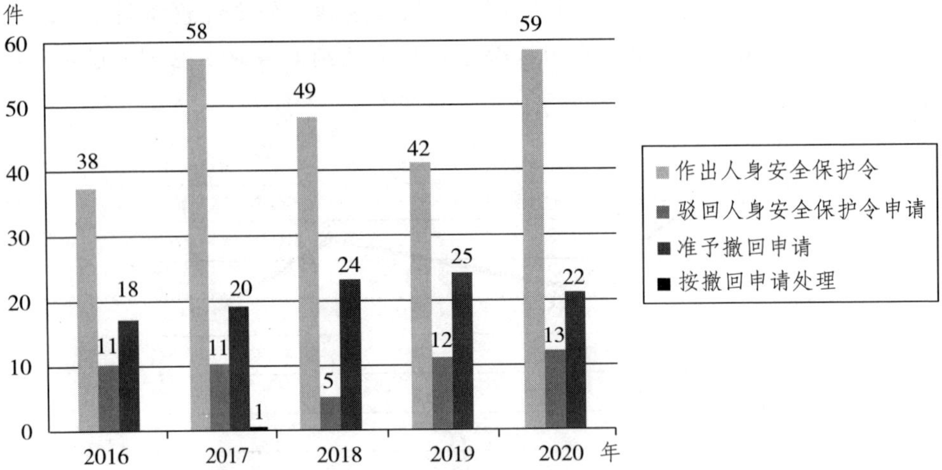


**图 2　2016～2020 年南京市基层法院新收人身安全保护令审理情况**

资料来源:南京中院新闻发布会,参见《2020 年度南京法院少年审判工作情况》,载南京中院网 2021 年 5 月 25 日,https://www. nanjing Intermediate People's Court。

2021 年 1 月 20 日召开的第十三届全国人大常委会第二十五次会议审议”。[6] 截至 2021 年 1 月“已有多个省市出台地方家庭教育促进条例”。[7] 有学者强调:“相对于成年人,未成年人欠缺完全民事行为能力,其成长更依赖家庭教育,相关立法更具必要性。”[8] 家庭教育是所有教育功能最大化的前置条件。父母与家庭是一个人最先接触的教育主体与教育环境,一个人的人格、品行、言谈举止等个性化特征均反映出其所处家庭的生存、教育、学习等环境氛围。父母的言传身教对子女性格、价值观、行为方式等将产生持久性影响。家庭教育的早期性、持久性与奠基性特点,对家庭教育立法在衡量本源价值时区别于学校教育与

---

〔6〕 全国人大常委会法工委发言人、研究室主任臧铁伟强调:《家庭教育法(草案)》一是规定了家庭教育工作基本原则;二是明确了父母或者其他监护人实施家庭教育的法定责任;三是规定了家庭教育干预制度明确公安机关、检察院、法院干预家庭教育的情形和主要措施,并对强制家庭教育指导实施作出规定。参见《家庭教育法草案来了! 公检法或可干预家庭教育》,载新华网 2021 年 1 月 19 日,https://www. xinhuanet. com。

〔7〕 2016 年 5 月,重庆市率先通过《重庆市家庭教育促进条例》,这是我国第一部家庭教育地方性法规。贵州省、山西省、江西省、江苏省、浙江省、安徽省等先后通过了家庭教育地方性法规。地方立法探索为我国家庭教育立法提供了诸多启示和经验,反映了通过立法促进家庭教育已成为全社会的热切期盼和共识。

〔8〕 林建军:《家庭教育法的调整对象及其逻辑起点》,载《河北法学》2021 年第 5 期。

社会教育。有学者指出："制定家庭教育法，调整对象的确定与表达是核心问题，调整对象在各类法律中均属基本性普遍性存在，同样也是家庭教育立法需要首先回答的最基本命题，影响到家庭教育法核心价值与内容体系的科学设定与表达。"[9]《家庭教育法（草案）》第45条规定："符合法定情形的，人民法院可以根据有关人员和单位申请，依法作出人身安全保护令。"南京市中级人民法院发出多份涉未成年人人身安全保护令标志着原有家庭教育领域家庭本位、家庭自治与个人本位主义已经很难满足目前家庭教育模式发展与优化的多元需求，以社会利益为本位的国家适度干预成为家庭教育领域的必需措施。

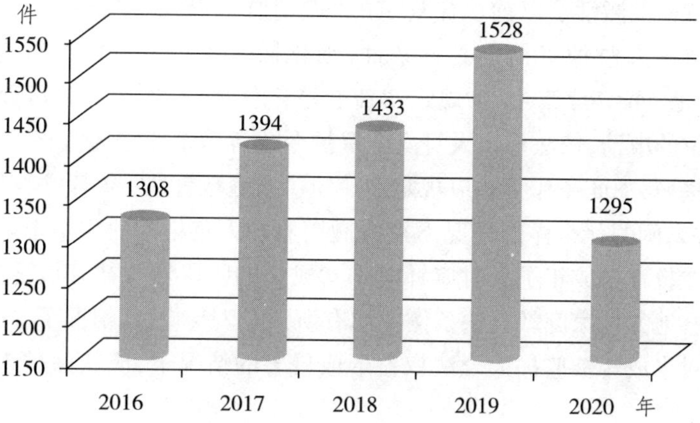


**图3　2016～2020年南京市基层法院受理涉及未成年抚养类纠纷案件数量**

资料来源：南京中院新闻发布会，参见《2020年度南京法院少年审判工作情况》，载南京中院网2021年5月25日，https://www.nanjing Intermediate People's Court。

如图3所示，2020年南京市一审法院受理涉及未成年抚养类纠纷共1295件，自2016年以来首次出现回落。其中抚养费纠纷546件，变更抚养关系纠纷561件，探望权纠纷87件。此类案件出现回落的主要原因在于家事审判的归并审理原则、调解优先原则，要求在离婚纠纷中一并处理未成年子女的抚养、探望问题，不得仅处理离婚问题，同时在家事案件中将调解贯穿整个案件的审理过程。[10] 笔者认为，针对离婚时抚养模式发生巨变，监护人家庭教育方式会随之

〔9〕 林建军：《家庭教育法的调整对象及其逻辑起点》，载《河北法学》2021年第5期。

〔10〕 资料来源：南京中院新闻发布会，参见《2020年度南京法院少年审判工作情况》，载南京中院网2021年5月25日，https://www.nanjing Intermediate People's Court。

发生变化,并可能会面临诸多难度与障碍。因父母离异、再婚或家庭关系不睦导致未成年人与父母或其他监护人关系紧张,不仅影响家庭教育,而且会增加监护人侵害未成年被监护人合法权益的可能性,有的监护人因家庭教育方式错误导致监护人资格被撤销。《家庭教育法(草案)》第 37 条规定强调:“人民法院在判决有未成年子女的夫妻离婚时,应对夫妻双方提供家庭教育指导。”但《家庭教育法(草案)》并未提供离婚时指导监护人进行家庭教育的具体方案。2014 年,民政部、最高人民法院、最高人民检察院、公安部等多部门联合发出《关于依法处理监护人侵害未成年人权益行为若干问题的意见》(以下简称《意见》),此举被认为在某种意义上激活了以前法律规定的“撤销监护权”法律条款。《意见》首次明晰撤销监护人监护资格的必备条件,细化撤销监护人资格的行为标准。[11]《家庭教育法(草案)》第 45 条规定:“符合法定情形的,人民法院可以根据有关人员和单位的申请,依法作出人身安全保护令或者撤销监护人资格。”[12]《未成年人保护法》第 108 条作了相应规定。[13] 但《家庭教育法(草案)》与《未成年人保护法》并未阐明什么样的情况下视为撤销监护人资格的法定情形。父母或其他监护人在教育未成年子女时应针对子女成长的阶段性规律开展适当教育,这一点在一些地方性家庭教育法条例中均有所涉及。[14] 通常情况下,在父母或其他监护人对未成年被监护人合法权益形成侵害的情况下,应从保护未成年人合

[11] 《意见》首次明确了依法撤销监护人监护资格的条件,细化了撤销监护人资格的监护侵害行为标准。

[12] 《家庭教育法(草案)》在家庭教育干预一章第 45 条特别强调,公安机关、人民检察院、人民法院在办理案件中,发现父母或者其他监护人实施家庭教育过程中有侵害未成年人合法权益行为的,根据情节可以予以训诫,必要时做出改进家庭教育督促令;拒不改正的,做出责令接受家庭教育指导的决定。

[13] 《未成年人保护法》第 108 条规定:“父母或者其他监护人不依法履行监护职责或者严重侵害被监护的未成年人合法权益的,人民法院可以根据有关人员或者单位的申请依法作出人身安全保护令,或者撤销监护人资格。被撤销监护资格的父母或者其他监护人应当依法继续负担抚养费用。”

[14] 《安徽省家庭教育促进条例(草案)》中强调父母或其他监护人应针对未成年人的阶段性身心发展规律开展品德、习惯等多方面教育;《重庆市家庭教育促进条例》要求市人民政府在制定家庭教育大纲时应遵循未成年子女的年龄阶段和身心发展规律、特点等。

法权益目的出发,依据相应程序对未成年人的监护人进行变更。[15] 笔者认为,我国《家庭教育法(草案)》监护制度不足将成为保障未成年受害人权益的“瓶颈”。笔者建议立足我国现实,在《家庭教育法(草案)》相应立法与司法举措尚未到位时,突破中国家庭教育国情及立法习惯等,从子女利益最大化原则出发,立法上重构家庭教育新范式,并完善监护人监护权撤销制度十分重要。因此,对不履行监护职责或侵害被监护未成年人的合法权益,父母或其他监护人经有关单位多次教育仍不悔改,法院有权撤销其监护人资格。

## 二、家庭教育失范导致监护人资格被撤销司法实务反思

### (一)典型案件

**案件一:教育方法失当、撤销监护人资格案**[16]

林某,女,村民。于2004年生育小龙,但大家不知道小龙的生父是谁。小龙出生后一直随母亲林某生活。林某在学习与生活中对小龙疏于管教,且在实施教育过程中多次殴打小龙。

当地村干部及民警等多次找林某谈话,对林某进行批评教育,但林某并未悔改。2014年5月29日,林某因与小龙起冲突,再次用刀划伤小龙。2014年6月13日,该村委员会以林某经常对小龙实施家庭暴力严重损害小龙身心健康为由,向人民法院请求撤销林某对小龙的监护资格。

人民法院审理此案后认为,监护人应当履行监护人的监护职责,保护小龙的身心健康、关照小龙的生活,采取有效的方法对小龙进行家庭教育,履行应尽的

---

〔15〕 有研究认为,儿童家庭暴力对儿童可能带来的影响与伤害包括:因压力引起的疾病、忠诚观念的混乱和毁坏、缺乏信任、承担成人角色、把暴力与虐待视为正常、负罪感、孤独、羞耻、愤怒、缺乏信心、害怕重新回到暴力家庭等。参见李秀华:《儿童家庭暴力干预模式构想》,载《中华女子学院学报》2016年第3期。

〔16〕 69个侵害未成年人权益被撤销监护人资格案件,覆盖了《意见》中规定可以撤销监护人监护资格的情形的全部类型。包括性侵害、出卖、遗弃、虐待、暴力伤害、故意杀害未成年人,将未成年人置于无人监管和照看的状态,拒不履行监护职责长达6个月以上,有吸毒恶习或者由于服刑等原因无法履行监护职责,胁迫和利用未成年人乞讨,教唆和利用未成年人实施违法犯罪行为等多种情形。其中,又以遗弃或拒不履行监护职责案件有28例,占比高达41%;强奸、性侵和猥亵案件18例,占比近三成;虐待和暴力伤害案件11例,占比达16%。参见张维:《全国已有69例撤销监护权案件遗弃强奸虐待三类最为高发》,载《法制日报》2017年8月19日。

监护职责。但林某作为小龙的监护人,经常采取非打即骂等非理性的家暴手段对小龙长期虐待,其行为已严重损害小龙的身心健康发展,因此林某不宜担任儿子小龙的监护人。人民法院最终依照法律规定撤销了林某对儿子小龙的监护资格,与此同时,法院依法指定村委会作为小龙的监护人。

**案件二:家庭教育施暴难逃刑事处罚——杨某某虐待案**〔17〕

杨某某(女)与李某(男)婚后育有一女李某某(2009年5月生)。杨某某经常发现女儿李某某偷拿他们夫妻及同学的钱物,在多次教育未果的情况下,杨某某多次用喂粪便恐吓女儿,并用殴打、打耳光等方式,致女儿李某某身体多处受伤。学校及相关部门领导多次与杨某某沟通,让杨某某注意对孩子进行家庭教育的方法。但杨某某仍不思悔改,听说李某某向同学要钱,便用木棍与其他工具等殴打李某某,老师发现李某某被打,很快报警并将李某某送到医院救治。经司法鉴定,李某某伤势已构成轻伤。杨某某因构成虐待罪被无锡市某区法院判处有期徒刑9个月,缓刑1年。

### (二)思考与启示

1. 监护权是一种权利,更蕴含法定责任与义务。父母作为未成年子女的法定监护人,有保护未成年子女身体健康,照顾未成年子女教育、生活及日常管理等法定职责。根据《民法典》的规定,父母或其他监护人不依法履行监护职责,严重侵害被监护未成年人合法权益的,有关个人或组织可依法申请撤销其监护人资格,并依法指定监护人。在重新指定监护人时,如没有依法具有监护资格的人,一般由民政部门担任监护人,也可由具备履行监护职责条件的被监护人住所地的居民委员会、村民委员会担任。〔18〕

2. 典型案件的处理彰显法律公平与公正。典型案件的处理对许多不认真履

〔17〕 本案中学校老师积极履行反家暴强制报告职责,具有很强的示范性和导向性。无锡市惠山区人民法院从未成年人身心健康成长的长远视角考虑,分析案情起因、行为目的以及亲情伦理修复,并认真听取未成年子女的真实想法,精准把握法、德、情、理的分寸,作出缓刑判决,体现了司法温度,对家事升级为刑事类亲情伤害案件审判具有指导性意义。本案源于江苏妇女联合会2019年发布的典型案例。

〔18〕 依照原《民法总则》第36条,《教育法》第3、5、6、43条及《民事诉讼法》第178条的规定,国家机关和社会组织兜底监护规定是家庭监护的重要补充,是保护未成年人合法权益的坚强后盾。未成年人健康成长需要全社会协同发力,建立起全方位的权益保障体系,为国家希望和未来保驾护航。案例中对刘某监护资格应变更。

行监护责任、未尽家庭教育职责、伤害甚至虐待未成年人的父母或其他监护人是一种有力震慑，对“打是亲、骂是爱”“家庭暴力是教育子女的工具与技术”的传统观念形成强烈冲击，进而降低对未成年子女的伤害。在对未成年人的保护成为法律常识和自觉后，监护人会珍惜监护权，并能更好地履行监护职责。例如，在案件一中法院主动探索由村委会作为申请主体申请监护人监护失当，撤销监护人监护权是有价值的探讨。根据有关法律规定，在没有其他近亲属和朋友可担任监护人的情况下，根据被监护人成长最佳原则，法官指定村民委员会担任小龙的监护人，通过充分发挥审判职能作用向社会传递对未成年人的关爱信息。此外，法院还积极与当地市、县相关部门沟通，对小龙做了生活与学习等各方面妥善安置，切实保护未成年人的合法权益。〔19〕

3. 撤销监护权彰显了国家最大限度保护未成年人合法权益的态度与立场。我国《民法典》等36条规定：“监护人有下列情形之一的，人民法院根据有关个人或者组织的申请，撤销其监护人资格，安排必要的临时监护措施，并按照最有利于被监护人的原则依法指定监护人：（一）实施严重损害被监护人身心健康行为的；（二）怠于履行监护职责，或者无法履行监护职责并且拒绝将监护职责部分或者全部委托给他人，导致被监护人处于危困状态的；（三）实施严重侵害被监护人合法权益的其他行为的。本条规定的有关个人和组织包括：其他依法具有监护资格的人，居民委员会、村民委员会、学校、医疗机构、妇女联合会、残疾人联合会、未成年人保护组织、依法设立的老年人组织、民政部门等。前款规定的个人和民政部门以外的组织未及时向人民法院申请撤销监护人资格的，民政部门应当向人民法院申请。”有关个人或组织包括：未成年子女的父母、祖父母、外祖父母、兄、姐、关系密切的其他亲属、朋友，以及未成年父母所在单位、未成年人住所地的村（居）民委员会或者民政部门，均有权向人民法院申请撤销实施侵害行为的监护人监护权。案件二是因母亲对子女家庭教育方式存在严重错误甚至导致犯罪引发的刑事案件。案件对许多父母或其他监护人具有重要的警示作用：如果采用打骂、伤害等简单粗暴方式教育孩子导致严重后果，父母或其他监护人应

〔19〕《意见》对各级人民法院处理监护权撤销案件的相关问题作了较为明确的规定。我国有关监护权撤销制度的规定体现在《民法典》第34条和《未成年人保护法》第53条。本案在《意见》出台之前即做出撤销监护人资格的判决，开我国撤销监护权之先例，直接推动了《意见》颁布，为《意见》中有关有权申请撤销监护人资格的主体及撤销后安置问题等规定出台，贡献了实践经验。

根据法律规定承担刑事责任。撤销监护人资格制度旨在确保子女接受安全、有效的家庭教育,保障未成年子女有健康、快乐的生存与成长环境。但实践中撤销监护人资格制度曾被称为"沉睡的制度"。《意见》中涉及申请撤销监护人资格的主体规定及监护权撤销后未成年人生活与学习安置问题等规定,为法院同类案件如何有效保护未成年人权益,提供了实践经验与范式。此类案件处理在一定程度上激活了监护权撤销制度的内在生命力,使之具有法律适用性确保未成年人作为受害人的真实表达意愿。通过多机构联动,全面了解监护人人选等内容,给法院裁判提供一定依据。此外,这种处理方式还能够推动未成年人充分表达意愿,保护未成年人个人隐私,确保未成年人在重新指定适格监护人后能身心健康地成长。法律对撤销监护人资格很慎重,需要监护人达到严重侵害被监护人健康成长和基本生存的程度。基于追求被监护未成年人利益最大化原则,只有在监护人严重侵害未成年人权益的情形下,才可判决撤销监护人资格。

4. 监护人抚养与教育未成年人不仅是亲情的呼唤与需求,亦是法定义务。实践中,撤销监护人资格只适用极少数特别严重的情形。如果撤销监护人资格的条件过于宽松,不仅不利于保护未成年人利益,也会给家庭带来破坏性后果,引发系列社会问题。"监护人资格被撤销后,并不意味着永远丧失监护资格,在一定条件下还可以恢复。"[20]本条适用对象仅限于被监护人父母或者是其他监护人。因为,对未成年人而言,父母或其他监护人对其不仅仅具有监护人意义,更重要的是具有精神、情感与生命的寄托,其最终目的仍是最大限度地保障被监护人的利益。《意见》的有效实施,将撤销监护人资格制度从沉睡状态唤醒。2016 年 5 月 31 日,最高人民法院向社会公示 12 起因侵犯未成年人权益监护人

---

〔20〕《民法典》第 38 条规定:"被监护人的父母或者子女被人民法院撤销监护人资格后,除对被监护人实施故意犯罪的外,确有悔改表现的,经其申请,人民法院可以在尊重被监护人真实意愿的前提下,视情况恢复其监护人资格,人民法院指定的监护人与被监护人的监护关系同时终止。"

监护资格被撤销的典型案例。[21] 这标志着全国多地未成年人受到监护人的侵害后，已受到监护制度的有效保护。

5. 撤销监护人资格案件涉及诸多争议。关于如何追究侵权监护人责任的问题。司法实践中，撤销监护人资格“易”，但由谁担任监护人“难”，如何确定新监护人面临新挑战。根据我国《民法典》第36条、《未成年人保护法》第108条以及其他法律规定，我国监护人资格撤销未作财产监护资格与人身监护资格各自相对独立撤销的区分性法律规定，这就导致司法实践中，撤销监护人的监护资格不是部分撤销而是全部撤销。现实生活中，被申请撤销监护资格的人可能仅涉及被撤销人身监护资格或财产监护资格，但在具体法律适用时则被撤销全部监护责任。如何采取更有力措施或方式处理因家庭教育失当导致监护权撤销仍值得关注。

6. 强化监护人撤销制度是保护未成年人合法权益的有效路径。在司法实践层面，在一些涉及监护权撤销案件中，呈现了对未成年人权益保护的重要作用。《家庭教育法(草案)》有关监护权规定出现诸多难以适应社会现实发展的新问题，对完善有关监护制度提出现实诉求。因此，监护立法方面制度应为未成年被监护人提供更科学、规范与体系化的制度保障。对侵害未成年子女、严重影响未成年人身心健康的监护人，可依照法律规定，撤销其监护权，另行指定监护人；对情节特别恶劣、后果严重的，还可以以虐待罪、遗弃罪、故意伤害罪等多种罪名追究监护人的刑事责任。在有效保护未成年人合法权益的目标下，法院应充分调动司法能动性，注意与公安、民政、妇联、学校、医院、社工组织等机关单位、社会团体形成联动，分工协作，对缺乏父母监护、缺少家庭关爱的未成年人的生活、学习、心理辅导等作出妥善安置，使其安全健康成长。监护权撤销制度的设立初衷在于以公权力介入补私权自治之不足，确保监护权的正确行使，进而有效维护未成年人的合法权益。家庭教育法视角下的监护权彰显了亲情家庭属性，更关注

---

〔21〕 最高人民法院公布12起侵害未成年人权益被撤销监护人资格的典型案件(基于对未成年人隐私保护，不列出具体案卷号)。其中包括：(1)林某某被撤销监护人资格案；(2)邵某某、王某某被撤销监护人资格案；(3)岳某某被撤销监护人资格案；(4)徐某被撤销监护人资格案；(5)耿某某、马某被撤销监护人资格案；(6)何某某被撤销监护人资格案；(7)周某被撤销监护人资格案；(8)何某某被撤销监护人资格案；(9)王某被撤销监护人资格案；(10)卢某某被撤销监护人资格案；(11)卿某某被撤销监护人资格案；(12)吴某某被撤销监护人资格案。参见最高人民法院《关于侵害未成年人权益被撤销监护人资格典型案件》，载中华人民共和国最高人民法院网2016年5月31日，http://www.court.gov.cn/zixun-xiangqing-21481.html。

监护权撤销前的干预监督及事后的安置,力求在合乎制度诉求价值底线的前提下促成被撤销监护权的再度回归。[22] 上述撤销监护权案件折射出家庭教育不足的问题。《家庭教育法(草案)》有关监护权撤销制度恰恰是对未成年人合法权益保障的重要制度之一。世界上许多国家都从保护未成年人成长角度设计父母或其他监护人监护权撤销制度或类似制度。[23] 我国法律规定了父母监护权撤销制度,但还存在不完善之处。基于未成年人的特殊身份利益,保障未成年人权益具有显著公益性,国家应给予必要保护。涉及未成年人家事审判应遵循儿童优先保护与儿童利益最大化等原则。涉未成年人利益保护的规定散见于其他法律文件中,这些规定尽管为家事服务工作提供了基本支持,但仍存在遗憾与不足,表现为缺少上位法的导向性指引,体系化不足、部分法律规范前后矛盾与冲突,缺乏协调性,缺乏保障未成年人利益最大化的具体法律程序和相关法律规定。

## 三、监护人资格被撤销制度相关经验借鉴与启示

2017 年美国有关部门收到的虐待儿童报案共涉及 350 万名儿童,比 2013 年增长 10%;经调查确定为虐待受害者的儿童有约 67.4 万名,比 2013 年增长 2.7%,其中 1720 名儿童死亡;受虐儿童中被身体虐待的占 18.3%,被性虐待的占 8.6%。印第安纳州是儿童受虐问题最严重的州,仅 2016 年 7 月 1 日至 2017 年 6 月 30 日该州就有 65 名儿童因受虐而死。[24] 据 2015 ~ 2017 年的数据统计,美国每年约有 91% 受虐待儿童的施虐者是儿童的父母。[25] 美国政府设有专门儿童保护部门,全程参与案件处理的各个阶段。如果案件需要开展调查,评估儿

---

〔22〕 彭刚:《剥夺与回归:我国未成年人监护权撤销制度的建构机理及其完善》,载《宁夏社会科学》2015 年第 4 期。

〔23〕 张加林:《父母监护权撤销制度研究》,载《学术论坛》2010 年第 5 期。

〔24〕 参见美国卫生及公共服务部下属的儿童与家庭管理局:《虐待儿童报告》,2019 年 1 月 28 日发布。

〔25〕 面对虐待儿童事件,美国儿童保护机构可代表儿童向法院提出家庭寄养(foster case,即指将因家庭遭受变故、失依、失养或遭虐待等情事之儿童及少年安置于适合的家庭,接受寄养,并于适当时机可返回其家庭申请,并提起暂时监护少年保护终止父母权利等民事诉讼)。根据 1974 年通过的《儿童虐待预防与处理法案》,美国形成了包括虐待与疏于照顾的认定、强制报告制度、调查评估、紧急救助措施和临时安置、司法程序介入和最终安置在内的一整套处理和安置受暴儿童制度。

童留在原来家庭中是否安全；在儿童面临生命、严重身体伤害、暴力威胁等紧急情况下儿童保护部门可以不经父母同意将孩子带离家庭，也可以寻求警察帮助或征得法院签署“单方紧急监护令”。如果父母被起诉撤销监护权，法院会根据案件的不同情况作出不同裁决。在美国，监护人被撤销监护后，不但会失去监护未成年人的资格，而且连探视机会也会被剥夺，因此剥夺监护人资格是由政府儿童福利部门提起单独诉讼。[26] 我国台湾地区有关民事规定，规定了未成年人监护和禁治产人之监护；在我国台湾地区、澳门特别行政区，未成年人的父亲或母亲、亲友、行政机构、某些民间机构都有权提起诉讼。我国《民法典》规定了广义监护制度，并包含亲权部分内容。目前我国内地（大陆）因教育失当而撤销监护资格案件的比例相对较少。笔者认为可以肯定并借鉴一些国家和地区的经验并推进我国家庭教育法趋于完善。

## 四、完善《家庭教育法（草案）》监护权撤销制度的建议

《家庭教育法（草案）》第45条及《民法典》第36条规定均涉及监护人资格撤销问题。[27] 但上述两个条款内容过于简单、笼统，可操作性差，法律适用范围狭窄。因此有必要在基本法和部门法层面确立儿童利益最大化法律原则；保障儿童表达意见的权利和诉讼参与权；从司法层面看，确认儿童的诉讼主体地位，确立涉儿童家事案件职权探知、职权调查原则，建立专业化的家事审判机构。[28] 监护权撤销制度应包括监护人监护权撤销原因、程序、与监护权撤销后监护人重新指定及被监护人安置措施等方面，结合我国的本土情况，借鉴其他国家的有益做法，进一步健全和完善。

1. 从未成年人视角进一步规范监护权撤销制度。因家庭教育失范导致监护权被撤销制度的设计核心理念是最大限度地保障未成年人的合法权益，保障未成年人健康成长，这是世界上诸多国家在建构监护制度时遵循的重要原则之一。

---

〔26〕 在美国，如果父母被起诉撤销监护权，法院根据案件不同情况会作出不同裁决。例如：(1)儿童继续留在家中，法庭不应对家庭进行干预；(2)将孩子带离家庭，保留父母监护人资格，但父母需要配合完成社会儿童机构或法庭家庭团聚计划；(3)终止父母监护人资格，取消父母的一切权利，将儿童安置在有能力的亲属家庭或者通过寄养或收养等形式予以最终安置。

〔27〕 《家庭教育法（草案）》第45条规定：“符合法定情形的，人民法院可以根据有关人员和单位的申请，依法作出人身安全保护令或者撤销监护人资格。”

〔28〕 陈爱武：《家事诉讼与儿童利益保护》，载《北方法学》2016年第6期。

有学者认为,国家为保障未成年人的学习权而对其父母进行家庭教育指导监督、规范引导很有必要。[29]《家庭教育法(草案)》第2条强调:"本法所称家庭教育,是指父母或者其他监护人对未成年人实施的、以促进其健康成长为目的的引导和影响。"《家庭教育法(草案)》第4条明确:"未成年人的父母或者其他监护人是实施家庭教育的责任主体。政府、学校、社会为家庭教育提供支持,促进家庭教育。必要时,国家对家庭教育进行干预。"[30]未成年人父母或者其他监护人拒绝或者怠于履行家庭教育责任、实施家庭教育不当,导致未成年人行为出现偏差或者合法权益受到损害时,就意味着家庭教育实施出现了严重问题,应当予以必要干预。[31] 上述规定虽简洁,但蕴含意义重大。应当慎重选择对未成年人有教育、监护资格的人。父母或其他监护人的教育可能会影响子女的一生,因此父母或其他监护人应全力对未成年子女进行规范管理和教育,妥善照顾未成年子女的生活,促进子女的身心健康发展。家庭教育立法明晰学校教育和家庭教育的职责范畴,使其各司其职,并进一步提出父母或监护人的责任。[32] 笔者认为,因《家庭教育法(草案)》对家庭教育法视野下未成年人监护制度规制有局限,导致在《家庭教育法(草案)》中监护制度的核心问题未能得到足够重视。在社会联系愈发紧密的今天,家庭教育不再是传统的私人事务,更多地体现为社会化公共事务。我国台湾地区早在2003年便颁布了"家庭教育法"。[33] 我国《家庭教育法(草案)》已于2021年1月20日提请第十三届人大常委会第二十五次会议审议,制定全国性家庭教育法正式提上立法议程。完善《家庭教育法(草案)》中的

---

〔29〕 林建军:《家庭教育法的调整对象及其逻辑起点》,载《河北法学》2021年第5期。

〔30〕 《家庭教育法(草案)》第4条规定,未成年人父母或者其他监护人是实施家庭教育的责任主体。政府、学校、社会为家庭教育提供支持,促进家庭教育。必要时,国家对家庭教育进行干预。

〔31〕 《家庭教育法(草案)》第15条规定,未成年人的父母分居或者离异的,任何一方不得拒绝或者怠于履行实施家庭教育的责任,但被人民法院裁判做出人身安全保护令的或者被中止探望的除外。

〔32〕 《家庭教育法(草案)》明确了公安机关、人民检察院、人民法院干预家庭教育的情形和主要措施,并对强制家庭教育指导实施作出规定。《家庭教育法(草案)》提出,父母或者其他监护人有对未成年人实施家庭教育的权利和义务。未成年人父母分居或者离异的,任何一方不得拒绝或者怠于履行实施家庭教育的责任,但被人民法院裁判作出人身安全保护令的或者被中止探望的除外。

〔33〕 我国台湾地区有关家庭教育规定指出,家庭教育应包括亲职教育、子职教育、两性教育、婚姻教育、伦理教育、家庭资源与管理教育、其他家庭教育事项等。

监护制度、提升监护人监护能力、必要时撤销监护人监护资格等内容势在必行。有学者认为,"确定家庭教育法律关系,应遵循法律关系生成的内在机理,以未成年人的学习权在家庭与国家的实现为逻辑起点展开推演"。[34]《家庭教育法(草案)》提出要从不同视角保障家庭教育质量,促进未成年人的健康发展,并在家庭教育与监护制度等方面采取全面保护措施。撤销监护权制度在一定程度上对救济因家庭教育不当陷入困境的未成年人以及维护社会公平正义具有重要意义。

2. 扩大撤销监护权申请主体范围。基于法律间的协调性,《民法典》规定的撤销监护权的申请主体范围相对狭窄,可操作性较差,实践中部分申请撤销监护权的人主动性弱或因客观条件制约难以启动诉讼程序。有学者建议将检察院纳入申请范围是解决难题的有效措施。[35] 笔者认同这一观点。从保障未成年人利益最大化原则出发,将检察院纳入有权申请监护权撤销的主体范围很有必要。例如,父母对未成年人在实施家庭教育时触犯刑法,涉嫌虐待罪被检察院提起公诉后,如果进入监护权撤销程序,需检察院通知有撤销申请资格主体或向民政部门发出检察建议,是否申请撤销还取决于对这些主体的考量,因程序复杂,若民政部门或相关部门未提起申请撤销监护权诉讼,未成年人则会陷入监护权待定之摇摆与尴尬中。如果直接在法律上赋权检察院,则会改变监护权待定之困境。理由如下:第一,确保及时救助陷入监护权待定的未成年人。检察机关在处理涉监护权的刑事案件时可同步启动撤销监护人监护权之诉。因检察机关对案件了解程度较深且掌握了相关证据,可以及时保障未成年子女的合法权益,同时有利于节约司法资源与成本。第二,检察院主动启动监护权撤销程序,可以及时弥补申请主体主动性不足之缺憾。第三,检察机关行使申请撤销监护权须保持适当谨慎态度,这是国家干预谦抑性的要求。[36] 由检察院主动积极启动撤销监护权诉讼程序,将更坚定地表明国家层面保障未成年人合法权益,提升家庭教育质量的态度与决心。

3. 增加导致监护权撤销法定事由。在现实生活中,不能简单地认定监护权

---

〔34〕 林建军:《家庭教育法的调整对象及其逻辑起点》,载《河北法学》2021 年第 5 期。

〔35〕 赵卿、李庆:《未成年人检察公益诉讼制度构建研究——以全国首例民政部门申请撤销监护权案为例》,载《青少年犯罪问题》2015 年第 5 期。

〔36〕 彭幸:《论民事检察监督谦抑性机制的构建》,载《政法学刊》2017 年第 5 期。

撤销仅包括法定列举事由:虐待、遗弃、性侵、殴打等侵害身体状况后果严重的行为。[37] 笔者认为应将对未成年人语言或行为上刺激、侮骂、冷漠、无视、威胁或挖苦等行为视为精神伤害。在司法实践中,因精神伤害后果难以界定,因此常常被忽视。尽管对精神侵害程度与后果难以界定与列明,但仍可以从心理学、侵权责任构成等方面进行量化评估,以确定监护人实施的精神层面的侵害行为是否达到监护权需要被撤销的法定情形。

4. 明确监护权撤销内容。《家庭教育法(草案)》有关监护权撤销内容相对简单,未对监护权撤销的具体内容作出系统说明。在我国司法实践中,监护人监护权撤销均依照完全撤销监护权操作。所谓未成年人利益最大化原则,是强调针对保护未成年被监护人的监护措施需要全面化与精细化,更需要具体措施的精准落地。构建监护人监护权部分或全部监护权被撤销制度尤为重要。监护人部分监护权被撤销,是指监护人在监护的某个特定领域的权利被否定,转由其他监护人或监护机构接替,即不完全剥夺监护人的监护权,监护人与被监护人之间保持必要联系。笔者认为,《家庭教育法(草案)》中监护权撤销制度的设计可参考域外经验,即从人身和财产两个领域规范监护权撤销内容。例如,监护权部分撤销是国家适当而精准干预家庭教育的具体体现,同时为监护人留出反思与改正空间。对性侵、遗弃等主观恶性强,给未成年被监护人带来不可逆转的伤害后果时,则可以明确直接全部撤销。笔者认为可借鉴美国有关临时监护制度的规定,区分撤销财产权或人身权撤销。撤销人身权可以根据对人身权的侵害程度决定是否让被监护的未成年人脱离家庭,细分为由国家有关机构负责临时监护或将父母带走等。笔者建议在现有撤销监护权条件中补充以下内容:监护人对其被监护的未成年人实施犯罪行为并被判处刑罚;监护人未履行家庭教育职责,

---

[37] 《意见》第35条明确列举了下列法院可以判决撤销监护人资格的事由:(1)性侵害、出卖、遗弃、虐待、暴力伤害未成年人,严重损害未成年人身心健康的;(2)将未成年人置于无人监管和照看的状态,导致未成年人面临死亡或者严重伤害危险,经教育不改的;(3)拒不履行监护职责长达6个月以上,导致未成年人流离失所或者生活无着的;(4)有吸毒、赌博、长期酗酒等恶习无法正确履行监护职责或者由于服刑等原因无法履行监护职责,且拒绝将监护职责部分或者全部委托给他人,致使未成年人处于困境或者危险状态的;(5)胁迫诱骗、利用未成年人乞讨,经公安机关和未成年人救助保护机构等部门三次以上批评教育拒不改正,严重影响未成年人正常生活和学习的;(6)教唆、利用未成年人实施违法犯罪行为,情节恶劣的;(7)其他严重侵害未成年人合法权益行为。上述行为均是未成年人被严重侵害或者有被严重侵害的威胁、处于危困状态,如不撤销其监护人资格,将会造成严重损害后果的情况。

教唆或胁迫被监护的未成年人实施可能被判处有期徒刑以上严重犯罪行为的。监护人支持或放任他人对被监护的未成年子女实施犯罪行为。从家庭教育法的视角观察,当监护人实施严重的侵害行为或怠于履行监护职责时,国家将尽最大努力采取前置多维救济措施,包括撤销监护人的监护权等,构建相对科学、规范与人性化的前置干预机制。

5. 明确监护权撤销效力。不同的国家在监护权撤销效力方面的规制不一。法国有关法律规定亲权剥夺效力将延伸到整个家庭。例如,父母对特定子女实施侵害行为而被彻底否定亲权,父母不仅会丧失对特定子女的亲权,而且对其他子女的亲权也同时丧失;美国有关立法强调父母对子女实施严重人身伤害,如有预谋杀害或重伤行为的,便可进入撤销监护权的程序。在一些国家已达成共识:如果监护人对某个特定子女实施了严重侵害行为,那么该行为对其他子女会产生不同程度的威胁,这种威胁通过撤销监护权利得以解除。监护权撤销的效力延伸到其他子女的做法可以借鉴,但基于我国的立法传统、本土情况与社会环境,还需要进一步考量。用社会性别工具考量,一些监护人专门针对女童施暴,忽略或漠视被监护人等精神暴力经常发生。因此最终撤销监护权效力的评定将有赖于法官的自由裁量,但未来家庭教育法需要明确规定确保撤销监护权效力延伸或扩张的合法性、科学性与必要性。

## 五、结语

从家庭教育法视角切入,遵循系统、合理与严谨原则主要是为了提升家庭教育,把握父母或其他监护人撤销监护权的条件要求,并为多元化方式保护未成年人机制建设提供制度保障。如果监护人不履行监护职责或侵害未成年人合法权益,相关人员和有关单位可向法院启动监护权撤销诉讼。(1)司法实践中难以界定"不履行监护职责"的程度与标准。(2)因法律相关规定简单与模糊,不同法院会进行不同处理。(3)未成年人维权案件面临立案难、处理难的挑战。因此,法院在处理因家庭教育涉未成年人纠纷案件时,应落实法律规定的"保障未成年子女利益原则"。(4)注意加大监护监督力度,根据案件具体情况,对未成年子女及监护人进行双向救济。从利益最优视角保护监护人与被监护人之间的亲缘关系,进而体现法律对监护人监护权的尊重、谦抑性及谨慎性。(5)在监护人的监护权被撤销后,应赋予监护人对未成年被监护人的探视权,这既科学而人性化地保障了亲权最原始与最重要的内容,也有利于被监护人和监护人关系的重构。监护权被撤销后,赋予监护人部分积极主动接触被监护人的权利,有助于从实质上改善监护人与被监护人的关系,从而有效地提升家庭教育质量。综上,从家庭教育法视角下研究监护权撤销制度,有助于反思并改革传统家庭教育措施与方法,从不同维度完善与规范监护人监护权撤销制度,保障未成年人接受高质量家庭教育,进而最大限度地发挥家庭教育功能。

# 《民法典》第1053条的适用困境与解决

商允超*

在《民法典》第1053条规定的疾病婚撤销的案件中，存在对欺诈行为的惩罚与对病患利益的保护相冲突的裁判困境。考虑到社会普遍的讳疾观念，婚前患者的病情告知义务与隐私保护需求之间往往存在冲突。撤销婚姻后过错方的损害赔偿义务往往会挤压患者的治疗费用，加重患者的经济负担。此外，人身关系的贸然变动难免对重疾患者的病情产生不利影响。上述冲突的根源在于身份法律行为具有特殊性，在疾病婚撤销案件中机械适用传统的民法欺诈理论难以实现良好的社会效果，因而需要在结合医学诊断的基础上充分考量社会家庭因素，使裁判结果符合健康文明、和谐有序的社会主义婚姻家庭价值观。

## 一、疾病婚撤销案件裁判的现状检视

### （一）撤销疾病婚典型案例

**案例一：**曹某与宋某于2020年12月初通过网络认识并恋爱，2021年1月二人结婚。2021年2月曹某发现宋某患有尿毒症，并曾住院治疗。曹某以此为由起诉要求撤销婚姻。法院判决认为：宋某患有尿毒症，不适宜生孩子，属于重大疾病，宋某在结婚登记前未向曹某详尽告知其患病的事实，侵害了曹某的知情权，判决撤销曹某与宋某的婚姻关系。〔1〕

**案例二：**伦某2016年被诊断为精神分裂症，经药物治疗后好转，但未治愈。后经媒人介绍，方某认识了伦某，二人于2020年3月结婚，2020年7月方某发觉异常，遂带伦某前往医院检查方才得知伦某患病。方某起诉要求撤销婚姻，伦某

* 商允超，北京市门头沟区人民法院民一庭法官助理。

〔1〕 山东省聊城市阳谷县人民法院民事判决书，(2021)鲁1521民初954号。

的家人称曾告知媒人伦某患病,另外婚后伦某曾怀孕并人工流产。法院判决认为伦某与其家人未将伦某患病的事实在婚前告知方某,构成了隐瞒和欺诈,判决撤销方某与伦某的婚姻。[2]

**案例三:**汪某与郑某通过亲戚介绍在2020年5月认识,并于当月订婚同居,同居后汪某发觉郑某脾气暴躁,以为是性格问题。2020年12月二人正式结婚,婚后郑某作出自辱、自残等过激行为,汪某发现婚前某医院评量表显示郑某患重度抑郁症。汪某起诉撤销婚姻。郑某称自己之前因创业失败心情低落,结婚时已恢复正常,其未服用过治疗抑郁症的药物。法院认为撤销婚姻应当以疾病足以危及婚姻的本质为前提,汪某结婚应当审慎,且没有充分证据证明郑某患有抑郁症,判决驳回汪某的诉讼请求。[3]

### (二)疾病婚撤销的裁判难题

我国原《婚姻法》为了促进优生优育而规定疾病婚无效,《民法典》从尊重私权的角度将疾病婚由无效改为可撤销,体现了立法理念的进步。但是在司法实践中,对于如何认定重大疾病、如何判断是否构成欺诈以及如何厘清撤销婚姻与离婚的边界等问题尚存在争议。

1. 重大疾病的认定问题

社会生活的复杂性决定了民法概念的不确定性和高度抽象性,[4]亦如《民法典》第1053条规定中的"重大疾病",考虑到现实世界中疾病种类繁多,法律在客观上无法将其周延列明。目前学界及实务界有主张认为《民法典》第1053条"重大疾病"可以参考《母婴保健法》及卫生部的有关规定进行认定。[5] 考察我国历次颁布的《婚姻法》及《母婴保健法》,对禁婚疾病的认识存在演化过程,其变化受到医学发展水平、特殊群体利益保护以及社会婚恋观念等因素的影响(见表1)。

以麻风病[6]为例,1950年《婚姻法》将其列为禁婚疾病,随着医学水平的提

---

[2] 四川省凉山彝族自治州越西县人民法院民事判决书,(2021)川3434民初426号。

[3] 浙江省金华市婺城区人民法院民事判决书,(2021)浙0702民初1387号。

[4] 赵万一:《民法的伦理分析》,法律出版社2003年版,第7页。

[5] 夏吟兰:《婚姻家庭编的创新和发展》,载《中国法学》2020年第4期;江必新、夏道虎主编:《中华人民共和国民法典重点条文实务详解》(下),人民法院出版社2020年版,第1041页。

[6] 麻风病:由麻风杆菌引起的慢性传染病,症状为麻木性皮损,神经粗大,严重者甚至肢端残疾。

高,麻风病取得了很好的治疗效果,故 1980 年《婚姻法》将其从禁婚疾病中删除。[7] 再如,为了保障老年群体的婚姻自由,1980 年《婚姻法》第 6 条将不能发生性行为的生理缺陷从禁婚疾病中删除。此外,人工生殖技术的发展为存在生殖障碍但希望生育子女的夫妻提供了新的解决方案,使基于生物功能的性生活不再是婚姻的必要条件,弱化了性行为与生育行为之间的必然联系。[8] 丁克家庭、无性婚姻等新的社会婚恋观也使一些人们不再将生殖疾病、遗传疾病视为婚姻的障碍。

**表 1　禁婚疾病的演化**

| 年份 | 法律条数 | 具体内容 |
| --- | --- | --- |
| 1950 | 《婚姻法》第 5 条 | 患花柳病(性病)或精神失常未经治愈,患麻风或其他在医学上认为不应结婚之疾病者禁止结婚 |
| 1980 | 《婚姻法》第 6 条 | 患麻风病未经治愈或患其他在医学上认为不应当结婚的疾病 |
| 1994 | 《母婴保健法》第 8 条 | 婚前医学检查包括对下列疾病的检查:(1)严重遗传性疾病;(2)指定传染病;(3)有关精神病 |
| 2001 | 《婚姻法》第 7 条 | 患有医学上认为不应当结婚的疾病禁止结婚 |
| 2002 | 《婚前保健工作规范》第 2 条 | 除在《母婴保健法》条款中规定的三类疾病外,还包括影响结婚和生育的有关重要器官疾病,如心、肝、肺、肾等疾病、糖尿病、甲状腺机能亢进症及生殖器官疾病 |

实践中,对疾病的认知并非局限于医学领域,文化、宗教、社会以及法律也在不断塑造和改变着人们对重大疾病的认知。[9] 以案例一为例,法院认定尿毒症构成重大疾病的原因是患者不能生育子女,因此判决撤销婚姻,这样的裁判逻辑系建立在婚姻以繁衍生育为目的之基础上,但当事人请求撤销婚姻究竟是因为尿毒症影响生育,还是家庭无力负担透析治疗费用,抑或逃避照料义务,需要法官审慎加以考证。此外,虽然出于优生优育的考虑不建议尿毒症患者生育,但并非患者一定不能生育子女,长期接受透析治疗也不会影响患者正常的社会功能。

---

〔7〕 黄薇主编:《中华人民共和国民法典释义》,法律出版社 2020 年版,第 1969 页。

〔8〕 夏吟兰:《家事法专论》,中国政法大学出版社 2020 年版,第 8 页。

〔9〕 易军:《身体与法律——基于中国共产党婚姻立法史的考察》,载《北方法学》2018 年第 2 期。

倘若轻症尿毒症患者已经怀孕产子,或者其配偶接受丁克家庭、人工生殖技术以及收养子女等替代方案,则是否应撤销婚姻值得进一步讨论。

2. 欺诈的认定问题

首先,当事人是否陷入错误认识的认定较为困难。传统的民法欺诈理论认为,欺诈使人们陷入错误认识,基于错误认识而做出意思表示,由此形成的民事法律关系得以被撤销。然而,只有理性认识才存在正确或错误的二元划分,恋爱与婚姻往往更多依靠的是人们的感性认识,感性认识并不强调对利害得失的精确计算,因而很难做出正确与否的判断。并且,有时无过错方并非因对方患有重大疾病才希望撤销婚姻关系,而是因为欺瞒行为破坏了双方之间的信任,导致以信任为基础的夫妻感情破裂,倘若如此则并不符合撤销婚姻的法律构成要件,而是属于应予离婚的情形。

其次,是否构成欺诈还需要考虑疾病告知义务的履行程度问题。《民法典》第1053条规定了患病方婚前的疾病告知义务,但不同于一般的给付义务,告知义务的履行程度往往存在较大差别。考虑到现实中人们的讳疾思想,以委婉含蓄的方式告知对方患病情况是否属于未适当履行告知义务,未尽详细地披露病因、病史、症状、治疗情况等是否属于未履行告知义务等问题有待探讨。

最后,媒妁之言下的婚姻还涉及居间欺诈的问题。例如在案例二中,患病一方家属主张曾经告知媒人伦某患病,但是媒人未将伦某患病的情况告知方某,如此媒人作为婚姻居间人未履行告知义务时,是否可以撤销婚姻等问题也值得探讨。

3. 撤销婚姻与离婚的竞合冲突

撤销婚姻纠纷与离婚纠纷都可以达到终止人身关系的目的,但二者依据的事实、请求权基础、法律效果以及背后的法理逻辑却大相径庭。离婚诉讼以感情破裂为标准,而现实生活中感情破裂可能是双方经历、性格、生活习惯、经济状况等多种因素共同作用的结果,如果一方患有重大疾病的情形夹杂在其中,极易导致撤销婚姻与离婚之间的边界不清,而不当扩大疾病婚撤销权的行使范围。

现实中并不排除一些人为了达到遗弃患病配偶、脱离照料义务的目的而滥用婚姻撤销权的情形,违背家庭成员之间和睦团结、互相关爱扶助的法律精神和道德传统。例如在案例三中,如何区分汪某是因为郑某婚前患有抑郁症而主张撤销婚姻,还是因为夫妻婚后感情不和,通过婚姻撤销制度实现终止婚姻关系的目的往往难以甄别。

此外,离婚与撤销婚姻的不同财产处理规则会对外部债务清偿产生影响,如果不能厘清离婚与撤销婚姻的边界，则极有可能出现本应起诉离婚的当事人为了规避离婚导致的财产减损而滥用婚姻撤销制度，甚至出现侵害债权人利益的虚假诉讼。

## 二、疾病婚撤销案件背后的挑战与冲突

婚姻家庭关系作为人身关系有别于财产关系，其受到诸多非理性因素的影响，各种利益的平衡较为复杂，导致民法所强调的形式理性在婚姻家庭纠纷的司法裁判中失灵，单纯依照条文规定机械裁判难以实现良好的社会效果，在具体适用法律条文时法官需要处理多重冲突。

### （一）多元化婚姻价值观念的挑战

婚姻观念习俗具有民族性、地域性、时代性以及个体差异性。我国传统的婚姻观念将婚姻视为义务，如《礼记·昏义》有云："婚姻者合二姓之好，以上事宗庙，以下继后世。"我国传统传宗接代的义务式婚姻体现了浓厚的封建宗族色彩。新中国成立后，立法逐渐瓦解了漠视子女利益的包办强迫、男尊女卑的封建婚姻。在西方，受基督教的影响，中世纪时人们将婚姻视为自然人的义务，忽视个人幸福与自由。[10] 启蒙运动之后，在自由主义思潮的影响下，西方的婚姻观念开始崇尚个人的自由和满足。

我国幅员辽阔，不同民族的婚恋风俗习惯各异，不同地域的社会发展程度不一，加之受西方婚恋观念影响，导致当前我国公民的婚姻观念呈现多元化的特点，给司法裁判带来了挑战。例如，在传宗接代的婚姻观念下，影响后代健康的遗传疾病、影响夫妻生活的性生殖疾病无疑都能被归为可撤销婚姻的"重大疾病"。但如今，单纯注重精神与情感联结的无性婚姻，坚持不生育子女的丁克家庭，丧偶老人以精神陪伴和相互照料为目的再婚等，都极大地弱化了性生殖疾病、遗传疾病对婚姻的影响。考虑到同一种疾病对婚姻可能产生的影响千差万别，因此个案的裁判需要更加灵活。

### （二）惩罚欺诈行为与保护患者权益之间的价值冲突

在司法实践中，重大疾病撤销婚姻面临如何平衡对欺诈者的惩罚与弱势者

---

〔10〕［比利时］让·克洛德·布洛涅：《西方婚姻史》，赵克非译，上海文化出版社2020年版，第83～88页。

的保护之间关系的问题。

隐瞒重大疾病是对关乎缔结婚姻的决定性条件进行了隐瞒或做出虚假表示,属于欺诈。按照民法理论,民事交往奉行意思自治原则。一方婚前隐瞒重大疾病的行为使另一方作出与之结婚的意思表示出现瑕疵,损害了缔结婚姻的自由,破坏了婚姻自由原则。为了矫正当事人被干扰的自由意志,法律赋予了被欺诈一方婚姻撤销权与离婚损害赔偿请求权,如此体现对欺诈行为的惩罚和对被欺诈一方的救济,以符合形式正义之要求。

然而,司法实践中过分追求形式正义将忽略不同社会因素所致的个体差异,从而影响实质正义的实现。婚姻家庭规范倡导人本主义,提倡利他奉献精神,强调对家庭成员中弱势方的保护。[11] 虽然患病一方存在欺诈行为,但重疾缠身的患者可能是家庭成员中相对弱势一方,同样应当受到关注与保护。如果贸然撤销婚姻,则患者的病情可能因生活状态的改变而恶化;此外,治疗疾病需要支出医疗费,加诸患者损害赔偿义务对本就需要负担高额医疗支出的患者而言无疑是雪上加霜。

如此看来,司法裁判可能陷入对同一民事法律关系中的同一主体于“理”而论要惩罚但于“情”而言又要保护的两难境地。法官需要充分发挥裁判智慧,运用灵活细腻的裁判技术,巧妙平衡惩罚欺诈行为与保护病患之间的关系,实现建立在形式正义基础之上的实质正义。

### (三)告知义务与隐私权之间的冲突

重大疾病对任何人而言都属敏感话题,属于个人隐私。早在公元前500年“希波克拉底誓词”便要求医生对患者的疾病予以保密,如今仍有许多医学院的毕业生宣誓时以此作为誓词。[12] 在我国,普遍观念也认为生理缺陷或重大疾病属于“家丑”不可外扬。因此,现实中患者的疾病告知义务与其隐私权之间产生了潜在的冲突。

过分加诸患者详细的疾病告知义务可能与社会经验做法相悖。即便是家庭成员之间也应当保留一定的隐私权,而在媒妁之言及自由恋爱阶段,双方未形成特别的民事结合关系,而《民法典》第1053条仅规定了婚前隐瞒重大疾病情形下的婚姻撤销权,并未明确规定患者婚前负有向他人告知自身疾病的法定义务,因

---

〔11〕 巫昌祯、夏吟兰:《〈民法典·婚姻家庭编〉之我见》,载《政法论坛》2003年第1期。

〔12〕 [英]查尔斯·福斯特:《医事法》,刘文戈译,译林出版社2020年版,第32页。

此告知重大疾病尚属于患者的“道德义务”。而在现实生活中,倘若患者贸然透露自身病情,则存在双方感情终止、个人隐私泄露、社会评价降低乃至遭受他人歧视等风险,重疾患者出于保护自身隐私的考虑难免会选择在婚前隐瞒病情。

## 三、将社会因素纳入裁判考量的理论基础

婚姻撤销权属于形成权,仅依据单方意思表示便可以改变当事人之间的法律关系,司法裁判所面临的问题在于是否可以将社会因素纳入婚姻撤销案件的考量范围,个案裁判中考量社会因素的法理基础何在,以及在婚姻撤销纠纷中司法权可以在多大程度上介入当事人的意思自治中。

从立法体例的结构来看,《民法典》采用总则与分则的体例结构,其中总则编为共性规定,分则编为个性规定。撤销权之一般性规定见于《民法典》总则编第 148 条,第 1053 条婚姻撤销权的规定属于总则编第 148 条在婚姻家庭领域的具体应用,正是由于婚姻撤销权的特殊性使其在《民法典》中具有相对独立的地位。

首先,婚姻家庭所具有的特殊社会功能导致其影响已然超出纯粹私人意思自治之范围,并且使婚姻关系由伦理道德进行调整逐渐上升到由法律加以规范。婚姻关系是基于自然法则而产生的社会关系,人们通过缔结婚姻组成家庭,家庭作为基本的社会单元,其承担着社会生产消费、繁衍生育、赡养保障等促进社会进步与维护社会稳定的功能。所谓家和万事兴,家固天下稳,不当撤销婚姻所致的家庭分裂不仅会引发家庭危机,同时也会给社会带来未成年人教育、妇女权益保护以及老年人赡养等一系列社会问题。婚姻家庭规范具有浓厚的民族历史文化色彩,是国家民族对自己婚姻家庭正义观的表达,国家需要通过婚姻家事案件的裁判维护家庭伦常秩序和亲属间的人伦关系,确保家庭的健康和谐和社会的稳定安宁。因此,虽然《民法典》婚姻家庭编为私法规范,但其中也有很多倡导性规范与强行性规则,受到较强的公权力干预,具有一定的公法色彩,在尊重个人意思自治的同时也渗透着保护公益的国家意志。

其次,亲属法律行为所形成的身份关系具有特殊性。《民法典》中规定了亲属法律行为,承认了民事主体实施的发生、变更、消灭亲属身份关系的法律行为,并通过亲属法律行为衍生出各种身份关系,而身份关系不同于用货币衡量的冷冰冰的财产关系,其中含有较多的非理性因素。《民法典》第 1053 条有关婚姻撤销的规定属于身份关系的调整,相较于注重形式理性的私法自治、意思自由、等价有偿的纯粹财产关系,对婚姻家庭关系的调整更需要合乎人与人之间的自然

感情,强调互爱、帮助、奉献、责任等情感需求与伦理道德要求。

最后,从权利类型来看,婚姻撤销权属于形成权,形成权之要义在于只要单方意思表示即可使既存的法律关系生效、变更或消灭。按照民事交往中私法自治之要求,法律关系在没有当事人的意志参与下不能被改变,为弥合上述冲突,避免当事人滥用形成权,如果维持当事人之间法律关系的稳定性具有重大的社会价值,则撤销权应当通过诉讼行使。《民法典》第 1053 条规定可以"向人民法院请求"撤销婚姻,可见《民法典》将婚姻撤销权定位为形成诉权。由此赋予法院在司法裁判中进行价值判断的权力,为了避免撤销权被滥用,法官要充分考虑婚姻家庭规范背后的伦理、情感、社会等因素,对撤销婚姻关系的主张进行一定审查和干预,作出符合婚姻家庭法律规范取向的判决。

## 四、疾病婚撤销案件裁判的三步法

基于婚姻撤销制度的规范与现实,在具体案件的裁判中,法官需要结合法律理性与司法经验,充分尊重中华民族婚姻家庭的生存与发展之理,本着禁止权利滥用与维护公序良俗的原则,在医学诊断的基础上做出司法裁判。具体分为疾病医学诊断—欺诈的考察—家庭社会因素评估三个步骤,根据不同情况"同病不同判"。

### (一)"重大疾病"的司法判断

从某种意义上说,所谓"重大"疾病并非指的是医学意义上的重大,而是对婚姻关系影响重大,但两种不同意义之重大存在较大关联,因此对重大疾病的认定应当以医学诊断为基础。首先对是否属于医学上的重大疾病作出初步判断,具体可分为疾病诊断与病情考察两个步骤。

1. 疾病医学诊断

疾病的初步诊断在于确认疾病对生活的影响。疾病可以被分为身体疾病和精神疾病两类,其中身体疾病可以进一步分为性生殖疾病、传染性疾病、遗传性疾病以及其他重大疾病。[13]

具体而言,性生殖疾病与婚姻的关系最为直接和密切,如性功能障碍和丧失

〔13〕 张学军:《民法典隐瞒"重大疾病"制度解释论》,载《甘肃政法大学学报》2020 年第 5 期。

生育能力的不孕不育症。传染性疾病有传染给对方的风险;[14]遗传性疾病有遗传给子女的风险;精神类疾病则会对生活安宁产生影响。还有其他疾病对日常生活有较大影响或者给患者带来重大生命危险(如心脏病、癌症)。

通常而言,上述疾病均属于潜在的可撤销婚姻的重大疾病。

2. 个体病情考察

对疾病初步诊断后,由于同一种疾病在不同患者中表现出个体差异,因此还需要考察患者的病情轻重、治愈可能性、治疗有效性、病程和发病时间等因素,进一步明确疾病对生活的影响。

病情轻重:同一种疾病可分为轻度、中度、重度以及早期、晚期等不同诊断。例如,癌症早期症状较轻,病人生活可以自理,但随着病程迁移,多年后渐成晚期,需要他人照顾,病情的轻重对生活的影响程度不同,对撤销婚姻的必要性判断会产生不同影响。

治愈可能性:依照目前的医疗技术水平,一些重大疾病无法被治愈,但同时一些重大疾病只是在治愈可能性上存在差异。如早期癌症,如果发病部位未发生转移,并不排除疾病被治愈的可能。对于治愈可能性较高的疾病,应当审慎撤销婚姻,为治愈疾病创造更多积极有利的家庭社会因素。

治疗有效性:一些重大疾病虽然依照目前的医疗水平无法进行治愈,但是通过治疗病情可控。例如乙肝,患者本人可服药控制症状,与其共同生活的家庭成员可通过接种疫苗实现免疫;又如尿毒症,一些患者通过规律的透析治疗可以维持正常的身体功能。若疾病对婚姻的重大影响经过治疗可以消除,则会降低撤销婚姻的必要性。

病程和发作时间:随着病程迁移,有些疾病转为慢性。"间歇性疾病"和"复发性疾病"也较为特殊。间歇性疾病在发作症状、频率、持续时间等方面存在差异,如心脏病、癫痫等疾病的发病频率较低且每次时间较短,但有较大的死亡风险。有一些疾病在治愈后依然存在复发风险,可能婚前治愈,婚后复发。

综合来看,久治不愈的疾病、反复发作的复发性疾病,治疗效果不佳,根治难度较大,往往应当撤销婚姻;病情较轻、治愈率较高、经治疗后症状被长期有效控制的疾病,因疾病对婚姻家庭生活的影响已经被大大减轻甚至消除,一定程度上

[14] 2013年《传染病防治法》根据暴发、流行情况和危害程度,将传染病分为甲类、乙类和丙类。甲类传染病鼠疫和霍乱;乙类传染病为艾滋病、淋病、梅毒;丙类传染病为流行性感冒、流行性腮腺炎、风疹、急性出血性结膜炎、麻风病、流行性和地方性斑疹伤寒等。

削弱了撤销婚姻的必要性,此时应审慎撤销婚姻。

(二)欺诈的认定

在对重大疾病进行判断后,还需要判断是否存在隐瞒疾病的行为。《民法典》第1053条婚姻撤销权的规定是民法中"因欺诈而为的民事法律行为得以撤销"之总则性规范在婚姻家事领域的应用。具体到婚姻撤销权中,关键在于判断是否符合民法欺诈理论的法理构造,是否满足行使撤销权的要件。

《民法典》第148、149条对欺诈进行了规定,故意隐瞒真实情况也属于欺诈。[15] 隐瞒疾病的前提是疾病属于"隐疾"。一些患者本人对自己的疾病也并不自知,如大多数的不孕不育症、癌症早期、艾滋病潜伏期等,因此无法形成欺诈之故意,不存在构成欺诈之可能。

对于患者自知的疾病,隐瞒便可能构成欺诈。欺诈分为沉默、隐瞒真实信息、告知虚假信息三种情形。对于沉默是否构成欺诈的问题,需要结合推定规则做出判断。婚姻作为白首成约、终身之盟的大事,任何一方都应深思熟虑,非患病一方也应尽到审慎注意义务,对他人的身体健康情况主动观察、询问和了解。有些疾病表现出较为明显的症状或者精神行为方面的异常,即使患者沉默或隐瞒,倘若按照诚实信用的理性人之客观标准,他人可以通过日常交往而察觉,则可以推定配偶婚前知道患者患病,不属于隐瞒重大疾病。对于患者婚前已在其社交圈公开的疾病,即使婚前未单独告知其配偶,但其患病已属人尽皆知之事,因此也应推定配偶知道其患病,不能据此认为患者隐瞒了重大疾病。

对于一些症状较为隐蔽,非与患者共同生活难以发现端倪的疾病,则无法适用推定规则,如果患者不主动履行告知义务,则可能构成欺诈。

在疾病告知义务的履行程度方面,赋予重疾患者告知义务系对其隐私权的限制。考虑到现实生活中重疾患者往往有较强的"病耻感",对重疾患者主动详细告知病情的期待可能性往往较低,过分加诸其疾病告知义务难免背离社会生活实际。为了平衡现实生活中重疾患者隐私保护与疾病告知义务之间的冲突,司法裁判中可适当放宽对疾病告知义务的履行标准。例如,对于隐晦表达自身患病情况,但没有详细披露病因、病史的,或者已告知媒人患病情况的,可视为履行了疾病告知义务。

[15] 参见最高人民法院《全国法院贯彻实施民法典工作会议纪要》第148、149条。

另外,构成欺诈需使对方陷入错误认识。具体到婚姻撤销中,“陷入错误认识”意味着若婚前知道对方患有疾病,便不会与之结婚,只有在隐瞒疾病对婚姻有重大影响时才能谓之欺诈。[16] 对是否陷入错误认识需要结合个体的婚恋观加以考察,探明其与患病方结婚的意愿是否会受到重大疾病的影响。例如,对于无生育打算的丁克家庭来说,遗传疾病并不能被认定为重大疾病。对于忽略性满足的无性婚姻而言,性病、生殖疾病也不能被认定为重大疾病,实践中鉴别和排除上述情形可以厘清与婚姻撤销与离婚纠纷的边界,防止婚姻撤销权被滥用。

### (三)家庭社会因素的司法评估

现实中的疾病种类、病因、病情、病症千差万别,立法宜粗不宜细,无法周延列明,司法实践中,法官可以在医学诊断的基础上,结合家庭社会因素考察个案中疾病对婚姻生活的影响及程度,实现“同病不同判”。

1. 对性生殖的影响

性与生育是婚姻的重要议题,如果所患疾病对性生活有严重影响或不利于甚至无法生育,则通常可以认为属于可撤销婚姻的重大疾病,但是为了防止婚姻撤销权被滥用,也需要结合个人婚育观进行考察,厘清司法实践中离婚与撤销婚姻的边界。

2. 对家庭与子女的影响

婚姻不仅是简单的二人之间的民事结合,除了产生一夫一妻的核心家庭外,也产生了近亲、姻亲。中华民族历来重视家庭,家和万事兴,国家的富强最终要体现在人民的家庭生活都能幸福美满。[17] 撤销婚姻需要考虑对整个家庭的影响,尤其是对子女成长、家庭和睦的影响,防止不当的撤销婚姻损害家庭和谐,背离敬老爱幼的法律和道德要求。例如,已遗传给子女的遗传性疾病,因疾病婚的后果已经形成,撤销婚姻已无太多实益,而本着利于患病子女成长的目的,限制婚姻撤销权的行使更能符合法律规范和社会道德观念。

3. 对患病方的影响

对于身陷重大疾病的患者,相对稳定的家庭以及可靠的情感关系无疑是其重要的精神寄托和情感慰藉,撤销婚姻时要特别注意对疾患利益的保护,充分考

---

〔16〕 石宏主编:《中华人民共和国民法典立法精解》(下),中国检察出版社2020年版,第1393页。

〔17〕 中共中央宣传部、中央广播电视总台编:《平语近人——习近平总书记用典》,人民出版社2019年版,第71页。

虑重病患者的身体状况,以及婚姻关系变动对患病一方病情的影响。例如,一些疾病尚在恢复期,贸然撤销婚姻可能不利于患者的愈后,使患者病情出现波动;又如,需要被照料的晚期重病患者,此时撤销婚姻极有可能加速患者病情恶化,违背家庭成员之间应当相互扶助的道德要求,上述情形应当对婚姻撤销权的行使进行必要的限制。

4. 家庭经济因素

治疗重大疾病往往需要较高的治疗费用,需要考虑家庭经济因素。如果治疗重大疾病的支出会显著加重无病一方的家庭负担使生活陷入困顿的,则可考虑撤销婚姻。同时,法律规定了无过错方损害赔偿请求权,法院应当酌情判决损害赔偿数额,避免患者因支付损害赔偿金而加重经济负担,影响疾病治疗支出。对于家庭经济条件较好,医疗保障较充分的,则法官在裁判时可较少考虑家庭经济因素。

5. 情感修复可能性

婚姻伦理倡导对感情的忠贞不渝和对伴侣的不离不弃。隐瞒重大疾病并非一定会使陷入错误认识,现实有可能是因欺瞒行为导致双方之间以相互信任为基础的感情遭到了破坏,但是长期共同生活同样可能已经培育了双方的深厚情感。对于此类情形,法官可以通过柔性裁判技术修复当事人的情感间隙,努力让双方重建信任,重归于好,如此不仅可以厘清撤销婚姻与离婚之间的裁判边界,防止滥用撤销权,而且有利于家庭和谐及社会稳定。

婚姻撤销权需要在知道或应当知道撤销事由之日起1年内提出,并且受《民法典》总则编第152条第2款规定的撤销权自民事法律行为发生之日起5年内不行使便消灭的限制。[18] 疾病婚的撤销事由为发现对方患病,一些疾病应当在婚后不久便可知,如性功能障碍患者,婚后配偶可以立即发现不能满足性需求,有些疾病婚后相对较长的一段合理时间可以察觉,而还有部分如乙类传染病、基因缺陷、遗传性疾病等严重疾病非产生破坏性后果不易被察觉。法官可依据通常的社会经验,对当事人主张的发现疾病时间做出合理的心证判断。

通过上述三步,在综合医学诊断与社会家庭因素的基础上,裁判结果可兼顾对欺诈行为的惩罚与患者利益的保护,实现法律效果与社会效果的统一。同时,逐步厘清撤销婚姻与离婚之边界,限制婚姻撤销权的不当行使,防止出现恶意利

〔18〕 杨立新、李怡雯:《中国民法典新规则要点》(修订版),法律出版社2021年版,第538页。

用婚姻撤销权的虚假诉讼(见图1)。

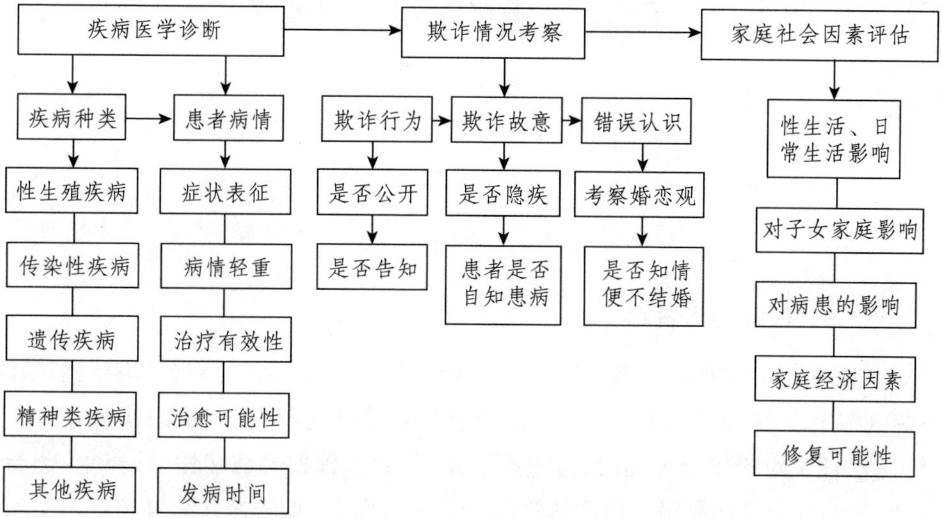


**图1 隐瞒重大疾病下撤销婚姻纠纷裁判三步法**

## 五、结语

民事案件的裁判难于以不变应万变,用相对稳定的规则体系调整常变常新的社会关系。虽然重大疾病的概念具有流动性和弹性,但是民事裁判在遵循民法形式理性基础上体现民法人本思想的理念却当恒定。行使婚姻撤销权也需要符合我国传统家庭伦理道德与社会主义核心价值观的要求,在赋予配偶婚姻撤销权的同时也考虑对重疾患者的理解、包容和关爱,综合衡量各种因素作出裁判,谋求家庭与社会的和谐,实现建立在形式正义基础之上的实质正义。法官在遵循法律原则的前提下,也要重视家事审判中经验的积累,充分发挥社会主义核心价值观在婚姻家庭生活中的导向作用,让个案裁判结果符合现代婚姻家庭制度的价值取向,使法律充满温度,让司法饱含温情。

# 离婚经济补偿：现实困境的解构与阐释*

马　璇**

## 一、引言：两种声音

依据法律文本得到的裁判结果并不必然与实质正义完美契合，法律论证作为一种法律方法，其目的和价值就在于通过阐述和论辩，在有效法律秩序框架下，为法律决定提供合理理由，将裁判主张正当化，促使合法律性（legality）与合法性（legitimacy）达到最大限度的统一。某种层面上，私法尤其家事法规乃是实现法律论证评价目的和分析价值的重要领域，较之其他法律部门，裁判者的结论对于一般民众更具紧密关联和现实影响，针对《民法典》各编的关注和讨论也以“婚姻家庭”为最。[1] 评述分析和法律适用中亟须理性思维、法学方法等方式手段充分参与厘清、辨明过程，获得并且阐释一种关于合理性、正当性与妥适性的结论。

《民法典》实施伊始，北京市房山区人民法院审结的一起离婚诉讼，由于首次适用《民法典》第1088条关于离婚经济补偿制度的规定，引得诸多媒体纷纷报道。尽管冠以此案的“首次”“首判”等类似表述严格来讲并不准确，但是“新”离婚经济补偿制度再次进入大众视野仍然引发诸多热议，社会反响强烈。该案具体案情并不复杂：离婚诉讼当事人王女士认为，其在婚后成为“全职太太”，承担了照顾孩子、料理家务等一系列家庭事务，而其丈夫陈先生对家庭事务几乎不关心不参与，对此王女士要求陈先生给予“离婚经济补偿”。经法院审理后，一审判

---

* 本文系2021年度兰州财经大学科研重点项目“《民法典》时代离婚救济制度的解释与反思”（Lzufe2021B－009）的阶段性成果。

** 马璇，兰州财经大学法学院副教授、地方立法研究中心主任。

[1] 2021年5月厦门大学法学院法律传播研究中心与“法智融媒”联合发布全国首份《民法典》社会认知度调查报告。报告显示，对婚姻家庭相关内容有兴趣的受访者占到74.83%，排在《民法典》各编首位。

决王女士与陈先生离婚，共同财产由双方平均分割；法院综合考虑双方结婚的时间、所述的生活情况等因素后予以酌定，判决陈先生给付王女士家务补偿款5万元。

针对该案的评述除了肯定法院适应制度变革进行判决的现实意义、支持该案判决充分体现家务劳动价值等主流观点外，还出现了另外两种声音：有人认为，作为"全职太太"的王女士在婚姻存续期间没有经济收入，但照顾孩子、料理家务是其对家庭所做的积极贡献，其劳动付出同样创造了价值，所以，丈夫陈先生的收入即家庭总收入理应由二人共享，离婚时对共同财产进行平均分割，王女士分得的一半财产本身就被视为其劳动付出的补偿，在这之后以离婚经济补偿形式再进行补偿的做法是就同一个事实进行了两次评价，对另一方不公平。更多的人则认为：王女士获得的经济补偿数额太少，其承担全部家务、辛苦照料家庭最终仅仅得到5万元，"连保姆的工资都不如"。〔2〕 可以看出，关涉离婚经济补偿制度的法律适用并没有获得一致认可和普遍认同，甚至针对该判决出现的两种质疑的声音也是截然不同、针锋相对的。随着时间的推移，《民法典》第1088条陆续适用于司法实践当中，〔3〕每遇同类案例报道，便会引起类似的疑问与争论，理论界也同样给予了持续的关注。〔4〕 一方面，至少说明采取不同利益、动机和立场的当事人以及社会大众，对法律条文的理解有较大差异，主观意志和价值判断导致理解的多样性，且何者优先并无明确的判断标准，客观上存在解说阐释的空间；另一方面，很明显《民法典》第1088条还不是一个能够直接给予司法实践清楚、确切指引的规则，依据此条做出的判断需要有令人信服的法律论证"事后展现"过程，使判决主张更具合理性、可接受性，促使法律适用与具体事实

---

〔2〕 媒体"凤凰周刊"曾针对此案的补偿金额在微博上发起网络投票，42万人次投票网民中，有40万人次认为"应该给更多"。

〔3〕 广东省高级人民法院、江西省高级人民法院、天津市高级人民法院、北京市第一中级人民法院分别发布的贯彻实施《民法典》典型案例中，均涉及适用《民法典》第1088条离婚经济补偿案例。另外，陆续有山东省庆云县、贵州省天柱县、山东省齐河县、哈尔滨市南岗区和北京市西城区等法院适用离婚经济补偿条款裁判离婚纠纷，离婚经济补偿款为0.8万~10万元。

〔4〕 例如，冉克平：《〈民法典〉离婚救济制度的体系化阐释》，载《政法论丛》2021年第5期；汪洋：《共同财产制下离婚经济补偿的价值基础、教义构造与体系协调》，载《妇女研究论丛》2021年第5期；金眉：《离婚经济补偿的理解与适用研究》，载《江苏社会科学》2021年第4期；辛莉芳：《离婚救济制度之家务劳动补偿》，载《山西省政法管理干部学院学报》2021年第4期；薛宁兰：《民法典离婚救济制度的功能定位与理解适用》，载《妇女研究论丛》2020年第4期。

的对应不断趋于一致。

## 二、规则演进历程中的现实困境

关于上述质疑的讨论,可以化约为对以下两种追问的有效回应:第一,离婚经济补偿制度在适用过程中为何会表现出重复评价的样态,以及这种评价是否存在正当性?第二,为何补偿数额普遍受到"过少"的质疑,这种质疑是否存在正当性,有无可能给予二者妥当阐释与合理化解?本文认为,两种疑问之间实际上存在本质上的内在关联。审视离婚经济补偿制度从原《婚姻法》到《民法典》的演变过程乃是一种比较恰当的切入点。

2001年《婚姻法》第40条首次以制定法形式确立了我国离婚经济补偿制度:"夫妻书面约定婚姻关系存续期间所得的财产归各自所有,一方因抚育子女、照料老人、协助另一方工作等付出较多义务的,离婚时有权向另一方请求补偿,另一方应当予以补偿。"虽然条文明确承认了家务劳动的价值,在离婚救济制度中首次以"付出较多义务"为据设立离婚经济补偿请求权,但该权利的适用被明确地限制在夫妻约定财产制度当中。2005年修订的《妇女权益保障法》承袭原《婚姻法》作出了相同规定。2021年实施的《民法典》第1088条对原《婚姻法》第40条进行了重大修改:"夫妻一方因抚育子女、照料老年人、协助另一方工作等负担较多义务的,离婚时有权向另一方请求补偿,另一方应当给予补偿。具体办法由双方协议;协议不成的,由人民法院判决。"该条取消了离婚经济补偿只能适用于约定财产制的限制,自此,离婚经济补偿制度在法律适用时,其请求权的认定对夫妻双方采取何种财产制度在所不问。

### (一)规则衔接中的体系化思维

之所以原《婚姻法》时代离婚经济补偿请求权仅仅适用于夫妻约定财产制,立法者给出的理由在家务贡献评价层面上是合乎逻辑的:"因夫妻双方婚前和婚后所得财产归属各自所有,当一方付出较多义务,并因此牺牲自身的发展机遇,致使其在婚姻关系存续期间无经济收入,或者经济收入远低于另一方,她们的利益无法在婚姻关系终结时得到必要保障;而在共同财产制下,婚姻关系存续期间所得财产属于夫妻共同财产,并在离婚时予以分割,法院在分割之时会尤其注意维护家务劳动繁重而经济收入较少的妇女一方的权益。"因此"法定财产制和约定财产共同制下不存在补偿的问题”。[5] 可以看出,立法者的意图大致是:针对需要经济补偿的家务贡献,约定财产制下,可能存在因财产约定的限制而使家务贡献得不到救济的情况,需要规则为约定财产制设立明确具体的补偿请求权;共同财产制下,由于夫妻双方没有对财产进行明确约定,共享、平分双方共同财产的理念便已涵盖并合理处置了负担较多义务一方的家务贡献价值和补偿诉求。不仅如此,裁判者也会在分割财产时(根据其他法条和原则)对负担较多义务一方“理所当然”地予以倾斜和照顾,以维护这部分人的权利,平衡离婚双方财产权益。

这样的设置表明,规则本身已经意识到并且避免了家务贡献重复评价的可能。但是,在价值道德判断成为正当性先决条件之一的情况下,法律文本在现实适用当中又不自觉地被预设了另一个前提条件:将常态化、一般化的夫妻财产状况视为必然状况,即面临离婚的夫妻双方有足够的可分财产并且足以补偿一方家务贡献的价值。而且,在还没有对相关概念体系化分析的情况下,事实上导致该条形成了一个关于离婚经济补偿请求权和夫妻财产制度的矛盾关系:按照法条文本的意图和立法者释义的逻辑,在同一思维过程中,所有夫妻财产制类型中的家务贡献(无论以何种方式)都应当并且可以得到补偿和救济,但是,只有约定财产制条件下才会产生特定的离婚经济补偿请求权,共同财产制条件下负担较多义务一方不享有提出经济补偿的权利。严格意义上讲,那些共同财产制下家务贡献得到裁判者认可并得到补偿的诉讼当事人获得的经济补偿并不能被真正称为对家务贡献的补偿,其实质是掺杂了经济补偿内涵的财产分割。裁判者只能通过财产分割时对各种可证明的事实状况的综合考量,将并无请求权的诉求合理化地归入关于财产分割的酌情判定当中。简单来说,事实上部分的家务贡献补偿是通过非离婚经济补偿的途径和方式获得的。于是,正如原《婚姻法》时代学者们对该条激烈的批评一样,在我国,采用约定财产制的夫妻实际占比极小(这部分具有财产保护意识提前约定财产所有状况的夫妻恰恰不是经济补偿制度救济的重点),经济补偿制度并未在司法实践中得到普遍适用,法条形同虚设而“无用武之地”,[6]本身不多的适用中还有一部分是裁判者(违背了立法意图

---

[5] 胡康生主编:《中华人民共和国婚姻法释义》,法律出版社2001年版,第166~169页。

[6] 夏吟兰:《民法分则婚姻家庭编立法研究》,载《中国法学》2017年第3期;王歌雅:《家务贡献补偿:适用冲突与制度反思》,载《求是学刊》2011年第5期;王歌雅:《离婚救济的实践隐忧与功能建构》,载《法学杂志》2014年第10期。

而错误地)作出了扩张解释的结果。[7] 基于这种缺陷,《民法典》编纂时,关于此条的修改意见几乎趋于一致,[8]最终《民法典》第1088条取消了财产制的适用限制。

然而,这种简单地将适用条件由部分扩张至整体的修订方式,未能悉心把握两种财产制内在的区别和本质上的差异,也未能厘清经济补偿请求权与两种财产制之间关联产生的差异性。以家务劳动为主要表征的夫妻一方对家庭的贡献和付出,作为一种不能被直接对价展现和不易被事实感知的特殊家庭财产,在离婚处置财产之际,面对不同的财产制类型,体现出不同的处境和样态,其涵摄于共同财产之中而游离于约定财产之外。虽然原《婚姻法》经济补偿制度存在明显缺陷,但是《民法典》做出的修订以及导致修订的批评意见同样并非妥当充分。其结果是:(1)约定财产制条件下,夫妻财产归属明确,离婚时按照协议分割财产,若存在家务贡献需要补偿的情况,一方提出经济补偿请求,裁判者根据具体事实和证据情况进行请求权的确认,和原《婚姻法》时代一样,这时只对家务贡献评价一次,要么否认请求权,要么肯定请求权并裁定金额。(2)共同财产制条件下,家务贡献本身就被视为与职业工作等同的价值创造方式,夫妻在家庭内外付出的劳动具有等值性,所以家务价值已经被包含、评价于夫妻共享的财产当中,一方家务劳动的价值体现在对方职业劳动获得的收入当中,简言之,即一方自动获得对方收入的一半。这种前提下,在双方分割财产(第一次评价)后,若存在家务贡献需要补偿的情况,依据现行法律规定,裁判者需要对补偿请求权以及补偿金额进行裁定(第二次评价)。

### (二)立法意旨中的惯习性思维

条文演进过程中,法学界和社会民众对原《婚姻法》第40条的批评以及对离婚经济补偿的论述,很容易不自主地预设一个前提,即所有承担家务劳动较多的一方(大多也同样地预设为女性)同时也是收入较少的一方。显而易见,现实生活中这类典型情境是离婚经济补偿立法所要保护的重点,但是,由于这种全称判断的存在,以及与此共生的维护弱势群体利益、保障人权和男女平等、保护妇女

[7] 陈颖:《家务劳动补偿制度的实践反思与制度调适》,载《人民司法》2015年第21期。

[8] 《民法典婚姻家庭编(草案)》二审稿、三审稿和《民法典(草案)》以及"社科院学者建议稿"均取消了原《婚姻法》第40条的适用限制,"人民大学学者建议稿"保留了适用限制。参见薛宁兰、谢鸿飞主编:《民法典评注婚姻家庭编》,中国法制出版社2020年版,第433~435页。

儿童权利等理念因素被过多地掺杂到离婚经济补偿的讨论当中,一方面,客观上干扰了对家务贡献的准确理解,本应与法律条文保持一定距离的价值判断,被牢固地捆绑于条文的内涵和理解当中,法律的中性立场中附加了诸多带有怜悯与同情色彩的价值观念,基于此进行的讨论虽然极大地迎合了社会民众的心理预期,但不可避免地偏离了法律本来的品质和性格,干扰了对法律文本的理解和适用。另一方面,与本文论述紧密相关的是,这种全称判断的思维定式导致一种立法所要保护的重点领域逐渐演变和替代整体领域的趋势,从而客观上忽视了非典型情境的存在。这种规则关注的模糊与狭窄,也同样未能在立法机构、司法机构以及理论界关于《民法典》第 1088 条的释义当中得到清晰的阐释和回应,〔9〕离婚经济补偿制度的立法意图还没有完全地涵盖和考虑应当可以预见到的各种现实状况。比如,《民法典》将经济补偿请求权扩展至共同财产制,财产平均分割之后,从逻辑上讲,最应该被补偿的,不是"收入较少且付出家务贡献较多"反而是"收入较多且付出家务贡献也较多"的情形,但这显然与立法初衷相悖。虽然这是个看似极少出现的情况,但是仔细分析就会发现,当今时代,随着知识经济、信息网络、通讯技术的不断发展,过去那种付出时间和精力与收入成正相关的劳动交换模式正在发生巨大转变,个人收入越来越多地与观念意识、思维理念甚至信息的掌握相关。相较过去,越来越多的人已经可以通过付出较少时间和精力获得较多收入,进而更多地将体力脑力和情感投入到家庭当中。"收入较多且付出家务贡献也较多"这种情况恰恰反映了法律文本滞后性的固有缺陷亟须面对和解决的社会现实与法律规范不对称的困境。另外,我们也不可能否认造成这种状况的其他原因同样并不罕见,现实中绝非少数地存在因分居、赴外务工或者离家出走等情况导致操持家务与挣钱养家落到一个人肩上的情况,甚至也存在一方辛勤工作并承担所有家务,而另一方则没有收入、游手好闲、对家庭没有任何经济贡献和实质付出的夫妻。如果继续按照逻辑推演下去,在约定财产制当中,那种将大部分家庭收入协议归家务贡献较多的一方所有的情境,若遇离婚,家务贡献较多一方的经济补偿请求权还是否具有正当性?是否与立法目的相悖?基于此,仅以"付出较多"来考量补偿似乎失之于简,且适用规范条件的特定

〔9〕 黄薇主编:《中华人民共和国民法典婚姻家庭编释义》,法律出版社 2020 年版,第176 ~ 178 页;最高人民法院民法典贯彻实施工作领导小组主编:《中华人民共和国民法典婚姻家庭编继承编理解与适用》,人民法院出版社 2020 年版,第 312 ~ 317 页;夏吟兰等:《中国民法典释评婚姻家庭编》,中国人民大学出版社 2020 年版,第 247 ~ 251 页。

事实难以涵摄于用作三段论大前提的法律规范。

通过分析可以看出,我国现行离婚经济补偿制度还没有完全根治原《婚姻法》时代留下的症结,却又产生了新的现实困境。要化解上述矛盾,核心应当在于着重分析和解决:财产分割时对家务贡献进行合理评价以后,仍然不足以补偿家务贡献价值,还不能完全达到合理与公平的问题。一方面,应当严格区分家务贡献中财产制的评价和经济补偿的评价;另一方面,应当严格界定家务贡献中已经获得的合理补偿和还未获得的合理补偿。下文将对家务贡献进行概念上的解构和阐释,以便清晰明确地认识和消解问题,促使离婚经济补偿制度从形式平等到实质正义的转向。

## 三、概念架构的法教义学诠释与铺陈

家务贡献〔10〕包含着夫妻双方为了维持家庭正常生活进行的体力脑力、时间情感的多元付出,离婚经济补偿制度是《民法典》对夫妻人身与财产双重属性之权益公平公正原则的具体展现。家务贡献在经济补偿制度中的准确理解,应结合法律条文和立法意旨对其进行分类整理、有效澄清。

经上述分析,本文认为,应将家务贡献做一般性和特殊性的划分,并在概念和实践中进行明确的区别。一般性家务贡献包含不予补偿和应当补偿两种情形,特殊性家务贡献则均视为应当补偿。

第一,一般性家务贡献属于具体劳动付出,乃是普遍存在于每一个家庭当中、夫妻为了维系家庭生活正常运转做出的劳动付出。由于现实生活中不可能存在夫妻劳动付出各占50%的绝对情况,家务劳动总量是固定的,一方付出较多义务,意味着另一方必然较少,〔11〕所以一般性家务贡献中存在的负担义务“较多”属于合理范围之内,未超出应负义务的,不具有提出补偿请求权的条件,不应做补偿考虑。否则,法律规范将会对家庭的贡献与付出进行实质性评价,法律适用将陷入锱铢必较的泥潭,落入繁杂的家庭事务是非对错的争执之中,法对既往事实的绝对还原和绝对评判实际上相较于“法律”上的判断要困难许多,也不利

〔10〕 家务贡献的概念在理论界还未达成共识,常与“家务劳动”一词同义使用,《民法典》第1088条中也没有使用“家务贡献”和“家务劳动”,而以“负担义务”指代。实质上几种表达的内涵相同,表述各异。

〔11〕 基于此,本文更倾向于用“负担超出应负义务”代替“负担较多义务”。

于价值理念引导,与《民法典》第 1043 条倡导性规则相冲突。[12] 一般性家务贡献中存在的负担义务“较多”超出合理范围,通常也不视为经济补偿的对象,这部分家务贡献的价值诉求不被称为家务贡献补偿请求权,其具有物权请求权性质,由财产分割实现价值。只有在分割财产后仍不能完全补足家务贡献价值的情况下,比如没有共同财产可供分割或可供分割财产相较家务付出过少[13](照顾患重大疾病亲人、共同财产大部分被一方挥霍等),收入较多且付出家务贡献也较多(家庭收入与家务贡献集于一人、他方从未负担家庭开支等),则可以由离婚经济补偿制度进行救济,这是对家务贡献财产制评价的补充,以实现离婚经济补偿制度的立法意图,即运用补偿请求权来补充和矫正夫妻财产制度在现实适用当中的不足,此时离婚经济补偿请求权具有债权请求权性质。

第二,特殊性家务贡献则是抽象的、一种关涉“逸失利益”[14]的劳动付出。逸失利益分为:家务贡献导致的人力资本的贬损以及婚姻终止导致的期待利益的落空。前者指向请求权人,是指夫妻一方因负担较多家务挤占了自身发展的时间精力,减少了工作学习、职业投入、社会交往、经验积累、能力提升等各种加强人力资本的条件和机会,导致职业能力下降,离婚后无法再投入工作或者收入降低。后者指向被请求权人,是指夫妻一方因对婚姻延续和未来利益的期待,负担较多家务使另一方获得了可提高未来收入的各种人力资本的机会,包括为对方接受教育或者取得某种资格或身份做出的贡献,[15]因夫妻离婚、双方权利义务终止导致对未来可获得利益的丧失。财产分割无法对特殊性家务贡献进行补偿,因为逸失利益没有直接的量化价值描述,甚至期待利益还未实际获得,客观上难以分割,也因此具有债权请求权性质。尽管理论界一直主张应该对“看不到”的财产和利益进行评价和分割,但现行法律并未提供明确依据。不可否认,

---

[12] 《民法典》第 1043 条规定:“家庭应当树立优良家风,弘扬家庭美德,重视家庭文明建设。夫妻应当互相忠实,互相尊重,互相关爱;家庭成员应当敬老爱幼,互相帮助,维护平等、和睦、文明的婚姻家庭关系。”

[13] 陈苇、于林洋:《论我国离婚经济补偿制度的命运:完善抑或废除》,载《法学》2011 年第 6 期。

[14] 夏吟兰:《民法典离婚家务劳动经济补偿制度完善的人权内涵》,载《人权研究》2020 年第 2 期。

[15] 张学军:《论离婚后的扶养立法》,法律出版社 2004 年版,第 286 页;陈苇、曹贤信:《论婚内夫妻一方家务劳动价值及职业机会利益损失的补偿之道——与学历文凭及职业资格证书之“无形财产分割说”商榷》,载《甘肃社会科学》2010 年第 4 期;胡苷用、孙铃铃:《离婚案件中夫妻人力资本的性质厘定与司法适用》,载《福建警察学院学报》2017 年第 3 期。

"在一个知识经济和无形资产已经日益重要的社会中,如果婚姻财产的分割还仅仅局限于有形财产,显然是一个时代的错误"。[16] 夫妻财产分割与经济补偿尤其应当考虑无形财产的合理处置。离婚经济补偿制度的适用过程中,在裁判者可以根据夫妻双方所述事实采用酌情判断、自由裁量方式的情况下,特殊性家务贡献概念的厘清可以为裁判者提供一条通往实质公平的有效途径。

简言之,对家务贡献概念的总体把握和认知中,在本体论层面区分为可分割的利益与逸失的利益,对其做出一般性家务贡献与特殊性家务贡献的划分,前者带有突出的义务属性、伦理属性和现实补偿内涵,后者则表现为明显的权利属性、可期待性质和债权诉求;前者以现有财产分割能否实现家务贡献的补偿为标准分别采用家庭财产制度和离婚经济补偿两种方式实现公平正义,后者根据逸失利益的内容分为人力资本贬损和期待利益落空,通过离婚经济补偿制度实现价值,即离婚经济补偿请求权对应全部的特殊性家务贡献和部分一般性家务贡献(见图 1)。

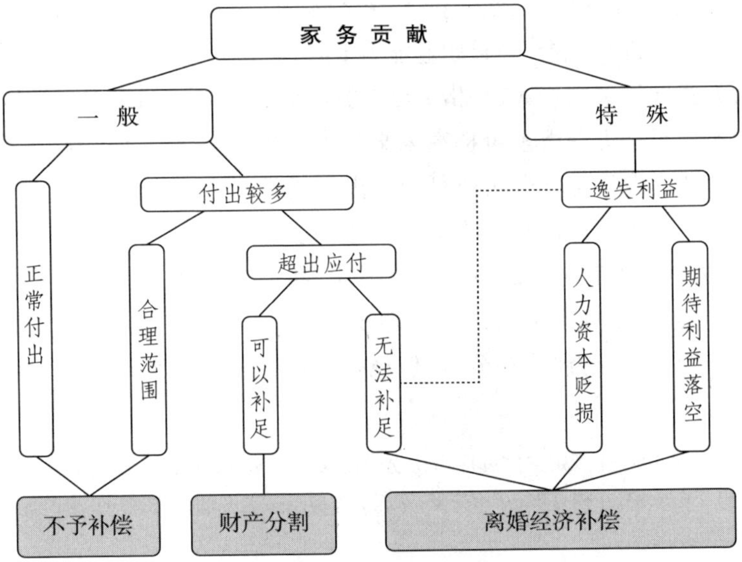


**图 1 家务贡献补偿结构**

[16] 苏力:《"酷(cool)"一点》,载《读书》1999 年第 1 期。后以《冷眼看婚姻》为题载李银河、马忆南主编:《婚姻法修改论争》,光明日报出版社 1999 年版,并收入作者文集《制度是如何形成的(增订版)》,北京大学出版社 2007 年版。

对离婚经济补偿请求权概念的教义学解构为规则适用存在的问题尤其上文提到的两种质疑提供了一种比较恰适的解说进路。针对重复评价的质疑:平均分割财产已经给予了家务贡献一定的评价,但仍未补足家务贡献的价值,裁判者酌情通过经济补偿给予补足,财产分割与经济补偿各评价了家务贡献价值的一部分,二者共同构成针对家务贡献的实际补偿;针对补偿太少的质疑:除共同财产的多少会对财产制评价结果产生影响外,裁判结论所称的离婚经济补偿金和具体补偿数额只是家务贡献实质获得补偿数额的一部分,并未完全反映家务贡献的价值,其与财产分割所获财产共同构成、体现对家务贡献的补偿。同样,其具体数额也不能简单地用来反映和评价裁判结论,补偿金的多少更多地与可供分割的财产总数、财产分割后双方各自所获财产的多少密切相关。

需要强调的是,首先,如同法律永远不可能厘清夫妻间情感纠葛和清晰界定双方孰对孰错一样,夫妻对家庭的贡献和付出,在法律适用当中不可能做到泾渭分明,一般性与特殊性的划分无法避免地存在交叉与重叠,事实的复杂性、多样性使裁判者不可能总是能够直接利用涵摄思维模式将事实置于大前提下通过演绎推导获取特定结论,需要裁判者在理论和概念上明确作出充分法理分析、对相关法律规范进行充分协调的基础上,综合考量家务付出与财产制和经济补偿的关系,并区分已获得和未获得的合理补偿,在个案中进行利益衡量,在事实与规则之间酌情裁定。其次,酌情考量时需要明确对家务贡献的补偿实际上是一种非完全补偿,不能顾此失彼,一味注重"补偿";换言之,裁判者在计算补偿数额时,不但要依据婚姻持续时间长短、地域收入水平高低、家庭整体财产多寡、家务强度实际大小等客观事实针对补偿数额做数学上的加法,还要综合考量与家庭分工完全无关的因素对补偿数额做减法,这种情况至少应当包括:由于社会原因和客观原因造成的人力资本的自然贬损(如因年龄增长导致劳动竞争力的自然丧失),以及一方对家庭的付出必然使受益者包含自身(如对孩子的培养)。最后,酌情裁定需谨慎,保持规则的独立和谦抑。司法实践中应当对请求权的认定和补偿金的确定采取严格主义,"婚姻关系和亲属关系具有很强的伦理性,夫妻共同生活中的大量身份上的乃至财产上的行为,往往都蕴含着亲属伦理因素,并非以收取相应报酬为目的的单纯财产法上的行为",〔17〕应当避免主观判断不自觉地借助道德规范作用,从而因过度救济导致矫枉过正,产生新的不公。笔者主

〔17〕 杨大文主编:《亲属法》(第5版),法律出版社2012年版,第196页。

张,法律层面上,对家务贡献首先要秉持的态度应是:家务之“务”应是劳务之意无疑,更应是义务之“务”基础之上的劳务。

## 四、补偿实现方式诸要素的制度安排

订立协议是“负担较多义务”一方实现经济补偿的主要途径。经上文分析可以看出,具体实践当中离婚经济补偿实质上有广义和狭义之分,广义上的经济补偿不拘于形式,通过财产划分等方式达到补偿目的,只要意思表示真实清晰,双方确定所述财产即为家务贡献的补偿或者所述财产整体上包含了家务贡献的补偿即可。例如,双方可以约定将一定数额的货币、一方多分到的共同财产、一套房产或高价值物品等视为对一方的家务贡献补偿,也可约定对于一方家务贡献的补偿包含于上述各项之中。如果不订立单独的协议,补偿的要求可以间接地体现在共同财产的分割和离婚财产协议当中。狭义上的经济补偿仅指双方订立专门的经济补偿协议或者离婚财产协议中明确的经济补偿条款,确定补偿的标的、数额和方式。由于广义上的补偿具有不确切性,完全基于双方商议,且诉至法院的离婚经济补偿纠纷大多是协议生效后一方不履行协议约定,或者双方无法就协议内容达成一致,需要对经济补偿以及补偿数额进行司法确认,故此本文仅关注和分析涉及狭义层面的经济补偿协议的相关问题。

### (一)性质

经济补偿协议在性质上具有如下特征:

第一,离婚经济补偿协议时间上分为具有先后顺序的两个层阶。按照《民法典》第 1088 条后半部分所述:离婚经济补偿“具体办法由双方协议;协议不成的,由人民法院判决”。即离婚双方当事人首先对是否应当补偿、如何补偿及数量多少等事宜进行协商,最终达成意思表示一致的结果,这是当事人主体意识和人格精神的具体表现,体现了夫妻双方的形式理性和实质理性,[18]公权力不会主动介入和干预。若协商无法达成一致,则可诉至法院请求司法裁决,裁判者此时承担平衡利益、保障公平的基础功能,发挥法律规则指引、规范和评价作用,对诉求进行终局性的判定。前一层阶是私法自治原则的高度体现,后一层阶则是权利与义务相一致原则的集中运用。

---

〔18〕 王歌雅:《离婚财产清算的制度选择与价值追求》,载《法学论坛》2014 年第 4 期。

第二,经济补偿协议属于离婚协议的组成部分。即经济补偿协议的性质、条件、原则、实践规则等要素与离婚协议保持着高度的一致性。《民法典》第1076条规定,离婚协议的内容应当包括自愿离婚的意思表示、对子女的抚养、财产以及债务处理等事项,可见对于家务贡献补偿的协议应当视为夫妻关于离婚时财产处置协议中的一部分。由于离婚经济补偿请求权只能在离婚时提出,所以补偿协议随附于离婚协议,婚姻存续期间不能单独成立。

第三,协议离婚与离婚协议的关系决定了签订经济补偿协议是附条件的法律行为。离婚协议的签订以协议离婚的实现为目的,若协议离婚由于种种原因最终未能实现,则离婚协议的目的无法达成,离婚协议不发生效力。与一般法律关系解除只带来单一法律关系变化不同,离婚意味着身份、财产等多重法律关系的变动,从充分尊重当事人意愿出发,应将协议离婚成就、离婚之法律事实出现作为离婚协议的生效条件。[19] 是故,包括离婚经济补偿协议或相关条款在内的离婚协议以离婚为前提。若经济补偿协议经过公证,也不应改变其附条件法律行为的协议性质,公证效力仅仅在于确认并证明协议内容是当事人的真实意思表达。

### (二)内容

经济补偿协议包括如下几方面的内容:

第一,当事人对补偿协议的内容享有充分的商议自由。法律对夫妻缔结经济补偿协议并无实质性的限制。在符合协议有效成立的相关法律规定、不违背公序良俗等一般性原则的条件下,夫妻双方可以对补偿采取何种形式(如货币形式、实物形式、无形财产或其他条件等)进行协商,也可以就补偿方式(如一次性完全补偿、分期分次补偿等)进行约定,达成的一致结果对双方具有约束力,法律认可并予以保护,体现最大限度尊重和维护夫妻双方意愿,有效促成当事人补偿协议的最终达成,兼顾公平与效率。

第二,经济补偿协议附随条款的效力必须综合考虑协议生效条件和意思自治原则。通常情况下附随条款因协议失效而失效,但也存在特殊情形。例如,当事人在补偿协议中约定违约条款,若协议最终未能生效则违约条款自然也不具有约束力,否则将与协议订立目的相悖。若协议生效,则违约条款的实际效力仍

〔19〕 陈枝辉编著:《婚姻家庭继承纠纷疑难案件裁判要点与依据》(下册),法律出版社2021年版,第769页。

需谨慎判定,经济补偿协议并非普通民事主体之间设立的纯财产关系,“家庭内部义务分担的失衡是夫妻的情感因素和经济因素综合作用的结果,一方以违约金的形式获利”似有不妥。[20] 又如,若双方当事人明确约定,即使最终离婚事实未能实现,也要履行关于经济补偿协议或相关条款的内容,一方仍然要给付另一方特定财产,则需要依据双方自愿的意思表示,肯定和保护双方的真实意愿,认定协议内容有效,法律没有必要予以干涉和禁止,此时,离婚事实未能出现,夫妻双方仍处于婚姻存续期间,所以该协议可被视为夫妻双方就具体财产的约定,以婚内夫妻财产协议相称。

第三,经济补偿协议的内容不排斥其他救济形式。尽管补偿、赔偿和帮助三种救济方式均是对离婚时个人权益的救助性措施,体现矫正弥补与伦理关怀,但却具有各自独立的目的、价值、功能、表现,若离婚时救济情形并不唯一,经济补偿可以与其他救济形式同时存在于离婚协议当中,共同适用。

第四,协议内容的司法裁决不应受已存协议影响。若经济补偿纠纷诉至法院,需要对协议内容进行法律上的裁判和确定,无论是离婚前达成的协议内容,还是离婚后需要履行的协议内容,均只能作为司法裁决的辅助性、参考性工具(比如裁判者可能会从中得到双方当事人接受条件的最低限度、心理预期等信息),而不能作为直接依据。如上文所述,协议离婚转向诉讼离婚,经济补偿协议由第一层阶进入第二层阶,意味着所依据和遵循的原则将由私法自治转变为权利义务一致。完全由双方协商而成的协议内容可能与权利义务一致原则存在矛盾,需要裁判者独立于已有协议内容考察双方所述事实与相关证据,不受已存协议内容的影响。

### (三)撤销

经济补偿协议的撤销存在以下几个问题:

第一,经济补偿协议可撤销的主要情形仅包括欺诈与胁迫。最高人民法院《关于适用〈中华人民共和国民法典〉婚姻家庭编的解释(一)》(以下简称《民法典婚姻家庭编解释(一)》)第70条仅针对离婚协议中最典型的财产分割协议进行了规定:夫妻双方协议离婚后就财产分割问题反悔,请求撤销财产分割协议的,人民法院应当受理。人民法院审理后,未发现订立财产分割协议时存在欺

[20] 田俗月、王琪瑞:《离婚经济补偿制度的要素厘定与司法适用》,载《昆明学院学报》2021年第4期。

诈、胁迫等情形的,应当依法驳回当事人的诉讼请求。根据前文所述,经济补偿作为离婚财产类协议的内容之一,应参照该条认定。即离婚双方订立的经济补偿协议若存在欺诈、胁迫等情形,可以请求人民法院予以撤销。撤销补偿协议属于形成权,必须通过行使才能产生效力。撤销权主体只能是受欺诈、受胁迫的一方当事人,这是意思自治和信守契约的当然要求。另外,司法解释明确"协议离婚"之后当事人撤销协议的请求法院应当受理,并不包括诉讼离婚情形。这是因为,诉讼离婚中,离婚协议不是由当事人双方自愿商议形成,而是经由司法机关的主持、调解下达成,由公权力审查并保证协议内容的真实性和合法性。协议离婚中,婚姻登记机关仅对离婚协议进行形式审查,而对协议内容是否存在欺诈、胁迫等情形的审查并非其职权所在,因此有必要提供司法救济途径。

第二,经济补偿协议可撤销的情形应当谨慎适用显失公平、重大误解等情形。司法解释规定了"欺诈、胁迫等"可撤销情形,表明除欺诈、胁迫外,还存在其他可以撤销协议的事由,法律文本无法完全穷尽、预计婚姻领域可能出现的各种复杂状况,用"等"字概括其他情形为根据实际情况进行司法判决留有适用接口,但是不能由此认定法律行为效力的规定中显失公平、重大误解等其他可撤销情形同样适用于此。例如,离婚时可能存在一方当事人为了尽快达成解除婚姻关系的目的或者存在对另一方的家务贡献心存愧疚的情感因素等心理,在协商经济补偿时出于自愿,作出明显有失公允的让步和妥协,此类情况不宜认定为乘人之危导致的显失公平。协议内容体现的是双方签字时的真实意思表达,法律不应用是否公平来衡量,不应轻易撤销和更改。与婚姻家庭相关的各种协议带有身份、财产双重属性,与一般意义上的民事合同存在性质上的区别,经济补偿协议的主要旨趣并非维护市场秩序和民事主体的交易安全,而是保障家事和谐、免于当事人陷入不公和困境,所以不能完全依照《民法典》总则编、合同编相关制度处理离婚经济补偿协议撤销问题,这也是司法解释中仅明确欺诈与胁迫两种情形的原因。从程度上分析,欺诈与胁迫对当事人意愿的违反强度较高,主观恶性更大,显失公平、重大误解等相对较弱。

(四)时效

经济补偿协议撤销的时效应注意以下几个问题:

第一,撤销权的除斥期间与起算点。《民法典婚姻家庭编解释(一)》第70条由原最高人民法院《关于适用〈中华人民共和国婚姻法〉若干问题的解释(二)》第9条修改而来,条文删除了之前变更、撤销离婚财产协议须在离婚后1

年内提出的规定。因此,在婚姻家庭编和司法解释没有特别规定的情况下,订立经济补偿协议作为法律行为,应当依据体系解释原则,适用《民法典》总则编关于撤销权消灭期间的规定。[21] 根据《民法典》第152条,经济补偿协议撤销权的除斥期间与起算点并非确定、统一。不同的撤销事由,撤销权具有长度不同的除斥期间和不同的期间起算点。首先,欺诈与胁迫情形,除斥期间均为1年,不能中止、中断、延长。起算点则不同于原《婚姻法》时期自离婚之日起算的方法,存在欺诈情形的自知道或者应当知道撤销事由之日起算,存在胁迫情形的自胁迫行为终止之日起算。若司法裁决确认撤销经济补偿协议的事由源自另外情形,依据实际情况适用其他撤销法律行为的规定。其次,除以上时间经过丧失撤销权外,自法律行为发生之日起5年内未行使撤销权的,撤销权也将消灭。由于经济补偿协议以离婚为生效条件,所以该除斥期间应从离婚之日起算。最后,如果明示放弃,则撤销权消灭,不受时效限制且适用于所有撤销事由。

第二,胁迫情形的特殊性。法律规定5年终局性的除斥期间,目的在于维护民事活动和交易秩序,避免民事法律关系长期处于不稳定、不确定状态。故此无论是否知道撤销事由,超过5年的法律行为无法撤销。但胁迫情形下,胁迫行为若不终止,受胁迫方在知悉撤销事由的情况下没有主张撤销的自由,实际上不具有行使撤销权的可能性,若仍然适用5年除斥期间,将会导致胁迫行为终止时超出行使期间从而无法保障受胁迫方权益的结果,间接鼓励胁迫方为消灭受胁迫方撤销权而持续、延长实施胁迫行为。基于此,胁迫情形除斥期间"自胁迫行为终止之日"起算。离婚经济补偿协议的撤销权若长期未能行使,则可推定,夫妻一方撤销意愿已然减弱、痛苦已经减轻,心理上原谅了对方或其他原因主观上决定放弃。若并不知道撤销事由,则长期续存,经年累月,举证困难,且离婚引发的财产状态长期处于不安定状态,故适用于终局性条款,自离婚之日起满5年,经济补偿协议撤销权消灭。唯存在胁迫情形,则不再考虑离婚发生之日,其撤销权的消灭只涉及两种情形,即1年除斥期间的经过和明示放弃。

第三,已生效的离婚经济补偿协议,若一方怠于履行,另一方请求继续履行的,应当依据《民法典》第188条的规定,自离婚之日起适用3年诉讼时效的规定,权利的行使原则上也应受20年最长时效的限制。

---

〔21〕 郑学林、刘敏、王丹:《〈关于适用民法典婚姻家庭编的解释(一)〉若干重点问题的理解与适用》,载《人民司法》2021年第13期。

## 五、社会情势与民众心理的法社会学修正

离婚经济补偿制度及其论者容易被遮蔽视野的缘由之一是理想规则与现实世界之间无法排解的不对称差异,数以亿计的社会民众仍然秉持着朴素的家庭观念和财产观念,规则以及对规则的讨论若只站在自身角度和对立立场进行一厢情愿的考量,将会令分析过程和结论偏离普遍性、客观性的轨道。由离婚经济补偿制度引发的对家务贡献的诸多认知偏差,不但干扰了制度设计者、执行者和讨论者的理性判断,也深刻地影响着民众的日常生活。

### (一)关于惩罚功能的误解

与离婚损害赔偿相比,经济补偿最大的特点是不具有惩罚性质,前者产生的依据是存在损害婚姻的事实,而后者产生于夫妻共同生活过程中家庭贡献和劳务付出必然存在的差异性,这种不平衡差异建立在意思自治基础之上。可以说,离婚经济补偿仅仅是特殊性质的劳务对价补偿,一种平衡离婚双方权利义务的方法,一种因家务付出和离婚导致一方利益受损的辅助性弥补方式,于道德评价和价值判断无涉。在实务层面上消解此类法律误解,重点也许不是持续地加强普法宣传的深度和广度,不是反复地向民众澄清、灌输概念上的差别,而有可能是关注和分析误解产生的心理根源,以及重视在法律实践中的稳妥安置,改变因社会、文化、历史等因素深深根植于民众内心中刻板机械的理念。经济补偿惩罚性的误解也许来自对补偿与赔偿概念的认知混淆,更可能来自离婚夫妻之间利他主义向利己主义转变节点上心理与财产的博弈。离婚过程大多伴随夫妻双方孰是孰非的争执,而最终是否获得补偿以及补偿金额的多少从某些方面来说是这场争执胜负的证明。离婚时夫妻一方若坚决不认可对方家务贡献超出必要义务(同时引发的另一个问题是收集证据的困难),原因之一可能来自固有的伦理道德观念——如果裁判者裁定自己应该补偿对方金钱,自己就成为这场博弈的失利者。或者,在外人看来,准确地说他/她觉得外人会认为,自己就是离婚事件的获利者或者过错方,在本就很难厘清对错并且很难将事无巨细"公之于众"的婚姻领域,将自己置于道德和伦理上的被动和不利地位,承担来自社会的负面评价。简单来说,损失金钱事小,维护名誉事大,绝不能在一段即使是过往的婚姻中被贴上"陈世美"和"白眼狼"的标签,甚至极可能对自身的未来产生不利的影响。抛开当事人之间的表象行为,与其说亟须消除的是关于离婚经济补偿惩罚性功能的误解,不如说必须关注和解决的重点在于如何转变民众对世俗婚姻的

固执观念。可见,如何寻求社会大众的理念认同也应是离婚经济补偿制度所必需面临的重要课题之一。

(二)关于婚姻风险的误解

无论是理论上的分析解说还是现实中的新闻报道,关于离婚经济补偿的讨论,客观上强化了人们关于婚姻中投入会不会得到回报的“扪心自问”,从而导致一种将付出超过必要家务贡献的风险等同于婚姻本身风险的观念。经由法律经济学的理解与诠释,人以及人的行为是理性(rational)与自利(self - interested)的综合,这种行为特质无关价值判断只涉及客观描述,一个人是否选择成为“全职太太”,自己的“深思熟虑”和外界给予的建议往往来自对上述“投入会不会得到回报”问题的回答。诚然,若家庭贡献更多地体现在家务付出而非经济收入之上,付出方的回报会长期处于不确定状态,无形中可能增加离婚时权益受损的风险,但这种风险并不等同于婚姻本身的风险。对家庭贡献的差异性不必然否定夫妻双方对婚姻贡献的平等性,如果将家务贡献风险盲目扩大,将会产生严重动摇婚姻根基的危险。成为夫妻的两个人会格外谨慎地考虑和决定对家庭的付出和贡献,努力经营婚姻将不再是心甘情愿,夫妻之间也难以同甘共苦相濡以沫,甚至会时刻警惕着自己的付出会被将来某个不期而至的人渔翁得利。共同体内部和谐美好的愿景将被大大削弱。将家务付出风险等同于婚姻风险同样忽视了引发离婚因素的多元性,夫妻感情确已破裂是诉讼离婚的法定标准,若要追溯离婚的原因,则可能源于性格不合、理念不同,可能源于生活习惯差异,可能源于婚外情、家庭暴力,甚至可能源于双方长辈的矛盾,“幸福的家庭都是相似的,不幸的家庭各有各的不幸”,若将家庭贡献与婚姻风险草率地关联,将使家庭中的夫妻落入荒谬的因噎废食之中,负担较多义务和遇到一个将来可能会与自己离婚的人之间没有必然的联系。对家庭全力付出的选择若被风险过多干扰,本身就在婚姻中注入了不确定和不信任因素,对婚姻制度和社会基本秩序的破坏将是致命的。

(三)关于家庭分工的误解

相关案例评述的结尾,往往会被加上“全职在家有风险,放弃工作需谨慎”的忠告,某些论者尤其提醒女性一定要有自己的事业,不能完全依靠男性生活,甚至对“全职太太”提出激烈的批评,也有论者呼吁家庭中应当倡导男女同工,以期解决和减少社会问题、家庭矛盾,进而有效消解财产分割、家务补偿可能会面对的不公平境况。但是,这些针对家庭分工的指导和建议忘记了家庭和婚姻根本上说是一个“命运共同体”和“经济共同体”,共同体内部体现的是夫妻双方的平等贡献和互惠利他关系,[22]家庭贡献以自身的利益为代价使另一方损失最小或者利益最大,这种付出以婚姻关系未来存续的期待为基础,以夫妻双方意旨朝向一致为前提,在个人利益最大化的同时也将使家庭共同利益最大化。对个人权益的片面强调看似保障了公平,实质上割裂、破坏了婚姻家庭共同体,忽略了婚姻家庭本身形成的自我解决矛盾冲突的能力,忽视了公平正义自身的局限性:冰冷机械的权利义务关系不该也无法完全掌控、治理以情感、和谐为内核的婚姻家庭领域。诺贝尔经济学奖得主加里·贝克儿(Gary Becker)曾经指出:“个人通过寻找配偶,来达到效用最大化。”通过组建家庭,夫妻双方资源互补并协调人力资本,提升幸福值,客观上这是一个人追求物质与精神“变得更好”的发展趋势。“帕累托最优”(Pareto Optimality)理论认为:资源分配的最佳方案是没有令任何人境况变坏的前提下,至少有一个人变得更好。若将体力脑力、时间精力的付出视为家庭内部可产出效益的资源安排,实现效用最大化的结果说明婚姻的持续应是一个追求“帕累托最优”的过程。另外,家庭境况千差万别,对于婚姻的规划需要有目的有意义地合理安排。“无论是体力、精力、智力、年龄、性别,还是专业知识、创造能力等方面,家庭成员不可能是完全一致的”,“存在很大差异”。[23]不顾具体实际的家庭分工会严重影响家庭整体收入、内部和睦和健康运行,甚至危及整个社会的发展。理论上最优的家庭分工应当是社会职业上具有相对优势的人与家庭劳动上具有相对优势的人按照各自能力各司其职,取长补短的家庭分工至少目前仍然是夫妻双方财富最优、家庭利益最大化的可靠方案。

离婚经济补偿制度的立法意旨在于实现和保障家庭婚姻的良性运行。包括经济补偿制度在内的离婚救济制度追求的终极目标是社会的稳定与和谐,促使夫妻双方更多地从家庭共同体利益出发,对家庭做出各自贡献,以利他主义而非利己主义的视角参与婚姻家庭生活,扮演各自的角色。

## 六、结语

针对家务贡献离婚经济补偿的分析,仍有许多问题需要深入讨论,比如,影响法律适用者最终结论的各类合理事实因素的标准与范围,合理事实因素是否

---

〔22〕 赵玉:《婚姻家庭法中的利他主义》,载《社会科学战线》2018 年第 10 期。

〔23〕 孙若军:《离婚救济制度立法研究》,载《法学家》2018 年第 6 期。

应当包含一方明确拒绝社会工作的情形,是否应当包含以经济收入尽家庭义务一方个人权益的贬损(如由职业造成的重大疾病)。尤其是对经济补偿数额的衡量标准与具体核算等实践性问题本文力有未逮。诸如此类,尚待有识之士贡献智慧、深入探讨。

德沃金指出:法律是一种阐释性的概念。[24] 社会生活关系和法律文本意旨容易被裁判结论的传达表象所掩盖、误导,甚至令民众迷惑、被民众曲解。婚姻家庭财产规则适用所面对的现实是:财产处置的一般性规则和财产认定的精细化规则的对立趋势,客观上加剧了法律自身的开放性。从根本上说,离婚经济补偿制度是婚姻家庭领域通过矫正正义实现分配正义的追求和体现。当婚姻走向终点,夫妻共同体即将分裂、回归到独立个体,基于过去付出的合理回报以及未来生活的权益保障,不仅每个诉讼当事人、每个资产重置的夫妻将面临重大抉择,每个生活于婚姻中的个人也将被规则深刻影响。规则的适用与讨论不断地塑造着民众对家庭和法律的心理确信与主观态度。法律价值和实质正义的实现不该也不可能全部依赖裁判者的“综合分析”与“酌情裁定”。随着新规陆续适用,有关离婚经济补偿的检视将更加全面深入。法律文本和婚姻事实之间无限接近的涵摄与对应过程也将是可期的。

〔24〕 [美]德沃金:《法律帝国》,李常青译,中国大百科全书出版社 1996 年版,第 364 页。

# 离婚损害赔偿制度司法适用的调查研究

张　焱　田　媛*

家庭作为社会的基本细胞，在国家治理体系和治理能力现代化的过程中发挥着重要作用。为维护家庭稳定，我国在2001年原《婚姻法》修正案中增设了具有填补损害、精神抚慰、惩罚过错方功能的离婚损害赔偿制度，以期通过对婚姻过错方给予否定性评价和惩戒，实现对无过错方、弱势方合法权益的有效救济，这也是社会主义核心价值观在我国婚姻家庭法律规范中的具体体现。

然而，长期以来，离婚损害赔偿制度因其适用情形过窄、举证困难等问题而颇受诟病，呈现低适用、低功效、低救济的特征，理论界和实务界对其存废问题也一直争论不休，甚至有学者将其评价为"名存实亡的制度"。为改善法定情形不足的窘境，《民法典》将"有其他重大过错"作为离婚损害赔偿的适用情形，体现了要专门规定离婚损害赔偿制度并进一步发挥其独特作用的立法态度。可以预见，涉离婚损害赔偿的案件必将较前有所增加。但是，"有其他重大过错"只是一种原则性规定，并不能彻底弥补离婚损害制度的缺陷，对这一"兜底性"规定的解释仍然在很大程度上依赖于司法自由裁量。如何明晰离婚损害赔偿的适用范围，统一案件裁判尺度，使"纸面上的法"变成"行动中的法"，需要进一步的探索和分析。

## 一、实践检视：离婚损害赔偿制度司法运行的现状描摹

笔者在北京法院智慧云数据分析平台以"离婚损害赔偿"为关键词检索了2017～2021年的相关案件，共获得有效裁判文书249份（剔除无关文书及部分一审、二审重合文书），主要为离婚纠纷或离婚后财产纠纷。通过对上述裁判文书的分析，可以描摹出近5年来离婚损害赔偿制度在北京法院的运行样态。

1. 案件数量持续攀升。经统计，自2017年1月1日至2021年12月31日，

* 张焱，北京市昌平区人民法院审判员；田媛，北京市昌平区人民法院法官助理。

北京法院共审结涉离婚损害赔偿案件 249 件,并且案件量逐年递增(见图 1)。

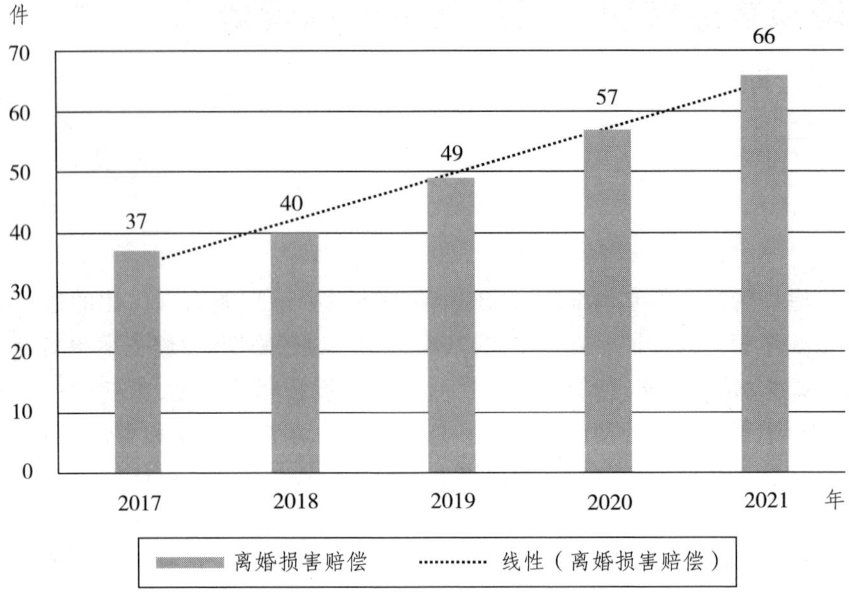


**图 1　2017 ~ 2021 年北京法院审结涉离婚损害赔偿的案件数量**

案件数量的增加,一方面,随着现代社会婚恋观念的转变,女性独立意识增强,婚姻和情感中更加注重双向选择,因配偶存在过错要求离婚的案件显著增加;另一方面,由于个人意识和维权意识的增强,无过错方寻求法律救济的积极性越来越高,在摆脱不幸婚姻的束缚时向过错方主张离婚损害赔偿的情形越来越多。

2. 请求主体以女性配偶为主。在选取的 249 个案件中,女性作为无过错方主张离婚损害赔偿的案件占据绝对份额,共 172 件,占比达 69%,明显高于男性主张离婚损害赔偿的情形(见图 2)。

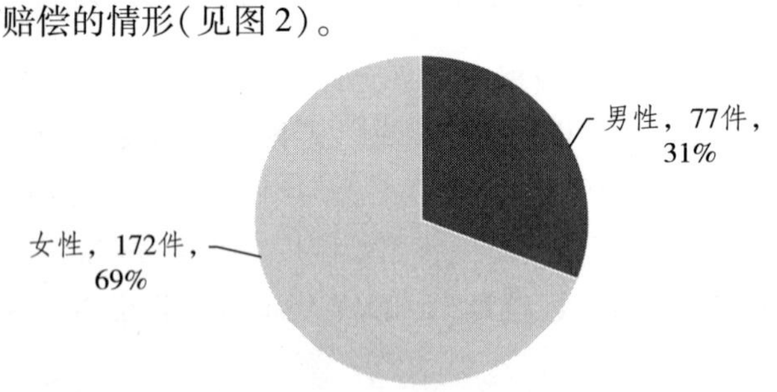


**图 2　离婚损害赔偿请求主体的男女比例**

男女比例的明显差异，主要是在传统家庭观念中，“男主外、女主内”分工模式导致男性在婚姻关系中处于相对强势的地位，不仅社会地位、收入水平相对较高，面临的各种诱惑也相对较多，出现过错行为的概率自然也相对较大。

但是，近年来，随着女性社会地位的提高，男方主张女方存在过错行为并要求离婚损害赔偿的情形也越来越多（见图3）。

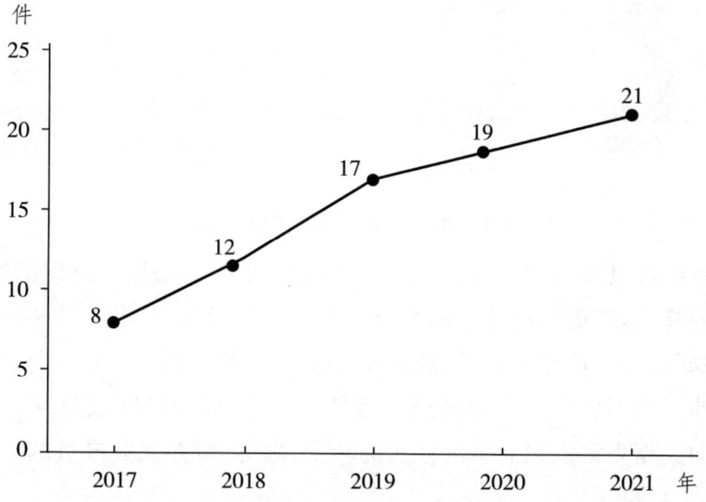


**图3 2017～2021年男性主张离婚损害赔偿的案件数量**

3. 过错事由相对集中。在选取的249个案件中，主张损害赔偿的理由主要集中在违反夫妻忠实义务（包括嫖娼、出轨、聚众淫乱、与他人同居、婚外生子等）和存在家庭暴力行为，分别为208件和143件；重婚以及虐待、遗弃家庭成员的情形相对较少，分别为9件和15件；此外，还有赌博、隐瞒病史、欺诈性抚养、性侵继子女等其他情形[1]（见图4）。

---

〔1〕 存在同时主张两种事由的情形，如同时主张过错方违反忠实义务和存在暴力行为。

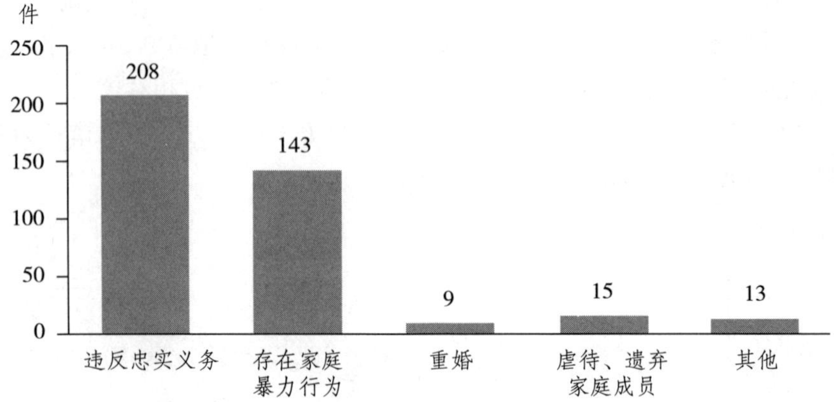


**图 4 主张离婚损害赔偿的理由**

从图 4 中可以看出,对婚姻不忠是无过错方主张离婚损害赔偿的主要原因。需要指出的是,尽管重婚也是违反夫妻忠实义务的行为,但由于重婚行为构成刑事案件,需要以法院裁判为依据,故在离婚损害赔偿案件中,无过错方一般以过错方存在违反夫妻忠实义务主张损害赔偿。此外,随着家庭成员共居的传统大家庭模式向夫妻小家庭独立生活模式的转变,虐待、遗弃家庭成员的情形也相对较少。

4. 赔偿内容多为精神损害赔偿。我国离婚损害赔偿包括物质损害赔偿和精神损害赔偿,在现实案件中,离婚损害赔偿主要为精神损害赔偿(见图 5)。

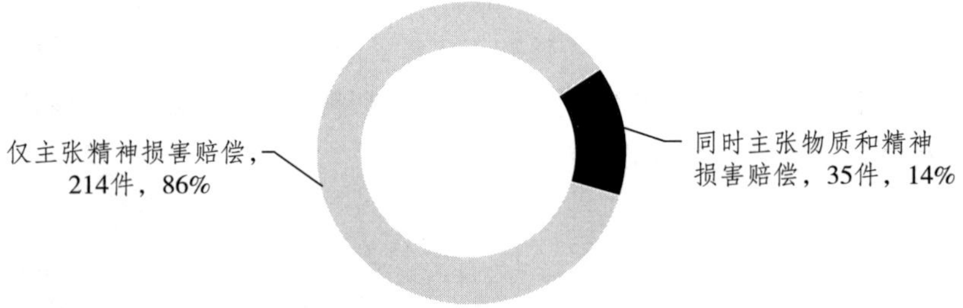


**图 5 离婚损害赔偿中的物质损害赔偿与精神损害赔偿的案件数量及占比**

在无过错方提出的离婚损害赔偿诉求中,仅 14% 的案件中主张了物质损害赔偿,主要包括医疗费、经济补偿、无过错方已支付的抚养他人子女的费用等;而在法院支持的离婚损害赔偿的案件中,有的明确指出损害赔偿包括物质损害赔偿和精神损害赔偿,有的在裁判文书中仅表明属于离婚损害赔偿金,未明确属于物质损害赔偿还是精神损害赔偿。当事人和司法裁判均对“物质损害赔偿”避而不谈。

## 二、适用"瓶颈":离婚损害赔偿制度司法适用的现实困境

通过对上述北京法院涉离婚损害赔偿的案件统计分析发现,离婚损害赔偿制度在司法实践中存在以下适用"瓶颈",影响其立法目的的充分实现和立法功能的有效发挥。

### (一)法律适用层面:情形特定导致裁判路径多样

婚姻家庭关系具有复杂性,从上文的统计结果来看,除原《婚姻法》第46条、《民法典》第1090条直接列举的重婚、与他人同居、实施家庭暴力以及虐待、遗弃家庭成员的四种法定情形外,还有吸毒、赌博、卖淫、嫖娼、婚外生子、欺诈性抚养、精神暴力、性侵继子女等多种情形。这些过错行为都在不同程度上伤害了夫妻感情,甚至有些过错行为所带来的伤害完全不亚于法定过错情形,过错方对于婚姻关系的破裂负有不可推卸的责任,如果无过错方得不到赔偿,显然有失公平。

《民法典》实施前,司法实践就已经注意到这一点。为解决离婚损害赔偿制度供给不足、实现惩戒过错方和救济无过错方的"个案正义",裁判者不得不在缺乏理论证成的情况下,选择了不同的裁判路径。

以"在婚姻存续期间与他人存在男女关系"的情形为例,司法裁判中主要有五种裁判思路:(1)坚持法律规定的封闭性,认为"与他人同居"是指"有配偶者与婚外异性不以夫妻名义,持续、稳定的共同居住,不包括偶尔的、隐蔽的婚外性行为",因此无过错方的离婚损害赔偿请求不符合原《婚姻法》第46条的规定,对其离婚损害赔偿的诉求不予支持;(2)坚持法律规定的封闭性,认为无过错方的离婚损害赔偿请求依法不予支持,但同时另辟蹊径转向其他条款,通过在分割夫妻共同财产时对无过错方予以适当照顾实现对无过错方的弥补和保护;[2](3)不对"其他过错"行为是否可以作为给付离婚损害赔偿的理由进行认定,而是从诉讼法的角度以证据不足为由驳回当事人的该项诉求;(4)适用一般侵权责任的裁判路径,对原《婚姻法》第46条予以扩大适用,认为过错方的出轨行为导

---

〔2〕 原《婚姻法》第39条规定:"离婚时,夫妻的共同财产由双方协议处理;协议不成时,由人民法院根据财产的具体情况,照顾子女和女方权益的原则判决……"并无照顾无过错方权益的共同财产分割原则。

致夫妻感情破裂,无过错方必然受到情感上和精神上的伤害,应予慰藉,对其离婚损害赔偿的请求予以支持;(5)以原《婚姻法》第 46 条规定的夫妻忠实义务为规范基础,对过错程度严重的直接类比适用原《婚姻法》第 46 条的相关规定。

《民法典》实施后,“(五)有其他重大过错”成为离婚损害赔偿的兜底条款,裁判者无须再对四种原法定情形进行扩大解释或者诉诸其他法律大前提对过错方惩戒和无过错方救济,但何种情形构成“其他重大过错”成为避免裁量结果不统一的关键所在。

### (二)裁量标准层面:损失标准把控不一

最高人民法院《关于适用〈中华人民共和国民法典〉婚姻家庭编的解释(一)》(以下简称《民法典婚姻家庭编解释(一)》)第 86 条规定,离婚损害赔偿,包括物质损害赔偿和精神损害赔偿。物质损害是指无过错方因另一方过错行为造成的物质上的现有财产权益的损失,包括现有财产利益的减少以及为恢复伤害而造成的财产利益损失;精神损害是指过错行为导致婚姻破裂给另一方造成的精神上的痛苦。

1. 物质损害赔偿的参照标准难以确定。我国法律对物质损害赔偿以全部赔偿为原则,人民法院应当根据过错方的过错程度、造成的损失大小等确定赔偿数额。[3]

一般认为,物质损害赔偿便于计算和操作,按无过错方实际遭受的损失赔偿即可。在离婚案件中,主张损害赔偿的无过错方应对其遭受的物质损害承担相应的举证责任,如因配偶与他人同居产生额外费用支出导致夫妻共同财产减少的金额、因过错行为导致无过错方精神抑郁所支付的医疗费用等。然而,无过错方在婚姻关系中大多处于相对弱势的地位,其对于现有财产利益减少的举证能力相对较低,如此,法院在认定过错行为造成财产减少的具体范围与金额时,往往缺乏有效的参照标准。[4]

2. 精神损害赔偿的裁量限度仍需商榷。不同于物质损害赔偿,无过错方对其遭受的精神损害后果无须举证,只要双方离婚,且过错配偶一方有法律规定的严重过错行为,法律即可推定这种精神损害存在,无过错方的精神损害赔偿主张

---

〔3〕 最高人民法院民法典贯彻实施工作领导小组主编:《中华人民共和国民法典婚姻家庭编继承编理解与适用》,人民法院出版社 2020 年版,第 335 页。

〔4〕 景鑫、杜凤君:《离婚损害赔偿制度的司法运用与完善》,载《法律适用》2019 年第 16 期。

即应得到支持。但在确定数额时,案件差异却十分明显,86.8%的案件支持数额为5万元以下(含5万元),少数案件中支持赔偿数额超过了5万元(见图6)。

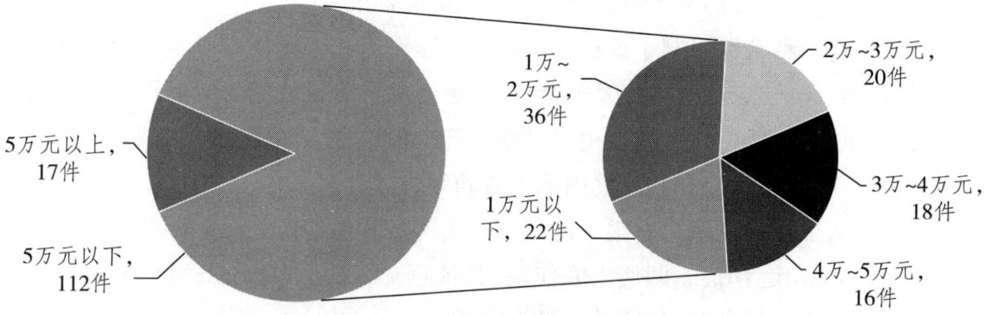


**图6 精神损害赔偿的支持数额**

一方面,我国法律规范仅有原则性规定,缺乏可供参考的具体计算标准。《民法典婚姻家庭编解释(一)》第86条规定,涉及精神损害赔偿的,适用最高人民法院《关于确定民事侵权精神损害赔偿责任若干问题的解释》(以下简称《精神损害赔偿解释》)的有关规定,但如何确定赔偿数额,并没有明确的参考标准,导致离婚损害赔偿案件中赔偿数额存在明显差异。

另一方面,5万元的赔偿上限能否体现离婚损害赔偿制度的作用,值得商榷。根据《精神损害赔偿解释》的规定,认定精神损害赔偿金的上限一般为5万元,而离婚损害赔偿案件中当地经济发展水平、当事人自身的消费水平以及当事人的过错程度各不相同,5万元的赔偿上限是否能够起到惩戒过错方、救济无过错方的作用显然不能一概而论。

### (三)事实认定层面:举证难及证明标准的严苛影响损害事实认定

离婚损害赔偿制度在刚颁布时,得到了很多人的肯定,有学者指出,"该制度体现了对弱者和无过错方的扶助保护,弥补精神损害、抚慰受害者、制裁过错方的功能,因此是我国婚姻法的一大突破"。[5] 然而司法实践中,不仅提出离婚损害赔偿的案件数量少,能够得到法院支持的案件数量也不多,离婚损害赔偿"遭受冷遇"最主要的原因就是证据不足。

根据我国民事诉讼举证原则,"谁主张,谁举证",无过错配偶方请求离婚损

〔5〕 王明华:《离婚损害赔偿中若干问题的思考》,载《中国人民大学报刊复印资料民商法学》2002年第5期。

害赔偿的,必须举证证明过错配偶方实施了法定的过错行为,并达到确实充分的程度。由于婚姻家庭关系的特殊性,无过错方的举证压力和证明难度往往要高于普通的民事纠纷,鲜有当事人能够达到该证明标准。[6]

1. 家庭的私密性限制了证据的收集。家庭作为私人场所本身具有一定的私密性,重婚、同居、家庭暴力以及虐待、遗弃家庭成员等家庭纠纷具有隐蔽性的特点,即使是受害者或其近亲属,也容易受"家丑不可外扬"的传统观念影响,不愿被他人干涉,外人难以知晓家庭内部矛盾和纠纷的存在。

2. 证人证言的证明力有限。即使家庭纠纷被其他亲友、邻居知晓,出于各种顾虑,也不愿出庭作证。即使出庭作证,其证据形式为言词证据,考虑到证人与当事人的关系,其证言的证明效力极为有限。

3. 亲密关系中双方留存证据的意识较弱。夫妻关系的本质是共同生活,信任是稳定和谐的婚姻关系的重要基础,家庭生活中很难做到事事留痕、时时留证。如果无过错方为收集证据采取偷拍、监听、录像、跟踪等方法,还可能会侵犯他人隐私,并且由于证据来源合法性的问题,有可能不被采信。

4. 公权力机关介入有限。无过错方主张存在家庭暴力等离婚事由时,即使在发生家庭暴力的第一时间进行报警,公安机关一般也以批评教育为主,仅能出具处警记录,无法证明是否真实存在家暴行为,由于缺乏有效的书证,无过错方离婚损害赔偿的诉求难以得到支持。

总之,在没有强有力的证据支持下,离婚损害赔偿请求权难以实现。

### (四)权利救济层面:与财产分割、经济帮助等混淆适用

为保障离婚时处于弱势地位的一方能够得到有效救济,我国婚姻法和民法典均规定了离婚救济制度,具体包括离婚损害赔偿制度、家务劳动补偿制度、离婚经济帮助以及财产分割时照顾无过错方等。由于功能上的类似性,在实践中存在将离婚损害赔偿制度与其他离婚救济制度相互混淆适用的情形。

1. 与照顾无过错方原则对立适用。在一般观念中,对无过错方多分财产可以弥补无过错方在感情和精神上受到的伤害,也能通过少分财产的方式达到惩罚过错方的目的,《民法典》第1087条也规定了夫妻共同财产分割照顾无过错方原则,即离婚时,夫妻双方对共同财产的分割达不成协议的,人民法院按照照顾

[6] 蔡士琴:《对我国离婚损害赔偿制度的几点思考》,载《法制与社会》2014年第34期。

子女、女方和无过错方权益的原则判决。

由于照顾无过错方原则与离婚损害赔偿制度均是以“过错”为评价核心，导致部分法院认为同时适用照顾无过错方原则与离婚损害赔偿制度是对“过错”行为的重复评价，二者只能择一适用，例如“原告在离婚诉讼中已经就过错方的行为主张多分财产，即使被驳回，原告也不能就相同的事实主张其他诉讼权利，否则违反了一事不再理原则”。如今，照顾无过错方原则与离婚损害赔偿制度在《民法典》中并立存在，二者并非对立关系，不能因为在财产分割时考虑照顾无过错方的利益而否定无过错方离婚损害赔偿的请求，也不能因为无过错方已经获得离婚损害赔偿而在财产分割时不再给予其相应的照顾。

2. 与离婚经济帮助制度混淆适用。《民法典》第 1090 条规定了离婚经济帮助制度，即离婚时，如果一方生活困难，有负担能力的另一方应当给予适当的帮助。离婚经济帮助制度是考虑到婚姻中可能存在一方为了家庭利益而放弃个人的发展机会导致生活困难的情形，故将相互帮扶的道德义务上升为特殊情形下的法律义务；而离婚损害赔偿制度是对无过错方的救济和对过错方的惩戒，二者存在明显差异，但在司法实践中，有的法院对过错方的过错行为及无过错方的经济状况一并评价，将离婚经济帮助和离婚损害赔偿混淆适用。

例如，有的判决认为“上诉人李某在一审离婚诉讼时未提出离婚损害赔偿请求，但因其在婚姻生活期间遭受家庭暴力身心受到伤害，离婚后面临无固定住房又抚育孩子，本院综合考虑本地经济发展与社会生活的实际，从照顾妇女、儿童合法权益的角度，酌定被上诉人给付经济补偿款 3 万元为宜”，显然裁量结果的经济补偿既考虑了救济无过错方，又考虑了生活困难因素，是对离婚损害赔偿和离婚经济补偿的混合、混淆适用。实践中，还有的法院直接将一方经济困难补助金作为离婚损害赔偿的一部分。

## 三、追本溯源：离婚损害赔偿制度价值功能的法律定位

适用“瓶颈”的根源在于对离婚损害赔偿制度的定位和功能认识不清，不仅当事人将其作为解决离婚纠纷中请求损害赔偿的兜底依据，司法机关也陷入用一般侵权案件的审理思路对离婚损害赔偿案件进行分析的误区。

### （一）定性：离婚损害赔偿责任的法律性质

对离婚损害赔偿制度的性质，理论界一直存在争议，主要存在以下观点：一是离因损害赔偿说，认为离婚损害赔偿是对配偶一方因另一方的过错行为而受

到损害的赔偿;二是离异损害赔偿说,认为离婚损害赔偿是在因一方过错导致离婚的情形下,对无过错方配偶因离婚而造成损害的赔偿;三是混合说,认为同时包括离因损害赔偿和离异损害赔偿。

第一种观点被多数学者和司法实践所支持,但其实质是认为离婚损害赔偿属于侵权责任,造成了离婚损害赔偿责任与侵权责任的混同。第三种观点走"中庸之道",但是并没有积极地解决问题,反而让问题更加复杂。仅从法条表述的字面含义来看,《民法典》第 1091 条、原《婚姻法》第 46 条确实可能存在两种解读方式:一是无过错方有权在离婚时就过错方的过错行为给其造成的损害请求赔偿,即离因损害赔偿,此时的损害主要是指过错行为对无过错方民事权益的损害;二是无过错方有权就因过错方过错所致离婚给其造成的损害请求赔偿,即离异损害赔偿,此时的损害主要是指离婚这一事实给无过错方造成的损害。但是,如果从目的解释、体系解释的角度来看,离婚损害赔偿责任应该是离异损害赔偿。〔7〕

离婚损害赔偿规定在离婚制度中,其目的在于"通过填补损害,抚慰受害方,惩罚过错方来发挥伸张正义、明辨是非的警示和预防作用",〔8〕与离婚经济补偿等制度一起构成了离婚救济体系,在本质上属于婚姻解除时清算关系内容的组成部分。因此,离婚损害赔偿制度兼具离婚救济与离婚清算的功能,如果将其解释为离因损害赔偿,则其与一般侵权责任无异,只是对重大过错行为侵害他人民事权益进行的一般性的否定性评价,而未将其行为置于婚姻家庭关系中,不能体现出离婚救济与离婚清算的功能。而且,"离因损害赔偿说"还要面对更多的问题,例如,将对家庭暴力、重婚、遗弃、虐待等重大过错的否定性评价限于"离婚"时才能提出,是否是对无过错方民事权利的限制? 虐待、遗弃无过错方配偶家庭成员等重大过错直接侵害的是无过错配偶家庭成员的民事权益,无过错配偶因家庭成员的民事权益受到损害而主张损害赔偿的权利来源又是什么? 显然,"离因损害赔偿说"背离立法体系,难以自圆其说。

综上,我国《民法典》第 1091 条所规定的离婚损害赔偿应为离异损害赔偿,而非离因损害赔偿。

---

〔7〕 田韶华、史艳春:《民法典离婚损害赔偿制度法律适用的疑难问题》,载《河北法学》2021 年第 1 期。

〔8〕 黄薇主编:《中华人民共和国民法典婚姻家庭编解读》,中国法制出版社 2020 年版,第 235 页。

## （二）定位：离婚损害赔偿制度的基本理念和功能定位

认定“其他重大过错”的具体情形是《民法典》现行规则下适用离婚损害赔偿制度的关键所在，应当遵循离婚损害赔偿制度的基本理念和功能定位，充分发挥离婚损害赔偿的制度功能，避免其继续成为“沉睡的法律”。[9]

1. 兼顾惩戒重大过错方和救济无过错方的立法初衷。离婚损害赔偿是一项过错惩罚与损害赔偿相结合的救济制度，其一方面关注对无过错配偶的慰藉、抚慰，填补因过错方的过错行为给配偶造成的身心伤害和精神痛苦；另一方面注重对过错配偶的惩戒、惩罚，由过错方承担过错行为的不利益，即“对还没有冲出婚姻城堡就尝试婚外恋的人，应当在离婚时为自己的感情透支付出一定的经济代价、承担相应的民事责任”。[10]

2. 平衡过错责任与离婚自由的关系。离婚损害赔偿作为离婚救济制度的重要组成部分，应当经得起离婚自由和过错责任的双重检验。[11] 一方面，离婚自由不是无限制的自由，它是维系婚姻秩序的手段，也受到婚姻秩序的限制。对恶意破坏婚姻关系的过错行为进行法律上的否定评价，可以起到对过错行为的威慑、预防和惩戒的作用，减少以离婚自由之名肆意破坏婚姻关系、侵害无过错方利益的行为。另一方面，离婚制度的基石是离婚自由。离婚自由不以过错为前提，不能将所有的过错都作为对离婚自由的合理限制，只有达到一定严重程度、达到不可原宥的才能构成请求赔偿的法定事由，“以避免无过错离婚的矫枉过正”。

3. 统筹男女平等原则与保护弱者利益。男女平等是《民法典》婚姻家庭编的重要原则，也是现代家庭关系创建和维系的重要基石。但是男女平等并不等于男女相等，司法实践表明，女性在婚姻中仍然处于弱势地位。受“男主外女主内”等传统观念的影响，女性仍然是家庭关系中更多的承担照料家庭责任的一方，也更容易因生育子女、照顾老人而影响个人职业发展，承受经济上的不利益。在男方存在重大过错导致婚姻关系无法维系时，女性配偶长久以来为维护双方和睦

[9] 郑锡龄：《其他重大过错导致离婚损害赔偿的立法解释》，载《山东女子学院学报》2021年第3期。

[10] 田岚、何俊萍：《论离婚有过错方的精神损害赔偿责任——析因配偶一方婚外恋导致离婚的现状及其民事责任》，载《东南学术》2001年第2期。

[11] 夏吟兰：《婚姻家庭编的创新和发展》，载《中国法学》2020年第4期。

的家庭关系所作的付出应当得到充分的弥补,应当通过适用离婚损害赔偿等离婚救济制度,为处于相对弱势一方的女性配偶提供充分的利益保障,从而实现社会评价体系中男女两性的实质平等。

### (三)界分:离婚损害赔偿与侵权责任的区分

司法实务中不乏采用一般侵权案件的审理思路审理离婚损害赔偿纠纷的情形,其实际是将离婚损害赔偿责任视为侵权责任予以对待,是错误地坚持离因损害赔偿说的结果。离婚损害赔偿责任应当是一种独立的责任,属于法律特别规定的责任,与侵权责任是一种并存关系。

按照侵权责任法的一般原理以及我国《民法典》第 1165 条的规定,[12] 侵权责任所救济的是受害人因他人的过错行为而遭受的损害,损害的肇因系侵害他人民事权益的侵权行为;而离婚损害赔偿系离异损害赔偿,其所救济的是无过错方配偶因有责离婚而遭受的损害,损害的肇因系离婚本身而非过错方的过错行为。一方面,尽管离婚导致配偶对家庭圆满的期待利益落空,但是离婚本身不能被定义为对配偶民事权益的侵害,不能将离婚视为对配偶的侵权行为;另一方面,在《民法典》第 1091 条所列举的四种过错行为中,不仅针对其他家庭成员实施的家庭暴力或虐待、遗弃不能认为是对无过错方配偶民事权益的侵害,即使是重婚、婚外同居行为,由于其所"侵害"的所谓忠实权、同居权在夫妻之间仅是作为相对权而存在,且效力较弱,不具有绝对性和支配性,不足以构成一般意义上侵权法的保护客体,[13] 故上述行为也不构成侵权法意义上的"权益侵害"。[14]

因此,离婚损害赔偿实际上是"为救济离婚产生的不利益而设法之保护政策",[15] 是一种独立的责任制度,不能以一般侵权责任的审理思路判断离婚损害赔偿责任的承担。对夫妻间的"侵权行为",应当区别对待:若夫妻一方对另一方实施家庭暴力或虐待,导致双方离婚的,无过错方配偶有权同时行使侵权责任中的损害赔偿请求权和离婚损害赔偿请求权,但是为避免双重赔偿,裁量时应将已

---

〔12〕《民法典》第 1165 条第 1 款规定:行为人因过错侵害他人民事权益造成损害的,应当承担侵权责任。

〔13〕冉克平:《论第三人侵害夫妻身份权的民事责任》,载《华中科技大学学报(社会科学版)》2020 年第 1 期。

〔14〕黄薇主编:《中华人民共和国民法典婚姻家庭编解读》,中国法制出版社 2020 年版,第 235 页。

〔15〕林秀雄:《婚姻家庭法之研究》,中国政法大学出版社出版 2001 年版,第 115 ~ 116 页。

经获得的赔偿金作为另案考量的因素;若夫妻一方对另一方实施其他人身伤害行为,导致双方离婚的,如夫妻一方驾车发生车祸导致另一方重伤,该过错行为并非对夫妻忠实义务的违背和对婚姻秩序的破坏,受害方仅能行使侵权责任中的损害赔偿请求权。

## 四、规则构建:离婚损害赔偿制度司法适用的完善路径

从法律条文的表述来看,离婚损害赔偿的适用需具备四个条件:一是一方存在重大过错;二是重大过错导致离婚;三是他方遭受损害;四是请求权人无过错。从司法实践来看,离婚损害赔偿责任正确适用的关键,在于对"其他重大过错行为"的过错程度以及因果关系的认定。

### (一)"重大过错"的认定

"微小损害不予赔偿"是被普遍遵守的原则,〔16〕其他过错行为能否构成民法典离婚损害赔偿责任的事由,应以其过错程度是否与四种法定情形的过错程度"相当",即过错行为对无过错方造成的伤害不亚于四种法定情形,如一方长期与他人发生婚外性行为并生有子女。至于一方偶发的嫖娼、出轨等婚外性行为,可以纳入离婚财产分割时适用照顾无过错方原则所考虑的情形,但是不能认定为离婚损害赔偿的"重大过错"。〔17〕

1. 过错程度"相当性"的考量因素

尽管对于重大过错行为的范围不能通过穷尽列举的形式为个案提供判断标准,但是可以从法律规定中提炼出重大过错行为的抽象标准,在"质"与"量"两个维度达到与四种法定过错具有"相当性"的标准。

从"质"的维度而言,过错行为应当是对婚姻家庭基本伦理、基本义务的背离,行为对象既包括配偶,也包括其他家庭成员。家庭义务及家庭伦理不仅包括夫妻间的忠实义务、扶养义务,还包括夫妻对未成年子女的抚养、教育、保护义务,以及基于法律或家庭伦理的要求,对配偶以及其他家庭成员应尽的其他法律上或道德上的义务,如《民法典》第 1042 条第 3 款所规定的禁止家庭暴力,禁止家庭成员间的虐待和遗弃;第 1043 条第 2 款规定的夫妻应当互相忠实,互相尊

〔16〕 向融:《因家暴导致离婚精神损害赔偿制度的完善路径》,载《法制博览》2020 年第 15 期。

〔17〕 薛宁兰:《民法典离婚救济制度的功能定位与理解适用》,载《妇女研究论丛》2020 年第 4 期。

重,互相关爱;家庭成员应当敬老爱幼,互相帮助等。[18]

从"量"的维度而言,过错行为的程度应达到严重性。所谓严重性,是指对配偶及其他家庭成员的行为已经达到严重伤害夫妻感情,威胁到共同生活的可能性,以至于超出了无过错方配偶"容忍"和"牺牲"的限度,不能要求其继续维系婚姻的程度。偶发的出轨、嫖娼、争执不应当作为离婚损害赔偿语义下的过错行为,否则,将会导致对过错方离婚自由的过分限制。

此外,需要注意的是,"过错"虽然并不要求行为人具有积极追求破坏婚姻关系、损害无过错配偶方利益的主观意图,但是行为人应当具备一定的意思能力,按照一般的社会经验,其能够认识到自己的行为为法律和道德所不容;否则,因行为人欠缺识别能力,对行为的性质及后果不具有基本认知,不能认定其存在过错。例如"过错方"因病失忆、失联期间与他人同居生子,此时不能认定"过错方"存在"重大过错",其配偶不能主张离婚损害赔偿。

2."其他重大过错"的主要情形[19]

基于上述认识,从当前的司法实践来看,"其他重大过错"主要包括以下情形。

(1)严重违反夫妻间忠实、尊重、扶持义务的行为。如与他人通奸生子,卖淫、嫖娼屡被处罚,经常侮辱、贬损配偶人格,隐瞒婚生子女并非配偶亲生子女的事实等。

(2)严重违反对其他家庭成员的家庭义务及家庭伦理的行为。如违背家庭伦理发生"乱伦"行为,长期对子女漠不关心、由配偶"丧偶式"带娃,恶意阻碍配偶对其家庭成员履行扶养义务并造成严重后果等。

(3)对配偶或其他家庭成员实施犯罪行为。如对其他家庭成员实施性犯罪,重伤、杀害配偶或其他家庭成员等。

(4)其他严重违反家庭伦理、威胁到共同生活可能性的行为。如一方沉迷赌博、吸毒等恶习屡教不改,故意传播性传染病危害配偶健康等。

### (二)因果关系的认定

"有下列情形之一,导致离婚的,无过错方有权请求损害赔偿"这一表述隐含着对因果关系这一要件的要求。从条文本身分析,离婚损害赔偿责任认定的逻

[18] 黄薇主编:《中华人民共和国民法典婚姻家庭编解读》,中国法制出版社2020年版,第235页。

[19] 黄薇主编:《中华人民共和国民法典婚姻家庭编解读》,中国法制出版社2020年版,第235页。

辑顺序为“重大过错—离婚—损害”，并且存在层次递进的两重因果关系：(1)重大过错与离婚之间的因果关系；(2)离婚与损害事实之间的因果关系(见图7)。

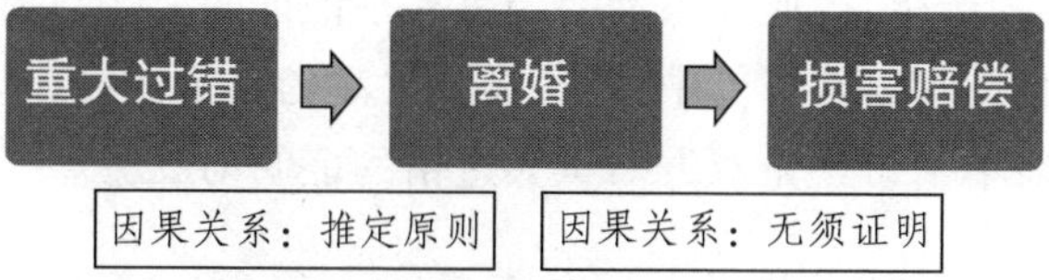


**图7 离婚损害赔偿责任的因果关系认定**

1. 重大过错与离婚之间的因果关系

我国法律规定，离婚的标准为“感情确已破裂”，所以对重大过错与离婚之间因果关系判断的关键在于认定重大过错与“感情破裂”之间有无因果关系。如前所述，“重婚”“家庭暴力”“虐待、遗弃家庭成员”等重大过错是对家庭伦理和基本义务的严重违反，超过了配偶的容忍限度、危及婚姻，因此可以采用推定原则，只要无过错方能够证明过错方存在重大过错，就推定重大过错与离婚之间存在因果关系。在无过错方举证证明过错方可能存在重大过错行为后，由无过错方以反证对重大过错与离婚之间的因果关系予以推翻。[20]

此外，由于家庭关系具有私密性、封闭性等特点，举证难是长期以来制约离婚损害赔偿有效适用的现实难题，导致谁承担举证责任谁就承担败诉风险的后果，因此，应当有条件地承认私拍、私录的证据在离婚损害赔偿诉讼中的证明力。离婚损害赔偿诉讼中法定过错的实施者确实可以以隐私权对抗其他人，但不能对抗婚姻关系另一方的知情权。[21] 为了保障离婚损害赔偿纠纷中无过错方配偶的合法权益，在使用合法工具、在合适的场合，以及不侵犯被私拍、私录者其他合法权益的基础上，可以承认私拍、私录证据的证明力，但只能为其证明目的服务，只能在法庭上出示、使用，不得在庭外任意出示。

2. 离婚与损害之间的因果关系

按照“离异损害赔偿说”，“损害”并非重大过错行为对无过错方所造成的人身、财产损害，而是离婚本身给无过错方所带来的不利益，即配偶对于长期、稳定、和睦婚姻家庭关系期待的落空，并由此导致的身心损伤及财产利益的损失。

[20] 黄薇主编：《中华人民共和国民法典婚姻家庭编解读》，中国法制出版社2020年版，第235页。

[21] 国家法官学院编：《全国专家型法官司法意见精粹：婚姻家庭与继承卷》，中国法制出版社2017年版，第353页。

是否不利的判断主要是事实方面的问题,以生活常识、经验法则等为依据进行判断。[22] 根据一般社会见解,严重违反家庭基本伦理、基本义务的重大过错行为必然导致不利益的产生,因此并不需要当事人举证证明离婚与损害之间的关系。

因此,在离婚损害赔偿案件中,真正需要关注的是重大过错与"感情破裂"之间的因果关系,根本上讲还是双方对重大过错的证明与反驳。

### (三)离婚损害赔偿范围及数额的确定

根据《民法典婚姻家庭编解释(一)》第 86 条的规定,离婚损害赔偿包括物质损害赔偿和精神损害赔偿。

第一,对物质损害的赔偿范围予以必要限制。尽管司法解释明确了离婚损害赔偿包括物质损害赔偿,但是对"物质损害"的赔偿范围仍存在分歧,主要可以分为三类(见表 1)。

**表 1 物质损害在离婚损害赔偿案件中的处理方式**

| 类别 | 举例 | 处理方式 |
| --- | --- | --- |
| 基于夫妻身份应得未得的利益或现有利益的减损 | 夫妻财产强制分割造成的价值贬损,生活水平的下降 | 不构成"损害" |
| 基于一方的侵权行为而遭受的损失 | 配偶与他人同居产生的费用、因家庭暴力产生的医疗费 | 以一般侵权责任或财产分割进行解决 |
| 基于对婚姻稳定的依赖而实施的法律行为因离婚而被迫终止所造成的损失 | 周年旅行因离婚无法成行,一方已支付的定金不予退还 | 过错方赔偿 |

一是基于夫妻身份应得而未得的利益或现有利益因夫妻身份消灭而遭受的减损,如因夫妻财产强制分割而造成的价值贬损、生活水平的下降等。此类请求权是基于夫妻关系取得的,自然随夫妻关系的消灭而消灭,不能将其认定为损失,如无过错方配偶没有经济来源,生活难以维系,可以通过照顾无过错方原则、离婚经济帮助制度等救济制度予以解决。

二是基于配偶的侵权行为所遭受的损失,如因配偶与他人同居产生额外费用支出导致夫妻共同财产减少的金额、因遭受家庭暴力造成其人身伤害而产生的医疗费用等。由于离婚损害赔偿系离异损害赔偿,是独立于侵权责任的独立责任制度,因此对于前述侵权行为所导致的人身、财产损失,不能作为离婚损害

〔22〕 张新宝:《侵权责任构成要件研究》,法律出版社 2007 年版,第 122 页。

赔偿所救济的不利益,可以通过侵权责任或财产分割的方式予以解决。

三是基于对婚姻稳定的信赖和预期实施法律行为,但因离婚导致该法律行为被迫终止而遭受的损失,如为双方共同生活而租赁了房屋,但因离婚无法继续租赁导致定金不能退还或需额外支付违约金。此种情形下离婚导致无过错方期待利益的贬损,应当由过错方予以赔偿。

第二,采用动态的严重性标准确定精神损害赔偿。根据《民法典婚姻家庭编解释(一)》第86条的规定,涉及精神损害赔偿的,适用《精神损害赔偿解释》的相关规定,即该解释的第5条。[23] 但是,该司法解释系针对侵权损害赔偿制定的,并未将婚姻家庭关系的特殊性纳入考量范围,对于无过错方对婚姻及家庭所倾注的心血与感情被毁于一旦而造成的精神痛苦和身心伤害如何评价,该司法解释并不能给予明确的指引。

在确定离婚精神损害赔偿金的数额时,应当采用动态的严重性标准,除了上述司法解释所规定的几种因素之外,还应将与婚姻家庭有关的特殊因素纳入考量范围。具体可以考虑以下几个因素。

一是婚姻的持续时间。一般而言,夫妻共同生活的时间越长,无过错方对婚姻及家庭所付出的感情越深厚,因重大过错导致的离婚对无过错方造成的痛苦就越大,离婚损害的赔偿金也应当有所提高。

二是夫妻关系的状态。与长期分居或长期感情淡漠的夫妻相比,一直处于正常夫妻关系状态中的重大过错方对无过错方配偶的伤害更为严重,尤其是过错方一直在家庭生活中"扮演好"夫或妻角色的情况下,无过错方更难以接受过错离婚的事实。

三是过错的持续时间、反复性及社会影响。持续时间较长或具有反复性的过错行为对于无过错方身心的伤害,显然要高于偶发性、一次性的过错。

四是过错方的过错程度。过错方的故意动机、行为手段等因素也应当纳入考量。例如,过错方明目张胆的过错行为与偷偷摸摸的过错行为对配偶造成的伤害承担显然不同,在赔偿数额上宜有所反映。

---

[23] 《精神损害赔偿解释》第5条规定:"精神损害的赔偿数额根据以下因素确定:(一)侵权人的过错程度,但是法律另有规定的除外;(二)侵权行为的目的、方式、场合等具体情节;(三)侵权行为所造成的后果;(四)侵权人的获利情况;(五)侵权人承担责任的经济能力;(六)受理诉讼法院所在地的平均生活水平。"

### (四)与其他救济制度的协调适用

根据我国《民法典》的规定，对无过错方的救济体系包括离婚损害赔偿、离婚经济帮助、离婚夫妻财产分割照顾无过错方原则等。这些制度相互独立，从不同的角度、不同程度地发挥了救济无过错方、惩罚过错方的功能。但是，由于功能上具有部分重叠，可能存在对过错行为的双重补偿或双重惩罚的情形，尤其是离婚损害赔偿制度与离婚夫妻财产分割照顾无过错方原则，都以对当事人的"过错"为评价核心，从客观的赔偿数额上来看，确实呈现为对同一过错行为的"重复评价"。因此有必要对二者的衔接、协调适用予以明确，从而更好地发挥不同的离婚救济制度对利益失衡的矫正功能。

离婚损害赔偿制度和财产分割照顾无过错方规则均体现了对无过错方的救济，但二者适用的基础不同、所依据的过错程度亦不相同，离婚损害赔偿是对有责离婚的直接否定性评价，而离婚财产分割中过错行为是影响财产分割的因素之一，并不要求达到"重大"的程度。从法解释论的角度看，同时适用离婚财产分割照顾无过错方与支持无过错方的损害赔偿请求，符合《民法典》的立法目的，并用两者，并无不可。[24] 在同时主张财产分割及离婚损害赔偿的离婚案件中，应分别根据《民法典》第1078条和第1091条的规定对两项诉讼请求作出裁判。

在确定离婚损害赔偿的数额以及财产分割的比例时，应当综合考虑离婚后果的多种因素，避免造成双重补偿或双重惩罚，导致利益失衡。具体而言，如已判决较高数额的离婚损害赔偿，则不宜再在财产分割中大幅度地照顾无过错方；反之，如在财产分割时已大幅度地照顾无过错方，则在确定离婚损害赔偿的数额时应予酌减。与此相关，在无过错方于协议离婚后提起的离婚损害赔偿之诉中，如果当事人在离婚协议中已经充分考虑了一方的过错并作出了对无过错方明显倾斜的财产分割安排，则也不宜再判决高额的离婚损害赔偿金。

离婚损害赔偿制度旨在对婚姻家庭关系中的消极面进行预防与救济，"其他重大过错"兜底性条款的增加，赋予法官更大的自由裁量权，也更有利于对无过错方利益的保护。在适用离婚损害赔偿制度时，既要从立法本意出发，充分保护婚姻家庭中无过错方的利益，又要充分考虑过错程度和损害后果，平衡好过错方责任与离婚自由的关系，努力实现离婚损害赔偿制度实施中的实质平等与公正。

---

[24] 黄薇主编：《中华人民共和国民法典婚姻家庭编解读》，中国法制出版社2020年版，第235页。

# 离婚损害赔偿制度中"其他重大过错"的司法认定

桂芳芳　胡玮铭*

## 一、司法实践中其他重大过错的裁判路径

2001年修订的原《婚姻法》第46条首次提出离婚损害赔偿，明确了因一方配偶有重婚、与他人同居、实施家庭暴力以及虐待遗弃家庭成员行为而导致的离婚，无过错方可以请求损害赔偿，对婚姻中的过错一方予以惩罚。该条法律规定的初衷是对婚姻家庭关系的保障，但是能提起离婚损害赔偿的法定事由过窄且无过错方举证困难，导致该制度在司法实践中直接遭到了"冷落"。

分析2020年之前的裁判文书发现，有部分案例为了维护司法公平和正义，司法裁判者会转向其他法律条款来支持无过错方的离婚损害赔偿诉求，但是在缺乏理论证成的情况下，请求权基础选择不一，十分混乱。[1]《民法典》第1091条是原《婚姻法》第46条的对应条款，在法定过错的基础上增加了兜底条款，将其他重大过错作为补充，采取列明和兜底的方式扩大了离婚损害赔偿中过错的适用情形。下文将通过我们实际办理的案例以及2021年北京、上海地区司法裁判机关对《民法典》第1091条的运用来分析婚姻中重大过错的认定及法律后果。

笔者曾实办这样一个案例：男女双方是初中同学，2012年开始交往，2014年登记结婚，2016年生育一子。2019年在家待业的女方提出去学校进修，遂将孩子送至男方父母处托管，同年9月，男方在家中发现避孕套和验孕棒，12月发现女方与他人通奸而怀孕、流产的诊断报告。男方据此提起诉讼，本案最终在2021年3月宣判，法院认为女方有出轨行为，严重损害夫妻共同感情，终致夫妻离异，故判定女方支付给男方精神损害抚慰金5000元；另考虑女方对婚姻关系破裂存在过错，对女方少分财产。

---

* 桂芳芳，上海家与家律师事务所副主任；胡玮铭，上海家与家律师事务所律师。

[1] 张红：《道德义务法律化　非同居婚外关系所导致之侵权责任》，载《中外法学》2016年第1期。

法院对女方的过错认定,直接引用了《民法典》第1091条的兜底条款,将与他人通奸并怀孕、流产的情形划定在其他重大过错的范围之内。该行为违背了夫妻之间的忠诚义务,亦是逾越了道德红线,直接导致夫妻感情破裂,对无过错方的伤害程度,不亚于重婚或者有配偶者与他人同居的情形。法院又根据《民法典》第1087条的规定,按照顾无过错方权益的原则进行判决,男方多分得夫妻共同财产。可见婚姻中的重大过错已经不再局限于法律条文明文规定的几种情形,而是向着性质相同、具有类似严重程度的过错行为不断延伸。

分析对比2021年北京、上海等地法院的裁判文书可知,各地法院在适用《民法典》第1091条时,对婚姻中的其他重大过错已形成了新的裁判思路,主要有以下两种情形。

1. 婚外生育是构成夫妻感情破裂的重大原因。男性在婚外生育子女抑或女性在婚内生育他人子女,都属于违背夫妻性行为的忠实,是动摇夫妻感情的重大原因,其过错程度与重婚、有配偶者与他人同居的严重程度相当,司法裁判机关可能据此引用重大过错要求过错方承担离婚损害赔偿责任。

如(2020)沪0115民初96370号判决指出,夫妻之间应相互忠实、相互尊重,共同维护已建立的婚姻家庭关系,原告婚后生育的女儿经鉴定与被告不存在亲子关系,后原告在与被告的婚姻关系存续期间又与他人生育儿子,原告缺乏正确的婚姻家庭观念,视生儿育女如儿戏,对婚姻关系的破裂负有重大过错,故支持了被告提出的精神损害赔偿。又如(2021)京0105民初34128号判决指出,被告在与原告的婚姻关系存续期间与案外人发生性关系并生育一子,应为婚姻关系的过错方,在处理财产分割问题时将考虑此情节。财产分割时,适当照顾了无过错方,按照4:6比例分割了夫妻共同财产。

2. 赌博系妨害婚姻家庭关系的违法行为。按照以往的司法实践,通常认为有赌博行为且屡教不改是夫妻感情破裂的原因,在调解无效时应当准予离婚,却没有将其上升为过错并对无过错方进行保护。因配偶一方沉迷于赌博而导致家庭经济基础动摇、家庭关系破裂,也给对方带来了伤害。在(2021)沪0112民初18976号判决书中,司法裁判机关根据在案证据认为,在原告、被告婚姻关系存续期间,被告确存在赌博的过错行为,该行为系为妨害婚姻家庭关系的违法行为,而在案证据并未显示原告存在过错,判决被告向原告赔付1万元。

可见兜底条款的设立将突破旧法中规定的法定过错情形,衍生为其他妨害婚姻家庭关系的违法行为,对婚姻中的无过错方提供越来越严密的保护。

## 二、解释其他重大过错应当遵循的原则

其他重大过错作为一个兜底条款，是一个不确定性的概念，对其他重大过错进行解释也就具有了更大的空间。为进一步发挥离婚损害赔偿制度的功能，充分保护无过错方，在解释具有其他重大过错的具体情形并适用离婚损害赔偿条款时，可遵循以下基本理念。

1. 明晰离婚损害赔偿的请求权基础。离婚损害赔偿中的重大过错认定与一般侵权的过错认定并不具有同质性，将两者予以区分不仅是多国立法趋势，也是我国长期坚持的立法实践。而且离婚损害与一般侵权行为的损害由不同的法律进行规定，是多数国家共同的做法。但是仍有学者认为，离婚损害赔偿责任是一般侵权责任的特别条款，是对无过错一方的婚姻家庭权利受到过错方的侵害并导致离婚的赔偿，其在本质上亦属于侵权责任。[2] 也有学者认为，离婚损害赔偿的本质是基于违约而产生，因为婚姻在性质上是一种具有身份属性的契约，因一方过错导致夫妻感情破裂，结束夫妻关系，从而使婚姻契约解除而给对方造成的损害所给予的赔偿。

笔者认为，离婚损害赔偿责任的请求基础既有一般的侵权责任，也有违约而产生的责任，应当依据当事人的过错形式进行具体认定，从家暴、虐待遗弃等侵权性行为来看，过错方的行为方式符合一般侵权责任要件，而出轨、"一夜情"、婚外生育、同居重婚则是违背了婚姻契约之下的夫妻忠实义务及家庭伦理，对此无过错方可以向过错方提起损害赔偿。故在对其他重大过错作出解释时，需要根据过错行为进行分析和认定，对违背了婚姻契约下的夫妻忠实义务、家庭伦理或直接给无过错方带来实际性的损害行为，都应当考虑在其他重大过错的范围之内。

2. 惩罚与救济相适应。离婚损害赔偿责任制度设置的本意就是要对因配偶过错导致婚姻关系破裂的无过错方予以救济，同时对过错方予以惩罚，旨在维系婚姻家庭关系的稳定。在婚姻家庭中履行了夫妻忠诚义务、家庭义务的成员，因其配偶过错导致家庭关系受损，履行义务的一方应当受到法律的保护，违背了夫妻忠诚义务及家庭义务的成员需要为自己的行为负责。因此，司法裁判机关在运用自由裁量权解释"重大过错"时应当考虑到无过错方受到的实际伤害，而且

---

〔2〕 李洪祥：《我国民法典立法之亲属法体系研究》，中国法制出版社2014年版，第213页。

离婚损害赔偿责任是惩罚与救济相结合的制度,在救济的过程中也要对过错方起到警示作用,诚如学者所言,还没有冲出婚姻城堡就尝试婚外恋的人,应当在离婚时为自己的感情透支付出一定的经济代价、承担相应的民事责任。[3] 故在对行为是否属于其他重大过错的情节进行考量时,应当充分考虑本案过错方是否应当受到惩戒以便维护社会关系稳定,同时考虑无过错方因过错行为受到何种伤害,需要得到何种救济来弥补伤害。只有综合考虑这些因素,才能在适用离婚损害赔偿制度时对重大过错作出正确的解释,发挥离婚损害赔偿制度应有的功能。

3. 平衡过错责任与离婚自由的关系。离婚救济制度的功能不仅要救济无过错方,也要避免过度限制离婚自由。如果对其他重大过错作出更为狭义的解读,显然不利于无过错方寻求司法救济,惩罚与救济相适应原则就是需要深刻考虑这一点。如果对其他重大过错作出更为宽泛的解读时,离婚和提起损害赔偿将会很容易得到审判机关的支持,离婚变得更加自由,社会稳定也将面临新的挑战,故离婚损害赔偿作为离婚救济制度的重要组成部分,也应经得起离婚自由和过错责任的双重检验。一方面,婚姻秩序不鼓励无限制的离婚自由,强调过错责任能对自由起到一定的限制作用。自由不仅带来选择的机会,还意味着应承担相应后果。自由与责任实不可分。另一方面,离婚制度的基石是离婚自由。不是所有的过错都能构成对离婚自由的合理限制,只有达到一定严重程度的才能构成请求赔偿的法定事由。

## 三、其他重大过错的司法适用情景

重大过错是违反家庭义务及家庭伦理,不仅包括夫妻之间的忠实义务、扶养义务,还包括夫妻对未成年子女的抚养、教育和保护义务,基于家庭或家庭伦理要求对配偶和家庭成员应当尽的法律和道德上的义务。因此,在法定的过错情形之外,可把其他重大过错分为以下几类。

1. 严重违反夫妻间忠实义务、同居义务。该过错的主要形式是出轨、通奸、与他人通奸生子、卖淫嫖娼屡次被公安机关罚款拘留,这些行为对婚姻契约关系的违背、一夫一妻婚姻基本制度的破坏以及无过错方的伤害程度,都不亚于重婚或有配偶者与他人同居。最高人民法院在2015年12月发布的典型案例"张某

[3] 田岚、何俊萍:《论离婚有过错方的精神损害赔偿责任——析因配偶一方婚外恋导致离婚的现状及其民事责任》,载《东南学术》2001年第2期。

与蒋某婚姻家庭纠纷案”中指出:“违反忠实义务往往对配偶的情感和精神造成非常严重的伤害。这和我国社会一般大众因为习惯、传统等原因对婚姻家庭的认识有很大关系。”可见在《民法典》实施之前,在法律不足以支持离婚损害赔偿的情况下,司法裁判人员已经开始寻求新的裁判路径来维护无过错方的合法权益,《民法典》新增“其他重大过错”兜底条款,出轨、通奸、与他人通奸生子、卖淫嫖娼屡次被公安机关罚款拘留这些行为应当被包含在内。[4]

这类过错行为较重婚和同居行为来说具有一定的隐蔽性,且时间不固定,但是证明难度未必更大。因为重婚和同居通常需要证明一个时间段的过错行为,而出轨、通奸及嫖娼卖淫仅需要证明一个时间点即可。

出轨、通奸及嫖娼卖淫的过错证据收集主要可从以下几个方面入手:首先,在日常生活中可留意配偶的手机等通讯方式中的信息,保存配偶与第三人暧昧的聊天记录和短信,同时可以获知婚外第三人的联系方式。其次,可借助购物网站调取男方与第三人的消费记录,发现酒店消费记录或者即将要入住时,如条件允许可拍摄配偶和第三人的视频和照片。最后,配偶本人自认的悔过书、承诺书等是直接、全面的证据。如果是卖淫嫖娼,也可考虑通过公安机关介入并取得配偶的行政处罚决定书。

2. 严重违反夫妻间尊重义务。严重违反夫妻之间的尊重义务,包括对配偶长期实施侮辱行为、隐瞒非婚生子情形等。女方婚内生育他人子女,导致男方被欺骗而抚养子女的,抑或男方在婚内与第三人生育子女而不告知原配的情形,这都违背了夫妻之间的忠实义务,隐瞒的同时也是不尊重配偶的表现。类似的情节还有侮辱配偶,夫妻之间唯有相互尊重,才能令婚姻家庭行稳致远,长期实施侮辱行为将使配偶生活在恐惧和自责之中,身心造成巨大伤害。

3. 严重违反夫妻间扶持义务。该过错是指一方患病或有其他严重导致生活困难的情形,另一方严重违反夫妻之间的扶持义务,长期不承担家庭生活负担。并不是过错方在客观上做出一定的行为,才能对无过错方造成伤害,在婚姻家庭生活中,夫妻之间的扶持尤为重要,夫妻两人是家庭的主干,是撑起家庭责任的主要力量,一方对配偶漠不关心,淡出家庭生活,长期不承担家庭生活负担,在行为上属于消极的不作为,亦违背了夫妻之间的扶持义务,会对配偶及家庭成员造成物质及心理上的负担。在(2014)廊民一终字第1160号判决中,二审法院认为

---

〔4〕 郑锡龄:《其他重大过错导致离婚损害赔偿的立法解释》,载《山东女子学院学报》2021年第3期。

夫妻有互相扶持的义务,一审原告患有疾病,身心承受着巨大痛苦,需要家人的关心爱护,被告不仅未给予生活上的照顾,反而对原告不闻不问,更不承担医疗费用,其行为既违反了伦理道德也违反了其应尽的法定义务,故维持了一审法院要求被告一次性支付 5 万元经济补偿金的判决。

4. 对配偶或者其他家庭成员实施犯罪行为。该过错形式主要包括对亲属实施犯罪,特别是对配偶的直系血亲实施性犯罪。在(2014)启和民初字第 0026 号判决中,原告、被告虽然建立了合法的婚姻关系,但婚后夫妻感情一般,尤其是被告不顾夫妻感情,欲对原告患有老年痴呆的老母亲实施奸淫行为,被告虽因故未实施完奸淫行为,但对原告母亲实施了强制侮辱行为,严重伤害了夫妻感情。在《民法典》第 1091 条其他重大过错兜底条款缺位的情况下,司法裁判者仍释法举轻以明重,认为被告对原告母亲实施的行为已经远远超出法定过错对原告所造成的心理冲击、伤害及痛苦,并支持了原告提出的精神损害赔偿请求。司法裁判表明,这类行为不仅严重违反夫妻忠实义务、伤害夫妻感情,还侵害了无过错方的直系亲属,给无过错方造成巨大的精神伤害,当属《民法典》第 1091 条中“其他重大过错”的情形。

对家庭成员实施的违法性犯罪,此类证据更为隐蔽,如配偶一方对家庭成员实施的性犯罪,被害人一方通常羞于启齿,以致事实无法被发现,因此最核心的证据是需要家庭成员克服心理障碍并如实告知真实情况,并作为证人证言,在此基础上围绕具体事实展开调查,搜集相关的物证。当然,如果已经构罪则刑事判决书本身就是最好的证据。如果是赌博、吸毒等屡教不改的恶习,已经受过行政处罚并严重破坏了家庭关系,可固定相应的证据。

5. 严重违反家庭伦理,威胁共同生活可能性的行为。具体过错行为方式有赌博吸毒等恶习且屡教不改,故意传播性传染疾病危害配偶健康等。(2021)沪 0112 民初 18976 号判决书中明确了被告因患有赌博恶习且屡教不改对家庭的损害,严重危害到了配偶与其共同生活的可能性,司法裁判者支持了原告的损害赔偿诉请。与之类似的行为还有吸毒、故意传播性传染疾病危害配偶健康,这类行为超出了正常家庭的伦理范围,是对配偶及家庭成员的极度不负责,严重影响了家庭关系的维持,也应当属于《民法典》第 1091 条“其他重大错过”的情形。

## 四、结语

离婚损害赔偿责任制度在设置兜底条款之后更具有司法适用意义,也更有利于弘扬家庭美德,树立良好的婚姻家庭风气,但带来希望的同时也带来了司法难度和不确定性。司法裁判机关在运用自由裁量权时,应按照一定的标准,平衡离婚自由与过错责任认定,在个案中保证公平正义。过错责任的举证同时也是对无过错方的重大挑战,司法实践中对无过错方的保护还需学者提供更宽广的视角和法官、律师提供更实务的建议。

# 婚姻家庭·财产

# 婚内抚养费制度的构造及困境解决

段凤丽　陈贝贝*

## 一、从三则案例看问题的提出

### (一)(2013)深南法蛇民初字第277号:不支持婚内抚养费的诉求

基础案情:原告诉称,被告同原告的母亲林某于2009年6月登记结婚,2010年7月29日生下原告。被告同林某在2012年春节后准备离婚,双方于2012年6月开始分居,之后原告一直跟着外婆生活。被告既没有抚养原告,也没有给原告生活费用。被告月工资为17000元。故原告请求法院判令:(1)被告自2012年7月1日起每月支付抚养费5100元给原告(到2013年2月的抚养费为48000元,之后的由人民法院依法确定);(2)被告承担本案的诉讼费用。庭审中,原告明确其要求被告支付抚养费至原告母亲林某与被告离婚之日止或林某与被告和好共同生活之日止。

被告辩称:(1)原告的母亲林某与被告尚在婚姻存续期间,因林某与被告的财产尚未进行分割,大部分财产由林某掌握,如位于深圳市南山区的两套房产均由林某掌握,租金收益也由林某享有,被告不存在要另外追加抚养费的责任。(2)被告一直要求林某将原告交由其抚养,但林某不但不答应而且还剥夺了其探视权。综上,请求依法驳回原告的诉讼请求。

经审理查明,原告的母亲林某与被告于2009年6月9日登记结婚。2010年7月29日,林某与被告生育原告刘某祯。庭审中,原告、被告均确认林某与被告于2012年6月开始分居;原告一直跟随其外婆在江西老家生活。林某月收入为13000元,被告月收入为17000元。另查,2012年7月31日,被告曾向法院起诉林某要求离婚,本院于2012年12月7日作出(2012)深南法民一初字第1853号《民事判决书》,判决不准许被告与林某离婚。该判决已生效。

---

* 段凤丽,北京天驰君泰律师事务所合伙人;陈贝贝,北京天驰君泰律师事务所律师。

法院认为,父母对子女有抚养教育的义务,最高人民法院《关于适用〈中华人民共和国婚姻法〉若干问题的解释(三)》[以下简称《婚姻法解释(三)》]第3条规定:"婚姻关系存续期间,父母双方或者一方拒不履行抚养子女义务,未成年或者不能独立生活的子女请求支付抚养费的,人民法院应予支持。"本案原告母亲林某与被告尚在婚姻关系存续期间,因此本案焦点在于被告是否存在拒不履行抚养原告义务的情形。

法院认为,首先,原告母亲林某与被告虽自2012年7月开始分居,但双方并未离婚,亦未对婚内财产进行分割,原告未提交证据证明被告存在拒不履行抚养原告义务的情形。其次,花园城房产和保利城房产系原告母亲林某与被告婚姻关系存续期间购买的房产,现两套房产均由原告母亲实际管理和出租,可见林某和被告的财产及经济并未彼此独立,不存在由林某独自抚养原告的情形。最后,抚养费包括子女生活费、教育费、医疗费等费用,本案原告一直由外婆抚养,原告未提交证据证明其生活费、教育费和医疗费支出达每月5100元的标准。综上,本案被告不存在拒不履行抚养原告义务的情形,故对原告的诉讼请求法院不予支持。

判决结果:驳回原告刘某祯的全部诉讼请求。

【案例评析】

上述案例将争议焦点直接总结为"是否存在拒不履行抚养义务的情形",而是否存在拒不履行抚养义务的情形是需要经过子女举证证明的,不能将"拒不履行抚养义务"理解为"父母一方没有向另一方支付任何金钱"。经过法院分析,即便父母双方已经分居,但是并没有离婚,没有对婚内财产进行分割,父母双方经济并不独立,因此用夫妻共同财产养育孩子,相当于父母双方均在承担抚养义务,不存在父母单方独自抚养孩子的情形,因此也不存在另一方"拒不抚养"的情形。也就是说,即便"父母一方没有向另一方支付任何金钱",但只要是用夫妻共同财产在养育孩子,就相当于尽到了抚养义务。

因此,从上述案例可以看出,婚内抚养费的构成要件有:(1)父母双方进行了婚内财产分割,经济相互独立;(2)父母一方存在拒不履行抚养义务的情形。而是否分居并非婚内抚养费的考虑因素。

夫妻之间财产未分割几乎是每个婚内抚养费案件被告的抗辩点,主要涉及婚内抚养费与离婚财产分割的关系,若支付了婚内抚养费,该笔婚内抚养费是否需要在离婚的时候再次分割?如果面临再次分割的问题,则夫妻双方均有管理财产的权利,则该费用无须支付,在夫妻双方任意一方的账户上均可,如此一来,主张婚内抚养费便没有意义。若该笔婚内抚养费支付至孩子的账户或者不需要在离婚的时候再次分割,那么夫妻一方已经消费掉的抚养费是否需要由夫妻一方或者孩子进行返还?如果不返还,则必然面临用夫妻共同财产承担两次抚养义务的情形,子女是否构成不当得利?婚内抚养费并不是婚内财产分割的法定事由,若该笔抚养费不需要进行分割,则支持婚内抚养费无异于支持了婚内财产分割。

上述案例中结合夫妻之间的财产状态将“是否存在拒不履行抚养义务的情形”做出了限定性的解释,并且将举证责任分配给子女一方,没有支付任何金钱属于消极事项,从证据的角度讲,子女一方很难证明一个没有发生的事情。若将举证责任分配给父母一方,若父母无法证明支付了款项就要重新支付抚养费,则婚内抚养费的成立条件就将宽松得多。

我国的司法制度中没有专门的分居制度,更没有分居之后的分别财产制度,只要夫妻双方没有确定离婚,没有分别财产制约定,则夫妻财产关系均处于共同共有状态。但是在婚内抚养费案件中,不乏裁判者将分居作为婚内抚养费的构成要件。事实上,分居在孩子抚养上确有影响,但并不造成本质的差异,基于分居但是没有分割财产的状态,夫妻的财产关系并未随分居改变,不能超越法律规定将分居作为婚内抚养费的构成要件。况且分居本就是夫妻关系的不稳定状态,如果允许通过诉讼的方式要求抚养费,无异于通过诉讼的方式激化夫妻双方的矛盾,更减少了夫妻双方和好的可能性。

### (二)(2017)粤1202民初1538号:不支持婚内抚养费的诉求

基础案情:原告(冯某1,曾用名:冯某2)、被告(冯某3)为父子关系,被告与原告母亲俞某婚姻存续期间出轨,与第三者同居且生下非婚生孩子,因重婚罪服刑5个月。因被告不支付原告抚养费,原告曾于2009年提起诉讼,法院判决被告一次性向原告支付其与原告母亲分居时起计至2009年8月的抚养费合共3500元。判决生效后,原告申请强制执行,被告才予以支付。但从2009年9月至2017年3月的抚养费、医疗费、学杂费等,被告仍拒不支付。无奈,原告再次向法院提起诉讼,请求:(1)被告向原告支付2009年9月至2017年3月(91个月)的生活费,该生活费按照每月800元计算,合计72800元;(2)被告向原告支付其应承担的一半医疗费1985.70元(凭单核算,总计款3971.40÷2元);(3)被告向原告支付其应承担的一半学杂费、托管费、校服费、图书费,本项合计7948.15元(凭单核算,总计款15896.30÷2元);(4)本案诉讼费由被告承担。

被告辩称,(1)原告已完整享受完被抚养的权利,无权再提起诉讼。第一,本案原告起诉的是2009年至2017年3月的抚养费,原告在2009年至2017年3月已完整享受完被抚养的权利,生活、医疗、教育均已得到被告及其母亲的支持,健康成长至今,权利没有受到任何损失,也没有因抚养问题欠下任何债务,其作为已经被抚养完毕的被抚养人,没有权利就已经完成的抚养过程再提起诉讼;否则,其将享受两次被抚养的权利,构成不当得利。第二,被告及前妻俞某作为抚养义务人,已经从夫妻共同财产中支付抚养费用完毕,不亏欠原告任何费用。婚姻生活中各方除部分特定收入外都属于夫妻共同财产,无法区分收入多少及贡献大小,无论夫妻双方在该笔费用中谁付出多付出少,但都已经支付完毕,夫妻双方作为抚养义务人已完全履行了抚养义务,故原告无权提起诉讼。(2)即使法院认定原告有权请求抚养费,由于该笔抚养费产生在婚姻存续期间,且被告已经将费用完全支付给其法定监护人(前妻俞某),故应当追加俞某为本案被告。第一,抚养义务人与被抚养人是相互对立的权利义务两方,不能独立分割,抚养费用产生在被告与俞某婚姻存续期间,是夫妻双方的共同义务,应由双方共同承担,故俞某应作为本案被告参加诉讼而不是以原告代理人的身份参加诉讼。第二,在被告与原告的法定监护人俞某离婚诉讼案中,俞某曾代原告就同样的事实和理由,同样的证据材料提出同样的诉讼请求,在该离婚案中,被告已经与俞某在法院以调解的形式,被告将其占有的房产份额作为对原告的抚养费用及其他补偿费用;换句话说,被告已经将2009年至2017年3月的抚养费用完全支付给了原告的法定监护人,现如今原告以诉讼的形式提起抚养费请求,证明是其法定监护人俞某监守自盗,侵占了原告的抚养费用。故其应以被告身份参加诉讼,并判令将其侵占部分返还,而不是要求被告重复付出双份的抚养费用,鉴于本案利害关系,俞某不能在本案中代表原告提出诉讼,请法庭予以查明。(3)本案证据中,原告提供的多数证据都是不真实、不合法的,请法庭予以甄别。综上,请求法院驳回原告的全部诉讼请求。

根据当事人陈述和经审查确认的证据,法院认定事实如下:

冯某1于2002年7月9日出生,是冯某3的亲生儿子。冯某1认为父亲冯某3与母亲俞某不和分居后,于2009年至2017年3月不尽抚养义务,为此,请求法院支持其诉讼主张。

另查明:2017年1月,冯某3向本院提出离婚诉讼,要求与冯某1母亲俞某离婚,事后双方达成了调解离婚协议,对原告如何抚养作了如下约定:共同生育的儿子冯某2由俞某携带抚养,冯某3从2017年4月起,每月支付冯某2抚养费

500元至其18周岁。法院于2017年3月30日作出(2017)粤1202民初175号民事调解书,该调解书已生效。

法院认为:本案是抚养费纠纷,争议的是父母离婚前分居期间的未成年人的抚养费的分担问题。冯某1向冯某3追索抚养费,是冯某3与冯某1母亲俞某婚姻关系存续期间的抚养费,此期间的抚养费已由其父母全部承担,对冯某1而言,其生存和发展的权利并未受到侵犯,已经得到满足,因此,不存在需要继续追索抚养费的问题。如果父母一方认为其在婚姻存续期间因抚养未成年子女而导致其经济损失而向对方追偿,双方之间发生的纠纷与未成年人要求父母支付抚养费是不同的法律关系,应由不同的法律进行调整。作为冯某1抚养人之一的俞某在支付冯某1的全部或大部分抚养费后,认为造成其经济损失而向冯某3追索而在双方之间发生的纠纷,由于纠纷中形成的法律关系与抚养费关系是不同的法律关系,不属于本案调处的范围,依法不能一并审理。冯某1今后的抚养费在其父母离婚一案中已得到了保障,故冯某1向冯某3追偿其父母离婚前的抚养费没有法律依据,法院不予支持。

判决结果:驳回原告冯某1的全部诉讼请求。

【案例评析】

首先,本案例就婚内抚养费主张的主体给出了不同看法。

从文义解释的角度看,《婚姻法解释(三)》第3条、最高人民法院《关于适用〈中华人民共和国民法典婚姻家庭编〉的解释(一)》[以下简称《民法典婚姻家庭编解释(一)》]第43条,均将婚内抚养费的主体认定为“未成年或者不能独立生活的子女”,并非已经实际支出抚养费的父母一方。但是通过上述案例分析,可以发现,婚内抚养费针对的是过去已经发生的费用,而该费用已经不可避免地由父或者母一方支付完毕,子女的生存和被抚养的权利没有受到损害,即便过去受到了损害,因为已经发生了,婚内抚养费也不能以损害赔偿金的方式支付给子女。抚养费的目的仅是保障子女的基本生存权益,不存在借此获利或损害赔偿的情形。因此由子女索要已经发生的抚养费,似有不妥之处。因未来的抚养费尚未发生,子女作为被抚养人,主张未来的抚养费,方有权利依托。

就抚养费这一项目而言,顾名思义,仅是被抚养人的权利,若父母一方已经支付完毕,向另一方索要,应为债权债务关系,要求另一方承担债务,债务的用途是已经支付完毕的抚养费,并非直接索要过去已经发生的抚养费。但是在此种逻辑下,也涉及夫妻共同财产制之问题,债权人主张债务人清偿的应为自身的个人财产,而若父母一方抚养子女支出的本就是双方共同财产的情况下,实际上无权作为债权人要求另一方偿付已支出的抚养费。

实践中也不乏父母一方通过借款支付抚养费的情形,故会出现由案外第三人要求夫妻双方承担夫妻共同债务的情形。更有甚者,夫妻关系恶化时,存在由第三人、子女提起诉讼向另一方主张抚养费的情形,案外第三人的借款若用于抚养子女,因尽法定义务形成的债务属于夫妻共同债务,故对该第三人的债务成立的可能性非常大。子女主张婚内抚养费属于另外的法律关系,若法院不考虑夫妻共同财产制以及共同债务的情形,又支持子女的主张成立,则很可能会出现另一方承担三份抚养责任的情形(向第三人偿付债务、向子女支付婚内抚养费、已经用夫妻共同财产支付抚养费)。在不同的生效判决面前,另一方为避免被强制执行,只能逐个履行。

其次,本案例提出的追加配偶为共同被告的观点值得关注。

根据原最高人民法院《关于人民法院审理离婚案件处理财产分割问题的若干具体意见》(以下简称《离婚财产分割意见》)之精神,夫妻为共同生活或为履行抚养、赡养义务等所负债务,应认定为夫妻共同债务。若夫妻一方拖欠抚养费,形成的抚养费之债也应当为夫妻双方的共同债务,如此一来,请求追加配偶作为共同被告系有法律依据。并且,配偶作为实际抚养孩子的一方,参与诉讼能够帮助证明原告孩子的实际花销水平,对于应付婚内抚养费金额的认定有所帮助,也能够帮助另一方证明是否用夫妻共同财产支付了孩子的抚养费用。追加配偶作为共同被告无论在法律实体上还是程序上均有意义。

换个角度思考,无论是否离婚,父母双方均是孩子的监护人,均有权利代孩子进行诉讼,婚姻关系存续期间的抚养义务是不区分大小的,父母均有义务抚养孩子,若孩子的抚养权利没有得到保障,被告一方完全可以作为孩子的法定代理人提出反诉,要求实际抚养孩子的一方证明自身尽到了抚养孩子的义务,并且是按照法律规定的标准尽到了抚养义务,若实际抚养孩子的一方花销的抚养费不足其收入的 20% ~30%(假定一个孩子)也应当补足,如此一来,父母双方均成为被告,又均成为孩子的法定代理人,此时就会出现主体混同的情况。

### (三)(2021)京 0106 民初 8341 号:支持婚内抚养费的诉求

基础案情:原告李某 1 向本院提出诉讼请求:(1)判令被告给付原告 2020 年 9 月 24 日至 2021 年 2 月 24 日的抚养费共计 5000 元;(2)诉讼费由被告承担。事实和理由:李某 2 与被告董某于 2017 年 8 月 24 日结婚。2018 年 1 月 8 日,生育一女李某 1。2020 年 9 月,因疫情影响,李某 2 收入锐减。被告离开李某 1 独自生活，李某 2 与被告多次协商给付原告抚养费，被告拒绝支付。原告由李某 2 及其奶奶抚养和照料，李某 2 及原告的爷爷奶奶现阶段收入较少，抚养原告在经济上已经很拮据，需要被告支付原告的抚养费，故原告诉至法院。

被告董某辩称，李某 1 自出生至今董某一直履行抚养义务，被告与李某 2 分居时，被告也经常给李某 1 买东西、给李某 2 的母亲转钱，尽了抚养义务，现在被告与李某 2 处于离婚诉讼阶段，李某 1 也与董某一起生活，不同意原告的诉讼请求。

法院经审理认定事实如下：2017 年 8 月 24 日，李某 2 与董某登记结婚，双方均系初婚，2018 年 1 月 8 日，双方生育一女李某 1。自 2020 年 9 月 24 日始，李某 2 与董某开始分居至今。2020 年 9 月 24 日至 2021 年 3 月 1 日，李某 1 与李某 2 共同生活。其间，董某通过微信向李某 1 的奶奶转账 1000 元用于抚养李某 1。2021 年 3 月 2 日至今，李某 1 由董某抚养。诉讼中，董某提交购物清单，证明其分居期间为李某 1 购买的生活用品，李某 2 称董某给李某 1 购买的衣服太小，且购买这些生活用品的款项均系李某 2 转给董某的。董某称其每月固定收入 2000 元，还有一些不固定的奖金。

法院认为，父母不履行抚养义务的，未成年子女或者不能独立生活的成年子女，有要求父母给付抚养费的权利。抚养费的数额，可以根据子女的实际需要、父母双方的负担能力和当地的实际生活水平确定。本案中，2020 年 9 月 24 日至 2021 年 2 月 24 日，李某 2 与董某分居，李某 1 由李某 2 自行抚养，董某应给付李某 1 该期间的抚养费。考虑李某 1 的年龄、实际需要和董某的收入情况，法院确定董某每月支付李某 1 抚养费 1000 元。因董某在此期间已经支付了 1000 元抚养费，该款项予以扣除。综上，依照《民法典》第 1067 条之规定，判决如下：

判决结果：(1)董某于本判决生效后 7 日内给付李某 1 自 2020 年 9 月 24 日至 2021 年 2 月 24 日的抚养费 4000 元；(2)驳回李某 1 的其他诉讼请求。

【案例评析】

通过上述案例，我们需要总结和思考以下问题。

1. 婚内抚养费与离婚抚养费的标准是否一致?

法律实体问题与程序问题总会相互影响，从判决本身来看，依照《民法典》第 2067 条之规定判决支付抚养费属于实体法律适用正确，但是这又会衍生一系列的问题，如离婚纠纷判决中的抚养费标准是否会参照婚内抚养费判决的标准，离婚纠纷判决中抚养费支付时间与婚内抚养费判决支付时间如何衔接等。

一般来讲，在后的法官会考虑已有判决的既判力，如在先的婚内抚养费诉讼支持抚养费标准为 3000 元/月,在后的法官通常不会判决低于此标准,因此,在实践中就出现所谓"诉讼构造"的招式,如果根据被告住所地原则,离婚诉讼的管辖地在经济欠发达地区,抚养费标准明显较低。此时为了提高抚养费标准,就选择提起婚内抚养费纠纷,恰好此时的被告住所地又变成了经济发达地区,此种情况下,若通过适当的拖延离婚诉讼,让婚内抚养费纠纷诉讼先作出判决,就可以达到离婚诉讼增加抚养费的目的。相反的情况下,就会考虑在经济发达地区先进行完毕离婚诉讼后,再在经济欠发达地区提起抚养费纠纷,如此能实现经济利益最大化。法院判决抚养费时,通常表述为"根据子女的实际需要、父母双方的负担能力和当地的实际生活水平确定",故无论在何地,无论判决抚养费的标准为多少,通常均不算绝对错误,即便上诉,也几乎不可能获得改判。

离婚案件中抚养费支付的时间通常是判决作出时或判决生效时,若一审法院以判决作出时,而非判决生效时作为起始点,常有当事人提起上诉,认为判决未生效,双方尚处于婚姻关系存续期间,不应当在离婚案件中直接支持婚内抚养费,此系超出当事人的请求进行判决,故坚持抚养费的给付时间应从离婚判决生效时止。在离婚案件抚养费支付上尚能出现判决作出时与判决生效时这样的时间衔接,在婚内抚养费和离婚案件抚养费时间衔接上更容易出现问题,若婚内抚养费先于离婚案件判决,离婚案件又仅判决离婚后时间段的抚养费,则就离婚诉讼期间的这段时间,当事人难以避免地又要启动婚内抚养费纠纷。如此一来,则需要三个诉讼才能将抚养费支付时间连贯起来,避免漏付抚养费,对司法程序的浪费可见一斑。

2. 父母支付给子女的抚养费能否继续作为夫妻共同财产分割？还是作为子女的个人财产不参与离婚分配?

如果从判决强制执行的角度思考,就会发现承担多份抚养费的潜在冲突,根据本案的判决,董某应当将相关费用支付给李某 1,而非李某 1 的父母李某 2,而李某 1 账户的款项在离婚诉讼中通常难以分割,无论是以涉及案外人为由,还是以在道德上不宜分割子女账户的款项为由,离婚案件的法官通常倾向于不处理子女名下的财产,因此,董某支付给李某 1 的抚养费无法继续作为夫妻共同财产进行分割,只能作为子女的个人财产。而实际上,李某 2 在抚养子女时已经花费了夫妻共同财产,董某支付的抚养费理应作为夫妻共同财产分割。更进一步讲,李某 1 的抚养权大概率会判归李某 2 所有,李某 1 账户中的款项实际上会由李某 2 实际掌握并花费。所以,在支付完毕抚养费后,该部分抚养费在离婚案件中如何分割,也是需要考虑的问题。

## 二、实体法上的制度冲突

### （一）婚内抚养费制度与夫妻共同财产制的关系

《婚姻法解释（三）》第3条对这一问题曾有明确的回应："子女抚养费的立法目的是保障子女的成长及丧失独立生活能力子女的生存权，该权利以子女抚养费需求是否能够得到保障作为判断标准，并非主要以父母能够提供的抚养费作为判断标准。如果一方不支付子女抚养费，另一方单独承担抚养费用在经济上产生困难，子女抚养费用不足，影响子女健康成长的，此时子女抚养费请求权的行使，是夫妻共同承担子女抚养义务的一种方式。该种方式不以财产所有权的转移为标志，即一方支付子女的抚养费用，并非将抚养费的所有权转移给另一方，而是一方将夫妻共有财产的使用权交由另一方，用于支付子女抚养费用，并非对夫妻共有财产权所有权的分配。"

细究《婚姻法解释（三）》第3条的解释，就不难发现以下问题。

第一，诉讼中索要婚内抚养费只能是针对过去时间的抚养费用，而并非针对未来一定时间内要发生的抚养费用，既然是过去的时间，子女的被抚养权利必然是已经得到了保障，该保障要么是实际抚养人采用对外借款的方式保障，要么是使用夫妻共同财产进行保障，已经支出的抚养费用是明确发生过的，法院判决的款项不可能时间倒流回去支付过去的抚养费，即便判决，相关款项也已经不是抚养费的性质，而是债权债务的性质。如果一方不支付抚养费，另一方在经济上有困难，导致子女抚养费用不足也是针对未来一段时间，所以要实现立法保障子女成长的目的，婚内抚养费应当是针对"婚内抚养费纠纷判决生效至双方离婚或者和好"的这段时间，避免另外一方因为囊中羞涩或无法对外借款造成对孩子生存权利的影响。但若立法目的如此，司法实践根本无法操作，法院所判决的时间一定是确定的，但是夫妻双方是否离婚、是否和好、具体时间等都是不确定的。若婚内抚养费的目的本身就是支付过去时间段已经产生的抚养费，则孩子未来的成长是得不到保障的，并且就已经因为抚养孩子产生的夫妻共同债务，父母双方均有义务向债权人清偿，法院不能通过要求夫妻一方向孩子支付婚内抚养费的方式躲避向债权人的清偿。由此，无论是针对过去时间的抚养费用还是未来一定时间内要发生的抚养费用，婚内抚养费制度都是失灵的。

第二，强调婚内抚养费是夫妻共有财产使用权的转移而非所有权的转移，不能使其与夫妻共同财产制相互融洽。一方面，现金属于动产物权，使用完毕则消失殆尽,会导致所有权的减损,不像房子这样的不动产物权,使用不会导致所有权的任何减损。所以,作为抚养费的现金的使用权的转移几乎等同于所有权的消失。另一方面,以子之矛,攻子之盾,在没有分别财产制约定的情况下,夫妻双方名下财产均属于共同财产,债务均属于共同债务,所有权均为共有,何以需要将一方名下的财产使用权转移到另一方名下支付孩子的抚养费?将自己账户中的款项直接支付孩子的抚养费,也是一种对共有财产使用权的体现。若认定自己账户的款项均为自己一人所有,甚至在离婚时可以随意采用相关转移、隐匿的手段,导致自己账户的款项悉数转移为"最终意义上"的个人所有,则可能产生对方没有抚养孩子的不公平心理,因此衍生出一定要求对方账户支付抚养费的要求。此时的婚内抚养费已不是为保障子女的生存利益而存在,沦为另一方多占夫妻共同财产的工具。

第三,在司法实践中对婚内抚养费制度与夫妻共同财产制度的关系仍有较大争议的情况下,已有著作〔1〕强调婚内抚养费中一方的"拒不履行抚养义务"如何认定,强调将另一方是否经济困难作为重要的参考因素,实际上是强化了"另一方单独承担抚养费在经济上有困难以至于子女成长得不到保障"这一内核。诚然,在子女生存利益面前,即便婚内抚养费制度与夫妻共同财产制存在冲突,也要让位于子女的成长。但是司法解释理解与适用态度的变化,没有体现在法律条文中,更没有体现在司法实践中。司法实践中,法院通常不考虑子女的生存利益是否已经得到了保障,另一方是否经济困难以至于无力抚养孩子,甚至不考虑实际抚养孩子的另一方为主要家庭共同财产的掌握者,而是"一刀切"地认为只要是一方没有明确支付任何款项的,均应当支付抚养费。

在经济日益发达的情况下,单独承担抚养费导致经济上困难的情况越来越少发生,即便经济困难,子女成长得不到保障的情况也很难发生,缺少婚内抚养费本身就是极端情况,其应当有严格的适用条件。但若满足这些条件,应当支付婚内抚养费的,我们就不得不面临"因经济困难导致的抚养子女的借款是否应当再作为夫妻共同债务来承担"这一问题。因此,追求的婚内抚养费制度与夫妻共同债务制度的逻辑自洽,将难以避免地导致婚内抚养费制度与其他制度的不协调。

---

〔1〕 最高人民法院民事审判第一庭编著:《最高人民法院民法典婚姻家庭编司法解释(一)理解与适用》,人民法院出版社2021年版。

### （二）婚内抚养费制度与夫妻共同债务制度的关系

婚内抚养费制度与夫妻共同债务制度的关系主要体现在两个层面。

第一，一方欠付的抚养费是否属于夫妻共同债务？根据《离婚财产分割意见》之精神，夫妻为共同生活或为履行抚养、赡养义务等所负债务，应认定为夫妻共同债务。若一方被认定为拖欠子女之抚养费，该抚养费之债，产生在夫妻双方婚姻关系存续期间，应当作为夫妻的共同债务，由双方共同负担，故另一方应当作为被告参与诉讼，而不是作为原告的代理人参与诉讼。若因另一方已经实际抚养，而认为该抚养费之债不属于共同债务，仅属于一方的个人债务，则违背了夫妻共同债务的原理，在双方婚姻财产未分割、没有法院明确裁判认定、没有明确法律规定的情况下，不能直接认为该债务就是个人债务。并且夫妻双方对债务应先承担连带给付责任，再在内部进行责任划分，而不能就抚养费一事直接区分为按份、不连带之债。

第二，另一方已经起诉要求婚内抚养费，在获得支持的情况下，债权人又就债务人借款抚养孩子产生的债权起诉的，一方是否还需要承担夫妻共同债务？

既然司法解释将另一方抚养孩子经济困难作为审查婚内抚养费的重要因素，就不得不进一步考虑因为经济困难已经产生的借款的处理问题，就债权人而言，夫妻任何一方因为抚养子女而借款，均应成立夫妻共同债务，夫妻任何一方均没有逃避债务的理由。婚内抚养费诉讼与夫妻共同债务诉讼属于不同法律关系，诉讼请求均应获得支持。但一方不仅要补足过去的抚养费，还要就这部分费用向债权人再清偿一次，就会构成重复支付。

若支付孩子的抚养费，则实际上孩子获得的抚养费就是某种意义上的不当得利，因为其已经被抚养完毕，不需要就过去的成长费用再行主张。若将费用支付给另一方，或者即便是支付给孩子，最终获益者还是另一方，系另一方利用子女受抚养之权利获益，谋求更多的夫妻共同财产，并进行转移，最终多得夫妻共同财产，这有违公序良俗。

若因支持婚内抚养费则判决债权人追究夫妻连带债务败诉，认定为抚养费之债属于个人债务，要求夫妻另一方自行负担，则明显属于侵害债权人利益的行为，之前的婚内抚养费诉讼很有可能因为侵害债权人债权的实现而被请求撤销。

综合上述两个层面的内容，我们可以发现，婚内抚养费制度与夫妻共同债务制度是不相容的，无论是从夫妻内部关系的梳理上，还是从对第三人的外部关系的梳理上，支持婚内抚养费将使婚内抚养费之债无法找到清偿路径，或有一方清偿双份。虽然在情理上,就婚内抚养费诉讼和共同债务之诉只能支持一个,避免清偿双份,但是在实践中,笔者就亲历过婚内抚养费和债权人主张夫妻共同债务均支持的案例,法官的观点就是在不同法律关系中,任何一个案件原告的诉讼请求都能找到实体法依据,故应当得到支持,至于是否支付了双份抚养费,则在所不问。

### (三)婚内抚养费制度与分居制度的关系

司法实践中,法官一般会首先查明夫妻双方是否分居,并倾向于支持分居之后的抚养费,婚内抚养费的给付与否与是否分居呈强正相关关系。

《民法典婚姻家庭编解释(一)》第43条规定:"婚姻关系存续期间,父母双方或者一方拒不履行抚养子女义务,未成年子女或者不能独立生活的成年子女请求支付抚养费的,人民法院应予支持。"该条并未将分居作为抚养费支付的条件和界限。

我国法律制度中没有明确的分居制度,仅有婚姻关系存续期间、离婚两种状态,也就是说,即便是夫妻双方分居,双方的人身关系、财产关系在法律上并没有发生任何变化,分居事实有可能导致当事人财产使用权的相对独立,但并不代表夫妻共同财产制的破裂和夫妻分别财产制的建立。

夫妻关系不睦导致分居是婚姻关系的非正常状态,这一非正常状态有可能经常发生,有时为了减少夫妻矛盾分居乃是常事,这就难以避免孩子跟随一方生活,如果一旦分居就提起抚养费诉讼,会使夫妻感情、家庭感情更加僵化。

从证据的角度讲,同居不一定能照顾孩子,分居则一定不能照顾孩子,故法院倾向于支持分居之后的抚养费有其意义。但实际上,分居之后无法见到子女有可能是另一方为了争夺子女抚养权恶意抢夺、隐匿子女的结果。并且有可能是分居前一方已经尽到了充分的金钱给付义务,分居期间期待对方能够尽到一些义务等。分居的原因多种多样,无法照顾孩子的原因也多种多样,分居又是一种不稳定的状态,将分居作为一种绝对状态,而不考虑分居前双方对婚姻、对孩子的抚养状态,是对婚姻关系的误读。

### (四)婚内抚养费制度与家务劳动补偿制度的关系

《民法典》的修改使家务劳动补偿的请求增多,在一些案件中婚内抚养费与家务劳动补偿经常同时出现,在法律事实上,二者确有关联,一方不抚养孩子有可能导致需要给付婚内抚养费,一方不抚养孩子的反面就是另一方抚养孩子尽义务较多，由此满足家务劳动补偿的构成要件。无论是婚内抚养费还是家务劳动补偿中的“抚养子女”，都不能单纯只理解为经济上给付抚养费或单纯只理解为生活、精神上的照顾，一定是两者都有的。

因此，在二者同时出现时，两个请求能否同时获得支持就值得探讨，如果仅支持其中一个请求，则驳回另一个请求是否有违实体法的规定？如果两个请求都予以支持，是否会有重复惩罚的问题出现？

## 三、程序法上的制度冲突

### （一）婚内抚养费纠纷案件中是否允许追加共同被告

如上述案例二中被告答辩意见，实践中不乏被告在婚内抚养费案件中主张追加共同被告，但是鲜有法官有正面的回复，笔者自己代理的案件中，一审法院就对被告提出的追加共同被告的书面申请，没有给予任何口头或书面的回复。笔者认为，基于下述原因，追加共同被告无论对案件事实查明还是在诉讼主体地位上均有必要性。

第一，追加配偶作为共同被告有助于查明案件事实。首先，子女一般起诉自其出生或者自父母分居至起诉之日的抚养费，但是在此期间孩子已经完整享受了被抚养的权利，生活、医疗、教育均已经得到另一方的支持，健康成长至今，权利没有受到任何损失，子女作为已经被抚养完毕的被抚养人，没有权利就已经完成的抚养过程再提起诉讼。追加配偶另一方作为共同被告有利于查明子女已经完整享受被抚养权利的事实。其次，根据《民法典》第 1062 条有关夫妻共同财产范围的规定，父母双方虽然分居，但是婚姻生活中各方除部分特定收入外都属于夫妻共同财产，不区分收入多少及贡献大小，夫妻一方的收入用于婚生子女生活费用、教育费用应属夫妻共同财产的消耗。无论夫妻双方在该笔费用中谁付出多少，但都已经支付完毕，夫妻双方作为抚养义务人已完全履行了抚养义务，并不亏欠子女任何费用。故追加共同被告有利于证明配偶用夫妻共同财产抚养子女的事实以及花费的具体金额，进而能够证明原告无权提起诉讼。最后，《民法典》第 1058 条规定：“夫妻双方……共同承担对未成年子女抚养、教育和保护的义务。”夫妻双方均为抚养义务人，在夫妻关系存续期间，不应对夫妻双方的抚养义务的大小作出区分，双方应当共同负担抚养和教育义务，任何一方负担抚养义务均相当于双方共同负担了抚养义务，子女无权就父母已经承担的抚养义务另行再要求抚养。另一方亦无权因已承担更多的抚养责任而要求一方作出补偿，即便有权利,也应当在夫妻之间另行解决,如采用家务劳动补偿制度等,与已经受到抚养教育的子女无关。追加共同被告则有利于查明子女受抚养教育的具体情况。

第二,在诉讼主体地位上,若夫妻一方要求配偶承担共同债务,债务又有可能成立夫妻共同债务的,就应支持追加申请。子女主张的婚内抚养费若成立,则有可能成立夫妻共同债务,夫妻一方要求追加另一方承担共同债务,是正当的程序性权利,至于能否构成夫妻共同债务,则应待法院审理后判决。列配偶为共同债务人,也能从程序上防止配偶利用孩子被抚养的权利恶意主张款项。

### (二)婚内抚养费纠纷案件的原告主体资格

婚内抚养费制度的原告应当是未成年或者不能独立生活的子女,被告是不履行抚养义务的父母。实践中常常讨论,婚内抚养费诉讼的原告是否为已履行抚养义务的父母。在父母双方早已离婚的情况下,诸多案例将过去欠付的抚养费当作对已经履行抚养义务的父母的债务,该债务应当偿还给父母一方。具体到婚内抚养费,除婚姻是否解除这一因素变化外,道理是相通的,就是已经支付的抚养费,应该算为欠子女的抚养费还是欠配偶一方的债务。从逻辑上讲,笔者认为,认定为欠配偶一方的债务更能逻辑自洽,由此,婚内抚养费诉讼的原告应为配偶一方,而非子女。在离婚诉讼中也多有提出婚内抚养费的诉讼请求,此时,离婚诉讼的原告主体是父母一方,而非子女,若离婚诉讼中请求支付婚内抚养费的主体是配偶,而婚内抚养费纠纷案件中同一请求的主体必须是子女,反而验证了该请求的主体资格是不确定的,是存在矛盾的。

通过案例检索不难发现,子女或配偶做原告的案件都存在,支持或不支持的案件也存在,针对此类案件,笔者在自行代理时,往往会同时启动两个诉讼,一个是由子女作为原告,另一个是由配偶作为原告,并要求法院将案件分配为同一承办人,然后通过与法官的协商,根据法官的释明,选择一个案件撤诉而另一个案件继续审理,但是这样的操作方式是对司法资源的浪费,更与法律制度的稳定性特征不符。

### (三)婚内抚养费应在离婚诉讼中提出还是作为专门诉讼提出

目前,婚内抚养费请求在离婚诉讼中和抚养费纠纷诉讼中均有出现,往往在离婚诉讼中支持婚内抚养费请求的概率比抚养费纠纷中小很多。在离婚诉讼中,法官通常倾向于根据夫妻人身和财产关系的状态,对婚内抚养费做出否定性的结论；而在抚养费纠纷中，法官通常不考虑夫妻人身和财产关系的状态，更多地考虑夫妻双方是否分居、被告方有无支付抚养费，只要没有支付抚养费的，通常倾向于支持。

离婚诉讼与抚养费诉讼的原被告主体差异很大，决定了金钱的给付对象也很大，就同样的实体法依据，在不同的程序中，就会有不同的举证责任和判决倾向性。与同样涉及案外第三人的债权债务不同，法院在处理涉及第三人的债务时，通常会要求债权人另诉，而就婚内抚养费请求，虽然涉及第三人（子女），法院通常不会要求另案处理，实际上将未成年子女的诉讼主体资格直接合并给其法定代理人。就已经另案诉讼的，法院也不支持合并审理，所持理由往往为诉讼主体不同，无法合并，此时又承认未成年人作为独立诉讼主体资格的地位。

从平息家庭矛盾、节省诉讼资源的角度，在离婚诉讼中提出婚内抚养费的请求更有其合理性。就单独提起的婚内抚养费诉讼而言，虽然各方均清楚诉讼争议的双方是父母，但是一个以孩子为原告的诉讼难免会伤害作为被告的父母的心，导致亲子关系受损，更导致将要离异的夫妻之间关系进一步恶化。在离婚诉讼中审理婚内抚养费的请求能够避免因为管辖地不同导致的抚养费标准的差异，也能够便于法官根据夫妻双方关系的综合情况来判定子女抚养费标准，作出公正的判决，从而减少当事人的上诉率，节省司法资源。

## 四、婚内抚养费制度与比例原则

所谓存在即合理，从对子女成长保障的角度看，婚内抚养费有重要的制度价值，确实能够通过该诉讼获得一部分钱款以解燃眉之急。但是上升为法律的制度，我们应当看到其合理性，也应当审视其副作用，用比例原则权衡之后决定制度的去留以及构成要件的松紧。

### （一）制度目的：子女的成长利益

婚内抚养费制度的目的在于保障子女的成长利益，不能因为另一方过于贫穷导致孩子的成长受损，在经济不发达地区，这一保障尤为重要。其目的并非要惩戒不支付抚养费的父母一方，也不在于奖励实际抚养孩子的一方。我们聚焦这一目的时，就可以明确婚内抚养费争议审理的重点即其构成要件并非是否分居、是否实际支付过款项，而系另一方是否经济困难、一方是否拒绝履行抚养义务。

### (二)制度失灵:实体与程序法律混乱

正如上述所探讨的,婚内抚养费制度无论在实体法上还是在程序法上均存在诸多的冲突。例如:(1)婚内抚养费的构成要件本身就不清晰;(2)是否拒绝履行抚养义务的举证责任承担方式不明;(3)将分居后是否给钱作为判决依据,完全不考虑夫妻共同财产的使用和支配情况,更无法就夫妻共同债务的成立与否给出明确的说法;(4)一些情况下,其与家务劳动补偿制度也有说理不清的关系。如何提出诉讼、由谁提出诉讼等问题均不明确。

明明是一项保障制度,却一定程度上演化为诉讼工具,婚内抚养费诉讼使诸多父母子女矛盾被激化,诸多夫妻关系更加撕裂,更加重了离婚时的经济算计。

### (三)其他制度对婚内抚养费制度目的的救济

对于子女生存权益的保障并非仅靠婚内抚养费制度来实现,另一方通过借款抚养孩子,再由债权人起诉要求双方承担夫妻共同债务的方式完全能够为孩子提供保障,并且能够给孩子提供面向未来的成长的保障,另一方支出的超出抚养费范围的款项,视为该方的个人债务,在孩子抚养费(生活费、教育费、医疗费)范围之内的款项,视为夫妻双方的共同债务。此种方式还能避免子女起诉要求婚内抚养费与债权人起诉还债的双重诉讼的问题。

在夫妻共同财产制的情况下,另一方用夫妻共同财产抚养孩子,体现为夫妻共同财产的减少,在离婚时可以直接分割双方的存款余额,不产生抚养费追偿的问题,另一方尽抚养义务较多的,可以向另一方主张家务劳动补偿。在夫妻分别财产制的情况下,若另一方用个人财产抚养孩子的,可以以另一方的名义请求代为支出的抚养费之债,该请求可以在离婚诉讼中提出,也可以作为债权另行提出。如此可以解决婚内抚养费与夫妻共同财产制、夫妻共同债务的矛盾问题。

## 五、解决思路:婚内抚养费制度的实施应以分别财产制为前提

### (一)厘清法律关系主体

通常婚内抚养费制度的原告为无民事行为能力人,应当由其监护人作为法定代理人参加诉讼,从婚内抚养费案件诉讼主体罗列的角度分析,会出现如下情形,其一,若子女被抚养的权利无法得到保障,证明夫妻双方作为共同抚养义务

人,均疏于对子女的抚养,均应当被列为被告,此时会出现主体混同的情况。其二,一方没有被剥夺监护权资格,在本案中应当同时作为子女的法定代理人参加诉讼,但是其在案件中也是被告,此时亦形成了主体的混同。

我们在上文探讨婚内抚养费纠纷的原告、被告主体资格时发现多处矛盾,产生的根源为在家庭关系中,父、母、未成年子女三方之间在诉讼主体资格上或承担责任的方式上存在一定的“不独立”状态,在对待孩子这个第三人时,夫妻之间的财产关系和责任关系是连带的,同样在对待孩子这个不具备完全民事行为能力的第三人时,夫妻双方对孩子的法定代理权利又是等同的。

在家庭破裂时,往往是两个成年人之间的争端,将孩子纳入其中是违背未成年人利益最大化原则的,在离婚诉讼和抚养费诉讼均能实现索要抚养费的功能,并且父母或者债权人可以启动债务清偿相关诉讼时,由子女作为诉讼的原告并不适当,即便子女作为原告,因未成年子女不能独立表达自己的意志,该诉讼有可能成为父母一方寻求利益最大化的手段,也可能成为一种拿对方出气和道德审判的手段。

因此,应当将婚内抚养费的原告主体限定为父母一方,被告限定为另一方,其索要的抚养费系父母一方已经代为支付的抚养费,在夫妻共同财产制的情况下,因支出的款项属于夫妻共同财产,追索婚内抚养费的请求不应获得支持,在分别财产制的情况下,该请求应当获得支持。在主体统一的情况下,该请求可以在离婚诉讼中提起,离婚诉讼中遗漏这一请求的,也可以在离婚后以抚养费纠纷提起。

### (二)以面向过去和面向未来区分婚内抚养费与离婚抚养费

婚内抚养费是面向过去已经发生的费用,离婚抚养费则是针对未来将要发生的费用,时间点的划分是思考这一问题的重要维度,离婚抚养费的支付时间是确定的,即从双方离婚到子女年满 18 周岁,因而该费用是将要用于子女成长的抚养费。而如上所述,婚内抚养费是就过去抚养费用的支出进行追偿,并不能起诉至某一个未来时间的费用,故婚内抚养费实质上应为预先支出后的债务清偿。

我们站在这一逻辑上思考时,就更能理解上述夫妻共同财产制下不应支持婚内抚养费、分别财产制下应当支持婚内抚养费的结论。在共同财产制下,任何一方支出的抚养费均是共同财产,不可能满足“一方拒不履行抚养义务”这样的构成要件;在分别财产制下,另一方用个人财产进行抚养,一方不支付任何费用的,则有可能满足“一方拒不履行抚养义务”的构成要件。

同样地,也因此逻辑,在子女已经长大的情况下,其受抚养的权利没有受到损失,损失的是父母双方或一方的财产,子女没有权利作为原告起诉索要婚内抚养费。

# 离婚协议中向子女赠与约定能否任意撤销?
## ——以"利益第三人合同"为视角

高 兴*

## 一、问题的提出

于某某与高某某于2001年11月11日登记结婚,婚后于2003年9月生育一子高某。因感情不和,双方于2009年9月2日在法院调解离婚。离婚协议约定,双方共同共有的位于北京市某小区59号房屋所有权在高某某付清贷款后归双方之子高某所有。2013年1月,于某某起诉至北京市东城区人民法院称:59号房屋贷款尚未还清,房屋产权亦未变更至高某名下,即还未实际赠与给高某,目前还处于于某某、高某某共有财产状态,故不计划再将该房屋属于自己的部分赠给高某,主张撤销之前的赠与行为,由法院依法分割59号房屋。[1] 问:于某某要求撤销赠与,能否得到法律支持?

## 二、关于任意撤销离婚协议中向子女赠与的司法观点

《民法典》第658条第1款(原《合同法》第186条第1款)规定:"赠与人在赠与财产的权利转移之前可以撤销赠与。"此规定即赠与合同中赠与人的任意撤销权。照此规定,离婚协议中向子女赠与财产的约定在权利转移——如房产过户之前——似乎可以任意撤销赠与。司法实践中,也确有支持判例。[2] 但更多司法观点则截然相反,列举如下。

1. 北京市高级人民法院民一庭《关于审理婚姻纠纷案件若干疑难问题的参

---

* 高兴,华东政法大学博士研究生,上海邦信阳中建中汇律师事务所律师。

[1] 案例来源:《最高人民法院12月4日公布婚姻家庭纠纷典型案例》,载最高人民法院网2015年12月4日,http://www.court.gov.cn/zixun-xiangqing-16211.html。

[2] 最高人民检察院民事行政检察厅编:《人民检察院民事行政抗诉案例选》(第19集),中国检察出版社2014年版,第107~113页。

考意见》第 45 条。

“夫妻双方离婚时协议约定将夫妻个人财产或共有财产赠与对方或第三人，离婚后交付或变更登记之前，一方依据《中华人民共和国合同法》第一百八十六条第一款的规定请求撤销赠与的，人民法院不予支持。”

2. 浙江省高级人民法院《关于审理婚姻家庭案件若干问题的解答》第 10 条。

“夫妻双方在离婚协议中约定将共同财产赠与子女，离婚后一方反悔，请求撤销赠与，能否予以支持？

答：根据《婚姻法司法解释(二)》第八条、第九条规定，离婚协议中关于财产分割的条款或者当事人因离婚就财产分割达成的协议，对当事人具有法律约束力；除存在欺诈、胁迫等情形之外，当事人请求撤销财产分割协议的不能予以支持。离婚协议涉及身份关系，各条款内容相互关联，如双方约定将夫妻共同财产赠与子女，该条款作为离婚协议的组成部分，夫妻双方应实际履行。离婚后夫或妻一方反悔，请求撤销赠与的，一般不予支持。

夫妻一方要求另一方履行离婚协议中对子女的财产赠与约定的，可以另一方为被告、子女为第三人提起诉讼。受赠子女也可起诉要求履行。”

3. 江苏省高级人民法院《家事纠纷案件审理指南(婚姻家庭部分)》第 36 条。

“离婚协议中涉及对第三人赠与的条款，离婚后赠与人以赠与财产权利尚未转移为由能否申请撤销？受赠人有无独立的给付请求权？

离婚协议是夫妻双方权衡利益、考量利弊后，围绕婚姻关系解除而形成的一个有机整体，各项内容既相互独立，又相互依存。因此，离婚后赠与人以赠与财产权利尚未转移为由申请撤销离婚协议中涉及对第三人赠与条款的，不予支持，但符合《婚姻法解释二》第九条规定情形的除外。

离婚协议约定将特定财产赠与第三人，离婚后夫妻一方不履行给付义务，夫妻另一方可以起诉主张其履行。受赠人非离婚协议一方，仅为赠与条款的受益人，并无独立的给付请求权，其起诉主张夫妻一方或者双方履行给付义务的，裁定不予受理，已经受理的，裁定驳回起诉。”

4. 最高人民法院民一庭观点。

“离婚协议中关于房屋赠与的约定并不构成一般意义上的赠与合同。根据合同法第一百八十五条‘赠与合同是赠与人将自己的财产无偿给予受赠人，受赠人表示接受赠与的合同’之规定，构成赠与合同的前提是赠与人将自己的财产无偿给予受赠人而不要求受赠人为此付出代价或承担任何义务。具体到离婚协议中的赠与而言，实务中很少出现受赠人在离婚协议上确认接受赠与的情形。也即，离婚协议中的所谓赠与并未在赠与人与受赠人之间达成一致，不构成赠与合同。既然不构成赠与合同，那么一般也就不存在赠与人依据合同法加以撤销的可能。"〔3〕

## 三、否定任意撤销的各种理由述评

上述不支持任意撤销离婚协议中向子女赠与约定的司法观点，理论和实务界大多赞同，但给出的理由多样，简要述评如下。

1. 身份协议说。有观点认为，离婚协议是有关身份关系的协议，根据原《合同法》第 2 条第 2 款，不适用原《合同法》而应适用其他法律的规定，故原《合同法》中关于赠与合同任意撤销权的规定无从适用。

但是，《民法典》第 464 条第 2 款改变了前述规定的立场，使有关身份关系的协议在特定情况下可以参照适用合同编的规定。更何况，既然司法解释已明确夫妻间房产赠与可以适用任意撤销权，〔4〕同样与身份关系相关的离婚协议中向子女的赠与，为何不能类推适用呢？

2. 道德义务赠与说。有观点认为，离婚协议中赠与子女财产的约定，属于履行道德义务的赠与，根据《民法典》第 658 条第 2 款（原《合同法》第 186 条第 2 款）的规定，不得任意撤销。〔5〕为履行道德义务而为赠与，仍不失赠与属性，此时已然存在一个赠与合同，对其履行是履行法律上的义务，但之所以要订立该赠与合同，则是基于道德上的义务。例如，"虽无扶养义务之人，对于其亲属为扶养给付，生父对于婚外子女，虽未经认领或未经判决确定其为生父，而为扶养费之约束"。〔6〕亲属间纵无法律上的扶养义务，仍有互相扶助的道德义务；亲子关系虽未经法律确认，生父仍有抚养非婚生子女的道德义务。至于为救灾、扶贫、助残而为赠与，在我国《民法典》中被定性为具有公益性质的赠与，与道德义务赠与

---

〔3〕 最高人民法院民事审判第一庭编：《民事审判指导与参考》（2013 年第 3 辑），人民法院出版社 2014 年版，第 236～237 页。

〔4〕 原最高人民法院《关于适用〈中华人民共和国婚姻法〉若干问题的解释（三）》第 6 条、最高人民法院《关于适用〈中华人民共和国民法典〉婚姻家庭编的解释（一）》［以下简称《民法典婚姻家庭编解释（一）》］第 32 条。

〔5〕 吴卫义、张寅编著：《婚姻家庭案件司法观点集成》，法律出版社 2015 年版，第 510 页；郑文龙：《离婚时签订的赠与子女房屋协议能否撤销》，载《云南法制报》2021 年 3 月 10 日，第 7 版。

〔6〕 史尚宽：《债法各论》，1961 年自版发行，第 119 页。

并列,也不得任意撤销。

对此观点,值得思考的是,父母在离婚时是否负有向子女赠与财产的道德义务?[7]假如父母协商一致变更离婚协议,应无可非议,为何此时就可以不顾“道德义务”而撤销?

3. 类推经过公证的赠与说。有观点认为,既然《民法典》第 658 条第 2 款(原《合同法》第 186 条第 2 款)规定经过公证的赠与不能任意撤销,通过法院调解离婚的离婚协议经过人民法院的生效法律文书确认,其真实性和合法性应高于以公证形式所证明的赠与,故离婚协议中赠与子女财产的约定不得任意撤销。[8]至于登记离婚的离婚协议,至少也经过婚姻登记机关的确认,可以类推适用相关规则。

离婚财产约定未必都要在办理离婚登记时提交给登记机关,在登记机关备案的离婚协议也不具有当然的优先效力,假如当事人在提交登记机关的离婚协议之外,私下另行签署含有赠与子女财产内容的离婚协议或者补充协议,无从比照经过公证的赠与合同,难道就可以任意撤销吗?

4. 特别法优于一般法说。有观点认为,关于离婚协议的撤销,相关司法解释有特别规定,特别法优于一般法,故离婚协议中的赠与不能任意撤销。[9] 具体而言,《民法典婚姻家庭编解释(一)》第 69 条第 2 款[原最高人民法院《关于适用〈中华人民共和国婚姻法〉若干问题的解释(二)》(以下简称《婚姻法解释(二)》)第 8 条]表明,离婚协议具有确定的效力,对双方“具有法律约束力”;第 70 条(《婚姻法解释(二)》第 9 条)则表明,仅有“欺诈、胁迫等情形”才能成为撤销离婚财产分割协议的事由。这些规定相对于赠与合同任意撤销的规定而言是特别法,应优先适用。

有疑问的是,前述司法解释其实在讲离婚协议作为民事法律行为因意思表

---

〔7〕 王泽鉴先生认为,道德上的义务,应依社会观念加以认定。参见王泽鉴:《不当得利》(第 2 版),北京大学出版社 2015 年版,第 110 页。陆青认为,即使在离婚纠纷中,父母或其中一方可能会基于对子女的愧疚之情,在履行法定的抚养义务之外,向成年或未成年子女提供房屋等更好的物质保障,但这种安排似乎也更应局限在行为动机上予以考量,而不能得出离异父母对子女存在提供此类财物的“道德上义务”的一般结论。如果子女已经独立成家,认定存在此类“道德上义务”显然更为困难。参见陆青:《离婚协议中的“赠与子女财产”条款研究》,载《法学研究》2018 年第 1 期。

〔8〕 保定市竞秀区人民法院(2016)冀 0602 民初 833 号民事判决书。

〔9〕 吴晓芳主编:《婚姻家庭继承案件裁判要点与观点》,法律出版社 2016 年版,第 144~145 页。

示瑕疵而可撤销，撤销的后果是该行为自始没有法律约束力。与此不同，当事人主张撤销赠与，与意思表示瑕疵无关，也不欲否定赠与合同本身的效力，而是在承认赠与合同有效的前提下行使专属于赠与人的任意撤销权。这些司法解释中的撤销，与赠与合同的任意撤销完全是两回事，相应地，上述规定构不成特别法与一般法的关系。

5. 离婚协议整体说。有观点认为，离婚协议中的赠与条款与整个离婚协议是一个整体，不能单独撤销。具体而言，离婚协议中向子女赠与财产的约定，与解除婚姻关系、子女抚养、共同财产分割、共同债务清偿、离婚损害赔偿、家务贡献补偿、离婚经济帮助等内容构成了一个有机整体，当事人是在综合考虑上述因素的基础上，对人身关系和财产关系达成的"一揽子"解决方案。该方案中任何一项财产的处分都与其他内容互为前提、互为结果。如果允许任意撤销赠与，离婚协议的"整体性"将被破坏，并将助长先离婚再恶意反悔的有违诚信的行为。前述江苏高院的意见，即属此类。

6. 不属于赠与说。还有观点从根本上否认离婚协议中向子女"赠与"财产的约定属于赠与。例如，有学者认为此类约定在性质上属于身份法上的"离婚财产清算协议"，虽名为"赠与"，实则缺乏赠与的意思，不应界定为赠与协议，故可以排除赠与合同之任意撤销权的适用。[10] 此外，前述最高人民法院民一庭的观点也认为该约定不构成赠与合同，故不存在任意撤销的适用空间。

## 四、利益第三人视角下的离婚协议中向子女赠与约定

子女并非离婚协议的当事人，却因父母离婚协议中向其赠与财产的约定，从而可接受赠与人的给付，有观点认为该约定符合"利益第三人合同"的构成要件。[11]

### （一）利益第三人合同的基本概念

利益第三人合同，又称向第三人履行的合同、利他合同、第三人利益契约，是指"当事人一方约使他方向第三人给付，第三人即因而取得直接请求给付权利之

〔10〕 陆青：《离婚协议中的"赠与子女财产"条款研究》，载《法学研究》2018 年第 1 期。

〔11〕 王文静：《离婚协议中"赠与"子女财产条款探析》，华东政法大学 2020 年硕士学位论文，第 22～23 页；陆青：《离婚协议中的"赠与子女财产"条款研究》，载《法学研究》2018 年第 1 期。

契约”。[12] 在该类合同中,第三人取得了对债务人的履行请求权。[13]

利益第三人合同区别于“不真正的利益第三人合同”之处在于,利益第三人合同的第三人取得对债务人的履行请求权,而“不真正的利益第三人合同”的第三人仅可以接受债务人的履行,不享有对债务人的履行请求权。《民法典》第522条第1款规定的是“不真正的利益第三人合同”,延续了原《合同法》第64条的规定,第三人对债务人无请求权;第2款是《民法典》的新增内容,明确了第三人对债务人的履行请求权,是立法上首次对利益第三人合同的规定。

依其功能,利益第三人合同通常包括两个基本类型:一是以缩短给付目的,旨在简化给付关系;二是具有生计扶养照顾的性质,其特点是合同中的给付自始以归于第三人为目的,以第三人利益保险合同为典型。[14]

### (二)此类约定是不是真正的利益第三人合同?

根据合同相对性原则,合同权利与义务本应只由合同当事人享有或者承担,履行请求权本应只归债权人享有。而利益第三人合同赋予第三人履行请求权,这是对合同相对性原则的突破,应当严格掌握。根据《民法典》第522条第2款的规定,第三人取得履行请求权,必须以有法律规定或者当事人约定为前提。法律规定者,如保险合同关系中,被保险人或者受益人即使不是投保人,在保险事故发生后,也有向保险人请求给付保险金的权利;当事人约定者,则遵从合同当事人(不包括第三人)的意思自治,如果合同当事人仅约定由债务人向第三人履行,没有赋予第三人履行请求权的,不属于真正的利益第三人合同。[15]

离婚协议中向子女赠与财产的约定,是否属于真正的利益第三人合同?子女是否享有履行请求权?如前文所述,江苏省高级人民法院和浙江省高级人民法院对此问题的观点就截然相反,前者认为子女无此权利,后者则认为受赠子女也可起诉要求履行。根据《民法典》第522条,假如夫妻明确约定子女享有,自无疑问,有疑问的是双方没有作此约定的情况。

关于第三人是否享有独立的履行请求权,根据《德国民法典》第328条的规

〔12〕 王泽鉴:《民法学说与判例研究》(重排合订本),北京大学出版社2015年版,第1066页。

〔13〕 黄薇主编:《中华人民共和国民法典合同编释义》,法律出版社2020年版,第137页。

〔14〕 王泽鉴:《民法学说与判例研究》(重排合订本),北京大学出版社2015年版,第1067页。

〔15〕 黄薇主编:《中华人民共和国民法典合同编释义》,法律出版社2020年版,第138页。

定,“必须由情事,特别是由合同目的”[16]来判断。有学者也认为,应以事件的具体情况为基础,考虑合同性质、目的、交易习惯等情况确定第三人是否取得权利。[17] 就离婚协议中向子女赠与约定而言,该约定自始就以使子女受益为目的,暗含着由子女享有履行请求权的内容。如此解释,符合当事人的一般想法,也有利于未成年子女主张自己的权利,符合未成年人最佳利益原则。故笔者认为,这种约定属于真正的利益第三人合同,子女直接享有履行请求权。需注意,父母中非给付义务人的一方作为合同当事人,也有权请求对方向子女为给付。

### (三)此类约定的特殊性

与一般的利益第三人合同相比,离婚协议中向子女赠与的约定有特殊性。通常而言,利益第三人合同关系涉及三方主体:债权人、债务人、受益人,并同时存在三个法律关系:一是补偿关系,即为使债务人对第三人负担债务原因的债务人与债权人间的法律关系;二是对价关系,即债权人自己不受给付,而约使第三人取得权利之债权人与第三人间的原因关系;三是第三人向债务人直接请求给付的权利。[18] 如甲向丙购买某画,甲转赠该画予乙,甲与丙约定,乙对丙有直接请求权。这其中,甲和丙的买卖关系即为补偿关系,甲和乙的赠与关系即为对价关系,二者各自独立。

在离婚协议向子女赠与约定中,补偿关系是什么?它既不像“缩短给付类型”的利益第三人合同那样,在夫妻之间存在一个“原本就有”的、以给付该财产为内容的债的关系——如果不是令子女取得该财产,夫妻未必愿意、往往不愿意让对方取得;也不像“生计扶养照顾类型”的利益第三人合同(如第三人利益保险合同)那样,法律关系内容单一。离婚协议是复合协议,该协议内容不仅涉及约定赠与子女的财产,还涉及其他财产甚至人身关系,且这些内容构成不可分割的整体。在这个关系中,双方互负权利义务,互为债权人和债务人。更重要的区别是,在一般的利益第三人合同中,债务人与第三人素无牵连,债务人之所以向第三人为给付,仅仅在于债权人在补偿关系项下对其给付以作为补偿,这也是“补偿关系”得名的由来。而离婚协议一方向子女赠与,显然并非因为或仅仅因为另一方对其给付作为补偿。

---

〔16〕《德国民法典》(第 3 版),陈卫佐译注,法律出版社 2010 年版,第 122 页。

〔17〕王利明:《合同法研究》(第 1 卷),中国人民大学出版社 2011 年版,第 136 ~ 138 页。

〔18〕王泽鉴:《不当得利》(第 2 版),北京大学出版社 2015 年版,第 222 ~ 223 页。

再看对价关系。离婚协议如果约定父亲将归其个人的财产赠送给子女,这里不存在"母亲自己不受给付,而约使子女取得权利之母亲与子女间的原因关系",即不能说母亲就标的财产向子女为赠与。这种情况下父亲一定认为是他在向子女赠与财产,母亲则会认为这是她在离婚协议其他方面妥协让步的结果,是她为子女争得的利益。因此,该约定中也不存在一般意义上的对价关系。

## 五、相关实务问题的解决

利益第三人合同的视角,为解决离婚协议中向子女赠与约定的相关实务问题提供了路径。

### (一)能否单方任意撤销?

利益第三人合同本身并不是一个固有的合同类型,"并不存在抽象的利他契约,而仅有利他租赁契约、利他买卖契约等具体利他契约"。[19] 可以将利益第三人合同视为一个关系架构,这个架构仍然是由若干基础的合同关系组成的,这些基础合同的类型,可能是买卖、赠与、离婚协议甚至无名合同等。在典型的利益第三人合同架构中,存在补偿关系和对价关系,分别由某种基础合同充当。但利益第三人合同并不以补偿关系、对价关系的存在为必要,如前所述,本篇讨论的离婚协议中向子女赠与约定就是如此。

离婚协议中向子女赠与约定搭起了一个利益第三人合同架构,涉及两个基础合同关系:一是离婚协议,事实上,该约定就是夫妻之间离婚协议不可分割的组成部分;二是赠与合同,本文不否认该架构中的赠与属性——子女不是该约定的当事人,利益第三人合同也不是固有合同类型,子女总要和当事人之间存在合同关系才能接受给付,而子女取得标的财产所有权又是无偿的,故这个合同关系只能是赠与。

关键的问题是,谁是赠与人?无论赠与标的物是夫妻一方的个人财产还是夫妻共同财产,赠与的意思表示都是夫妻双方通过离婚协议以合意的方式作出的,而不能说财产是谁的,谁就是赠与人,赠与合同的主体与赠与物的归属,本来就没有必然联系。即便赠与物是一方的个人财产,也无非是该方将其个人财产纳入离婚财产清算的范围,然后由双方共同作出了向子女赠与的意思表示。这

---

〔19〕 王泽鉴:《不当得利》(第 2 版),北京大学出版社 2015 年版,第 222 ~ 223 页。

样解释，也更容易被当事人在情感上接受——这是爸爸妈妈共同送给孩子的，而不是来自单方的赠与。

因此，如果要任意撤销赠与合同，也应由赠与人共同作出撤销的意思表示。有观点对此提出质疑："尽管共有物的处分必须经得全体共有人同意，但事后一方若依法行使任意撤销权，理论上反而会因其单方的撤销行为影响到之前双方所达成的共同处分合意。为何要反过来认为，因处分行为必须共同作出，所以否定此处分的行为也必须共同作出？"[20]若照此逻辑，任何共同意思表示乃至共同法律行为都可随意反悔。更何况这个意思表示还是离婚协议不可分割的组成部分，不容单方随意变更、撤销。同时，这也能够解释为什么离婚协议的双方可以协商一致取消赠与——双方可以合意变更离婚协议，作为赠与人也可以共同行使任意撤销权。

### （二）受赠人拒绝接受赠与，应如何处理？

利益第三人合同是为第三人的利益而设置，按照民法的自愿原则，即使是为他人赋予利益，他人也有权拒绝。《民法典》第 522 条第 2 款规定包含了第三人的拒绝权，第三人在合理期限内可以拒绝。离婚协议中向子女赠与财产的约定，子女当然也有权拒绝。如果离婚协议订立时子女是完全民事行为能力人，父母不能代子女作出接受赠与的意思表示，子女拒绝赠与意味着赠与合同尚未成立，权利义务从未产生。即使赠与合同已成立，受赠人仍可拒绝赠与，构成债的免除，赠与合同即不复存在。在利益第三人合同架构中，离婚协议当事人可以请求对方向子女为给付，一旦赠与合同这一基础合同关系确定不存在了，利益第三人合同架构无以为继，离婚协议当事人也就无此履行请求权。至此，离婚协议中向子女赠与的内容，无法形成权利义务关系即法律上的债（不是债务不履行或给付不能）。

但离婚协议的其他内容仍在。通常情况下，离婚协议中的全部内容互相依存，互为基础条件，当其中的一部分因受赠人的拒绝注定无法实现时，可以视为离婚协议的基础条件发生了订立时无法预见的重大变化，若继续履行离婚协议的剩余内容对一方当事人明显不公平的，该方可依据《民法典》第 533 条关于情势变更的规定，请求变更或者解除离婚协议，重新处理离婚财产事宜。

---

〔20〕 陆青：《离婚协议中的"赠与子女财产"条款研究》，载《法学研究》2018 年第 1 期。

### (三)受赠人在权利转移前死亡的,应如何处理?

包含有向子女赠与内容的离婚协议订立后,如果发生赠与标的物权利转移前子女死亡的不幸事件,不能说相关法律关系立即终止,毕竟合同地位尚可由继承人继承。但需注意,离婚协议中向子女赠与的约定,其目的是使子女获益,不能期待当事人在子女死亡后继续向子女的继承人履行,这绝非合同目的。故子女据此约定享有的接受赠与的权利,专属于子女一身,是《民法典》第 1122 条规定的"根据其性质不得继承的遗产",一旦权利人死亡,因给付义务没有对象,该权利及义务也即丧失。[21] 至于离婚协议中的其他内容,同上一种情形,当事人可依据情势变更规则,请求变更或者解除离婚协议,重新处理离婚财产事宜。

### (四)因不可抗力而无法履行,应如何处理?

赠与关系成立后,如果发生不能预见、不能避免且不能克服的客观情况,导致赠与标的物灭失而无法给付,则构成给付不能。这种情况下,债权债务仍在,但作为债之客体的给付处于不可能的状态,且属于嗣后不能、客观不能、永久不能、全部不能、事实上的不能。[22]

给付不能,不影响债的效力。导致标的物灭失的不能预见、不能避免且不能克服的客观情况作为不可抗力,既是一种法定的免责事由,当事人无须承担违约责任;又是一种法定的合同解除事由,根据《民法典》第 563 条第 1 款第 1 项的规定,因不可抗力致使不能实现合同目的,当事人可以解除合同。这里的合同指的是赠与合同以及离婚协议中向子女赠与的约定(前者一旦解除,后者也不会发生权利义务),而不是整个离婚协议。离婚协议中的其他内容是否继续履行,也有情势变更规则适用的空间。

## 六、结论

回到文初案例提出的问题,该案中,离婚协议的另一方高某某抗辩称:"离婚时双方已经将房屋协议赠与高某,正是因为于某某同意将房屋赠与高某,我才同意离婚协议中其他加重我义务的条款,例如在离婚后单独偿还夫妻共同债务 4.5

---

[21] 最高人民法院民法典贯彻实施工作领导小组主编:《中华人民共和国民法典婚姻家庭编继承编理解与适用》,人民法院出版社 2020 年版,第 500 页。

[22] 韩世远:《合同法总论》(第 4 版),法律出版社 2018 年版,第 522 ~ 524 页。

万元。我认为离婚已经对孩子造成巨大伤害,出于对未成年人的考虑,不应该支持于某某的诉讼请求。”

最高人民法院将该案作为典型案例公布,认为其典型意义在于:本案中双方争议的焦点是在离婚协议中约定将夫妻共同共有的房产赠与未成年子女,离婚后一方在赠与房产变更登记之前是否有权予以撤销。在离婚协议中双方将共同财产赠与未成年子女的约定与解除婚姻关系、子女抚养、共同财产分割、共同债务清偿、离婚损害赔偿等内容互为前提、互为结果,构成了一个整体,是“一揽子”的解决方案。如果允许一方反悔,那么男女双方离婚协议的“整体性”将被破坏。在婚姻关系已经解除且不可逆的情况下如果允许当事人对于财产部分反悔将助长先离婚再恶意占有财产之有违诚实信用的行为,也不利于保护未成年子女的权益。因此,在离婚后一方欲根据原《合同法》第 186 条第 1 款之规定单方撤销赠与时亦应取得双方合意,在未征得作为共同共有人的另一方同意的情况下,无权单方撤销赠与。[23]

笔者认为,离婚协议中向子女赠与的约定构成了利益第三人合同架构,子女直接享有履行请求权。但它又不具备利益第三人合同中典型的补偿关系和对价关系。这种特殊的利益第三人合同,其基础合同关系是夫妻之间的离婚协议,以及父母共同向子女赠与财产的赠与合同。鉴于父母都是赠与人,任意撤销权的行使只能由离婚协议双方共同为之。在这样的解释路径下,结合情势变更、不可抗力等规则,其他相关实务问题也有望得到解决。

〔23〕《最高人民法院 12 月 4 日公布婚姻家庭纠纷典型案例》,载最高人民法院网 2015 年 12 月 4 日,http://www.court.gov.cn/zixun-xiangqing-16211.html。

# 从解释论分析夫妻公司财产混同证明责任分配

于　娜　王东莉*

## 一、实践困惑:夫妻公司财产混同证明责任分配存在争议

《公司法》第63条规定,一人有限责任公司的股东不能证明公司财产独立于股东自己的财产的,应当对公司债务承担连带责任。可见,我国《公司法》对一人有限责任公司财产混同采用的是举证责任倒置规则,即推定一人有限责任公司的股东存在公司财产与股东财产混同的情形,除非股东能够提供证据证明自身财产与公司财产不存在混同,否则就应当对公司的债务承担连带责任。之所以一人有限责任公司财产混同采用举证责任倒置规则,是因为一人有限责任公司只有一个股东,股东既是所有者,又是管理者,个人财产和公司财产极易混同,和普通有限责任公司不同,一人有限责任公司缺乏社团性和相应的公司治理机关,没有形成分权制衡的公司内部治理机构,缺乏内部监督,极易损害公司债权人利益,因此,法律将财产混同的举证责任分配给公司股东,这是《公司法》股东有限责任的例外情形,旨在矫正有限责任制度在特定法律事实发生时对债权人保护的失衡现象。

随着我国营商环境的优化和公司设立成本的下降,夫妻公司大量涌现。夫妻公司是指公司股东仅为夫妻二人的有限责任公司,夫妻关系的特殊性导致司法实践中出现了夫妻公司是否在实质上属于一人公司的争议,争议的本质为夫妻公司是否可以适用《公司法》第63条将财产混同的举证责任倒置,由夫妻股东承担证明公司财产独立于股东自身财产的举证责任。

针对以上争议,最高人民法院的裁判也处于摇摆不定中。

**案例1:**(2018)最高法民终1184号(2018年12月26日)西安天虹电气有限

---

* 于娜,常州市天宁区人民法院少年及家事审判庭法官助理;王东莉,常州市天宁区人民法院少年及家事审判庭庭长。

公司与青海力腾新能源投资有限公司建设工程施工合同纠纷上诉案二审民事判决书

裁判结果:力腾公司系由夫妻二人出资设立,不属于一人公司,天虹公司无证据证明力腾公司存在财产混同,天虹公司主张股东承担连带责任法律依据不足,不予支持。

核心观点:夫妻公司不是一人公司,财产混同证明责任由债权人承担。

**案例2:**(2019)最高法民申105号(2019年3月6日)王某、任某某执行异议之诉再审审查与审判监督民事裁定书

裁判结果:增盛公司不是一人有限责任公司,原审法院以增盛公司实际出资情形符合一人有限责任公司的股东出资特点及性质为由,认定王某、任某某应当被追加为被执行人在认定事实和适用法律上均存在错误。

核心观点:夫妻公司不是一人公司。

**案例3:**(2020)最高法民申1515号(2020年4月21日)高某某、宁夏金特嘉工贸有限公司合同纠纷再审审查与审判监督民事裁定书

裁判结果:高某某与张某在设立有限责任公司时,并未能向工商登记部门提交分割财产证明,且二人系在案涉纠纷发生后离婚,现股东高某某不能证明其个人财产独立于金特嘉公司,故判决高某某承担共同付款责任并无不当。

核心观点:夫妻公司适用财产混同举证责任倒置规则。

**案例4:**(2019)最高法民再372号(2020年6月28日)熊某某、沈某某申请执行人执行异议之诉再审民事判决书

裁判结果:青曼瑞公司虽系熊某某、沈某某两人出资成立,但熊某某、沈某某为夫妻,认定青曼瑞公司系实质意义上的一人有限责任公司并无不当,熊某某、沈某某应对青曼瑞公司财产独立于双方其他共有财产承担举证责任,并承担举证不力的法律后果。

核心观点:夫妻公司是实质上的一人公司,财产混同举证责任由夫妻股东承担。

**案例5:**(2020)最高法民申6688号(2020年12月30日)泰安市岱岳区新地龙打井服务中心、贾某执行异议之诉再审审查与审判监督民事裁定书

裁判结果:鸿诺空调公司作为有限责任公司,即使是由股东贾某、梁某某以夫妻共同财产出资设立,将其定性为"一人有限责任公司",仍缺乏法律依据。

核心观点:夫妻公司定性为一人公司于法无据。

**案例6:**(2021)最高法知民终677号(2021年6月22日)济南国迅信息科技

有限公司、徐某某等计算机软件开发合同纠纷民事二审民事判决书

裁判结果:虽然在涉案合同签订时国迅公司的股东为梁某某、徐某某、王某,不符合一人公司或仅夫妻二人为公司股东的情形,但梁某某为徐某某的母亲,且国迅公司多次向王某个人支付大额款项而无合理说明,原审法院考虑上述事实认定徐某某、王某滥用公司法人独立地位和股东的有限责任,判令徐某某、王某对国迅公司的债务承担连带责任并无明显不当。

核心观点:公司股东系家族关系,财产混同证明责任由股东承担;"不符合一人公司或仅夫妻二人为公司股东的情形",说明裁判者认为夫妻二人为股东和一人公司情形一致。

从以上 6 个案例可以看出,最高人民法院在 2020 年以前对于夫妻公司是否应被认定为一人公司是持否定的态度,但是从 2020 年开始最高人民法院的态度发生了转变,并且在(2019)最高法民再 372 号判决书的判决理由部分详细阐述了其认定夫妻公司应为实质意义上的一人公司的理由:夫妻公司虽系夫妻二人出资成立,但夫妻设立公司时未向工商登记备案机关提交财产分割的书面证明或协议,因此公司的注册资金源于夫妻共同财产,而公司的全部股权系夫妻于婚姻关系存续期间取得,应归夫妻双方共同共有。公司全部股权实质来源于同一财产权,并为一个所有权共同享有和支配,该股权主体具有利益的一致性和实质的单一性。夫妻二人均实际参与公司的管理经营,夫妻其他共同财产与青曼瑞公司财产亦容易混同,公司也缺乏有效的内部监督,极易损害债权人利益。因此,夫妻公司系实质意义上的一人有限责任公司,夫妻应对财产独立于双方其他共有财产承担举证责任。

最高人民法院的说理存在将《民法典》婚姻家庭编与《公司法》的价值理念混淆的情况。依据《公司法》,股东之间的财产关系不应影响股东与公司之间的关系,股东仍应按照公司章程或工商登记的股份比例行使股东权利而不应考虑其背后的共有关系。[1]《公司法》的股东不仅与公司相独立,而且股东之间也相互独立,仅以其持股比例为限行使股东权利,股东应当是在法律上有独立地位的主体,如独立的自然人、独立的法人,其可以独立享有权利,也可以独立承担义务。而夫妻虽然在婚姻家事法律的应然状态下具有利益的一致性、行动的统一性,但是夫妻毕竟是两个独立的自然人,在实然状态中也存在个人利益的冲突和

〔1〕 杨柳:《夫妻公司是否属于一人公司?——基于司法态度嬗变的反思》,载《宜宾学院学报》2022 年第 8 期。

权衡,[2]具体表现如当当网的大股东俞某和李某庆夫妻二人手持公司90%以上股权,由于对公司管理存在争议,双方几度“互撕”。[3] 因此,夫妻关系的存在并不能磨灭夫妻仍然是两个独立的民商事主体的事实,如果将夫妻在《公司法》中看作一个实质的整体,则存在将夫妻与自然人、法人并列为“第三类民商事主体”的嫌疑。[4] 这显然是与《公司法》的价值取向相违背的。实践中,也有学者和裁判者认为将夫妻公司认定为实质上的一人公司过于激进,因此在(2019)最高法民再372号判决书之后的(2020)最高法民申6688号裁定书中,最高人民法院的裁判又否定了以上观点。

## 二、寻脉问诊:从解释论的角度分析夫妻公司财产混同证明责任分配

最高人民法院(2019)最高法民再372号判决书的说理过程,实质上系裁判者作为法律的实践者,在运用民商事法律规范解决现实的纠纷和问题的过程中,超越现行法律规定,进行具有“法官造法”功能的法律解释的过程。该判决对日后相关问题的审理也确实产生了深刻的影响,如在司法实践中多次不认定夫妻公司属于一人公司的广东省高级人民法院也随之转变了态度,将夫妻公司财产混同的证明责任分配给了夫妻股东,从间接意义上认可了夫妻公司可以认定为一人公司。因此,笔者也从解释论的角度,来分析夫妻公司认定为一人公司,继而论证夫妻公司财产混同举证责任倒置的理念是否合理。

### (一)规范说视角下夫妻公司财产混同证明责任分配

规范说主张对实体法律规范仅进行文义解释就可以得出证明责任分配的结论。[5] 文义解释是法律解释最根本、最基础的解释方法,其将对法律的解释聚集在语言的表述上,目的是确保法的确定性和可预测性。[6] 在规范说下,法律条文的语句结构、文字排列可以直观地分析出法律规范所包含的要件事实,进而

[2] 冉克平:《夫妻团体财产与个人财产的法理构造》,载《法制与社会发展》2019年第5期。

[3] 丰琼英:《夫妻公司人格否认制度》,载《中国市场》2021年第27期。

[4] 贺剑:《论婚姻法回归民法的基本思路——以法定夫妻财产制为重点》,载《中外法学》2014年第26期。

[5] 胡学军:《证明责任“规范说”理论重述》,载《法学家》2017年第1期。

[6] 胡东海:《“谁主张谁举证”规则的法律适用》,载《法学》2019年第3期。

得出对这些要件事实如何分配举证责任的结论。[7] 规范说在强调文义解释的基础作用的同时,也认可系统解释的辅助作用。系统解释是将要解释的法律条文放在整部法律规范甚至是整个法律系统之中,通过分析法条和法条之间的关系达到解释法律的目的。但是,系统解释只是辅助作用,即只有在通过文义解释无法得出结论时,才适用系统解释对法律进行解释。

从文义解释的角度,《公司法》第 57 条规定一人有限责任公司是指只有一个自然人股东或一个法人股东的有限责任公司,将夫妻公司认定为一人公司显然与《公司法》第 57 条的规定不符,进而夫妻公司也不能适用《公司法》第 63 条关于一人公司财产混同举证责任倒置的规则。

从系统解释的角度,之所以《公司法》对一人有限责任公司进行更为严格的规制,是为了防止股东滥用一人公司的独立地位和股东有限责任,进而损害公司债权人的利益,除了财产混同举证责任倒置规则外,《公司法》还规定一个自然人只能设立一个一人有限责任公司、每年要进行强制审计等。前文也提到,夫妻毕竟是两个独立的自然人,在实然状态下存在利己主义的思想和个人利益的碰撞,在股权登记上夫妻也是分别持有相应比例股份的两个股东,如果将夫妻公司认定为一人公司,则作为夫妻个体或夫妻整体而言,是否也不能再设立除现有夫妻公司外的其他一人有限责任公司,夫妻公司是否也应当每年进行强制审计?因此,放眼到整个《公司法》中,将夫妻公司认定为一人公司,进而适用一人公司的所有限制性规范,无疑是缺乏合理性的。

综上,在规范说视角下,夫妻公司不能认定为一人公司,夫妻公司也不能适用一人公司关于公司财产混同举证责任倒置的规则。

### (二)修正规范说视角下夫妻公司财产混同证明责任分配

修正规范说反对片面地、机械地从法律条文的语句结构、文字排列方面解释法律,主张按照具体的情境,采用目的解释、历史解释等方法解释法律。修正规范说认为,在尊重法律规范的表现形式的同时,还应当考虑法律规范的立法目的、制定法律规范的历史情境,从而弥补法律规范中存在的固有漏洞。但是,目的解释、历史解释不是可以随意适用的,只有在确实存在法律漏洞的情况下,才可以适用文义解释以外的解释方法,也即对"法官造法"应当有严格的限制。

---

[7] 王宇楷:《"夫妻公司"财产混同证明责任分配争议与分析》,载《广西质量监督导报》2021 年第 1 期。

从历史解释的角度，我国关于夫妻公司的规定，只有在1998年国家工商管理局发布的《公司登记管理若干问题的规定》中可以看到，该规定第23条指出，家庭成员共同出资设立有限责任公司，必须以各自拥有的财产作为注册资本，并各自承担相应的责任，且需要在登记时提交财产分割协议。(2020)最高法民申1515号民事裁定书和(2019)最高法民再372号民事判决书作为将夫妻公司认定为一人公司的代表，在说理部分都提到了夫妻未在公司设立登记时向登记机关提交财产分割协议，即未选择夫妻分别财产制，在此情况下注册资本来源于夫妻共同财产，所以出资主体可以视作单一的主体。但是，《公司登记管理若干问题的规定》已经在2006年根据修订后的《公司法》和国务院办公厅《关于做好贯彻实施修订后的公司法和证券法有关工作的通知》被废止和清理。以上规定之所以被废止，系因为其违背了共同共有人在共同共有关系存续期间不得分割共有物的精神。在司法裁判中如果因为夫妻未在登记时提交财产分割协议而认定夫妻公司应当视为一人公司，进而适用一人公司的相关限制性规范，则无疑是在间接要求夫妻在设立公司时应当向登记机关出具财产分割协议，这无疑是回归到已被废止的规范上。因此，从历史解释的角度，夫妻公司也不应当被认定为一人公司而适用关于一人公司的相关规范。

从目的解释的角度，我国2005年前并没有一人有限责任公司这种组织形式，《公司法》规定两个以上股东共同出资才可以设立一人有限责任公司，为了符合公司设立的要求，投资者往往要让家人、朋友成为挂名股东、袖珍股东，但公司实际出资人和管理人都为投资者一人。2005年《公司法》修订时，为了顺应全球立法的趋势、活跃市场和经济、降低公司设立门槛、充分调动投资者的投资热情，《公司法》修订者认为与其让投资者通过拉人头的方式规避法律，不如从法律层面承认一人有限责任公司，让该主体良性发展，从而节约市场资源，充分提高市场主体的投资激情。但由于一人有限责任公司的股东滥用公司法人独立地位和股东有限责任更为容易，为了防范债权人的风险过高，《公司法》也对一人有限责任公司有相应的规制，如第63条公司财产混同时证明责任倒置规则。可见，《公司法》认可一人有限责任公司，是为了节约市场资源、增加市场活力，在公司与股东人格独立的前提下，为了防止债权人承担过高风险，从而适用了法人人格否认的举证责任倒置规则。因此，如果将夫妻公司认定为一人公司，无疑是站在夫妻股东天然具有滥用公司独立地位和股东有限责任倾向的角度上思考问题，在这种情况下，夫妻股东是否在公司设立时再拉第三人进来做挂名股东就可以不被动辄认定为一人公司？再扩大视野，除了夫妻公司以外的父子公司、母子公司等家庭公司，是不是都可以因为财产来源的同一性和股权实际控制的一体性而被认定为一人公司？《公司法》的立法目的是保护公司、股东和债权人的合法权益、促进社会主义市场经济的发展。将夫妻公司认定为一人公司的解释，存在过分保护债权人权益，增加股东义务的情况，其也与《公司法》节约资源、降低成本，活跃市场经济的立法目的相悖。

从《民法典》婚姻家庭编的立法目的角度出发，我国婚姻家事法规定夫妻财产以夫妻共同财产制为原则，以夫妻约定财产制为例外，因为我国婚姻家事法追求夫妻相互忠实、相互扶持，共同努力经营家庭生活，增加家庭财产的价值追求。如果将夫妻公司认定为一人公司，很可能会让夫妻为了规避这种情况，从而做出有违内心真实想法的安排，如约定夫妻财产归各自所有，进而会有更多夫妻为了设立公司而选择夫妻约定财产制。这与我国夫妻共同财产制的原则和婚姻家事法的价值取向都是相违背的。

综上，在修正规范说视角下，夫妻公司不能认定为一人公司，夫妻公司也不能适用一人公司关于公司财产混同举证责任倒置的规则。

## 三、双向保护：夫妻公司财产混同证明责任应在股权人和债权人间动态流转

### (一)夫妻公司财产混同证明责任分配应以适用一般性规范为原则

从解释论的角度分析，无论是更为严谨的文义解释、系统解释，还是更为发散的历史解释、目的解释，将夫妻公司认定为一人公司都是不合适的，而且文义解释是根本和基础，只有在文义解释不能的情况下，才可以辅助性地运用其他解释方法。《公司法》关于一人有限责任公司的规定已经非常明确为一个自然人或一个法人，将夫妻公司理解为一人公司，显然是过于激进。夫妻公司不能认定为一人公司，自然也不能适用《公司法》第63条关于公司财产混同举证责任倒置的规则。如果债权人想“刺破公司面纱”，让夫妻股东与公司承担连带责任，则只能适用《公司法》第20条第3款的规定，由债权人证明公司股东存在滥用公司法人独立地位和股东有限责任、逃避债务的情况。

### (二)夫妻公司财产混同证明责任应在股东和债权人间动态流转

但是，我们也应当承认，夫妻公司由于股东之间关系的特殊性，在公司账务记载、公司资产运用等方面，相较于债权人而言有更优势的地位，夫妻股东与债

权人之间存在严重的信息不对称。因此,在分配法人人格混同的举证责任时,应当综合考虑股东和债权人的利益,对股东和债权人实现司法的双向保护,即债权人应当提供初步的证据证明夫妻公司存在法人人格混同的情况,这种证据的证明力度应当可以达到对夫妻公司法人人格混同产生合理怀疑的程度。在债权人提供初步证据后,夫妻股东主张不存在法人人格混同情况的,应当提供证据证明其与公司不存在财产混同的情况,这种证据的证明力应当能够充分反驳股东财产与公司财产存在混同的情况。[8]

法院在认定夫妻公司是否构成人格混同时,应当综合考虑以下因素:(1)夫妻股东是否无偿使用公司资金或者财产而没有作财务记载;(2)夫妻股东是否用公司资金偿还自身债务,或者将公司资金供关联公司无偿使用而没有作账务记载;(3)公司账簿与股东账簿不分,致使公司财产与股东财产无法区分;(4)股东自身收益与公司盈利不分,致使双方利益不清;(5)公司的财产记载于股东名下,由股东占有、使用等。

〔8〕 梁秋芳:《关于夫妻公司法人人格否认制度司法适用的思考》,载《法制与社会》2020年第27期。

# 依夫妻共同债务关系的形成性审查确认其存在的客观性

## ——兼议我国《民法典》相关规定的适用问题及其在诉讼中的优化实践

杨汉平*

## 一、夫妻共同债务认定的实务状况与法律适用问题

夫妻共同债务纠纷案件的审判涉及人们的日常生活与社会交往的利益冲突解决，是必须公正、公平解决的民生关切。其中，举债人配偶是否应当共同承担所举债务的问题，已经成为一个最现实的社会矛盾和极易引发纠纷的法律焦点，是必须及时、妥当解决的迫切司法实务。

1980年《婚姻法》第32条规定："离婚时，原为夫妻共同生活所负的债务，以共同财产偿还。如该项财产不足清偿时，由双方协议清偿；协议不成时，由人民法院判决……"2001年《婚姻法》作出修改，此内容被列为第41条，但"原为夫妻共同生活所负的债务"的概括规定并未作改动。该规定表明，法律对夫妻共同债务的认定，需要依据"原为夫妻共同生活所负的债务"的法律界定和事实确证，以便认定其是否为夫妻共同债务并由举债方配偶负担清偿责任。它对债权人与存在婚姻私密性的举债人及其配偶之间的债务关联性的认定提出了概念模糊和语义抽象的证明标准，使债权人的举证责任范围陷入举债人夫妻的隐密生活情境，造成举证困难。2003年，最高人民法院《关于适用〈中华人民共和国婚姻法〉若干问题的解释(二)》第24条对这种债权人债权保护困难的规定予以技术性规避，该条规定"债权人就婚姻关系存续期间夫妻一方以个人名义所负债务主张权利的，应当按夫妻共同债务处理"。以此纠正对"原为夫妻共同生活所负的债

* 杨汉平，湖北省武汉市东西湖区人民法院审判委员会专职委员，三级高级法官。

务”进行举证的举证责任分配的片面性。但是，这一从“用途论”向“时间论”的转变，从对债权人配置较高举证责任到对非举债配偶进行时限性推定[1]并没有实质性地解决举证的公平性难题，反而又形成了新的司法困局，造成了新的裁判乱象。[2] 此后，最高人民法院《关于审理涉及夫妻债务纠纷案件适用法律有关问题的解释》明确“夫妻双方共同签字或者夫妻一方事后追认等共同意思表示所负的债务，应当认定为夫妻共同债务”，并支持“夫妻一方在婚姻关系存续期间以个人名义为家庭日常生活需要所负的债务”为夫妻共同债务，同时还规定“夫妻一方在婚姻关系存续期间以个人名义超出家庭日常生活需要所负的债务”不属于夫妻共同债务，但“债权人能够证明该债务用于夫妻共同生活、共同生产经营或者基于夫妻双方共同意思表示”的除外，试图向纠纷前延伸对债务形成性的审查范围，以此弥补矫枉过正的不周延问题。这些规定都已被《民法典》直接继受。但是，这些不断寻求规则自恰性的立法与司法解释虽然巩固了既有的经验与成果，但是仍然存在既有法律规范与复杂的夫妻债务关系不对应和程序权责配置不周延、不公平的问题，客观上依然会造成司法实务中的认识偏差和裁判不稳定、不统一的问题，仍有进一步从债的发生与形成的原因上作进一步探讨与优化的必要。[3]

具体而言，我国《民法典》关于夫妻共同债务的规定仍然需要规范和理性的分析与评价以求得更加客观、公正的解决之道。首先，从债的发生形式上讲，夫妻共同债务并不仅限于共签与追认等共同意思行为所负债务，还有基于共同生活、生产和基于婚姻事实和家庭责任等民事法律关系和行为所导致的共同债务关系，比如夫妻共同生活期间赊购食品店生活物品的欠款，或基于抚养子女的法定义务的履行而拖欠教育机构的子女培优费等并不具有合意形式的共同债务。其次，从债的发生的表意上讲，夫妻共同债务并不都是合意的结果，还有非预期或者非意定的债务，比如不当得利或者无因管理所生之债，或者夫妻为夫妻共同利益所单独或共同实施的侵权行为所生之债等，它们的发生根本没有合意的基础或事实。再次，从债发生行为上讲，夫妻双方共同签名或者夫妻一方事后追认的共同表意负担债务的签名或者追认等行为，只是民商事行为的外观形式或者

〔1〕 王玉玲：《利益平衡视域下夫妻共同债务的认定》，载《知与行》2020 年第 3 期。

〔2〕 叶名怡：《〈婚姻法解释（二）〉第 24 条废除论——基于相关统计数据的实证分析》，载《法学》2017 年第 6 期。

〔3〕 彭诚信：《〈民法典〉夫妻债务规则的应然理解与未来课题》，载《政法论丛》2020 年第 6 期。

意思表达手段,如果发生与外观表达不一致的实质争议,仍然需要透过表象,从纠纷的事实真相和实质的权利义务关系出发,做出综合判断。最后,从法律方法论上讲,司法案件的解决应当严格遵守"以事实为根据,以法律为准绳"的诉讼原则,全面客观地查明纠纷的争议事实和焦点,规范适用法律原则和规则,作出法律裁判。不能仅仅停留在对规则的设定和逻辑自洽之上。也即,只有以承载纠纷利益关系发生的事实为基础,严格公正地适用法律才能实现对纠纷的实质性揭示和对法律关系的公允评判,从而有效减少对纠纷的形式探知和对规则自恰的片面追求,进而有效防止和避免纠纷处置的形式化与不公、不当。

## 二、对夫妻共同债务形成性的实质分析

### (一)夫妻个体性对夫妻共同债务形成的影响

现代社会,"婚姻被认为是一男一女基于双方的合意而所形成的生活共同体或团体"。〔4〕 个人基于情感选择与合意所产生的情感与生理及财产的家庭化的生活性结合是婚姻的本质与核心,它是人们以个人为主体的共同生活的基本方式。其中,既有婚姻自主的个体性,也有生活共同化的个人之间的相互结合性与生活共同体的外观性。这就要求相关法律规范既应当充分保障婚姻共同体的共同生活权利,也应当尊重婚姻中的个体独立性。现代社会男女平等,夫妻在家庭中具有同等的权利和责任。保护夫或妻作为个人财产所有者民事主体权利,也是保障其享有婚姻自由权利的物质基础和法律前提。因此,夫或妻婚前的个人财产应当归其本人所有,不因夫妻共同生活的婚姻结合事实而转变或者转化为夫妻共同财产。同时,夫或妻为个人的基本生存和个性爱好等个体权利密切相关的必要财产也应当是其与夫妻共同生活关联之外的个体权利与主体地位的体现,也不应当归于夫妻在共同生活中所形成的共同财产之列。夫或妻双方结成夫妻关系是以其本身的个体性自由存在为前提的,当夫妻共同利益与夫或妻个体的利益发生冲突时,应当优先保护个体的基本生存需要与基本的生活需求。正因如此,夫妻个人财产作为婚姻自由的物质基础才能够得到保障。同时,"夫妻财产制度应当有利于婚姻和家庭生活,能够为夫妻双方以及其他家庭成员的

〔4〕 冉克平:《夫妻团体债务的认定及清偿》,载《中国法学》2017年第5期。

各项经济活动或非经济活动提供经济上的激励”。[5] 反过来讲，夫妻个人的不良行为，也会引发责任和义务。因此，夫或妻个人的不良行为，如因赌博、吸毒、包养情妇等所负债务，则属于其不良个性之结果，与夫妻财产制度及夫妻共同生活关系的合法性存续并无兼容性，因而，由此所生之债不应当被认定为夫妻共同债务，应由其本人自担或者负责，从而维护婚姻财产制度对夫妻关系道德性和规范性积极制度意义。

### （二）夫妻共同生活对夫妻共同债务的形成性

婚姻关系是一种基于合意而缔结的法律共同体关系，它具有共同生活的事实关联和权利义务的法律关联。夫或妻将自己的身心相互托付结成共同生活的家庭共同体，共同享受夫妻的权益、完成其对配偶和家庭成员应尽的法律义务，具有夫妻共同的财产关联和权利互动。同时，在夫与妻之间依据婚姻责任与家庭义务，也相应地依法产生相关的法律权利和法律义务。这种共同生活的法律化结合不同于单纯的个人之间的合伙或者合作关系，它既具有夫妻日常共同生活的现实共生性、互动性和互补性，同时，还有对父母的赡养、对子女的抚养和基于家庭关系对其他共同生活的家庭成员的赡养与抚养关系，是一个超越平等主体关联之外，包含亲情、爱情和血缘关系的伦理性的、社会性的家庭关联。夫妻关系既具有内在的包含非对等和非对价的法律和血缘关联的婚姻家庭关系，也包含其共同对外的民事互动与交往的法律与社会关系。因此，夫或妻既应当服从婚姻家庭法律的特别规范，也应当服从外在的“平等”主体之间的民事法律的约束，并在二者之间寻求与兼顾一种价值平衡。从内在结构上讲，夫妻关系是相互存在婚姻、血缘和生活依赖的男女及其与其他家庭成员之间的共生与复合关系，夫或妻的身份平等、权利义务相当，其各自外在的社会化劳动和内在的家庭生活服务也具有法律上的平等与对等性。因此，夫妻共同财产的取得应当是夫或妻在夫妻关系存续期间的劳动所得与财产的经营收益，这是夫妻共同生活的事实所形成的财产关联，也是夫妻参与社会劳动和互补、互助的结果，是建立在夫妻共同生活的事实和权利义务相互叠加与重合的共同利益的基础上的生活化集合。其中权利的共创性和共享性具有生活、行为和财产利益的重叠性、互补性和责任关联性。这些都是权利和义务相一致、利益与责任相对应、风险和负担相

---

〔5〕 贺剑：《夫妻财产法的精神——民法典夫妻共同债务和财产规则释论》，载《法学》2020 年第 7 期。

平衡的法律结果与衍生,是夫妻共同共有的本质所决定和影响的债务关系需夫妻共同认定的根本依凭。而且,以夫或妻婚姻关系为生活中心的家庭成员之间还有侧重家庭内部面向的"彼此的爱、关怀和支持照顾"。[6] 故而夫或妻在平等互助和相互承担扶养责任的夫妻义务的同时,还负有道德和法律所形成与派生的家庭义务与责任。因此,夫妻应当履行赡养和抚养的延伸义务,以维持夫妻与家庭成员之间的家庭关系。这个义务是优先于一般债权人之债权保护的,比如对家庭成员必要的抚养费、赡养费和生活费的留存与保证优于一般债权的保护,又如,对家庭成员设定在家庭共有财产上的相关义务(如居住权)的履行亦具有生存权派生的价值优先性。不过这些家庭责任又需以法律的明确规定和当时当地的一般社会生活水平为准据和参照来恰当地设定和履行。至于夫妻之间关于家事代理之债的夫妻共同债务之认定,其本身也是建立在夫妻共同生活关系的持续性与和谐便捷需要的基础之上的。只要属于家事范围且无明显不当即应当依法推定为夫妻共同债务。如果夫妻关系虽未解除,但实质上已经分居,没有了家事基础,则不应认定为夫妻共同债务。

### (三)夫妻共同性行为对夫妻共同债务的形成性

夫妻是家庭生活的基本主体,具有夫妻关系的生活特质与法律特点。由于其生活的特殊关联,夫或妻的生活行为当然存在个体与共同体之不同角色的共时性存在和共生性重合。作为共时性的共同行为也并不都是基于夫妻共同生活的婚姻关联所产生的。在场域共在和婚姻角色存续的情形下,夫或妻的行为客观上仍有是否为婚姻关联的识别与区分之必要。如果夫妻的行为系建立在共同的生活需要上或者基于夫妻共同生活利益而为,则其权利义务具有直接的夫妻共同性,相应形成的债务应当认定为夫妻共同债务。如果夫或妻的共同行为系基于共同生产生活之外的独立经营或相同爱好,则应当区别开来。夫妻共同的经营关系是以夫妻关系共同体的身份表现于外部的,应当认定为夫妻共同行为,相应形成的债务应当认定为夫妻共同债务。如果夫或妻是以独立的民事主体身份,即独立的个体或者公司股东身份在同一多股东或开放性的盈利企业或者公司从事民事活动时,则应当作为独立的民事主体对待(这有别于夫妻共同经营的企业或者公司),对其各自以独立身份(而非特别明示或者公示夫妻身份的股东

---

[6] 徐国栋:《家庭法哲学两题》,载《法制与社会发展》2010 年第 3 期。

关系)所形成的债务,应当认定为个人债务,而非夫妻共同债务。但是,如果夫或妻虽然以独立的身份参与共同经营,但其在出资的筹集、收益的享有或者在共同的经营中存在利益混同或者身份混同的事实或者行为时,债权人则可以依其利益混同的事实对夫或妻的债务做出系夫妻共同债务的识别与推断,并寻求司法的全面救济。同样,因为相同的爱好支出或者消费所生之债也是个性债务,属于个体之债而非夫妻共同之债。对于夫或妻的共同爱好行为亦可作与共同独立经营相类似的评判或者推定。比如,夫妻共同爱好集邮,虽然这属于个体喜好,应由引发相关债务的个人直接承担相应债务。但是,如果相关债权人提供夫或妻共同从事该爱好时存在资金使用和邮票买卖上混同的证据,债权人就可以向夫妻主张共同清偿二者基于个人兴趣所生之债的共同清偿责任。

### (四)债权人行为对夫妻共同债务的形成性

债权人对涉及夫妻关系的责任财产及涉及举债人配偶对债务的义务共同性应当具有明确的注意义务。共同债务的产生、变化或者消灭需要债的主体具有合意的意思表示与事实上的共同行为。只有债权人与举债人的配偶存在设定共同债务的意思表示,并且表现于外部行为时,才能构成合意的或者由法律规定所派生的共同债务。因此,除非举债人系为夫妻共同日常生活或者夫妻共同利益所负债务,一般均应当在举债人配偶知情且同意或实际参与的情况下,才能确定债的设定或者发生的共同性和共担性。具体而言,债权人在与举债人设定债务的时候,应当明确债务的数量、债务人主体和履行偿还义务的方式或负担清偿责任财产的范围,属于夫妻共同债务的,应当提示举债人出具其配偶认可和参与债务清偿的承诺与合意的证据,以防止债务的履行发生争议。同时,债权人自认为系夫妻共同债务的,应当基于善意在与举债人形成债权债务关系时,对举债人配偶尽到必要的告知、提醒和明确其负担债务责任财产、偿债数量和共同、补充或者连带承担清偿责任的方式等等相关义务,以防止举债人配偶负担“意外债务”或者造成债权人“偿债落空”的不良后果发生。应当明确,债权人要在债权人与举债人配偶之间形成明确的债的清偿责任关联,就必须在债务发生时承担债的形成责任或者在债务人配偶对债务履行发生争议时承担更加严格的举证责任。债权人不能仅仅凭借举债人与其配偶的婚姻关系的存在而寻求对其债权的过度保护。

## 三、对夫妻共同债务的司法认定

基于上述夫妻共同债务关系的主体特性、行为特征及法律关联等的客观分析,人民法院可以依照《民法典》的概括规范,针对此类纠纷事实的基本特性与法律联系,通过积极的诉讼程序,对夫妻关系存续期间争议债务形成的全过程,进行全面综合和实质化的分析判断,从而得出客观、公正的法律认定与评判。

### (一)合理分配夫妻共同债务事实证明的举证责任

既要充分认识到债权人对夫妻内部关系举证的客观难度,也要充分认识举债人配偶对债权人与举债人之间债权债务关系形成事实证据的举证困难。举证责任的分配应当针对个案争议事实的查明,在债权人与债务人及其配偶之间寻求客观公允的平衡。夫妻共同债务的事实主要涉及债的生成的共生性事实、权利义务形成的法定事实和法定义务发生事实。主张债务为夫妻共同债务的债权人应当举证证明,举债的夫或妻所欠债务的证据。要进一步证明该债务为夫妻共同债务时,则应当举证证明举债人配偶与举债人系夫妻关系,该债务发生在夫妻关系存续期间,且有证据证明所欠债务为夫妻共同生活、共同生产经营和共同意思表示所负债务的外观事实或者相关证据。举债人配偶否认其为共同债务和责任负担的,则应对其夫妻共同生活与该债务形成无关的内部事实承担举证责任。相对方否认证据效力和证明力的,即应举证证明举债人的配偶与该债务是否具有与共同参与、决策或受益的权利义务相互关联的事实。在争议事实仍然不清时,法官应当指导当事人进一步举证或者进行必要的职权调查,以尽可能查明争议事实,做出夫妻共同债务是否成立与负担责任的公允评判与责任安排。同时,可以准许未得清偿的债权人在发现能够证实举债人所欠债务属于其与配偶的夫妻共同债务时,向法院起诉债权受损的侵权之诉,依据我国《民法典》第188条的规定,相关诉讼时效从发现新证据时起算,诉讼时效期间为3年,自权利受到侵害之日起超过20年的不予保护,以保障债权人的债权得到公正和全面的保护。

### (二)充分运用职权探知债务所需查明的争议事实

法官在当事人承担举证责任的诉讼框架下依然要强化职权探知,对于涉及规则适用存在争议性事实识别问题和特殊司法疑难情形的,法官可以依当事人申请或者依职权对存在争议的个案关键事实进行主动的调查,以查明案件的事实真相。夫妻共同债务的认定本质上是查明和把握其债的发生的法律权利义务关系与夫或妻的共同生活事实的相互关联性。夫妻共同债务也与其他债务关系一样,是基于一定的法律事实的产生、变化和消灭而引起相应的权利义务变化,从而在夫妻之间基于共同生活、共同参与、共同分享或者共同的法定义务所延伸和衍生出的共同的法律负担。法官在审理此类案件时,在完成一般举证质证程序后,仍然未能查清债务是否为夫妻共同之债的,应当慎重运用举证责任履行不能的不利后果的程序推定,审慎评判。首先,必须明确夫妻共同债务认定的待证事实的对象和范围。夫妻共同债务的法律关系的产生是基于当事人的意思表示和具体的行为与义务的派生。因此,必须查明夫妻共同债务形成的基础性法律事实。没有夫妻关系框架下利益关联的事实,没有相应的权利和义务互动关系就不能形成以权利义务为基本内容的债和负担。同时,债的发生是有一定的范围和形式要件的,只有具备特定的夫或妻及其可以产生债权债务的人身、财产和行为的合意或者法律义务派生的事实和利益关联,才能形成夫与妻具有共同责任性的共同债务。其次,应当分析争议案件需要查明的案件事实可能不利于债权人还是不利于债务人配偶,适当运用法官的调查取证的职权,对当事人的举证责任进行必要的平衡与补强,以实现对债权人或者举债人配偶举证责任的正当和均衡的保护,防止因为举证责任的简单分配和履行举证责任主体的诉讼弱势而导致裁判结果的偏失与不公。最后,应当全面查明债务形成的原因、过程、动机和结果。注重依程序或法院职权有效地查明夫妻共同生活期间的长短、共同获取财产的状况、共同分享劳动报酬或者财产性收益的实际、夫或妻直接参与债务形成的意思和行为及作用等事实,并依据日常生活经验和地方生活习惯,进行全案把握、综合判断和质性与量化分析推理,以获取案件的事实真相和客观评断。从而在既保障合法的婚姻利益和秩序,又维护债权的平等和交易安全的前提下,妥当认定举债人与债权人之间的债权债务是否为夫妻共同债务,是否应当由举债人配偶参与共同负担该债务的共同清偿。

### (三)严格适用既有的法律规定

基于我国《民法典》和相关法律与司法解释实施的正当性和规范性要求,对“共债共签”与“事后追认”等共同意思表示所负债务、一方在婚姻关系存续期间以个人名义为家庭日常生活需要所负的债务和“夫妻一方在婚姻关系存续期间以个人名义超出家庭日常生活需要所负的”,而“债权人能够证明该债务用于夫妻共同生活、共同生产经营或者基于夫妻双方共同意思表示”的典型性或者类型化债务，均应依法认定为夫妻共同债务。但是，在现行规范未明确规定或者在规则解释的“射程”之外的情况，比如当事人对共同意思表示的形式与内容存在争议的情形，或者，属于法律未明确规定的侵权之债、不当得利之债和基于事实或者他人行为所生之债等争议的，则应当给予异议者以法律上救济或者程序上抗辩的诉讼权利与救济机会，让其举证证明是否存在决定夫妻共同债务性质的共同形成性与应当共同负担的相关事实或者引发与派生债务的基础事实及法律依据，从而促使法院进一步查明事实真相，公正适用法律，做出合法和公允的判断，尽力做到裁判的形式正义与实质正义的有机统一。

### （四）依法确定举债人配偶担责的法律正当性

“夫或妻一方为‘家庭利益’负债应当具有正当性。”〔7〕家庭利益在此语境下，应当是共同生活的夫与妻各自家庭权利与责任形态的最佳外在法律涵摄。正当性是一种法律对社会关系与利益结构的理性优选与目标化促进。正当性评价是指夫妻债务应当建立在夫妻身份、日常生活和共同生产经营的夫妻共同利益之上，且与夫妻关系的伦理性、共同性和合法性相契合。最高人民法院《关于适用〈中华人民共和国民法典〉婚姻家庭编的解释（一）》第34条规定：“夫妻一方与第三人串通，虚构债务，第三人主张该债务为夫妻共同债务的，人民法院不予支持。夫妻一方在从事赌博、吸毒等违法犯罪活动中所负债务，第三人主张该债务为夫妻共同债务的，人民法院不予支持。”据此可以认为，对于夫妻共同债务的确定存在正当性审查问题。如查明夫妻一方与第三人串通虚构债务或者夫妻一方在从事赌博、吸毒等违法犯罪活动中所负债务，债权人主张该债务为夫妻共同债务应当由举债人配偶共同清偿时，人民法院不能认定该债务为夫妻共同债务，不应支持债权人的该项诉请。具体来讲，夫妻共同债务应当是夫妻共同体的共同行为或者基于举债人及其配偶的共同意愿与共同生活之目的所引发与负担的，且它应与夫妻共同生活和家庭义务的积极履行相关联。对于举债人与他人串通虚构的债务或者在从事赌博、吸毒等违法犯罪活动中所负债务，则应明确因其不正当的违法性而予以排除，不是夫妻共同债务的适法保护对象。例如，债权人与债务人合谋通过诉讼让债务人配偶负担举债人明显超出夫妻日常生活必需的恶意支出所形成的债务；一方包养情人和放纵个人赌博、吸毒、嫖娼等不良嗜

〔7〕冉克平：《夫妻团体债务的认定及清偿》，载《中国法学》2017年第5期。

好所负债务。对于这类债务,法院应将其排除在夫妻共同债务之外。

### (五)综合确定举债人配偶担责的该当性

该当性评价是指举债人配偶只有与负债行为相关联的活动中所获取的共同财产、共同收益相对应,或者与夫妻一方为实践共同利益所做出的负债行为相对应时,才应当承担夫妻共同债务共同清偿责任和法律负担。应当负担债务的主体必须对其所负债务有共同的夫妻行为、财产关联和受益性,且对债务的产生、变化等具有形成性、利害性等实质的作用与影响。不能仅依债务形成的时间、单纯的财产用途或者形式上的签名等表象描述或者对物的生活用途作形式化的推定来机械地归责。

该当性评价可以依据现行《民法典》第 1064 条的规定和债务与举债人配偶的财产关联和受益性作出评判。

1. 应当以夫与妻的合意行为及其行为结果对债务生成的形成性事实为依据。明确“共债共签”“事后追认”等合意行为的证据对夫妻共同债务的一般证明效力。在没有相反证据或者反证不足时,应当尊重夫或妻对自身权利义务的意思自治与权利自决,并据以认定该债务为夫妻共同债务。同时,也可依债务的形成为夫妻共同生活所负担的事实作为依据认定其是否为夫妻共同债务。对超出日常家庭共同生活需要的,只要债权人能够证明债务实际用于夫妻共同生活、共同生产经营或者系夫妻共同表意的行为与结果,也可以相应认定因此所生之债为夫妻共同债务。只是其考察需要依据各自实际的人力、技术和资金的投入和共同决策、共同经营和从业风险负担情况来酌情划界和认定举债人配偶应当负担的夫妻共同债务的量化额度。在举债人配偶存在表意瑕疵或者存在被胁迫情形时,则应当给予其相应的程序抗辩和救济的机会,法院亦应当有针对性地依职权积极引导夫妻双方通过进一步的举证质证来确定共同债务的适当额度。

2. 以举债人配偶是否因举债人的债务形成而获得对应利益为依据。举债人配偶在与举债人共同生活期间,因债务的发生或设定,其因此获得了什么权利就应当相应负担什么义务;根据夫妻参与债务发生的事实及因此谋得相应利益就可以认定夫妻一方应当负担由此利益的获取而派生出的对价、对等或者对应的法律负担;如因债务的发生而享受到了获利机会也应当相应承担由该获利机会所引发的民事或者商业风险或者因风险所生之债,如此等等。即“非举债方未参与该债权债务关系,却享受了债务产生的对价,基于权利义务对等原则,以夫妻共同财产为限承担责任,与其所获利益相吻合”。[8] 这些财产或者利益的获取往往是通过与他人的借贷或者交易并最终在夫妻财产共有制度框架下实现利益的归属和权利的转换。因此,当举债人配偶因举债人的债务发生、变化或者消灭而获得对应利益时,就应当对此获利承担相应的基于夫妻共同生活事实和共同体活动而产生的对等和对价的夫妻共同债务的清偿之责。

3. 以债务的发生与夫妻财产是否存在实质利益关联为依据。即夫妻一方的举债行为与夫妻共同财产或者举债人配偶财产的增加与减损具有事实上的因果关系或财产转化之关联。如果举债人的债务形成与夫妻共同财产或者举债方配偶财产的增进有关,那么举债人配偶就应当对举债方所举债务承担清偿责任。《瑞士民法典》第 209 条第 2 款规定,“债务归属于与之有实质联系的夫妻财产;有疑问时,归属于所得财产”。[9] 其立法意旨就是,债务的发生如果与夫妻共同财产的产生有利益变化或有影响性增减的实质联系时,该债务就应当认定为夫妻共同债务。如果这种关联存在疑问,这一债务至少可以以与之有关的夫妻所得财产来偿还。这个实质联系主要是举债人的举债与举债人配偶的财产或夫妻共同财产的增进与减损存在事实上的因果关系或者财产与利益的转移、置换与替代。这种利益关联的实质往往是基于财产的主体变化与形态变换而转移、转化或者形成的。它也可表现于举债人将因举债所形成的利益无偿地通过私权处置或者借助公共机制输送给其配偶。基于前因而产生的客观受益后果的承受者如果是举债人的配偶,就应当认定为具有夫妻共同体的财产或者利益牵连,是具有实质关联性的财产变动,构成事实上的夫妻共同债务产生的事实,债权人因而具有因债权的财产形态或者转化性形态而产生的使举债人配偶因此获得财产的债的追及权。它实质上是权利义务相一致原则的责任衍生形态,甚或也具有刑事财产追索的意味。这一立法例也可以为我国立法所借鉴。同时,它对于与夫妻及家庭相关的侵权之债、不当得利和无因管理之类因事实上的实质联系而依法所生之债,亦均具有相应的法律上的追及适用性。可以据此实质性关联做出对夫妻一方的举债是否具有夫妻共同责任性的认定与法律评判,以平衡对债权人债权之信赖保护的充分性。

4. 应当综合夫妻关系与债务形成的相互关联事实进行整体和全面的认识与把握。除了前述对举债人配偶债权形成性的事实和法律关联考察之外,法院对

[8] 施师:《比较法视角下夫妻共同债务清偿规则的重建》,载《法制与社会》2020 年第 6 期。

[9] 彭诚信:《〈民法典〉夫妻债务规则的应然理解与未来课题》,载《政法论丛》2020 年第 6 期。

夫妻共同债务的认定也应根据债权人与举债人所形成的债务的公开性、举债人配偶的知悉性、参与程度和受益情况等外部关联，参照举债人与举债人配偶的婚姻财产状况和共同生活的感情状况以及相关生活事实的持续时间、财产约定与生产经营情况、利润分配与费用摊销模式等内部因素，对举债人债务与其配偶的共同性之质和权利义务的对应性之量做出实质化的法律认定。同时，还要从财产的取得与收益角度延伸对举债人配偶共同负债的可预期性、现实可能性和风险性等社会关联因素对举债人配偶的债务共担的该当性进行评价，以明确举债人配偶责任负担的公平性与合理性。从而让举债人配偶承担其应当负担的夫妻共同债务，而不承担举债人一方的单独债务。

# “夫妻型”有限责任公司股东责任的承担

王羽涵*

中小微企业中，有为数众多的有限责任公司股东为夫妻关系。因这些公司股东之间特殊的身份关系，股东之间亲密无间，利益高度一致，且公司构架简单、内无监督、外乏制约，导致股东损害公司和债权人利益的风险增加。在当前的司法实务中，夫妻公司涉诉纠纷屡见不鲜，夫妻公司的债务承担问题经常成为案件争议的焦点，而其核心问题在于法人人格否认制度的适用。为平衡股东有限责任和公司债权人利益，在认定股东是否对夫妻公司债务承担责任时，可适当突破外观主义下普通有限责任公司的认定，根据案情参照适用《公司法》中一人有限责任公司的相关规定，并审慎适用法人人格否认制度。本文挑选实务中广泛存在的公司股东只有夫妻两人的“夫妻型”有限责任公司〔1〕的债务承担问题进行分析，在当前有关夫妻公司的规定仍属空白、夫妻公司法人人格否认的适用存在不同理解的背景下，从理论和实务出发，探讨夫妻公司股东责任承担的处理思维与方式，为统一此类案件的法律适用提供一定的参考。

## 一、经典案例回放

凯林公司于2004年6月17日向北京某银行借款40万元，文兴公司为上述债务的连带责任保证人，保证期限为主债务到期后两年。贷款到期后，北京某银行多次向债务人凯林公司和保证人文兴公司催收，但凯林公司和文兴公司拒不还款，北京某银行遂将凯林公司、文兴公司诉至法院，法院判令凯林公司偿还北京某银行本金40万元以及相应利息，文兴公司对上述债务承担连带清偿责任。

---

* 王羽涵，河北省石家庄市栾城区人民法院法官助理。

〔1〕“夫妻型”有限责任公司又称“夫妻公司”，广义上包括夫妻各自名下的存在关联关系的公司、夫妻一方以夫妻共同财产单方出资成立的公司、股东或者控股股东只有夫妻二人的公司。本文仅讨论狭义上的夫妻公司，即股东或者控股股东只有夫妻二人的公司。

后凯林公司、文兴公司均未履行判决所确定的义务，北京某银行向法院申请强制执行，因无可供执行的财产，法院以终结本次执行方式结案。

经多次转让，A 公司受让了该债权。A 公司受让债权后，随即对这两家公司进行尽调工作：凯林公司系有限责任公司，工商登记信息显示其为开业状态，发起人为林一某，现已停止经营，其负责人林一某为失信被执行人，对偿还欠款事宜十分抵触，拒绝当面沟通；文兴公司系有限责任公司，工商登记信息亦为开业状态，发起人为林某与冯某，二人系夫妻关系，后林某与冯某将所持文兴公司的股权转让给儿子林小某，林小某成为文兴公司的唯一股东；文兴公司现正常经营，但负责人林某表示贷款非自己使用，不会承担保证责任。

在完成变更强制执行和申请恢复执行程序后，A 公司提起了对文兴公司原股东林某、冯某及现股东林小某的股东损害公司债权人利益责任纠纷诉讼，在诉讼中以公司和股东人格混同为由，要求其对文兴公司的债务承担连带清偿责任。林某在庭审中陈述：与冯某于婚姻关系存续期间成立了文兴公司，因公司登记机关要求必须登记两个以上的股东，故将其妻子冯某登记为公司股东；但冯某未实际出资，未参与公司经营，也未从公司收取分红；公司成立时所用资金系向第三人借贷而来，后来用公司经营收入偿还了贷款；在公司登记时，林某、冯某未提交夫妻财产分割证明，目前公司无财产、无账册，亦不再经营。林小某作为文兴公司现任的一人股东，不能证明文兴公司建立了独立的财务制度，进而无法证明文兴公司财产独立于其个人财产。同时，A 公司向法院申请调查令，调取了文兴公司公户和林某、冯某、林小某账户的银行流水，发现公司业务往来使用的均是股东个人账户，股东多次从公司账户将钱款转入个人账户。

综上，可以充分说明，林某、冯某作为文兴公司的前任股东，在婚姻关系存续期间设立公司，为了出资以家庭名义向外贷款，系夫妻共同出资，虽没有共同经营公司，但收益用于夫妻共同生活，且其个人财产与公司财产混同，应当对公司的债务承担责任；林小某作为一人股东，在无法证明其个人财产独立于公司财产的情况下，也应对公司的债务承担连带责任。查明上述事实后，双方当事人在人民法院的主持下达成了调解，三被告承诺限期偿还所欠 A 公司的债务。

## 二、经典案例评析

早期成立的中小公司很多都是由个体工商户、家庭小作坊发展而来的，这些公司在成立之初为了符合法律规定的设立条件,[2]往往在实际经营者之外还登记有一个或多个挂名股东,这些股东多是由家人担任,故存在为数众多的夫妻公司、父子公司、挂名股东公司等有限责任公司。其中,公司股东只有夫妻两人的"夫妻公司"是实务中广泛存在的一种特殊公司类型。

### (一)夫妻公司的特点

夫妻公司具有如下特点:

1. 股东身份关系双重。夫妻公司的特殊之处在于公司的股东或者控股股东为夫妻二人,该二人之间具有股东关系和夫妻关系的双重身份属性。与一般的公司相比,夫妻公司的人合性体现得更加淋漓尽致。由于股东身份关系具有特殊性,股东间的法律关系受到公司法、婚姻法[3]等多重法律的规制和调整。

2. 夫妻财产约定特殊。根据《公司登记管理若干问题的规定》,夫妻二人出资成立有限责任公司需要提交财产分割的书面证明或者协议。尽管该规定已于 2006 年失效,但是在审判实务中法院通常以此来判断夫妻是否以共有财产出资设立公司进而判断公司是否构成实质上的一人公司,[4]最高人民法院公报案例亦认可夫妻出资设立公司时应提交财产分割证明,未进行财产分割的,应当认定为夫妻双方以共同共有财产出资设立公司。[5] 需要强调的是,夫妻二人在工商部门登记的不同股权份额,可能系夫妻股东用作办理工商登记之需,在具体案件中不能仅因该股权登记在夫或者妻一方名下而否认其作为夫妻共同财产的属性。[6]

3. 公司内部结构简单。夫妻公司中,夫妻双方既是股东,同时又兼任董事、

---

〔2〕 我国《公司法》对有限责任公司的股东人数几经修改,1993 年制定《公司法》时规定"二个以上五十个以下股东共同出资设立",直至 2005 年修改才改为"由五十个以下股东出资设立"并对一人有限责任公司作了单独的规定。2005 年之前登记设立的有限责任公司股东必须为两个以上。

〔3〕 本文采用广义的"婚姻法"概念,包括规范有关婚姻家事的相关法律、司法解释等。

〔4〕 最高人民法院民事裁定书,(2020)最高法民申 1515 号;浙江省绍兴市中级人民法院民事判决书,(2022)浙 06 民终 1825 号。

〔5〕 彭某静与梁某平、王某山、河北金海岸房地产开发有限公司股权转让纠纷案,载《最高人民法院公报》2009 年第 5 期。

〔6〕 王涌、旷涵潇:《夫妻共有股权行使的困境及其应对——兼论商法与婚姻法的关系》,载《法学评论》2020 年第 1 期。

监事、法定代表人,内部治理结构简单。简单的内部治理结构,简化了公司法规定的股东会议等程序,使中小企业经营决策灵活机动,股东之间的利益高度一致,内部纠纷大大减少。但简易的人员构成和治理结构,加之股东之间关系的亲密性,也容易造成缺乏监督与制约的局面:一方面,夫妻公司的法定代表人即为夫妻一方,夫妻公司中任何一个股东的意思表示都足以让相对方相信是公司的意思表示,公司行为和股东个人行为界线模糊,这为股东利用公司损害债权人利益提供了便利条件,如实务中常见的公司交易货款直接打入股东的个人账户、夫妻生活费等直接从公司账户中支取等公司财产被挪作私用和账户混用等情况。另一方面,设立监事会并非有限责任公司的强制要求,夫妻公司往往由夫妻一方担任监事,加之有限责任公司的闭合性,股东之间通过相互监督、相互制衡来降低控股股东独断专行的内部约束机制被弱化,公司内部的监督机制甚至形同虚设。

因此,夫妻公司这类股东之间有特殊身份关系的公司,相比一般的有限责任公司更容易出现公司股东和公司人格混同或账簿不规范导致无法清算的情形,实务中遇到这类公司的时候可以着重从这些方面入手进行调查。

### (二)审判实践中对夫妻公司性质的认定

根据《公司法》的有关规定,夫妻二人作为股东设立有限责任公司,只要在成立要件上符合《公司法》的有关规定,就不影响夫妻公司成为具有独立责任的公司法人。审判实务中夫妻公司较为普遍,不同地区、不同审判阶段的法院对夫妻公司的认识均存在一定的差异,而对夫妻公司的性质的认定将直接影响到夫妻公司股东的责任承担及审判实务中的法律适用及举证责任分配等重要问题,下面将对三种主流观点作详细论述。

1."普通二人公司"说。有部分法院认为,[7]一人有限责任公司是指只有一个股东的有限责任公司。目前我国《公司法》并没有对夫妻公司加以限制或否定法人人格的规定,而私法领域法无明文皆自由,所以夫妻设立的有限责任公司显然超过了一人有限责任公司概念的涵摄范围,不能当然视为一人公司,以未分割的夫妻共同财产出资设立有限责任公司并不必然构成对法人财产独立性的损

〔7〕 山东省高级人民法院民事裁定书,(2018)鲁民申3225号;浙江省宁波市中级人民法院民事判决书,(2022)浙02民终2307号;江苏省苏州市中级人民法院民事判决书,(2016)苏05民终5949号。

害,夫妻公司为有两个自然人股东的普通有限责任公司。此种情况下,公司股东存在滥用公司独立地位或者股东有限责任的举证责任应由主张方即债权人举证,但现实中债权人往往很难证明夫妻公司的财产状况,从而导致败诉的不利后果。

2."实质一人公司"说。对不存在约定财产制的夫妻共同投资设立的有限责任公司,实务中相当一部分法院〔8〕认为,基于夫妻投资设立的公司所表现出的客观利益高度集中、主观意思表示高度一致、公司行为与股东行为的界限模糊以及缺乏有效内部监督等特点,夫妻双方作为一个不可分离的权利主体,实质上就成为该公司的唯一股东。从公司法立法目的、法人人格否认的理论基础以及保护外部债权人利益的角度出发,这些法院充分发挥自由裁量权,否认夫妻公司法人人格,认定夫妻公司为实质意义上的"一人公司",〔9〕进而适用举证责任倒置规则,要求夫妻股东证明公司财产独立于股东个人财产以及公司建立了独立规范的财务会计制度,否则就要对公司所欠债务承担连带清偿责任。但对于夫妻双方在设立公司时提交了《夫妻财产分割协议》的情况,则认定其为普通有限公司,不适用一人公司的举证责任倒置。〔10〕 一些学者也赞同此种观点,根据《公司法》的立法目的,除一人有限责任公司之外的有限公司的注册资本,应由两个以上不同所有权的出资构成。夫妻公司为一人公司,股东名义上是两人,由于夫妻共同财产制度使投资设立公司的财产和股权收益的所有权只有一个,所以夫妻公司应视为一人公司。〔11〕

3.介于一人公司与普通公司之间的特殊公司类型。该观点主要对将夫妻公司认定为一人公司的做法进行了批判,认为此做法扩大了一人公司规定的适用范围,可能造成法人人格否认制度的滥用,有悖商法公示主义与外观主义。〔12〕

---

〔8〕 最高人民法院民事判决书,(2019)最高法民再372号;湖北省高级人民法院民事判决书,(2018)鄂民终1270号;广东省高级人民法院民事裁定书,(2017)粤民申4683号;广东省广州市中级人民法院,(2022)粤01民终1058号。

〔9〕 实质一人公司是指公司登记股东为两人或两人以上,但各个股东出资来源单一、股东关系特殊、公司受一个主体控制,实际上与一人有限公司无异的多股东有限责任公司。

〔10〕 广东省广州市中级人民法院民事判决书,(2018)粤01民终6357号。

〔11〕 陈舒舒、谢佩君:《某贸易公司诉广州某服装公司与盘某、李某买卖合同纠纷案——夫妻共同出资的有限责任公司是否属于一人公司》,载《法治论坛》2019年第3期。

〔12〕 赵冰:《"夫妻公司"债务承担中的人格否认问题研究》,湖南师范大学2020年硕士学位论文,第24~39页。

《公司法》第63条确立了一人公司财产独立的举证责任倒置规则,从侧面反映了立法上对一人公司采取法人人格滥用推定的态度,因为实践中公司通过夫妻股东个人账户收取经营款项以及公司与夫妻股东之间资金来往频繁的情况并不少见,这大大减轻了公司债权人的举证责任,一人公司法人人格被"刺破面纱"的概率跃升。法人人格否认是公司制度有益而必要的补充,绝非原则性的制度,显然,将夫妻公司认定为一人公司的做法与慎用法人人格否认制度的理念相冲突。但是,因股东之间夫妻关系的存在,注定使夫妻公司与普通有限公司不可等量齐观,法律应当恪以夫妻公司股东比一般有限公司重、比一人公司轻的责任。[13]

### (三)本文对夫妻公司性质的看法

实践中,法院对夫妻公司的定性不一,造成了适用法人人格否认制度存在分歧,债权人与夫妻股东的责任分配倒向不明,夫妻公司股东是否应对公司债务承担责任的"同案不同判"现象由此滋生。在夫妻公司涉诉纠纷中,如果直接采纳某一种关于夫妻公司性质的论断,恐怕难以实现个案结果的公正。

夫妻公司的性质应依照商法公示主义和外观主义判断,夫妻公司应当将其基本情况以法定的形式予以公开,使交易相对人知情,相对人不承担因公司外观特征不真实而产生的交易成本与风险,以保护善意相对人的利益。[14] 对于像本案一样以夫妻共同财产出资、夫妻财产与公司财产混同,且公司已停止经营危及债权人债权实现的夫妻公司,不能任由其以人格独立作责任有限抗辩。法院应当运用穿透式审判思维,查明夫妻公司与一人公司在主体结构和规范适用上是否具有高度相似性,进而判断夫妻公司是否为实质上的一人公司。[15] 在举证规则上,可以采取混合举证规则,即先由债权人提出足以引起法官对夫妻财产与公司财产存在混同怀疑的初步证据,后由夫妻股东举证证明自身财产与公司财产独立。[16]

对于公司债权人而言,可行的处理思路是:将主张夫妻公司为实质上的一人公司作为优先诉讼策略的同时,充分借助《民事诉讼法》规定的书证提出命令、申

〔13〕 山东省泰安市中级人民法院民事判决书,(2017)鲁09民终1195号。

〔14〕 王镭:《论夫妻公司股东责任关系》,载《经济视角(下)》2011年第9期。

〔15〕 最高人民法院民事判决书,(2019)最高法民再372号。

〔16〕 刘辛志:《夫妻公司类推适用一人公司举证规则探析》,载《北京政法职业学院学报》2022年第3期。

请调查取证等制度,积极举证夫妻公司与股东之间存在财产混同等法人人格否认的事实,进而使法院优先依照《公司法》第 20 条的规定对夫妻公司进行人格否认。

## 三、关于夫妻公司的实务问题探讨

在不良资产的处置过程中,多数债务人公司属于无财产、无人员、无场所的"三无"企业,要想从这些企业获得清偿,必须刺破公司的面纱,要求公司的出资人即股东承担责任。适用法人人格否认制度,能够不经破产清算程序直接追究开业状态的夫妻公司的股东责任,使夫妻公司财产及夫妻其他共同财产对债务人承担无限连带责任,节省了债权人实现债权的时间、增加了受偿可能性。现行公司法对一人有限责任公司证明其财产独立性设置了更为严格的条件,[17] 夫妻公司构成实质上的一人公司,能够降低债权人否认法人人格的举证难度。

将夫妻公司认定为一人有限责任公司存在以下相关审判实务问题:

### (一)如何确认有限责任公司两股东为夫妻关系

在起诉前,一般需要通过国家企业信用信息公示系统等平台明确被告公司的身份信息,在查询信息的同时要注意查看公司的股东信息和股权结构,对二人公司的股东关系进行"是否存在特殊关系"的合理推测;通过查阅公司工商档案中股东资料页的住所、年龄、性别等信息,判断股东双方是否为夫妻关系;如果基本确认两股东为夫妻关系,可以到当地派出所或者民政局调取双方的户籍信息或者婚姻登记信息,也可以实地走访公司所在地、股东住所,通过询问他人了解股东之间的关系。

### (二)夫妻公司法人人格否认的庭审要点

综合相关实务分析,法院一般从三个方面判断是否能够否认夫妻公司的法人人格。

1. 夫妻公司要成立于夫妻股东婚姻关系存续期间。夫妻公司具有特殊性的原因即在于其股东之间受婚姻法和公司法的双重约束,而且夫妻之间如无约定

〔17〕 一人有限责任公司需要在每一会计年度终了时编制财务会计报告,并经会计师事务所审计,在债权人起诉要求否认一人有限责任公司法人人格时,公司股东对个人财产独立于公司财产负有举证责任。

为夫妻共同财产制，其使用夫妻共同财产出资的事实决定了在股权分割和公司性质上有所争议，而这一切的基础都在于公司成立于婚姻关系存续期间，这时才具备特殊性。如果夫妻二人在婚前设立公司、在离婚后设立公司，那么都无任何特殊之处，甚至一人在婚前加入公司、一人在婚后成为唯二股东，该公司在他们结婚前也是普通的有限责任公司，只有在他们以夫妻身份成为该公司唯二股东之后，该公司的性质才会有可能变为实质一人公司。

2. 夫妻发起公司或支付股权对价的资金来源是夫妻共同财产，且没有提交财产分割协议。一般来说，如果是专属于夫或妻一方的财产，如用婚前全款购买的不动产，那么就不是用夫妻共同财产出资，应认定为是一方单独出资。如果用夫妻共同财产出资，但向工商提交了相应的分割协议，应认定为以各自所有的财产作为注册资本；如果没有提交财产分割证明，应当认定为夫或妻名下的公司股份在夫妻关系存续期间属于夫妻双方共同共有的财产。

3. 夫妻公司经营收益用于家庭生活。从夫妻是否有经营共同性和债务负担合意中判断夫妻公司的债务是否应为夫妻共同承担。本案中林某、冯某系文兴公司股东，夫妻双方均为该公司的高级管理人员，夫妻双方对于该公司的设立、融资和经营有共同的意思表示，债权人有理由相信该公司的决策系由夫妻双方共同决定和执行，故应当认定为夫妻二人具有经营共同性，涉案债务为公司为经营所需从银行融资产生的，自然应认定为夫妻共同债务。

另外，有观点认为，经营共同性需要债权人证明夫妻公司的经营性收益为夫妻共有财产，现实当中亦有判决将夫妻双方通过生产经营活动获得的共同财产性收益作为认定理由。对此笔者难以认同。因为，夫妻家庭生活内容本身即具有秘密性，对共同经营所产生的收益作何用途和处理本身并不能为债权人所知，若将此交由债权人证明则有证明责任分配不当的嫌疑；而且如果在债务形成后债务人经营未能够获得盈利，或者夫妻共同经营一直亏损时，此判断标准将无法自洽——盈利为夫妻共同财产才成立夫妻共同债务，而亏损则不成立，是否构成夫妻共同债务取决于经营是否盈利，这实际上已经不符合共同经营的评判标准。因而无论是类似于本案中的夫妻公司的债务承担还是普通离婚诉讼中的夫妻共同债务认定，都应遵循基本的“夫妻合意”“经营共同性”“共同生产经营”〔18〕的判断标准，公平分配举证责任，保护债权人的合法利益。

---

〔18〕 赵玉：《夫妻股权归属及其单方处分效力的认定》，载《环球法律评论》2022 年第 3 期。

4. 夫或妻股东存在滥用夫妻公司法人人格的行为,并产生了规避法律、契约义务和社会责任的后果。一般来说,债权人要求认定夫妻公司为一人公司,其目的是适用一人公司证明自己财产独立性时的举证责任倒置,最终将其认定为人格混同,判令二股东为公司债务承担连带责任。在前面两点基本能证实夫妻公司为一人公司的情况下,如果能证明股东已经存在滥用法人人格的行为并产生危害后果,则法院会比较容易认定为夫妻公司为实质上的一人公司进而实行举证责任倒置。在司法实务中,夫妻公司股东与公司混同常见的情形有:固定资产混同,财务账册不齐全、混乱,公司与夫妻股东共用一个账户,股东以个人名义代表公司对外活动,通过多种渠道将公司财产外流等。至于夫妻股东滥用公司法人独立人格的行为产生的损失,既包括公司债权人或其他第三人的利益损失,也包括国家利益或社会公共利益的损失,[19] 在庭审中可以从多角度进行论证。

### (三)夫妻公司的法人人格否认不宜通过执行异议程序实现

根据笔者查阅的案件,执行阶段法院对申请人对夫妻公司为实质上的一人公司的主张均未支持。[20] 最高人民法院《关于民事执行中变更、追加当事人若干问题的规定》第 20 条规定:“作为被执行人的一人有限责任公司,财产不足以清偿生效法律文书确定的债务,股东不能证明公司财产独立于自己的财产,申请执行人申请变更、追加该股东为被执行人,对公司债务承担连带责任的,人民法院应予支持。”但实务中执行异议以书面审查为原则,“夫妻型”有限责任公司从形式上看不是一人有限责任公司,而涉及当事人之间实体权利的审查,不属于执行异议的审查范围,执行程序对此十分谨慎,笔者建议对类似案件可直接通过诉讼途径解决,案由为“损害公司债权人利益责任纠纷”。

### (四)其他股东之间有特殊人身关系的公司的性质

目前存在的大量父子公司、兄弟公司、子子公司等股东之间有特殊人身关系的公司,这些公司是否同样能被认定为实质上的一人公司呢? 实务中确实存在这样的司法案例,[21] 但笔者认为夫妻公司因受婚姻法夫妻共有财产的特殊规制

---

[19] 朱慈蕴:《公司法人格否认法理研究》,法律出版社 1998 年版,第 162 页。

[20] 北京市第三中级人民法院执行裁定书,(2018)京 03 执异 132 号。

[21] 陕西省汉中市略阳县人民法院在(2016)陕 0727 民初 684 号民事判决书中将父子公司认定为一人公司。

而具有特殊性,对其他类型的公司不宜轻易将其认定为一人公司。当然,此类问题值得更多探讨,本文抛砖引玉,希望理论研究和实务从业者能有更多真知灼见。

综上所述,夫妻公司作为有限责任公司的一种特殊类型,其存在有一定的积极意义,有观点认为,盲目否认夫妻公司的法人人格会动摇整个社会经济赖以发展的基本秩序和规则,〔22〕有违夫妻关系发展的时代趋势。〔23〕 笔者认为这种观点过于保守,因为将夫妻公司认定为实质上的一人公司并不必然意味着对其人格进行否认,只是在审判中对股东关系亲密、较易产生风险的夫妻公司赋予较重的举证责任,要求其证明公司经营合法合规。夫妻公司只要按照公司法的要求,财务账册齐全、经营规范、依法审计,那么即使经营失败,股东也无须对公司债务承担连带责任。

---

〔22〕 闫继勇、白岱恩:《夫妻公司案适用法人格否认原理的思考——从流行裁判思维谈起》,载《山东审判》2004 年第 5 期。

〔23〕 杨柳:《夫妻公司是否属于一人公司? ——基于司法态度嬗变的反思》,载《宜宾学院学报》2022 年第 8 期。

# 身份关系协议参照适用《民法典》合同编背景下的离婚协议约定违约金制度研究

## ——以全国247份有关裁判文书为研究样本

宁　韬*

《民法典》婚姻家庭编将家事法回归民法，对我国家事法进行了重要修改和完善，特别是民法典体系化的立法特点，一定程度上调和了身份关系与财产关系的法律适用冲突，但与财产法相比，婚姻家庭矛盾的个性化较强，婚姻家庭问题又往往涉及复杂的社会问题，家事纠纷交织身份关系与财产关系，导致家事领域的司法裁决存在诸多法律适用不统一之处。虽然“不能回避的一个趋势是：在现代社会，债法的适用范围处于持续扩张中”，[1]特别是《民法典》第464条第2款根本上变更了原《合同法》第2条的规定，明确身份关系协议可以根据性质参照适用《民法典》合同编的背景下，身份关系协议不能绝对排除一般财产规则的适用，对此并无争议，但财产规则的明确性与婚姻家庭的人文伦理之间如何平衡，身份关系协议如何参照适用《民法典》合同编的规定，参照适用原则、标准和例外规定有哪些，依然值得研究，研究离婚协议中的违约金制度正可以管中窥豹。

### 一、问题提出——离婚协议中违约金条款适用的司法现状考察

本文以“离婚协议”“违约金”为关键词在北大法宝司法案例平台进行全文搜索，收集2021年审结的相关婚姻家庭案件389件，再进行无关性筛选，结合其他渠道收集的案件，最终得到有效样本247件。收集到的案件多为离婚后财产

---

* 宁韬，北京市第一中级人民法院团河法庭审判员。

〔1〕[意]桑德罗·斯契巴尼：《债之概念反思及其在体系中的地位》，陈汉译，载《北方法学》2015年第3期。转引自王雷：《论身份关系协议对民法典合同编的参照适用》，载《法学家》2020年第1期。

纠纷,另有少量抚养费纠纷。

通过对此类案件的分析发现,离婚协议中违约金条款一般包括以下三种类型:第一类,概括约定于整个离婚协议的最后,约定一方违反离婚协议规定的各项义务的,应当负担违约金。[2] 第二类,约定于具体的财产分割、债务清偿条款等财产性条款之后。[3] 第三类,约定于法定义务之后,实践中多表现针对迟延履行抚养费或者违反有关探望权条款所约定的违约金。[4] 此类违约金的给付方式,一种是直接约定违约方向守约方支付具体金额的违约金;另一种则是约定了违约金的计算方式。[5] 在样本案件中,有56件案件裁判时适用了原《合同法》或《民法典》合同编的有关规定,占全部案件的22.7%。[6] 但仍有部分判决在支持违约金的情况下,并未引用原《合同法》或者《民法典》合同编的规定。离婚协议中违约金条款的司法适用分歧主要集中在以下三个方面。

首先,对离婚协议中约定违约金的效力存在分歧。有的法院认为,离婚协议涉及当事人的身份关系,该约定不适用合同违约责任的相关规定;夫妻之间并不存在有偿的市场交易行为,故不宜参照市场交易习惯约定逾期付款义务和违约

---

〔2〕 例如,广东省广州市中级人民法院(2021)粤01民终22656号案件中,双方在离婚协议中约定"七、任何一方不按本协议约定期限履行支付款项和转移产权登记义务的,应在继续履行协议的基础上另付罚金200万元整给对方",法院将此条理解为违约金条款。

〔3〕 例如,北京市第二中级人民法院(2021)京02民终12329号案件中,双方在离婚协议中约定:"乙方应于每月5日前将房租转账到甲方账户(……)内。逾期支付,应当按照银行同期贷款利率的二倍向甲方支付应付款项的违约金。其间如乙方不在此居住或再婚后带其丈夫入住,该房屋租赁协议自动终止,乙方腾退还给甲方。逾期不搬,应当按照银行同期贷款利率的二倍向甲方支付应付款项的违约金。"

〔4〕 例如,北京市第二中级人民法院(2021)京02民终12329号案件中,双方在离婚协议中约定:"抚养费支付到儿子18周岁。逾期支付,应当按照银行同期贷款利率的二倍向乙方支付应付款项的违约金。"

〔5〕 例如,北京市第二中级人民法院(2021)京02民终13023号案件中,双方在离婚协议中约定:"如任何一方不按本协议约定期限履行付款义务的,除应继续支付欠款外,还应以欠付金额为基数按每日万分之四支付违约金。"再如,广西壮族自治区桂林市中级人民法院(2021)桂03民终2757号案件中,双方在离婚协议中约定:"如果男方违约在出证后不把两证交给女方和刘安南保管,则男方须按每拖延壹个月补偿2000元的标准付给女方及刘安南作为'拖延交付证件违约金'来计算总违约金。"

〔6〕 例如,广东省广州市中级人民法院(2021)粤01民终4675号案件中,法院依据原《合同法》第60条等其他法律规定,作出裁判。

金,从而未支持当事人关于违约金的诉请。有的地方法院出台审理指南,明确夫妻双方在离婚协议中约定违约金,离婚后夫妻一方以另一方未履行离婚协议为由主张按照离婚协议约定支付违约金的,不予支持。[7] 有的法院则认为,离婚协议中涉及财产的条款与一般民事合同并无本质区别,应可参照合同法的相关规定处理。从违约金的本质属性分析,约定违约金,可以督促一方依照约定履行义务,是预先安排不依照合同履行后果的机制,尊重违约金的效力是尊重当事人意思自治的体现(见图 1)。

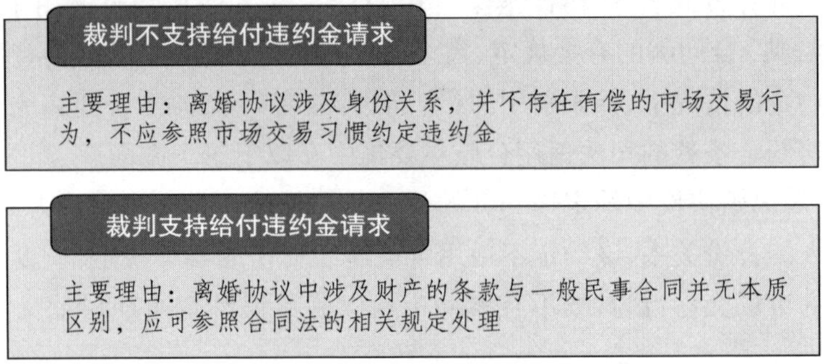


**图 1　离婚协议约定违约金效力的裁判分歧**

其次,对抚养费、探望权等法定义务约定违约金的判法不一。有的观点认为,抚养费设立的初衷是保护离婚后未成年人子女的合法权益,是以赋予未抚养一方法定义务的方式,对未成年人的保障,因此,抚养人不应以违约金的形式从子女的抚养费中获利。另有观点认为,离婚协议书系双方的真实意思表示,故应属有效,协议中关于夫妻共同财产分割的条款对双方具有法律约束力,应当支持当事人要求按照离婚协议中约定的逾期未付抚养费的违约金的诉讼请求(见图 2)。

[7] 详见江苏省高级人民法院《家事纠纷案件审理指南(婚姻家庭部分)》,2019 年 7 月 18 日印发。

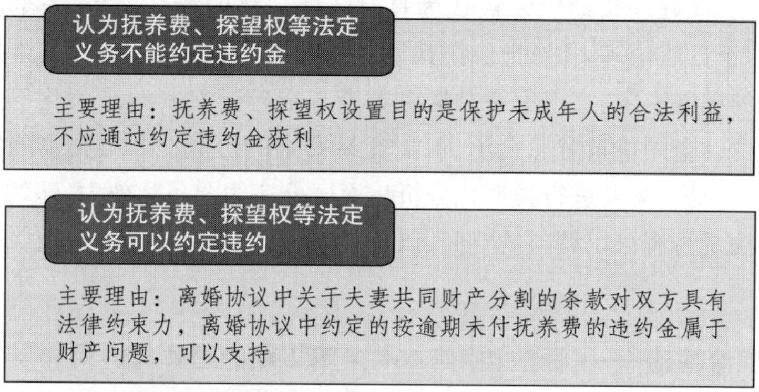


**图 2　抚养费、探望权等法定义务约定违约金的裁判分歧**

最后，离婚协议约定违约金的司法调整规则不明。对当事人提出的违约金过高的抗辩，实践中主要有四种判法，第一种在认定一方当事人违约的情况下，依旧直接支持了对方当事人要求支付违约金的诉请，而未对违约金是否过高作出论证。第二种在认定约定违约金过高的情况下，计算守约方损失，进而确定违约金。第三种以年利率 24%、全国银行间同业拆借中心公布的贷款市场报价利率等商业利率计算违约金。第四种在综合离婚协议履行情况、守约方损失、付款期限等因素的情况下，酌情调整违约金数额（见图 3）。

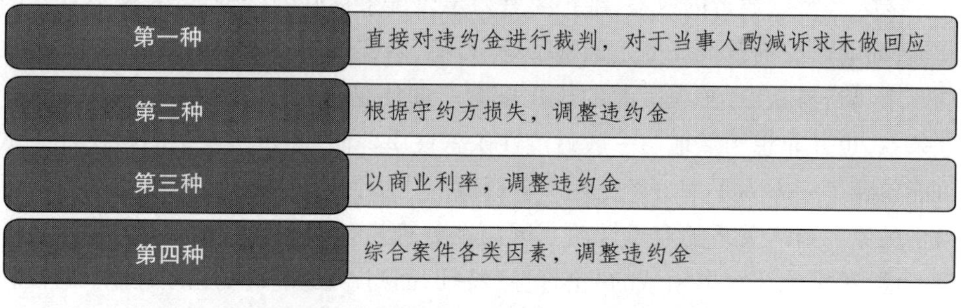


**图 3　离婚协议约定违约金的主要司法调整方式**

出现上述问题的原因除了违约金制度本身存在的理论与实践分歧，对涉身份关系协议中的违约金制度缺乏系统研究和梳理外，笔者认为，上述问题出现的原因还在于对《民法典》第 464 条第 2 款规定的理解和适用。该条规定体现了《民法典》的体系化功能以及《民法典》合同编对身份关系协议的重大影响，明确了婚姻、收养、监护等有关身份关系的协议存在“参照适用”合同编的空间。但因传统道德、习俗与宗教教义所具有的强大惯性，个人在家庭中所担任的角色形态被严格确定,家庭法长期以来被认为具有超实证法的特征,并不完全属于法规范,而是源于自然伦理。[8] 身份关系协议中蕴含的鼓励缔结婚姻、维护夫妻等身份关系的和谐安定、实现家庭共同利益及未成年子女利益最大化等人伦价值追求与财产性合同尊重意思自治、保护交易安全的价值在各类夫妻间财产协议中如何平衡,是否需要进行类型化分析从而区分违约金条款效力,违约金条款如果有效司法是否有可以调整的空间,以及具体调整规则,都是解决此类矛盾不容回避的问题。

## 二、理论基础——《民法典》第 464 条第 2 款的理解与适用

《民法典》体系化的重要表现就是"参照适用"条款,通过这些条款将不同分编的法律规范之间进行联结适用。"参照适用"又称为"准用",其与"直接适用"的内涵不同,"在参照适用中,立法者并未对适用对象和被适用对象的关系作同一化处理,参照适用的规范所调整的法律关系与待适用案件事实所涉法律关系具有相似性但并非完全相同。因此,在参照适用的情形下,裁判者还需要对构成要件的相似性进行判断,裁判者仍然有权判断法律关系是否具有相似性,哪些规范可以参照适用、哪些规范不可以参照适用"。[9]

婚姻关系本质上是伦理秩序的产物,家事法的根本任务在于通过保护妇女儿童老人等家庭弱者的权益,维护家庭稳定以维系良好的伦理秩序,保障社会的和谐,而财产法的根本任务是调整平等、自愿、诚实信用基础上的交易关系,重在规范市场交易秩序,实现资源的优化配置。即使是身份关系协议中涉及的财产性条款,也并非想当然地与一般财产性条款性质等同,离婚协议中的财产性条款可能包含了一方为了离婚而在财产上所做的让步,名为财产性条款,实则包含了身份关系与财产关系的双重性质。因而在处理身份关系协议时,要从整体上予以考虑,更多关注家事领域的"伦理性"特征,而财产法更多关注的是财产的权利归属、利用及其流转,二者具有本质区别。"参照适用"的前提是必须将拟调整的法律事实和被参引制度具体化的法律事实和行为进行比较,它们的相似程度决定了参引的程度,[10] 而集中必然蕴含裁判者对法律规范的功能定位和价值取向

[8] [德]萨维尼:《当代罗马法体系Ⅰ:法律渊源·制定法解释·法律关系》,朱虎译,中国法制出版社 2010 年版,第 287 页。

[9] 王利明:《民法典中参照适用条款的适用》,载《政法论坛》2022 年第 1 期。

[10] 刘甡:《民事准用制度探析》,载《苏州大学学报(哲学社会科学版)》2016 年第 4 期。

的综合考量。法官在个案中既要依据婚姻、收养和监护等身份关系协议的事实构成和性质评价和发掘合同编和总则编之中被援引法条的规范意旨，还要论证该规范意旨与婚姻家庭编的原则以及待决身份关系协议的伦理属性不相排斥，避免“参照适用”条款沦为交易规则过度市场化、工具化身份关系协议和“反噬”家庭法的通道。[11]

由于参照适用的规范所调整的法律关系与待适用案件事实所涉法律关系相似但并非完全相同，裁判时可能需要先对被援引法条的法律效果作出必要的限制或修正，而后再适用于拟处理的案型。[12] 在特定案例中，“参照适用”条款究竟属于限定参照，还是属于概括参照，应对其进行价值判断，尤其是要考察所涉及法条的规范意旨，从而作出与被援引法条的法律效果相同或者相似的结论。[13] 因此，将身份关系协议参照适用《民法典》合同编时应当谨慎，家事法与财产法交织之处往往面临的是价值衡量的问题，对身份关系协议法律适用的判断首先要把握维护家事法的特殊价值。身份关系协议所涉伦理性的强弱是裁判者甄别是否可以参照适用《民法典》合同编的重要标准，所涉伦理性越强，对合同编参照适用的空间就越小。同时，裁判者应当对合同法的规则进行仔细甄别，即使在判断可以参照适用某些规范的前提下，也可以根据待决争议案件的特殊性，决定某些具体规则不予适用。

## 三、效力剖析——离婚协议中违约金效力判断解构

离婚协议是夫妻间最为常见的身份协议类型，它主要载明了双方自愿离婚的意思表示，并对子女抚养、财产以及债务处理等事项协商一致的意见，是基于夫妻婚姻关系解除而做的人身与财产安排，因而因作整体考量。离婚协议可细分为婚内离婚协议与普通离婚协议，由于婚内离婚协议以双方登记离婚或者到人民法院协议离婚为前提，法律规定如果双方协议离婚未成，则离婚协议没有生效，并根据实际情况依法对夫妻共同财产进行分割。此时，由于婚内离婚协议未生效，其中约定的违约金条款也不发生效力。本文所要探讨的是普通离婚协议。

实践中对离婚协议中的违约金条款一概认为有效或无效的做法，值得商榷。

---

〔11〕 冉克平：《“身份关系协议”准用〈民法典〉合同编的体系化释论》，载《法制与社会发展》2021年第4期。

〔12〕 黄茂荣：《法学方法与现代民法》（第5版），法律出版社2007年版，第174页。

〔13〕 [德]齐佩利乌斯：《法学方法论》，金振豹译，法律出版社2009年版，第49页。

笔者认为,要判断离婚协议中违约金条款的效力,需要在正确理解身份关系协议参照适用《民法典》合同编的基础上,结合违约金条款的主给付义务进行区分,而非作简单化的统一认定。

第一,对离婚协议中违约金条款效力的判断首先要看主给付义务是否违反"公序良俗"。无论是身份关系还是财产关系,均不能脱离公序良俗的约束和限制,《民法典》第8条为所有的民事主体从事民事活动划定了统一的"底线",在婚姻家庭法律关系中,夫妻双方在婚姻之中的行为不仅不能违背公序良俗,还应当主动践行《民法典》第1043条关于优良家风的规定。婚姻自由并不意味着夫妻之间绝对的契约自由,在一段婚姻关系中双方家庭地位不平等、不对等的情况并不罕见,因此如果夫妻之间通过订立协议使一方单方面承受负担,或者履行过高义务时,协议效力就应当受到民法一般条款的审查。在离婚协议中,如果主给付义务指向"净身出户"等极端约定,或者一方利用另一方身处危困、选择自由几近丧失的境地,提出了苛刻的财产处分条件并附加违约金条款,则需要通过个案审查来认定合同效力,并可能通过个案调整来保障裁判结果的公平。所谓婚姻法的"伦理性"特征,恰恰体现在这一领域,法律不能在最严格的意义上依据纯粹的产权规则令个人为其"意思"负责到底,而必须对不同处理方式的社会效应予以更多的考量。〔14〕 此时的违约金条款因为主给付义务被裁判认定无效或予以调整而不能完全得以实现。

第二,在不违背公序良俗、诚实信用等原则的前提下,离婚协议中财产性约定所附违约金条款通常有效,人民法院可以参照适用《民法典》合同编的有关规定进行判决。约定违约金条款的本质为合同条款,是双方当事人基于意思自治形成的法律关系,体现了典型的私法自治。事实上意思自治所蕴含的个人主义、自由原则已经从财产法延展至家事法,在家事领域中无论是财产行为还是身份行为均表现出行为自由、效果自主的意思自治的本质特征。〔15〕 离婚协议中的财产性约定,虽然受到离婚身份行为的影响,但除有违反公序良俗、诚实信用的情形外,亦是双方真实意思的表达,且不为法律规定所禁止,这类约定所附违约金条款应当受到法律的保护,可以参照适用《民法典》合同编关于违约金的条款。

第三,对支付抚养费、允许对方探望等身份行为附加的违约金条款无效,人

〔14〕 于程远:《〈民法典〉背景下婚姻法回归民法的路径选择——兼论〈民法典〉分编转介规范的运用》,载《中国高校社会法学》2021年第4期。

〔15〕 肖新喜:《论民法典婚姻家庭编的社会化》,载《中国法学》2019年第3期。

民法院不宜参照适用《民法典》合同编有关规定进行判决。《民法典》施行前，身份关系协议能否适用原《合同法》及其司法解释的规定存在争议，否定方的观点是法定义务不能附加违约金条款，但对此法律并无明确规定。《民法典》施行后，其第464条第2款明确了身份关系协议"参照适用"合同编的前提是"根据性质"，还需结合差异性考量，进行法律适用的反面排除。《民法典》合同编的规则主要适用于财产交易，规范经济市场秩序，但离婚协议中有关子女抚养、探望等条款，主要是从未成年子女利益最大化出发，强调对未成年子女身心健康及身份权的保护，因此在性质上与《民法典》合同编存在本质区别，无法参照适用合同编的规则，进而也就无法参照合同编有关违约责任的条款。基于此，通过对《民法典》第464条第2款的文义解释，笔者认为对支付抚养费、允许对方探望等身份行为附加的违约金条款缺乏请求权基础，应属无效。需要指出的是，双方对抚养费的约定虽然不能参照适用《民法典》合同编的规定，但并不影响对《民法典》总则部分的参照适用，《民法典》第119条规定，依法成立的合同，对当事人具有法律约束力，双方还是应当依照离婚协议中的约定自觉履行给付抚养费的义务。

## 四、规则建构——参照适用背景下离婚协议中违约金的特殊司法调整规则

如上所述，在参照适用的情形下，裁判者还需要结合个案案情，对构成要件的相似性进行判断。

首先，离婚协议中的违约金调整规则不能简单参照适用合同编规定。离婚协议虽然可以适用违约金制度，但是鉴于离婚协议的身份关系性质，即使对于财产性条款的约定，也可能受到身份性协议的影响，两类条款有时无法完全割裂开来，因此即使是附着在财产性协议之后的补偿性违约金，也存在无法判断违约金是否低于或者过分高于损失的情形，因而不能简单参照适用违约金调整规则，以免司法程序过度干预家庭自治。

其次，离婚协议中的违约金调整规则不能将商业利率作为标准。实践中除了将"损失的百分之三十"作为调整规则外，有的法院以央行同期同档次贷款基准利率的4倍为标准，有的以同期全国银行间同业拆借中心公布的贷款市场报价利率2倍计付，还有的以中国人民银行同期贷款利率为标准，上述标准均是商业利率。然而离婚协议中的违约金性质与商业行为有明显不同，不能按照商业行为的规则确定违约金，除离婚协议中涉及夫妻间借款的约定外，更不能简单地

以民间借贷利率的上限作为司法调整此类违约金的依据。其实,最高人民法院在《关于印发〈全国法院民商事审判工作会议纪要〉的通知》(法〔2019〕254 号)中就已经指出,“在确定违约责任时,尤其要注意依法适用违约金调整的相关规则,避免简单地以民间借贷利率的司法保护上限作为调整依据”“除借款合同外的双务合同,作为对价的价款或者报酬给付之债,并非借款合同项下的还款义务,不能以受法律保护的民间借贷利率上限作为判断违约金是否过高的标准,而应当兼顾合同履行情况、当事人过错程度以及预期利益等因素综合确定”。

再次,司法调整违约金以当事人主张为条件。若当事人对此并无主张,司法不应依职权调整,这同样基于尊重当事人意思自治,避免公权力过度介入私人“家庭”生活,毕竟夫妻等家庭关系并非纸面协议约定得那么清楚明白,往往交织更多的情感、伦理等不易在协议中表达的内容,司法以“中立者”的态度介入其中,可能出现表面看似公允,实质上“不公平”的判决。

最后,在损失无法衡量或不存在损失时不能径行以不予支持的方式处理。虽然笔者认为,离婚协议中的违约金调整规则不能简单地参照适用合同编规定,但并非一概排除“以过分高于损失”作为判断补偿性违约金是否过低的标准。对于当事人明确规定以损失作为基数计算违约金,或者根据个案情况损失可以衡量的情况下,仍要尊重当事人的意思自治。此时,存在举证责任分配的问题,违约方应当就“违约金过分高于损失”主张具体事实,再由守约方进行具体化的否认,对于双方争议的主要事实,违约方首先举证证明,守约方在违约方证明的基础上提出反正让法官对本证产生合理怀疑,最后由法官结合案件证据和事实,对违约金是否过分高于损失作出判断。在损失无法衡量或者不存在损失的情况下,则有赖于法官的专业素养以及对家事纠纷审判理念的理解,结合守约方的受害程度、违约方的过错行为、家庭的经济状况以及夫妻共同生活的实际情况等因素予以综合考虑,做出个案的最佳裁量,此时要根据离婚协议违约金的主给付义务是部分条款,还是整个离婚协议考虑相应的合同履行情况。如上文所引的广东省深圳市中级人民法院(2020)粤 03 民终 3689 号判决书,法院在裁判过程中根据违约方已经按照离婚协议履行前两次的分期支付义务,第三次迟延履行的金额仅为 6 万元,且在诉讼后很短时间内付清该 6 万元的事实,认定违约方的主观过错较小,进而根据公平原则,酌情将违约金从 30 万元调整为 5 万元。

## 五、结语

离婚协议约定违约金的效力、性质的判断以及司法调整规则的建构都不能脱离对《民法典》第 462 条第 2 款的理解适用，离婚协议中违约金条款的效力不应一概而论，而以主给付义务所涉伦理性的强弱为重要标准考量是否可以适用合同编规定，即使在可以参照适用的情况下，也可能存在不能适用合同编关于违约金调整规则的情况。

# 继　承

# 论我国遗产管理人职权的完善
## ——以构建“必要的遗产管理行为”配套规则为视角

祝双夏　孙怡薇*

### 一、问题的提出

#### （一）案例引入

近期笔者代理了一起继承案件涉及到遗产分割难问题。被继承人王某去世后，留有一套价值近千万元的房屋遗产，三个继承人因对遗嘱效力问题发生争议诉至法院，该案经生效判决确认三个继承人各自的继承份额为20%、30%和50%。房屋份额虽然经生效判决确定，但因房屋价值大，任何一方都无法支付对应的房屋折价款，三人均主张获得折价款而不要房屋。虽然三人也都同意出售房屋后分割房屋出售款，但因为前期诉讼中形成的矛盾产生了不信任感，也难以协调配合共同出售，且一人在外地又近80岁高龄行动不便，同时三人也不愿意先过户至一人名下进行出售。由此一个简单的房屋遗产分割案件陷入了僵局，只能又起诉至法院要求分割。

上述案例中，如果三个继承人能够推选一个遗产管理人实施遗产管理和处分出售房产，然后将房款进行分配就不会产生上述分割困境。目前我国司法实践中，遗产管理人能否依据《民法典》第1147条将房屋变更登记至自己名下，进而完成处分分配没有更加具体的配套细则规定，该案件显示出我国遗产管理人制度虽有法律定义但缺少具体细则规范的现状。

---

* 祝双夏，浙江京衡律师事务所管理合伙人律师；孙怡薇，浙江京衡律师事务所专职律师。

## (二)遗产管理人职权行使现状

### 1. 何为遗产管理行为

对遗产管理行为的定义存在广义和狭义之分。狭义来看,遗产管理包括为遗产的保值或增加,或为清偿债务所为的事实行为或法律行为。[1] 广义来看,遗产管理则涵盖遗产管理人从开始处理遗产至分配遗产的整个过程中所为的事实行为或法律行为,如《民法典婚姻家庭编理解与适用》中所指出的,在清偿完税款和债务后,如果还有剩余财产,应当在各继承人之间进行分配,这是遗产管理的最后一个步骤。从民法典的立法逻辑可见,我国立法对遗产管理行为采用广义解释。

目前,我国《民法典》第 1147 条是围绕遗产管理,对"必要的遗产管理行为"进行的立法规定,采用具体列举加兜底授权性的方式,其中前五项"(一)清理遗产并制作遗产清单;(二)向继承人报告遗产情况;(三)采取必要措施防止遗产毁损、灭失;(四)处理被继承人的债权债务;(五)按照遗嘱或者依照法律规定分割遗产"为对遗产管理主要行为的具体列举,"(六)实施与管理遗产有关的其他必要行为"则是遗产管理兜底授权性规定。

### 2. 实践运用现状

自《民法典》遗产管理人制度实施后,在各地法院司法实践中,与遗产管理人相关的诉讼和非诉讼案件陆续开始出现。公开判决数据显示,运用遗产管理人制度最多的诉讼案件是与被继承人债务清偿有关的纠纷,一般体现为债权人以遗产管理人为被告主张对被继承人的债权清偿。

通过对《民法典》出台前遗产管理人制度相关的著作和期刊文献的研读,笔者发现,目前的实践趋势达到了部分遗产管理人立法之初的法律效果预期,但并不完全。正如梁慧星所认为的,遗产管理人制度的建立有很多重要的立法政策上的考虑,其中之一就是在被继承人死亡且没有财产共有人、继承人的情形下如何保护债权人利益的问题。此外,遗产管理人制度还有其他的重要意义,如遗产管理、遗产分割等。[2] 对照目前的司法实践来看,遗产管理人主要运用在债务

---

〔1〕 [德]雷纳·弗兰克、托比亚斯·海尔姆斯:《德国继承法》(第 6 版),王葆莳、林佳业译,中国政法大学出版社 2015 年版,第 189 页。

〔2〕 梁慧星:《民法典解释与适用中的十个问题》,载《温州大学学报(社会科学版)》2021 年第 1 期。

清偿纠纷的被告主体补位上，用于解决债权人面对无继承人可诉的程序法难题。遗憾的是，遗产管理人制度的其他价值尚未能在实践中完全体现出来，比如开篇所提的案例，还有全国各地部分公证处探索成立了各自的“遗产管理人推荐库”并陆续完成首批机构入库，但是，遗产管理人的管理遗产职能并未在实践中完全发挥。

### （三）对“必要的遗产管理行为”配套制度的完善

遗产管理人制度为何难以充分发挥《民法典》第1147条规定的职权，笔者认为这与目前《民法典》抽象的规定不无关联。具体来说，遗产管理人虽然有立法的概念性职权定义——可以实施与管理遗产有关的必要行为，但是并没有赋予具体权利，这些都需要配套细则加以完善。

基于此，本文笔者拟着眼于遗产管理人实际职责履行过程，收集遗产管理人在实际运用中可能遇到的主要问题，分析其对应的症结或不足之处，借鉴英美和大陆法系国家遗产管理一些较为成熟的制度规则，探究遗产管理行为相对应的主要配套规则的完善，推进我国遗产管理人制度在实践中的有效运用。

## 二、遗产管理人在实际运用中的难点

遗产管理人的职责具有权责统一性的特点，遗产管理人在履行职责时，不仅是在履行作为遗产管理人的义务，也是要求他人为一定行为的权利。[3] 然而，在实践中遗产管理人无法顺利行使权利，最终的权利行使受阻将导致《民法典》对遗产管理人管理遗产职权的规定被实际架空。为探究解决方案，笔者将“遗产管理行为”在具体实施时遇到的问题按照《民法典》列举的顺序，依次总结如下。

### （一）“清理遗产并制作遗产清单”中的运用难点

查询是清理遗产的前提，实践中清理遗产的难点主要体现在遗产管理人的查询权利行使受阻上。

1. 向第三方查询受阻

遗产管理人在清理遗产时，需要收集、整理遗产信息，往往需要相关人员的配合，特别是为查询遗产需要向银行、金融机构、房管局等第三方进行查询时，目

〔3〕 王芳：《遗产管理人权限与职责分析》，广东外语外贸大学2021年硕士学位论文，第14页。

前存在一定障碍。

以银行为例,目前中国银保监会和中国人民银行仅在2019年4月发布了《关于简化查询已故存款人存款相关事宜的通知》,查询主体包括存款人的配偶、父母、子女以及公证遗嘱指定的继承人、受益人,并未对遗嘱执行人、遗嘱管理人开放查询资格。在实践中,银行往往以《商业银行法》第29条的规定“商业银行办理个人储蓄存款业务,应当遵循存款自愿、取款自由、存款有息、为存款人保密的原则。对个人储蓄存款,商业银行有权拒绝任何单位或者个人查询、冻结、扣划,但法律另有规定的除外”为由拒绝向遗产管理人提供查询服务。这导致遗产管理人仅凭遗嘱或法院的裁定书、被继承人死亡证明和个人身份证明难以行使查询权利。

2. 可否申请法院查询未知

虽然法院可以通过执行系统和调查取证的方式查询被继承人的信息,但是具有严格限制使用的规定。目前来看,遗产管理人申请法院通过执行系统初步查询,或者向法院申请调查取证,并没有可依据的法律规定或细则规范。

### (二)“采取必要措施防止遗产毁损、灭失”中的运用难点

我国采用直接继承模式,继承人作为遗产所有人有权对遗产进行占有、使用、收益、处分。[4] 同时,因继承人也往往是遗产的实际占有人,所以在遗产管理过程中,继承人既可以通过处分遗产的方式,也可以通过拒绝配合清点、拒不交付等方式妨碍遗产管理和执行。对于遗产管理人来说,现有法律虽然规定其可以采取必要措施防止遗产毁损、灭失,但是在实践中,遗产管理人既无法提前防止遗产被处分,也无法事后实现排除妨碍的救济。

具体来说,因继承人系遗产的所有人,所以对银行、金融机构、房管局等第三方来说,只要继承人按要求提供死亡证明、继承权公证文书等文件,继承人就可以处理被继承人名下的财产。虽然遗产管理人依据《民法典》也具有管理遗产的权利,但是实践中并没有细则加以明确,法律也没有规定继承人与遗产管理人之间权利发生冲突时的优先顺序,导致遗产管理人事先无法对继承人加以制约,无法完成“防止遗产毁损灭失”的职责。此外,在继承人作出擅自处分行为或者拒不交付遗产行为后,遗产管理人能否为排除妨碍而享有诉讼权利也是法律没有

---

〔4〕 王葆莳、吴云煐:《〈民法典〉遗产管理人制度适用问题研究》,载《财经法学》2020年第6期。

明确规定的。

### (三)"按照遗嘱或者依照法律规定分割遗产"中的运用难点

1. 与遗嘱执行人之间的冲突

遗产管理人和遗嘱执行人是两个不同的法律主体,虽然在职能上具有一定的相似性,但是仍有区别。其中最大的区别在于权利来源不同,遗嘱执行人是遗嘱人在遗嘱中指定的,按照遗嘱内容执行遗产,因此遗嘱执行人只适用于遗嘱继承。而遗产管理人可通过遗嘱指定、继承人推选和法院指定产生,依据遗嘱或法律规定执行遗产,因此遗产管理人可适用于法定继承和遗嘱继承。然而《民法典》在遗产管理人选任中规定"继承开始后,遗嘱执行人为遗产管理人",将二者联系起来,因此在实践中就产生了身份衔接和冲突的问题。

因遗嘱执行人的权利源于遗嘱,其也仅对遗嘱中指定的遗产负有执行职责。一旦出现遗嘱未包含的遗产内容(这里既可以是积极财产,也可以是消极债务),被继承人的遗产就存在遗嘱继承和法定继承,这是实践中经常出现的情况。在此情况下,法定继承部分按照法律规定需要产生遗产管理人,同时根据遗产管理人的选任规定,有执行人的以执行人为先,那么此时,遗嘱执行人是否可以在遗嘱人的遗嘱意愿之外承担所有遗产管理职责?遗嘱执行人是否可以拒绝承担清算管理全部遗产和债务的责任?如果同时出现遗产管理人和遗嘱执行人,如何分配二者的管理职责?也是需要探讨解决的问题。

2. 管理、分割职能受限

从法律规定来看,为履行管理和分割职责,遗产管理人可以采取必要的行为,其中就包括有权请求银行等第三方机构支取或冻结款项、将房屋等财产登记至自己名下、必要时出售房产分割价款等行为。但是实践中,银行、房管局等其他机构在无明确法律规定的情况下通常难以配合,法院对于此类管理处分的申请,处理意见也并不一致。

在(2020)最高法民再111号第三人撤销之诉案件中,"关于遗产管理人及受托人在受托期间能否将遗产关联公司股权登记在自身名下,从而以名义股东身份管理相应遗产的问题",该案一审法院认为,翁某芳等4人并非独自享有该股权的全部实体权利,其请求股权变更登记仅在于收集变现财产的需要,变现后的有关收益翁某芳等4人仍应按照遗嘱的内容分配给各继承人,故不存在损害翁某雅权益的问题。二审法院认为,遗嘱赋予了翁某芳等4人遗产管理人的身份及相应的权利义务,作为遗产管理人的翁某芳等4人有权持有有利公司登记于翁某名下的 80% 股权。再审法院亦认为,基于翁某芳等 4 人的遗嘱执行人、遗产管理人及信托受托人地位,允许将案涉股权登记在翁某芳等 4 人名下,并不违反法律规定。如果不按照 111 号判决的方式处理,案涉遗产将难以管理、难以确保遗嘱的执行和信托财产的收集与分配。[5] 该案对遗产登记至遗产管理人名下的行为持支持态度。

虽然该案被支持具有一定的特殊性,比如该案系遗嘱继承纠纷,关于遗嘱继承部分的准据法适用我国香港特别行政区法律规定,香港特别行政区法律规定由遗嘱代理人执行遗产的程序分为遗产管理和遗产分配两个阶段,遗嘱受益人或继承人遗产受益人在遗产管理结束前并不享有直接继受该权益的权利;再如该案中翁某芳等 4 人同时也是遗产的信托受托人等特殊案情。但是即便具有一定的特殊性,最高人民法院在该案中将登记行为与所有权转让进行区分,肯定遗产管理人出于遗产管理的需要直接持有遗产的观点对我国遗产管理人实践中管理处分职能的实际运用具有重要借鉴意义。

与此相反,在(2019)沪 01 民终 3595 号遗嘱继承纠纷案件中,马某作为遗嘱的执行人,为行使保管之便,以遗嘱执行人身份要求确认上述遗嘱文件的效力,并确认有权保管资金、变卖房产,指令银行配合升级银行账户等,被法院以“现尚无相关法律依据可以提起此类诉讼”为由裁定驳回。[6] 虽然案件发生在 2019 年遗产管理人尚未被立法确定前,但当时遗嘱执行人法律地位已经确定,也是因未配以明确的执行职权规定,面临诉讼主体和诉权于法无据的困境。

笔者认为,当前遗产管理人在管理、分割遗产时也可能会面临前述困境。本文开篇案例所涉及的也是遗产管理人权利受限的问题,致使虽有遗产管理人,即使继承人也无异议的情况下,也无法指定第三人出售房屋分割房款。

## 三、国外遗产管理制度考察

相比于我国,国外遗产继承制度起源较早,在长期不断发展演化的过程中,也形成了较为完备包括遗产管理制度在内的遗产继承制度,美国、英国、德国、日本等不少国家也成立了家事类法庭来处理遗产,比如英国在 1972 年就成立了家庭法院负责非诉讼案件的遗嘱检验和遗产管理。[7] 但与此同时,在制度的演变

---

[5] 翁某雅、吕某雯第三人撤销之诉案,最高人民法院(2020)最高法民再 111 号民事裁定书。

[6] 马某宇遗嘱继承纠纷案,上海市第一中级人民法院(2019)沪 01 民终 3595 号民事判决书。

[7] 陈碰有:《英国遗嘱继承制度研究》,载《厦门法学法律评论》2001 年第 2 期。

过程中，因英美法系采用间接继承理论，大陆法系采用直接继承理论，故对遗产管理人法律地位英美法系和大陆法系采用不同学说定义，进而形成了不同的遗产管理模式，为全面比较，笔者拟分别以美国和德国为典型进行立法考察。

### （一）美国遗产管理制度

#### 1. 剩余财产交付主义

英美法体系中，被继承人死亡后，遗产本身具有独立法人资格，并不直接归继承人、遗赠人或其他收益人所有。被继承人的债权债务首先由遗产法人承担，遗产所产生的收益、负担均由遗产法人承担。[8] 遗产管理人管理遗产，清偿税款及债务后，将遗产中的剩余财产交付继承人继承，继承的遗产范围只能是“积极财产”。[9]

#### 2. 遗产管理启动和流程

首先，通常由继承人、受益人或者债权人等与被继承人有利害关系的人向法院提交申请书，同时如果有遗嘱的还应当提供遗嘱原件由遗嘱检验法庭负责处理。在接收申请后，遗嘱检验法庭会进行预审以确定遗嘱的有效性；如果遗嘱有效的，则按照遗嘱内容确定遗嘱执行人。如果遗嘱没有指定遗嘱执行人或没有遗嘱的，则由法官指定遗产管理人。其次，颁发执行令。确定遗产管理人或遗嘱执行人后，由法院颁发执行令，且遗嘱执行人通常要缴纳一定的保证金，但是遗嘱人明确予以免除此项义务的除外。[10] 最后，管理和分割。由遗嘱执行人或遗产管理人对遗产进行收集、清点并且通知债权人处理债务清偿，若财产有剩余最后分配给遗产受益人。

### （二）德国遗产管理制度

#### 1. 当然继承主义

如前所述，与美国先清算后继承不同，德国继承制度采用直接继承原则，即继承开始后继承人取得遗产所有权。同样采用这种模式的还有法国、瑞士、日本、韩国等。被继承人死亡后继承开始，遗产所有权当然地转移至继承人，如果

---

〔8〕［美］彼得·哈伊：《美国法律概论》，沈宗灵译，北京大学出版社1983年版，第107页。

〔9〕张黎：《遗产分割前遗产处理规则的制度安排——兼评〈民法典·继承编（草案）〉（二次审议稿）》，载《西南政法大学学报》2019年第6期。

〔10〕刘娟：《美国遗嘱继承制度研究》，西南政法大学2006年硕士学位论文，第20页。

继承人积极表示放弃的意思表示,可放弃继承并溯及继承开始时。这与我国现行继承制度相似。

此外,除前述提到的剩余财产交付主义、当然继承主义外,还有采用承认继承主义的意大利、葡萄牙等国家和采用法院交付主义的奥地利等国家。这两种制度与剩余财产交付主义的相似之处在于,继承人并不自继承开始当然取得财产,而是需要经过特定程序。

2. 债务清算中的遗产管理人制度

因德国采用直接继承主义,故法律赋予了继承人、遗嘱执行人和遗产管理人管理遗产的权利,但同时法律规定,这三个主体的管理权利在遗产需要发生清偿债务时应出现权利让位:《德国民法典》第 1984 条规定,法院发出遗产管理命令,则继承人丧失对遗产的管理处分权,针对遗产的请求权只可对遗产管理人提出。此时遗产从继承人的固有财产中分离,继承人的固有债权人不得对遗产采取强制执行或诉前保全措施。《德国民法典》第 1985、1986 条规定,在遗产管理命令颁布后,遗产执行人亦丧失对遗产的管理、处分权,但在遗产管理结束后又可恢复。遗产管理人管理遗产,从遗产中清偿遗产债务后,将剩余的遗产转移给继承人。[11] 除此之外,《德国民法典》又进一步规定了遗产破产程序,即在遗产管理人进行清算清偿后本应当将剩余财产转移给继承人,但若遗产不足以清偿债务的则可进入破产程序。德国法这样的处理方式,在当然继承主义下,较好地平衡了限定继承的西方价值,兼顾了继承人和债权人的利益,值得我国立法借鉴。

## 四、遗产管理行为的配套制度完善

### (一)赋予遗产管理时的权利外观:法院和公证处并行

如前文所述,目前实践中遗产管理人缺乏具备公信力的权利,导致其在履行职能时受阻,尤其是对银行等第三方机构来说,依据现有实践操作细则,只有本人、本人公证授权委托书、继承人或者生效判决书可以构成行使权利的凭证,这使遗产管理人虽有管理之名,但无管理之实。同时赋予遗产管理人权利外观,除了可以便于遗产管理人行使权利外,也可以保护完成形式审查义务的善意第三方机构。

---

〔11〕 赵莉:《我国遗嘱执行人法定权责模式的选择——管理清算型抑或监督保全型?》,载《金陵法律评论》2016 年第 1 期。

对于权利外观的立法设计，各国有不同形式的规定，比如美国使用遗嘱执行令、德国使用任命证书和遗产管理令，同时各国还对申请条件、作出机构、凭证载明内容、效力救济等作出规定。

对我国而言，笔者认为，可以借鉴破产管理人的方式赋予权利外观。实践中破产管理人虽然没有另行制作资格证书，但法院通过与银保监会等部门联动发布细则，使法院指定破产管理人裁定书成为公信力权利凭证。因此，遗产管理人也可借鉴该方式以指定遗产管理人裁定书作为权利外观。

但同时，笔者建议将公证处也作为权利外观作出机构的主体。原因在于，长期以来，继承人在继承变更登记房屋等遗产时，需要先获得公证处出具的继承权公证文书或放弃继承公证文书，这样的操作已经深入人心且具有一定的实践经验。那么在相同情况下，即继承人在对遗嘱和遗嘱指定的遗嘱执行人无异议或所有继承人可协商一致确定遗产管理人的情况下，由公证处进行资格确认和权利证书颁发是可行的。如果存在继承人对遗嘱内容有异议；无法协商确定遗产管理人；没有继承人；债权人提出异议要求债务清偿的情况之一的，则需要由法院通过特别程序指定遗产管理人。最后，考虑到目前的技术也已经具备公示联网的能力，可以将遗产管理人信息及时更新上网便于第三方机构核实查询。

### (二)明确遗产管理时的优先地位

我国现行立法下，继承人自继承发生后就对遗产享有占有、使用、收益、处分的权利，这就与遗产执行人、遗产管理人之间的管理权利存在冲突，导致遗产管理人在行使管理遗产职权时或将受到妨碍，而且目前我国的当然继承主义使继承人的管理权利对外认可度远远高于遗产管理人的管理权，这就会造成本文前述的采取必要措施防止遗产毁损、灭失中的运用难点。

与继承人之间产生管理权利冲突是大陆法系采直接继承主义国家与地区的通病，对此各国和地区都通过立法规定了遗产管理人的优先管理地位。《德国民法典》第 2211 条规定："对于遗产管理人所管理之遗产标的物，继承人不得处分。于此情形，准用关于有利于由无权利人取得权利之规定。"《日本民法典》第 1115 条规定："有遗言执行者，相续人不得处分相续财产，或有妨于执行遗言之行为。"我国台湾地区"民法"第 1216 条规定："继承人于遗产管理人执行职务中，不得处

分与遗嘱有关之遗产,并不得妨碍其遗嘱之执行。”〔12〕

笔者认为,我国应当借鉴他国和地区的做法,规定遗产管理人的优先管理权,尤其是涉及被继承人债务清偿的纠纷,有利于遗产的理清和分配。除了在立法层面规定优先管理权之外,还应当配套对继承人擅自处分的事前预防和事后救济制度。事前预防方面,可以考虑对遗产进行信息系统标识,通过遗产管理人主动申报或者联网自动标识的方式,对遗产权利证书进行附录公示登记,避免遗产被无权处分给善意第三人。事后救济则是对继承人擅自处分行为的救济,可以采取返还原物、赔偿损失的方式,甚至可以参考德国有条件限定继承的立法经验,采用将限定继承扩张到无限继承的惩罚性措施。

### (三)明确遗产管理时的诉权

遗产管理人能否以自己名义发起诉讼目前没有法律规定,不少学者都提出,为能尽职管理,提起诉讼应当是“实施与遗产管理有关的其他必要行为”的权利之一,笔者赞同。在具体明确诉权中笔者认为应当注意两点。

第一,对可以提起诉权的理由宜粗不宜细,遗产实际清算过程中,遗产管理人不仅会出现排除妨碍的需要,而且因被继承人生前可能与他人存在多种形式的民事法律关系,若去世后涉及诉讼的遗产管理人可能成为不同诉讼的主体。故亦规定只要是与处理、管理遗产相关的行为都可以成为遗产管理人的诉权对象即可。

第二,关于继承人是否继续享有诉权的问题。笔者认为,继承人仍可因继承争议起诉,届时如果有遗产管理人的可以作为第三人参加诉讼。因为虽然遗产管理人具有管理权甚至优先于继承人,但是继承人是因继承实施获得的法律地位,某种程度上来说也是遗产分割最终的结果承担人,所以其享有对继承权表态的权利,比如其可以选择作出放弃限定继承,承担债务清偿责任的权利处分。

### (四)细化遗产管理时具体行为的规定:查询、保全、占有管理及处分

必要的遗产管理包括多种事实行为,笔者按目的将其分类为三大类:为清理之目的、为管理之目的和为分割之目的。

第一,为清理之目的主要涉及查询和保全权利,如前所述,现阶段遗产管理

〔12〕 王葆莳、吴云煐:《〈民法典〉遗产管理人制度适用问题研究》,载《财经法学》2020年第6期。

人的查询和保全权利是受限的,可以说基本没有自行行使的可能。在权利外观的规定尚未明确前,笔者认为法院可以通过现有的调查令和保全申请的方式加以衔接。权利外观明确后,可以一并吸收纳入权利外观所享有的职权行使规定中。

第二,为管理之目的主要涉及对遗产的日常管理,包括能否作出租赁、投资等行为,这些权利的大小与遗产管理人的责任也紧密相关,因此应当对其管理权限加以明确。同时笔者建议,权利范围应当遵循遗嘱人意愿优先原则和必要限度原则,即如果遗嘱人通过遗嘱等材料明确赋予了遗嘱执行人或管理人权限,那么法院应当予以尊重,在遗嘱人无特别授权的情况下,则应当根据具体情况对是否尽到善良管理义务以及超出必要限度加以判断,立法确定原则后,交由法院个案自由裁量认定。

第三,为分割之目的主要涉及分割方案的确定和执行。遗产管理人是否可以为了管理分割遗产之目的先将遗产变更登记至自己名下是一个没有法律明确规定且现有判决存在争议的,正如本文开篇案例陷入分割困境所展示的,因为遗产管理人不具有接收转移的资格,所以即使继承人同意指定一人进行转让交易,转让过程需要承担高额税费,大大增加了继承成本。笔者认为,为遗产管理转让至遗产管理人名下的行为与信托具有一定的相似性,但因我国并未形成"一物二权"的成熟理论基础,也缺乏完善的信托操作规范(比如房屋产权信托登记的缺乏),所以能否转让至遗产管理人名下仍应当以确有必要为前提,由法院进行审查后准予,如(2020)最高法民再111号裁定内容就对此有论述:"在法律已对遗嘱信托、遗嘱执行人、遗产管理人制度作出规定的情况下,11号判决基于翁少芳等四人的遗嘱执行人、遗产管理人及信托受托人地位,允许将案涉股权登记在翁少芳等四人名下,并不违反法律规定。如果不按照11号判决的方式处理,案涉遗产将难以管理、难以确保遗嘱的执行和信托财产的收集与分配。"为法院处理此类申请提供有益借鉴。如此开篇案例困境也能得以解决,在所有继承人均一致同意房屋变更登记的情况下法院应当指定遗产管理人并允许房屋变更登记。

## 五、结语

《民法典》新增的遗产管理人制度并未在实践中被充分运用,其中一个原因就是必要的遗产管理行为并没有配套以具体细则,导致遗产管理人在行使职权时存在诸多障碍。通过比较法研究和对我国破产管理人制度的借鉴可见,应当从赋予权利外观、明确管理人优先地位、明确管理人诉权以及细化其他必要管理行为规则几个角度进行补充和完善,从而推进我国遗产管理人制度在实践中的有效运用。

# 论遗产管理人产生变更规则的法律完善

吴国平*

我国《民法典》继承编是整部《民法典》新增内容最少的一编,但《民法典》继承编新增的遗产管理人制度却是一个引人注目的亮点。我国《民法典》第1145~1149条有关遗产管理人制度的具体规定,从立法上及时填补了我国现行民事立法上的空白,进一步完善了我国继承法律制度的体系与内容。《民法典》自2021年1月1日实施以来,取得了良好的社会效果。但由于遗产管理人制度是一个全新的制度,本身还需要通过实践加以检验与总结,同时,该制度在实施过程中也确实遇到了一些新问题,反映出该制度还不完善,需要我们进行深入思考与系统研究,提出具体的完善建议,供国家立法机关、司法机关在立法与制定司法解释时参考,同时也给具体问题的解决提供理论指导。本文就此问题作些梳理,提出一些看法,意在抛砖引玉。

## 一、《民法典》遗产管理人制度的立法规定

遗产管理是指继承开始后,依据遗嘱指定或者法律认可的其他方式而对被继承人遗留的个人财产进行保管、维护、清理和分配的行为。遗产管理人是指继承开始后遗产分割前,依据遗嘱指定、继承人的共同意志、法律规定的特定机构或者法院指定而负责处理遗产有关事务的民事主体。我国《民法典》第1145~1149条就遗产管理人的产生、遗产管理人的指定、遗产管理人的职责、遗产管理人未尽职责的民事责任和遗产管理人获得报酬权等内容进行了集中专门的规定,这是从立法层面对原《继承法》遗嘱执行人制度的立法总结与提升,是对我国遗产管理人制度的立法确认,是对新时代人民群众私有财产继承法律保护需求的立法回应,对司法实践也产生了导向与指引的重要作用。

---

* 吴国平,福建江夏学院家事法研究院院长、法学院教授,中国法学会婚姻家庭法学研究会常务理事。

如前所述,遗产管理人是我国《民法典》中的一个全新制度,也是《民法典》继承编的一个亮点,具体规定在《民法典》继承编第 1145 ~ 1149 条中,涉及遗产管理人的产生(第 1145 条)、遗产管理人的指定(第 1146 条)、遗产管理人的职责(第 1147 条)、遗产管理人未尽职责的民事责任(第 1148 条)和遗产管理人获得报酬权(第 1149 条)5 个内容。我们仔细分析后不难发现,《民法典》第 1145 条和第 1146 条的规定实际上都是解决遗产管理人如何产生的问题,也明确了遗产管理人确定的先后顺序问题。[1] 具体顺序依次如下:遗嘱执行人—继承人推选—全体继承人共同担任—民政部门或村委会—有争议的申请人民法院指定。据此,笔者认为,关于遗产管理人的确定程序,以遗嘱指定为优先,以人民法院指定为兜底。《民法典》第 1147 条和第 1149 条的规定,既为遗产管理人履行管理职责和获得应有的报酬,保护遗产受益人的合法权益和权利救济提供了法律保障,也为遗产管理监督主体依法履行监督职责提供了法律依据。5 个条文前后相互关联,相互支撑,贯穿始终,自成一体,构成我国遗产管理人制度的基本框架与主体内容,具有简洁明了,重点突出,契合需求,便于理解掌握,也便于实践操作的特点。

## 二、遗产管理人产生和变更规则内容存在的不足

我国《民法典》遗产管理人制度的法律体系虽然已初具规模,但从立法本身和实践需要来看,其中的遗产管理人产生与变更规则本身还存在一些不足,在适用中遇到了一些新问题,本文在此从以下两个方面进行分析。

---

[1] 我国《民法典》第 1145 条规定:“继承开始后,遗嘱执行人为遗产管理人;没有遗嘱执行人的,继承人应当及时推选遗产管理人;继承人未推选的,由继承人共同担任遗产管理人;没有继承人或者继承人均放弃继承的,由被继承人生前住所地的民政部门或者村民委员会担任遗产管理人。”第 1146 条规定:“对遗产管理人的确定有争议的,利害关系人可以向人民法院申请指定遗产管理人。”第 1147 条规定:“遗产管理人应当履行下列职责:(一)清理遗产并制作遗产清单;(二)向继承人报告遗产情况;(三)采取必要措施防止遗产毁损、灭失;(四)处理被继承人的债权债务;(五)按照遗嘱或者依照法律规定分割遗产;(六)实施与管理遗产有关的其他必要行为。”第 1148 条规定:“遗产管理人应当依法履行职责,因故意或者重大过失造成继承人、受遗赠人、债权人损害的,应当承担民事责任。”第 1149 条规定:“遗产管理人可以依照法律规定或者按照约定获得报酬。”

### (一)《民法典》遗产管理人产生规则存在的问题

从《民法典》第1145条和第1146条的规定中可以看出,遗产管理人的产生方式有遗嘱指定、继承人推选、继承人共同管理、民政部门或者村民委员会管理和人民法院指定五种方式。在实践中,对这两条法律规定,我们从推选程序与规则实体内容两个方面来考察,就会发现还有一些问题需要进一步思考与探讨,也是需要今后通过司法解释或者立法途径进一步明确的问题。

1. 遗嘱执行人担任遗产管理人问题

《民法典》之所以规定在有遗嘱执行人的情况下由遗嘱执行人担任遗产管理人,一方面是因为被继承人对遗嘱执行人的信任,由遗嘱执行人管理遗产更符合被继承人的意愿,另一方面遗嘱执行人执行遗嘱本来就需要处理遗产,由其担任遗产管理人也更为便利。涉及的问题是:遗嘱执行人是否可以和遗产管理人同时存在?换言之,部分遗产的遗嘱执行人能否担任全部遗产的管理人?例如,被继承人有很多财产,但是他只对其中一部分财产立有遗嘱并指定了遗嘱执行人,那么遗嘱执行人是只作为这一部分财产的遗产管理人,还是全部遗产的遗产管理人?也就是遗嘱执行人的权限是否可以自动扩张。如果可以,遗产管理人是否可以拒绝,或者因超范围管理而要求增加报酬?如果不能,是否需要对遗嘱未处分的遗产另外指定遗产管理人?这些问题,从《民法典》的现有规定中无法找到明确的答案。

2. 继承人推选遗产管理人问题

第一,如果是继承人推选遗产管理人,应当如何确定推选的规则和流程?是简单多数还是全体一致通过?是否有时间限制?如果继承人久拖不决,是否属于《民法典》第1146条规定的"对管理人选任存在争议",得由法院指定遗产管理人的情形?关于推选规则,是按照少数服从多数的规则,还是全体一致同意的规则,目前立法上也不明确。

第二,推选的遗产管理人能否是继承人以外的人?——仅针对自然人而言。有学者认为,"推选的遗产管理人可以在继承人之列,也可以是继承人之外的人"。〔2〕这个观点值得商榷。

---

〔2〕 王葆莳、吴云煐:《〈民法典〉遗产管理人制度适用问题研究》,载《财经法学》2020年第6期。

3. 继承人共同担任遗产管理人问题

如果继承人未推选遗产管理人而由全体继承人共同担任遗产管理人的,则全体继承人(遗产共同管理人)相互之间是合伙关系还是共同共有关系?在共同继承人(遗产管理人)推选其中一人作为代表负责办理与继承相关的手续时,该受托人的法律地位应当如何认定?是认定为遗产管理人,还是其他主体?

4. 民政部门或村委会担任遗产管理人问题

《民法典》关于民政部门或村委会担任遗产管理人的规定,主要是为了解决无人继承遗产的管理与诉讼担当问题,因此,这两个特定主体不得辞职和解任。但问题是,在实际操作时,由谁来明确,适用什么程序明确民政部门和村委会作为遗产管理人的职责?他们是否可以委托专业机构代替自己履行该职责?

### (二)《民法典》遗产管理人的变更规则存在的问题

遗产管理人的变更是指因符合重大事由而辞职或者终止履职并重新确定遗产管理人的民事行为。重大事由是指由于某种主观或者客观原因导致遗产管理人不愿意或者无法履行、继续履行管理职责的事件或者行为。在实践中,由于遗产管理人主观或者客观原因导致遗产管理人不愿或者不能担任遗产管理人或者无法履行遗产管理人职责时,就产生遗产管理人的变更问题。导致遗产管理人变更的原因有两种,第一种是主观原因,即被指定或者推选的遗产管理人不愿意承担遗产管理职责。第二种是客观原因,即发生遗产管理人死亡、失踪、丧失民事行为能力、履职不力被解任等情况。据此,我们可以将遗产管理人变更的重大事由归纳为遗产管理人辞职、死亡、失踪、丧失民事行为能力、履职不力被解任等。其中,辞职的原因通常包括遗产管理人身患重症、在异地或者出国定居、执行国家任务、在监狱服刑等。当然,如果遗产管理人的职责已全部履行完毕,则遗产管理的任务随之完成(终结)了,也就不存在遗产管理人的变更问题了。现在的问题是,在出现上述情形需要变更遗产管理人时,遗产管理人是否可以辞去或者解任其遗产管理人一职?对此目前法律上是不明确的。

## 三、遗产管理人产生变更与监督规则的立法完善建议

笔者认为,无论是《民法典》遗产管理人制度规定本身存在的不足,还是遗产管理人制度在适用中遇到的新问题,从根源上说,都是立法不够完善所造成的,这是问题的源头。解决问题就需要从源头抓起。因此,笔者认为,要解决目前的问题与困惑,应当通过制定立法解释或者司法解释等途径加以逐步完善与解决。

建议重点从以下问题入手。

## (一)明确遗产管理人的产生规则

### 1. 健全遗产管理人的任职资格规定

建议未来立法(包括司法解释,下同)对遗产管理人的资格条件规定如下:首先,应当具有完全民事行为能力。只有具有完全民事行为能力的成年人才具有担任遗产管理人的资格。年满16周岁,并以自己的劳动收入作为主要生活来源者,应视为具有担任遗产管理人的资格。其次,能够独立管理遗产。鉴于遗产管理的复杂性和专业性,未来立法还应当明确要求遗产管理人须具有一定的社会生活经验和管理能力。最后,应允许遗嘱人预先指定特定主体担任遗嘱管理人。建议借鉴英国的立法经验,允许遗嘱指定未成年人担任遗产管理人且须待其成年后方可履行相应职责。继承开始时,该未成年人已成年并同意担任遗产管理人时,则可以履行职责。当然,该未成年人在成年后也可以选择拒绝担任遗产管理人。遗产管理人的任职资格还可以细分为积极资格和消极资格。积极资格规定,被继承人指定的人、继承人或者继承人推选的人、近亲属、民政部门、村民委员会以及律师、公证员、会计师等具有专业知识且取得相应的职业资格证书的人可以担任遗产管理人。消极资格规定,因故意犯罪受过刑事处罚、被吊销相关执业证书以及具有利害关系的人,不具有担任遗产管理人的资格。在将来条件成熟后,也可以设立专业机构专门处理这一业务。

### 2. 细化遗产管理人产生规则的实体内容

我国《民法典》第1145条规定了遗产管理人的产生方式有遗嘱指定、继承人推选、继承人共同管理、民政部门或者村民委员会管理和人民法院指定五种,第一、二种方式可称为意定方式,第三、四种方式可称为法定方式,第五种方式可称为指定方式,但是《民法典》对遗产管理人的产生规则规定得不够具体。针对前文所述问题,笔者建议未来立法还应当明确以下问题。

第一,有权申请指定的主体。人民法院指定遗产管理人的主体应当包括遗嘱执行人、继承人。如果没有遗嘱执行人和继承人,或者继承人均放弃继承的,则可以指定民政部门或者村民委员会担任遗产管理人。就主体范围而言,从《民法典》第1146条的规定内容来看,立法上并没有规定只能指定规定范围内的主体,因此,笔者认为,法院还可以根据利害关系人的申请,指定专业机构(如公证处、律师事务所、会计师事务所)担任遗产管理人。

第二,细化遗嘱执行人担任遗产管理人的规则。遗嘱执行人的权限不能自动扩张,其只能就遗嘱指定的特定遗产行使管理权,且该执行人管理全部遗产未必符合被继承人的意愿。退一步说,如果被继承人在遗嘱中针对不同遗产分别指定了多个执行人,如果允许这些执行人都担任全部遗产的管理人,则更会陷入不必要的混乱不堪的局面。如此,在实践中就有可能出现双遗产管理人的情况,一部分遗产管理人是依遗嘱指定产生的,另一部分遗产的管理人是依其他方式产生的。对此,笔者认为,如果遗嘱人在遗嘱中只处分了部分遗产并指定了遗嘱执行(管理)人,在处理遗产继承事务时就需要对遗嘱未处分的遗产另外指定遗产管理人,这就会产生遗嘱继承与法定继承共存并连带产生双遗产管理人的情况,即一部分遗产管理人是依遗嘱指定产生的,另一部分遗产的管理人是依其他方式产生的。未来立法应规定,各遗产管理人只能就自己管理的遗产部分行使管理权。如果发生权利义务的冲突,可以通过协商解决。协商不成的,通过诉讼途径解决。如果遗嘱未处分的遗产没有遗产管理人,而且遗嘱执行人也愿意管理的,则其管理权限及于全部遗产,并应增加相应的报酬。这有利于遗产的管理与分配,故应当允许。如果遗嘱执行人不愿意管理遗嘱未处分的遗产(或者遗嘱未指定其管理的遗产),法律上应当允许其拒绝,此时,对于遗嘱未处分的遗产且又没有遗产管理人的,共同继承人可以推选或者共同担任遗产管理人。发生纠纷者,可通过诉讼途径解决。

第三,细化继承人推选遗产管理人的规则。首先,根据《民法典》第 1145 条的立法精神,在有遗产继承人的情况下,遗产管理人的推选应由继承人相互协商确定,[3]并适用全体继承人一致同意的推选规则。因为《民法典》第 1146 条规定,只要对管理人的确定有争议的,利害关系人就可以诉请人民法院指定。我们从文字上来推敲与把握,哪怕是有一个人不同意就可以认定为"有争议"。如果继承人对遗产管理人的确定久拖不决,也应属于《民法典》第 1146 条规定的"对管理人选任存在争议",应由人民法院指定遗产管理人的情形。至于时间限制问题,建议与《民法典》第 188 条规定的一般诉讼时效期间一致,以 3 年为限,从继承人知道或者应当知道继承开始之日起计算。其次,关于推选的遗产管理人能否是继承人以外的人的问题,前文所述有学者认为"推选的遗产管理人可以在继承人之列,也可以是继承人之外的人"[4]的观点是值得商榷的。因为继承人以外的人在这里只能作为代理人,不能作为遗产管理人(不能成为遗产管理人的推

---

〔3〕 黄薇主编:《中华人民共和国民法典继承编释义》,法律出版社 2020 年版,第 112 页。

〔4〕 王葆莳、吴云烧:《〈民法典〉遗产管理人制度适用问题研究》,载《财经法学》2020 年第 6 期。

选对象)。2021 年春节前,北京市盈科(深圳)律师事务所(家族法律事务中心)被被继承人吴某的继承人共同“推选”为吴某的遗产管理人,深圳市宝安公证处为该律师事务所开出了“首张”遗产管理人公证书。[5] 笔者认为,该公证处这样的理解和处理不符合《民法典》第 1145 条的立法本意。在这个案例中,共同继承人推选出来的该律所只能是遗产管理人委托的代理人。理由如下。

其一,从文义解释的角度理解,按照中文的习惯用法和字面含义,“推选”指的是众多推选者从其内部推荐、推举代表,而非从外部人员中选择对象。[6] 有学者指出,推选“就是全体继承人共同推举出其中一名或者数名继承人为遗产管理人”。[7] 也就是说,就遗产管理人的“推选”而言,其主体范围只限于继承人。

其二,管理遗产是一项法定职责,管理人履行职责就会产生法定责任。管理事项可以委托给他人,但责任是不能“委托”他人的。即使全体继承人或者其推选出的继承人担任了遗产管理人,他们另行委托他人处理遗产管理事务时,对外的责任主体仍然是继承人,而不能是继承人委托的人。在这里,受委托的人只能是遗产管理人的代理人。在本案中该律所只能是遗产管理人委托的代理人。

其三,推选的遗产管理人应为享有继承权的继承人,而不能是继承人以外的人。[8]

据此,在实务操作上,律师事务所、公证处和会计师事务所如果想成为遗产管理人,唯一的途径和依据就是在遗嘱中被指定为遗嘱执行人。总体上说,律师事务所、公证处和会计师事务所既可以成为遗产管理人,也可以成为遗产管理人的代理人。由于权利产生的途径或者依据不同,其法律地位也有所不同。

第四,细化继承人共同担任遗产管理人规则。根据《民法典》物权编和继承编的立法精神,在继承开始后、遗产未实际分割前,继承人未推选遗产管理人而由全体继承人共同担任遗产管理人的,则全体继承人(遗产共同管理人)相互之间是共同共有关系。笔者认为,在共同继承人(遗产管理人)推选其中一人作为

---

〔5〕 罗慧怡、李安琪:《宝安公证处开出首张遗产管理人公证书》,载宝安日报网 2021 年 2 月 23 日,https://appdetail.baoanone.com/cms/content/2021-02/23/content_37720.html。

〔6〕 黄薇主编:《中华人民共和国民法典继承编释义》,法律出版社 2020 年版,第 112 页。

〔7〕 黄薇主编:《中华人民共和国民法典继承编释义》,法律出版社 2020 年版,第 112 页。

〔8〕 黄薇主编:《中华人民共和国民法典继承编释义》,法律出版社 2020 年版,第 112 页;最高人民法院民法典贯彻实施工作领导小组主编:《中华人民共和国民法典婚姻家庭编继承编理解与适用》,人民法院出版社 2020 年版,第 620 页。

代表负责办理与继承的相关手续(如申请办理公证事宜、查询银行存款、房产登记情况或者办理房产过户)时,该受托人的法律地位不是遗产管理人,而是全体继承人共同的委托代理人。

第五,完善民政部门或村委会担任遗产管理人的配套规定。首先,关于明确民政部门和村委会作为遗产管理人职责时应适用的程序,笔者认为,在国家立法机关或者其他相关部门出台《民法典》相应实施细则之前,可以考虑由公证处出具遗产管理人公证书或由律师事务所出具担任遗产管理人公函等方式来解决。其次,关于民政部门和村委会是否可以委托专业机构代替自己履行该职责的问题,笔者认为,应当从实际出发,允许探索。因为遗产管理事务的专业性比较强,民政部门特别是村民委员会缺乏有效管理复杂遗产的法律知识,工作精力和专业能力不足,在这种情况下,应当允许他们委托律师事务所或者公证处、会计师事务所等专业机构代替自己履行遗产管理人的职责,这对实现遗产管理的目的,维护各方当事人的利益,顺利完成遗嘱人生前意愿是非常有利的,法律应当允许。

3. 完善遗产管理人的推选程序

第一,完善申请指定遗产管理人的程序。为了切实维护债权人等利害关系人的权益,笔者认为,这既可以通过特别程序单独提起申请,也可以在人民法院审理继承案件时一并提起,未来立法应当允许利害关系人自主选择,后一种做法在审判实践中已有先例。[9]

第二,规定"及时推选"的期限。因《民法典》中"及时推选"的表述带有主观色彩,很容易引起歧义。笔者建议未来立法时可以参照《民法典》第1124条第2款关于受遗赠人接受或者放弃意思表示60日期限的规定,规定:"没有遗嘱执行人的,继承人应当自知道或者应当知道继承开始后的60日内推选遗产管理人。超过60日未推选的,由全体继承人共同担任遗产管理人。"即超过60日的即视为"未推选"。

---

〔9〕 如(2019)粤0306民初9137号民事判决书指出:"……如所有继承人均放弃继承并以此为由拒不清偿被继承人生前债务,不利于债权人合法权益的保护。故本院指定三被告为遗产执行人,对遗产进行清理,协助原告或人民法院依法处置遗产,在遗产范围内履行代理清偿义务。"参见杨竹一:《从〈民法典继承编〉中遗产管理人规定的缺失论完善遗产管理人指定的必要性》,载中国法学会婚姻家庭法学研究会、中国人民大学法学院编印:《第八届中国婚姻家事法实务论坛论文集》,第332页。

## (二)明确遗产管理人的变更规则

关于遗产管理人的变更,国外立法已有先例。如《德国民法典》第 2225 ~ 2226 条规定,遗产管理人因死亡、辞职或者被遗产法院免职或者完成任务而终结,[10]这值得我们参考。如前所述,遗产管理人变更的法定事由可归纳为遗产管理人辞职、死亡、失踪、丧失民事行为能力、履职不力被解任等。除遗产管理人因身负法定职责而不得任意解任者外(如根据《民法典》第 1145 条规定的由民政部门或者村民委员会担任遗产管理人的情形),其他方式产生的遗产管理人是否可以因出现辞职等法定事由而终止履职(这涉及遗产管理人的变更问题),笔者认为应根据不同情况区别对待。

第一,凡是由遗嘱指定或者继承人推选的遗产管理人,因重大事由而无法继续履职的,应当允许其辞职并终止履职,并根据具体情况与实际需要,由继承人重新推选或者由人民法院重新确定。"重大事由"的法定情形除了前述的遗产管理人辞职、死亡、失踪、丧失民事行为能力、履职不力被解任等主要情形外,还应当涵盖到多大范围,这需要将来在立法层面或者规范性文件层面(如司法解释)予以明确。

第二,民政部门、村委会作为遗产管理人不得辞职。因为民政部门、村委会的遗产管理人职责是法定的(《民法典》第 1145 条规定),且只有在没有继承人或者继承人都放弃继承权的情形下才会产生。这与自然人作为遗产管理人的产生方式与要求是不一样的。

第三,人民法院指定的遗产管理人,可以由人民法院解任,并依照法定程序重新指定新的遗产管理人。

第四,关于遗产管理人的终止履职。在操作时,可以适用《民法典》关于"代理终止"的相关规定,终止的法定事由是遗产管理事项已完成、遗产管理人死亡、丧失民事行为能力或者作为遗产管理人的法人、非法人组织终止。在此情形下,遗产管理人已无法履行职责,应当退出。遗产管理人辞职或者解任后,新的遗产管理人的选任应按照《民法典》第 1145 条和第 1146 条的规定进行。

---

〔10〕 [德]雷纳·弗兰克、托比亚斯·海尔姆斯:《德国继承法》(第 6 版),王葆莳、林佳业译,中国政法大学出版社 2015 年版,第 101 页。

### (三)建立对遗产管理人的监督机制

遗产管理人在遗产管理与分配过程中的作用非常重要,这是不争的事实。遗产管理人能否认真尽职和公平公正履职,关乎所有继承人、受遗赠人和债权人等利害关系人的切身利益。因此,对遗产管理人的权利是需要监督的。在国外,一般是将继承人、债权人和司法机关设定为监督主体,并赋予法院解任权。法国、意大利、日本等国家的民法典对此作了规定。例如,《意大利民法典》第 710 条规定:“基于任何利害关系人的请求,法院以为遗嘱执行人关于其义务的履行有重大违反、职务的执行不能胜任,或者犯有违背信任的行为时,得将其从职务解任。”第 709 条第 2 款规定:“遗嘱管理人有过失场合,对于继承人及受遗赠人负损害赔偿义务。”〔11〕《日本民法典》第 1019 条第 1 款规定:“遗嘱执行人怠为其任务时,或有其他正当事由时,利害关系人可以请求家庭法院将其解任。”〔12〕对于遗产管理人的监督机制,笔者认为,可以设立一般监督与司法监督两种方式。一般监督的监督主体为继承人、受遗赠人、债权人和其他利害关系人、民政部门和村民委员会。遗产管理人应向继承人、受遗赠人等一般监督主体报告遗产管理的情况,接受一般监督人的监督。对不认真履行职责者,一般监督人可以通过诉讼途径予以解任;对于自身权益遭受侵害的,可通过诉讼途径寻求司法救济。司法监督的主体为人民法院,法院可根据一般监督人的申请而指定、变更和解任遗产管理人。如果认定遗产管理人对继承人等利害关系人造成损害的,应依法追究遗产管理人的法律责任。

## 四、结语

综上所述,随着经济社会的发展和人民群众生活水平的提高,个人或者家庭财产的数量与价值也日益增加,财产所有人死亡后的遗产继承问题也越来越复杂。立法速度往往赶不上现实需求发展的速度是一个不容否认的问题。在我国《民法典》实施不久的背景下,许多具体问题还需要通过实践检验与经验总结,一些分歧需要进一步深入系统地梳理与研究,逐步达成共识。特别是在我国《民法典》刚刚实施,且在短期内不可能修改的情况下,如何呼应人民群众家庭和个人财富传承的新需求,全方位保护人民群众的合法财产权益,以进一步激发人民群众创造财富的积极性和创造性,是我们需要认真思考与面对的问题。

---

〔11〕《意大利民法典》,陈国柱译,中国人民大学出版社 2010 年版,第 138 ~ 139 页。

〔12〕《日本民法典》,王书江译,中国法制出版社 2000 年版,第 185 页。

# 论遗嘱法定撤回之认定*

黄清新**

## 一、问题之缘起

《民法典》第 1142 条第 1 款将遗嘱之"撤销"修改为"撤回",遗嘱人欲废止先前所立遗嘱,可以以明示或推定之方式撤回遗嘱。在遗嘱人死亡之前,遗嘱人废弃先前所立遗嘱,仅能以遗嘱撤回的方式实现,在遗嘱生效之后,已无撤销之可能。虽然遗嘱人实施相反行为及后遗嘱与先遗嘱内容抵触形塑了遗嘱法定撤回的类型轮廓,但此两种情形下判断撤回在先遗嘱的具体标准则语焉不详。

立法的模糊不清,致聚讼纷纭而有待明晰。对于前后遗嘱相抵触之认定,有的法院认为,只要后遗嘱与前遗嘱存在不一致之处,就应当认为后遗嘱与前遗嘱中相应的内容存在抵触,〔1〕但有的法院则主张,不能仅从前后遗嘱的文本表述来判断,应当结合其他证据综合确定前后遗嘱是否存在抵触,以此实现遗嘱人处分遗产之真意。〔2〕后行为与前遗嘱相抵触的认定,有的法院仍然沿袭最高人民法院《关于贯彻执行〈中华人民共和国继承法〉若干问题的意见》(以下简称《继承法意见》)第 39 条的裁判思路,认为在遗嘱人行为导致权利移转或标的物灭失

---

* 本文原载《华中师范大学研究生学报》2021 年第 1 期,收入本书时增加了新的内容。

** 黄清新,中南财经政法大学法学院博士研究生。

〔1〕 辽宁省沈阳市沈河区人民法院(2019)辽 0103 民初 3895 号一审民事判决书;广东省广州市中级人民法院(2020)粤 01 民终 1578 号二审民事判决书;山东省青岛市中级人民法院(2018)鲁 02 民再 103 号再审民事判决书。

〔2〕 北京市第一中级人民法院(2020)京 01 民终 5283 号二审民事判决书;河北省唐山市古冶区人民法院(2013)古民重字第 11 号二审民事判决书;江西省南昌市西湖区人民法院(2017)赣 0103 民再 2 号再审民事判决书。

的情形下才可以认定为后行为与前遗嘱相抵触,[3]但反对者则认为,遗嘱人在非因自身原因导致遗产形态变化的情形下,遗嘱人主观上并无撤回前遗嘱之意思,此时应维持前遗嘱之效力。[4]

但学界对遗嘱法定撤回如何认定却未着一墨,多数学者的研究中心仍驻足于公证遗嘱效力优先与后遗嘱效力优先的体系冲突的问题,而《民法典》已对遗嘱形式作平等处理,这一问题便无再行解释之必要。遗嘱法定撤回很大程度上需从传统以合同为模型的意思表示解释方法转换为以遗嘱为模型的无相对人意思表示的遗嘱解释,但是遗嘱自由的存在使这样一种转换实际上并不彻底,学者普遍存在的误区是先验地认为遗嘱的解释可以完全适用意思表示解释的一般规则,但实质上两者并不完全一致。

鉴于此,欲使《民法典》第 1142 条得以妥帖之适用,尚需涤除以下解释论层面的障碍:遗嘱人独立意思在遗嘱法定撤回认定中发挥何种效用,即遗嘱人可否以其独立的意思表示推翻遗嘱撤回之效果?第 2 款中遗嘱人生前的法律行为与所立遗嘱内容相冲突以及第 3 款前后遗嘱相抵触时又如何进行认定?

## 二、误区澄清:遗嘱法定撤回认定中推定的可反证之省思

### (一)规范构造:第 1142 条并未提供例外性规范供给

德国民法中遗嘱之法定撤回是依法律直接发生的,即使在遗嘱人忘记先前已经立有遗嘱时亦如是,仅在遗嘱人证明无意间毁损文书或划掉遗嘱是为设立新遗嘱作准备的情形下才可允许反证推翻。[5] 在法学方法论层面,推定性规范是一种实体与程序之间的构造,通过反驳基础事实、推定事实或者证明异态事实达致反驳法律结论之目的,且产生转移证明责任之效果。[6] 从类型上看,推定性规范可分为可反证之推定与不可反证之推定。[7] 在规范之逻辑结构层面,不

---

[3] 丽江市中级人民法院(2015)丽中民再终字第 4 号再审民事判决书;中山市中级人民法院(2017)粤 20 民终 3057 号二审民事判决书;辽宁省大连市中级人民法院(2017)辽 02 民终 4316 号二审民事判决书。

[4] 山东省青岛市中级人民法院(2019)鲁 02 民终 320 号二审民事判决书。

[5] [德]雷纳·弗兰克、托比亚斯·海尔姆斯:《德国继承法》(第 6 版),王葆莳、林佳业译,中国政法大学出版社 2015 年版,第 58~59 页。

[6] 王立争:《民事推定性规范研究》,法律出版社 2013 年版,第 27~30 页。

[7] [德]阿图尔·考夫曼:《法律哲学》,刘幸义等译,法律出版社 2004 年版,第 153~154 页。

可反证之推定性规范不存在例外性规定，比如，试用买卖合同买受人之沉默、无权代理中法定代理人之沉默、限制行为能力人实施超越行为能力之行为时本人之沉默、继承人继承之沉默、受遗赠人之沉默等，都不存在法定的例外情形。此时当事人的沉默被法律推定为作出了某种意思表示，当事人若另行作出新的意思表示，不仅可能使自身承担不利的法律后果，而且会使法律关系处于长期不稳定的状态，从而引发大量的诉讼。当事人不能提出相反的证据以推翻该推定之后果，只能接受该法律效果的拘束。与不可反证之推定性规范相反，可反证之推定性规范往往具有法律特别规定的例外情形，比如，善意的推定、过错的推定，因果关系的推定，按份共有的推定、占有的推定等，都存在法律所明定之例外情形，这些例外情形的规定实际上赋予了当事人提出相反证据的权利，以推翻法律所认定的某种事实，从而阻碍相应的法律效果发生。但从《民法典》第 1142 条的规定来看，并未留存当事人提出相反证据推翻的空间，无论是遗嘱人还是其他利害关系人均不能以遗嘱人没有撤回遗嘱的意思而推翻此前遗嘱撤回的效果。

### （二）理论障碍：共有视角下遗嘱人意志否定法定撤回效果之检讨

遗嘱人将同一遗产先后处分给不同的主体时，主张遗嘱法定撤回允许当事人反证的观点主要从两个层面提供理据支撑：一是认为在遗嘱人已经死亡的情形下，遗嘱的利害关系人可以通过证明遗嘱人订立后遗嘱的目的是对前遗嘱的内容进行补充，从而推翻先前遗嘱，不同主体对同一遗产应成立共有〔8〕；二是认为，遗嘱人在订立后遗嘱之后，虽然前后遗嘱的内容客观上存在抵触，但是遗嘱人表示不撤回前遗嘱，则可以认为有使遗产为继承人共有的意思。〔9〕但实际上，无论是利害关系人证明遗嘱人订立遗嘱系补充之目的还是遗嘱人表示不撤回前遗嘱，都无法成立共有，原因在于：在第一种情形下遗嘱的利害关系人需要证明后遗嘱的内容是作为前遗嘱内容的补充，所谓“补充”，即为后遗嘱对前遗嘱中未作处分的遗产进行处分。但后遗嘱与前遗嘱对同一遗产作出不同处分难谓遗嘱人有对前遗嘱内容作出进一步补充的意思，且遗嘱人也并未通过后遗嘱明确表示不撤回前遗嘱。因此遗嘱人之意思并不在于补充，而在于通过后遗嘱变更前遗嘱的处分，此时前后两份遗嘱的内容全部抵触，不存在部分撤回或变更的空间，更不可能在不同的主体之间成立共有。

---

〔8〕 史尚宽：《继承法论》，中国政法大学出版社 2000 年版，第 474 页。

〔9〕 林秀雄：《继承法讲义》（第 4 版），台北，元照出版有限公司 2009 年版，第 256 页。

在第二种情形下,在前后遗嘱将同一遗产处分给不同的主体,如果认为只要遗嘱人明确表示不撤回前遗嘱,就该遗产按照共有关系处理,如此一来,一方面,在前后遗嘱都存在将遗产所有权通过遗嘱的方式完整移转的意思的情形下,引致前后遗嘱互相撤回或变更的悖论,即前遗嘱因与后遗嘱在遗产份额的一半之内相互抵触,但从《民法典》第 1142 条的规范意旨来看,由于后遗嘱更能体现遗嘱人对遗产处分的内心真意,因此遗嘱的撤回只存在单向度的后遗嘱撤回前遗嘱的内容,而不存在前遗嘱对后遗嘱内容的撤回。另一方面,在遗嘱继承的情形下,即使认为后遗嘱与前遗嘱对同一遗产作不同处分可以解释为前后遗嘱对遗产处分各占 1/2,亦即成立按份共有,但是这实际上属于遗嘱人独立于遗嘱之外所作的意思表示,遗嘱人并未在遗嘱的内容当中表示其将遗产平等份额地处分给不同的主体,因为遗嘱的设立与变动原则上均需要符合一定的形式要件,遗嘱人即使口头表示不撤回前遗嘱,但遗产按份共有的意思并未以遗嘱的形式加以确立,而口头遗嘱需在危急情况下才例外地肯认其效力,[10] 故遗嘱人不予撤回前遗嘱的意思表示并不符合口头遗嘱要件,在遗嘱人能够作出书面遗嘱的情况下,口头遗嘱无效。若遗嘱人以书面的方式表示不撤回前遗嘱,而由不同主体共有该遗产,此时遗嘱人相当于订立了新的遗嘱,该遗嘱将后遗嘱撤回,但此时前遗嘱并不因此而恢复效力,应当以遗嘱人最后的遗嘱为准,此时虽然可以成立按份共有,但是这并非基于遗嘱之反证之意思,而是基于新的遗嘱所作的处分。

综上所述,遗嘱人订立的数份遗嘱将同一遗产处分给不同的主体,如果遗嘱人口头表示不予撤回前遗嘱而有共有之意思,但此时并不符合口头遗嘱的形式要件,而且遗嘱人同样没有撤回后遗嘱的意思,因此也不能据此认为遗嘱人有撤回后遗嘱而恢复前遗嘱的意思。如果遗嘱人以书面方式表示不撤回前遗嘱而有共有之意思,此时符合遗嘱形式要件而事实上成立新的遗嘱,此时并非因为遗嘱人独立的意思推翻法定撤回之效果,而是基于遗嘱人订立新的遗嘱。职是之故,共有之解释方案并不构成遗嘱法定撤回之反证。

---

〔10〕《民法典》第 1138 条规定:"遗嘱人在危急情况下,可以立口头遗嘱。口头遗嘱应当有两个以上见证人在场见证。危急情况消除后,遗嘱人能够以书面或者录音录像形式立遗嘱的,所立的口头遗嘱无效。"

## 三、范域区分：类型构造视野下法律行为与前遗嘱相抵触之识别

### （一）遗嘱人对遗产实施处分行为

1. 移转遗产的所有权

遗嘱人对遗产的处分存在两种情形，一是在遗嘱生效之前就将遗产所有权移转给遗嘱所确定的继承人，二是在遗嘱生效前将遗产所有权移转给遗嘱以外的其他人。针对第一种情形，实践中存在两种态度：一种观点认为，遗嘱人提前移转遗产所有权给同一继承人的行为应当认定为赠与，前遗嘱视为撤回。〔11〕另一种观点则认为，遗嘱人将遗产处分给继承人，实际上是遗嘱人提前实现遗嘱内容，该行为与遗嘱的内容与目的并不存在抵触。〔12〕较之赠与的观点而言，遗嘱内容提前实现的观点更为妥适，因为在遗嘱人将遗产所有权移转给继承人的情况下，由于赠与人任意撤销权的行使应当在物权发生变动之前，在所有权移转之后，赠与人则无法行使任意撤销权，且法定撤销权亦有严苛条件的限制，故法定撤销权与任意撤销权均无法达致遗嘱人回复自己遗产的目的，戕害遗嘱自由。但若将遗嘱人于遗嘱生效前处分给前遗嘱确定的主体的行为认定为遗嘱内容的提前实现，则遗嘱人于遗嘱生效前可随时撤回，这在解释论层面更能尊重遗嘱人的遗嘱自由。因此，遗嘱人在遗嘱生效前将遗产所有权转让给继承人或受遗赠人的行为仅仅是提前实现遗嘱内容的给付行为，该行为与前遗嘱的内容并无矛盾，故不产生撤回前遗嘱之效果。

但是，如果遗嘱人订立遗嘱后将该遗产处分给前遗嘱所确定的继受主体以外的人，且移转了遗产的所有权，则因遗嘱人的行为，导致遗嘱内容的全部或部分无法实现，则此时前遗嘱只能视为变更或撤销。〔13〕对此，实践中有观点认为，被继承人生前立下遗嘱，随后又将房产出卖给另一继承人，被继承人的行为与遗嘱内容不一致，视为撤销遗嘱，此时应当按照法定继承处理。〔14〕由于遗嘱人实施的后行为对遗产所作出的终意处分实际上更能体现遗嘱人的内心真意，因此遗嘱人将遗嘱处分给不同于前遗嘱所确定的继受取得的主体，则表明遗嘱人有意改变先前遗嘱的处分，此时后行为与前遗嘱存在抵触，前遗嘱因遗嘱人新的处

〔11〕上海市中级人民法院（2015）沪一中民一（民）终字第1608号民事判决书。

〔12〕黑龙江省高级人民法院（2016）黑02民终1665号二审民事判决书。

〔13〕马忆南：《婚姻家庭继承法学》（第3版），北京大学出版社2014年版，第324页。

〔14〕辽宁省沈阳市中级人民法院（2019）辽01民申475号再审审查与审判监督民事裁定书。

分行为而应视为被撤回。

2. 为债权人设立担保物权

如果后行为仅仅是在遗产之上为债权人设立了担保物权,如此仅构成所有权的限制。虽然担保物权不会影响所有权人对该物的处分,但事实上担保物权的交换价值已经作为债权人分散风险的工具,此时需要厘清的是债权人在遗产上享有的担保物权与继承人对遗产的继承或受遗赠人的遗赠债权的优先顺位。

其他国家和地区的相关规定普遍认为,遗嘱人的普通债权人与担保物权人具有优先于继承人、受遗赠人优先清偿之效力。[15] 理由在于:其一,债权人的担保物权往往是有偿取得,继承与遗赠则是无偿取得;其二,债权人的担保物权在遗嘱人死亡前已经存在,继承与遗赠只有在死亡之后才发生效力,从生效时间上看担保权人应当优先;其三,继承人与受遗赠所取得之遗产系源于遗嘱人的处分行为,而遗嘱人对担保物权人而言负担保物范围内的担保责任。从当然解释的角度来看,对普通债权人而言,受遗赠人与继承人尚不可对抗,则担保物权人更应优先于继承人与受遗赠人对遗产优先受偿。而且在实证法层面,《民法典》第1159 条与第 1162 条之规定实际上隐喻了继承人与受遗赠人不得对抗被继承人的债权人的价值判断,故担保物权人在遗嘱处分遗产上享有的担保物权优先于继承人与受遗赠人之权利。实践中在处理遗嘱人生前债务与继承、遗赠的顺序上,普遍采纳的做法是先继承后清偿债务,但是继承人或受遗赠人取得遗产的同时须清偿遗嘱人生前所负债务。对于遗嘱人生前无力清偿的到期债务,此时由于继承人对于履行该债务关涉其是否能够顺利取得遗产的所有权,属于具有合法利益的第三人,继承人可以向债权人代为清偿,但是这样一来,继承人即便可以取得该遗产的所有权,实际上也是以清偿遗嘱人的遗产债务为条件,且并不等同于附义务或附条件的遗嘱,而是继承人或受遗赠承担了遗嘱人所应承担的义务。而且,在限定继承原则之下,继承人仅以继承遗产为限对债权人承担责任。若继承人并无代为履行遗产债务的意思,则只能以放弃继承该遗产为代价,担保物权人可对该遗产进行变价后优先受偿,继承人或受遗赠人无法取得该遗产所有权,遗嘱人设立担保物权的行为与前遗嘱存在抵触。

---

〔15〕《德国民法典》第 1980 条、《瑞士民法典》第 564 条、《葡萄牙民法典》第 2070 条第 1 款、《意大利民法典》第 499 条第 2 款以及我国台湾地区“民法”第 1160 条实际上都认为继承人非依前条规定偿还债务后,不得对受遗赠人交付遗赠。

## （二）遗嘱人就遗产实施负担行为

对应于处分行为的类型，遗嘱人所实施的负担行为可能基于两种目的，一是以移转所有权为目的，二是以设立担保物权为目的。遗嘱人订立遗嘱之后又实施债权行为，但尚未移转所有权的，此时仍然应当认定为与前遗嘱存在抵触，前遗嘱视为被撤回，理由在于：首先，《民法典》第1142条第2款将遗嘱人实施的与遗嘱相反的生前行为范围限定为民事法律行为。其次，比较法层面亦未将遗嘱人实施的与前遗嘱相抵触的行为限定于处分行为，如我国台湾地区"民法"第1123条第2款规定，前款规定，准用于遗嘱与遗嘱后的生前处分及其他法律行为抵触情形，学者亦肯认非处分行为之法律行为〔16〕。再次，虽然没有发生遗产价值的移转（包括移转所有权、担保物权的实现程序），但是遗嘱人与第三人都应受债权合同之拘束，遗嘱人死亡之后，由遗产管理人处理被继承人的债权债务，遗产管理人的存在，阻断了继承人自遗嘱生效后径直取得遗产所有权的路径，在限定继承的立法模式下，遗产债务的清偿不能为遗产继承所吸收，遗产债务独立于遗产继承。〔17〕因此第三人作为债权人，仍可请求以遗产价值为限清偿债务。最后，继承之目的，本在于维系继承人生活之保障与债权人交易安全之动态平衡，〔18〕而非以遗嘱人遗嘱自由为单一之趣旨，因此，在继承领域遗嘱人之遗嘱自由固然为优先保护的对象，但是并不意味着须牺牲债权人之交易安全，遗嘱人死亡后由继承人与受遗赠人所得之财产为限承担责任。

## （三）非自身原因遗产形态转化后遗嘱人未处分遗产代位物的消极行为

### 1. 遗赠物上代位推定解释进路之检讨

表面看来，遗嘱效力及于变形物与物上代位规则相契合，也能尽可能维系原遗嘱的效力。但遗嘱属于死因行为，只有在遗嘱人死亡后，遗嘱人对第三人享有的请求权才能发生债权让与的效果。如此而言，在遗嘱人死亡之前，受遗赠人并不享有对第三人的请求权，若遗嘱人在诉讼时效内向第三人主张其偿金请求权，则受遗赠人的请求权将归于消灭，此时遗嘱人向第三人主张权利的行为与前遗嘱中将遗产遗赠给受遗赠人的处分相抵触，故前遗嘱视为被撤回。若遗嘱人在

---

〔16〕 史尚宽：《继承法论》，中国政法大学出版社2000年版，第477页。

〔17〕 安宗林等：《继承法修订难点研究》，山东人民出版社2017年版，第144~145页。

〔18〕 陈棋炎、黄宗乐、郭振恭：《民法继承新论》（修订4版），台北，三民书局2009年版，第5~6页。

该请求权的诉讼时效内不向第三人主张偿金请求权,此时受遗赠人并不享有代位权,遗嘱生效后只能受让存在永久抗辩权的不完全债权。我国台湾地区通说认为,遗赠物上代位之推定,须以遗嘱人未受清偿为限,由于物上代位的范围仅及于对第三人的请求权,在遗嘱人转让债权或向第三人主张债权而受清偿的情形下,遗赠应归于无效。如此一来,遗赠的物上代位之推定对受遗赠人而言意义极为有限,因为在遗赠物灭失时,多数情况下遗嘱人都会在诉讼时效经过前向第三人主张权利,此时遗赠因权利之行使而无效,若不在消灭时效内行使权利,第三人便可以对受遗赠人享有时效经过的永久抗辩权。[19] 由于遗赠的物上代位推定规则将代位物限定在遗嘱人对第三人享有的代位物给付请求权之上,但是代位物给付请求权行使的目的正是代位物的取得,受遗赠人只能在遗嘱人死亡后受让代位物给付请求权,再基于代位物给付请求权取得具体的代位物,如此一来其法律效果与遗嘱法定撤回并无实质性的差异。

2. 依遗嘱能力之有无区分认定法定撤回之适恰性

第一,遗嘱人具备遗嘱能力时扩张解释"民事法律行为"之文义。实践中有法官认为,若遗嘱人在遗嘱形态发生变化后仍然具备遗嘱意思能力时,代位物的处分仍应尊重遗嘱人后续的处分意思,不宜直接按照原遗嘱处理。[20] 也有法官认为,遗嘱人并未明确将遗产的变形物作为遗嘱的组成部分,故不能将遗产的变形物作为遗产的变更。[21] 在遗嘱人作出新的处分意思时,应当按照遗嘱人的意思处理。相反,若遗嘱人对遗产形态转化的事实置若罔闻,若未作出任何表示,则可以推定遗嘱人并不欲按照原遗嘱处分代位物。在无相对人的意思表示的场合下应以遗嘱人意思探求为要旨,遗嘱人的沉默应当解释为可推断的行为,表明遗嘱人不欲依照原遗嘱处分代位物。

从文义解释的角度来看,《民法典》第1142条第2款所用的规范表述是"遗嘱人实施的与遗嘱相反的民事法律行为",这容易先入为主地认为只有遗嘱人积极实施的法律行为才能认定为与前遗嘱相抵触。但是从目的解释角度来看,本条之立法意旨在于确定遗嘱人的真实意思而废止相矛盾的前遗嘱的处分,在赋予遗嘱人对遗产的代位物重新处分的权利下,遗嘱人可以将其处分给其他人。

---

〔19〕 林秀雄等:《遗赠与赠与》,台北,元照出版有限公司2019年版,第22~23页。

〔20〕 丽江市中级人民法院(2015)丽中民再终字第4号再审民事判决书;兰州市中级人民法院(2019)甘01民终949号二审民事判决书。

〔21〕 山东省日照市中级人民法院(2018)鲁11民终668号二审民事判决书。

此时规范的文义较之于立法目的而言过窄，在文义的可预测范围之内，应就遗嘱人实施的法律行为作扩大解释，不仅包括遗嘱人实施的积极行为，还包括遗嘱人放任遗嘱形态转换而未作新的遗嘱意思的消极行为。如此一来，可以缓和直接推定遗嘱人有将遗产的代位物按照原遗嘱处理对遗嘱自由的冲击。综合而言，遗嘱人对代位物不立新遗嘱处分时，推定遗嘱人有废止前遗嘱的意思，遗嘱人未就遗产代位物作新的处分视为遗嘱人以行为的方式撤回在先遗嘱。

第二，遗嘱人无遗嘱能力时物上代位规则之类推适用及其限度。在遗嘱人不能再对遗嘱的代位物作出新的处分时，比如，遗嘱人死亡或者丧失了遗嘱能力，考虑遗嘱形式要件已不合理，在解释存有疑问时，应当尊重遗嘱人的意思，对先前所立遗嘱尽可能作有效解释，即应类推适用担保物权的物上代位规则，遗嘱人对前遗嘱中遗产的处分效力及于代位物之上。[22] 所谓类推解释，指的是解释法律超越条文之内容，使其得适用于法未规定而事实类似之案件，即比附援引类似条文以供适用。[23]

类推适用需要从构成要件、规范意旨、不同之处不足以排除统一性的存在三个方面加以证成。从构成要件的相似性来判断：其一，遗嘱处分的遗产不是由于遗嘱人原因形态发生转化，与担保物形态转化相似；其二，因遗产毁损灭失，第三人负有损害赔偿义务，此与第三人对担保人的损害赔偿义务相似；其三，继承人或受遗赠人在遗嘱生效之后通过请求权的形式获得相应的给付符合原遗嘱中遗嘱人的意思，担保权人的优先受偿权与继承人权利相似。从规范目的的相似性来看，遗嘱人处分遗产的行为本质上属于遗产价值的移转行为，故遗产的价值自应延伸至其变形物之上，而担保物权是以优先支配担保物的交换价值为内容，以确保债权实现为目的的定限物权，其重在对担保物的交换价值的直接支配，而非担保物的支配。[24] 此与担保物权以担保物的交换价值为担保的目的具有相似性。从不同之处对相似之处的作用力来看，遗嘱的处分需要遵循一定的形式要件，而担保物权并无此要求，该不同之处并不足以直接排除遗嘱与担保物权在变形物上适用物上代位规则的相似之处。

---

〔22〕 北京市第二中级人民法院(2019)京02民终1956号二审民事判决书；辽宁省大连市沙河口区人民法院(2020)辽0204民初878号一审民事判决书。

〔23〕 曾世雄：《民法总则之现在与未来》，中国政法大学出版社2001年版，第35页。

〔24〕 崔建远：《物权：规范与学说——以中国物权法的解释论为中心》，清华大学出版社2011年版，第736页。

但需注意的是,类推适用担保物权的物上代位规则应当具有一定的限度。《联合国贸易法委员会动产担保交易立法指南》规定,动产担保物权自动及于担保物的任何可识别之收益。也有学者主张,对于在价值存在形式上已经发生变化的担保物,担保权人都有将其担保权益继续附着在这些收益上的权利。[25] 担保物权的物上代位的效力不仅可以及于担保物由于客观原因毁损灭失的保险金、赔偿金、补偿金之上,而且可以及于担保人转让担保物所得之价金。[26] 但是在遗产形态发生变化时将类推适用担保物权物上代位规则的适用范围扩至遗嘱人处分遗产所得价金之上,则在任何情形下均不存在抵触情形,遗嘱法定撤回便毫无存在之意义。因此,类推适用担保物权的物上代位规则的范围应当限定于非因遗嘱人原因导致的遗产形态转化的情形,不得及于遗嘱处分遗产所受领的价金之上。

## 四、理论回填:存在模式与解释方法视野下前后遗嘱相抵触之识别

### (一)前后遗嘱关系的存在模式

1. 补充关系说与替代关系说的对立范畴

在域外立法层面,前后遗嘱的关系存在两种立法例,一种立法例认为,后遗嘱是对前遗嘱的替代,如《瑞士民法典》第 510 条。[27] 另一种立法例主张,后遗嘱对前遗嘱构成补充关系,如《德国民法典》第 2258 条第 1 款、《法国民法典》第 1036 条。[28] 比较法层面补充关系说与替代关系说的对立,一方面体现为后遗嘱与前遗嘱抵触的范围的差异,补充关系说下前遗嘱仅在与后遗嘱相抵触的范围内视为被撤回,其余部分仍然有效;替代关系说则认为,遗嘱人只要订立了新的遗嘱,就应当按照后遗嘱处理,前遗嘱的全部内容应当被后遗嘱替代。另一方面体现为对遗嘱人意思尊重取向的着眼点:补充关系说认为,前后遗嘱均系遗嘱真实、自由之遗嘱处分意思,原则上均应维持全部内容之效力,仅在相互抵触的范围内前遗嘱的内容视为被撤回;替代关系说则主张,后遗嘱更加接近遗嘱生效的时间,更能反映遗嘱人处分意思的变化,因此应当以后遗嘱为准,前遗嘱因后遗嘱的订立而失去效力。

---

〔25〕 董学立:《美国动产担保交易制度研究》,法律出版社 2007 年版,第 76 页。

〔26〕 高圣平、叶冬影:《民法典动产抵押物转让规则的解释论》,载《比较法研究》2020 年第 4 期。

〔27〕 《瑞士民法典》,戴永盛译,中国政法大学出版社 2016 年版,第 182 页。

〔28〕 陈棋炎、黄宗乐、郭振恭:《民法继承新论》(修订 6 版),台北,三民书局 2010 年版,第 288 页。

2. 补充关系说运行机理的正当性

在补充关系说与替代关系说的立法模式之交锋下,需要进一步厘清何种方案更能契合遗嘱法定撤回的实证法所建构的价值体系与规范体系。从尊重遗嘱人的意思自治的角度出发,即使遗嘱人订立了多份遗嘱,但前遗嘱并不因后遗嘱的订立而自动失去效力,而应在相互抵触的范围内被后遗嘱撤回,理由在于:首先,若前后遗嘱在内容上并不冲突,则两份遗嘱可以成立两个不同的意思,从而合并为一个意思表示,且两份遗嘱均具有法律效力,后遗嘱应当以补充前遗嘱为原则。其次,终意处分的内容存在不同的解释,若存在疑问,应当优先作有效解释,在不存在抵触的情形下数份遗嘱应均为有效。遗嘱人所立的数份遗嘱都是遗嘱人终意处分的体现,不存在抵触的部分属于均为有效的处分,若认为前遗嘱与后遗嘱仅部分存在抵触即否定前遗嘱的整体效力,则是对遗嘱人遗嘱自由的侵害。最后,从我国实证法的规定来看,前遗嘱的全部内容并不因后遗嘱的订立而当然失去效力,《民法典》第 1142 条第 2 款规定,数份遗嘱之间只是对相互抵触的部分,以最后的遗嘱为准,对其作反面解释,不存在抵触的内容依然有效,而且《继承法意见》第 39 条同样持这样一种立场,后行为与前遗嘱全部或部分抵触的,视为前遗嘱全部或部分被撤回。

(二)前后遗嘱内容相抵触之判断

1. 解释方法的修正:从暗示说到区分说

对于前后遗嘱的关系,补充关系说在规范铺垫、体系畅通及遗嘱自由的价值实现等方面,都得以证成其合理性。在补充关系说的逻辑前提之上,前后遗嘱相抵触的判断实际上需要从遗嘱解释的方法着手。遗嘱解释的方法在理论上存在暗示说与区分说之分。暗示说将遗嘱解释分为两步:首先确定遗嘱人的主观意愿;其次寻找相应的支撑或限缩。[29] 遗嘱的形式是对主观解释的限制,遗嘱中未提及的内容,或者通过进一步的探查仍然无法确定遗嘱人的表示的,不能进行主观解释。遗嘱人真实的意思若未经过遗嘱得以明确表达出来,则无法获得法官的解释结论上的支撑,只有在要式的意思表示中存在一定线索的内容才能在解释时予以考量。暗示说的功能在于通过遗嘱形式的强制性要求达致保护遗嘱人真实意思的目的,同时在一定程度上更有利于法定继承人,且减少了遗嘱内容

---

〔29〕 [德]雷纳·弗兰克、托比亚斯·海尔姆斯:《德国继承法》(第 6 版),王葆莳、林佳业译,中国政法大学出版社 2015 年版,第 62 页。

的争议,减轻了法院的负担。[30]

主张区分说的观点认为,遗嘱解释对形式与解释应当区分,清晰的遗嘱的文义并未对遗嘱解释划定界限。即使是在文字清楚无误的情形下,文义也不应当给解释设置界限,从而推翻了暗示说下文义准确无疑义而无须解释的裁判思路。遗嘱人的真实意思并非必然需要在遗嘱文本中得到体现,还应当结合其他相关证据确定遗嘱人的内心真意。区分说不仅主张考虑措辞,还主张考虑遗嘱以外的可能与确定遗嘱人真实遗嘱有关的情况。在区分说之下,又存在形式优先说与内容优先说之分。[31] 美国在《统一遗嘱检验法》中肯认"援引并入"理论,遗嘱之外的其他在形式上不符合法律规定也没有通过法院验证的文件在一定条件下可以通过援引并入的方式纳入遗嘱当中,从而发挥整体效力。[32]

相比较而言,形式优先说更能矫正我国现行司法实践的错误做法,而且不会直接瓦解遗嘱形式对遗嘱人真实意愿保障的作用。虽然一般而言只有意思记载在遗嘱上,但是意思、安排才具有至高无上的重要性,权利寄生于遗嘱之上。因此,遗嘱中未明确载明的内容以及存在疑义的内容都应当通过遗嘱解释加以澄清,完全以暗示说为唯一的判断标准难谓妥当。采纳区分说中的形式优先说的观点,一方面可以确保遗嘱形式下对遗嘱文本的尊重,另一方面赋予了法官对遗嘱进行解释的空间,在遗嘱的文义存在疑问时,不能当然否定遗嘱的效力,而应先对遗嘱进行解释,推知遗嘱人的意志。

因此,遗嘱解释的过程中遗嘱所使用的文字应当居于优先地位,遗嘱外的证据应当有限适用,需要达到足以证明遗嘱人真意的程度,方能认定遗嘱内容有效。[33] 遗嘱的文义解释具备一定的主观化倾向,作为解释者,应当尽可能置身于遗嘱人所处的环境,探知遗嘱人的遗嘱目的,从而得出词句的真实意思。[34] 法律规定的遗嘱形式只是保障遗嘱人意思表示真实、自由的手段,从而减少继承

---

〔30〕 李文涛:《遗嘱的目的解释与形式——以暗示说理论的论争及其修正为中心》,载《北方法学》2019年第6期。

〔31〕 形式优先说认为,遗嘱中的文字居于优先地位,遗嘱解释仍然应当以遗嘱文本所使用的词句为依据,但有证据证明可以使法官认定遗嘱人订立遗嘱时所知晓的事实,则应当予以认定;内容优先说下,遗嘱解释优先,再考虑是否符合形式要件的要求。

〔32〕 唐义虎、周璐:《美国法上的遗嘱外部因素探析》,载《北方法学》2018年第1期。

〔33〕 陈棋炎等:《民法继承新论》(第4版),台北,三民书局2009年版,第244~245页。

〔34〕 [德]马蒂亚斯·施默克尔:《德国继承法》(第5版),吴逸越译,中国人民大学出版社2020年版,第146页。

纠纷与防止证据提供困难。[35]

2. 区分说下前后遗嘱相抵触的具体认定

前后遗嘱内容是否相互抵触之判断,存在主观说与客观说之分歧。持主观说观点的学者认为,应当依照遗嘱人的主观的真实意思确定,即使在外观上存在抵触,但是依遗嘱人的意思并非不能相容。这两种态度在实践中也有所体现:在第一种情况下,如遗嘱人在前遗嘱中指定由甲继承房屋和汽车,但是在后遗嘱中又指定由乙继承房屋,对于汽车则未在后遗嘱中作出明确处分。此时对于汽车的处理存在两种解释方案:一是认为虽然后遗嘱的文义并未载明对汽车的处分,但是从前遗嘱的内容来看,遗嘱人有将汽车处分给甲的意思,结合前遗嘱的内容来看,前后遗嘱在乙继承的房屋的范围内相互抵触,遗嘱人撤回了将房屋处分给甲的意思,但在汽车的处分上,前后遗嘱并不存在抵触,应当尊重遗嘱人在前遗嘱中对汽车所作的处分意思,故在遗嘱生效之后甲只能继承汽车,乙则继承房屋;二是认为既然后遗嘱仅对房屋所有权作出了处分,而未对房屋作出处分,则应当严格遵守后遗嘱的文义,房屋此时应当按照法定继承处理。在第二种情况下,如果遗嘱人在前遗嘱中载明,由甲继承房屋,乙继承汽车,之后又立下一份遗嘱,只载明由甲继承房屋,此时汽车应当如何处理?一种观点认为,遗嘱人重新订立一份新的遗嘱并不是为了简单地重复前遗嘱的内容,而是为了作出新的处分,由于后遗嘱并未明确载明乙继承汽车,故汽车应当适用法定继承;另一种观点则认为,遗嘱人在前遗嘱中已经就汽车作出了处分,而且前后遗嘱的内容并非不能同时实现,此时从遗嘱人意思实现的角度来看,不宜认定前后遗嘱存在抵触。

从上述两个案例可以看出,法院实际上对遗嘱的文义与遗嘱内容是否能够同时实现的标准存在分歧。在区分说的视角下,遗嘱形式与客观文字表述仍然居于优先地位。如果前遗嘱因后遗嘱内容的全部或部分不能实现,即可认定前后遗嘱相抵触,即前后两份遗嘱的内容存在全部或者部分不兼容。在私人遗嘱中指定同一人为唯一继承人,后来又在公证遗嘱中增加了不影响唯一继承人指定的处分,这两者并不矛盾。[36] 对其作反面解释,若后遗嘱所实施的遗产处分行为影响了唯一继承人对于遗产的取得,则可以认为前后遗嘱相抵触。申言之,

---

〔35〕 [德]迪特尔·梅迪库斯:《德国民法总论》,邵建东译,法律出版社2013年版,第460页。

〔36〕 MüKoBGB/Sticherling,8,Aufl,2020,BGB § 2258 Rn. 3.

两份遗嘱的内容无法相互兼容,则所作出的遗嘱安排是相互排斥、不能同时实现,[37]不同的遗嘱相互之间不一致,各自的指示不能够同时获得效力,而是相互排斥。[38] 遗嘱撤回的判断是以客观的相互矛盾的遗产处分事实存在为基础,遗嘱人是否甚至想到了先前的遗嘱,是否知道两份遗嘱处分的事实不符,即遗嘱人是否有明确的遗嘱要废止这两份遗嘱,都是无关紧要的。如果遗嘱人的意图是通过后来的遗嘱处分决定性地、完全地控制继承,则在先的遗嘱应当被认为撤回。[39] 因此,前后遗嘱相抵触需要分两步进行判断:第一,前后遗嘱的关系应当以补充关系为原则;第二,在补充关系的基础之上,需要进一步以区分说为解释方法,综合考虑其他证据,确定前后遗嘱的内容不能同时实现,且契合遗嘱人的意思,方能认定前后遗嘱相抵触。

## 五、结语

身份关系与财产关系呈现若即若离的交叉影响状态,这样一种趋势衍生于继承法领域,体现为财产性法律效果的勃兴,身份属性的淡化,遗嘱自由的自治化程度得以重申与强化。遗嘱法定撤回系为维护遗嘱人终意处分之真实自由,其认定的过程实际上是探求遗嘱人真意的过程,在行为撤回与遗嘱撤回两种态样中,共通之处在于遗嘱人的处分是否能够同时实现。厘清遗嘱撤回的问题,可以建构财产行为与身份行为的内在体系关联,从而实现私法自治的回归与强化。

---

〔37〕 MüKoBGB/Sticherling,8,Aufl,2020,BGB § 2258 Rn.4.

〔38〕 杜景林、卢谌:《德国民法典全条文注释》(下册),中国政法大学出版社2015年版,第1256~1257页。

〔39〕 MüKoBGB/Sticherling,8,Aufl,2020,BGB § 2258 Rn.5.

# 浅议继承协议公证

许　婧*

随着经济社会的发展和人民群众物质文明水平的提高，家庭财富逐步广泛积累，财产权益受到了人们的普遍关注。家庭财富的传承和继承问题，也越来越被人们重视。人离世时，财富传承的仪式有巨大的社会性和法律重要性。不同的社会，不同的时期，财富转移采取不同的形式。"继承"这个简洁的标签，包括了财富代际传承、财富由死者转移给生者的社会过程、制度和它们的法律体现。[1]《民法典》继承编起草时虽有提议但最终并没有引入"继承协议"制度。在财富积累迅速增加、家庭观念日趋多元化的社会，为保障被继承人的晚年生活，规定更多形式的遗产处分方式，赋予被继承人更多的选择权是十分必要的。

在继承领域，由于公证的非讼模式更容易被大众接受，公证机构在我国继承领域发挥着重要作用，节约了法院系统的大量司法资源。从近三年江苏省无锡市某区基层法院继承案件收案数量与江苏省无锡市梁溪公证处继承公证办结数量进行比较来看，区法院 2019 年、2020 年、2021 年的收案数量分别是 170 件、144 件、166 件（平均每年 160 件），而该公证处相应的继承公证件数分别为 3690 件、3796 件、3752 件（平均每年 3746 件）。两组数据均相对稳定，公证制度通过去对抗化设定，对减轻法院诉讼压力、减轻诉累发挥了举足轻重的作用。公证机构在广大人民群众的财产继承事务中，参与厘清被继承人遗产现状、明确继承人范围、出具继承公证书和相关法律意见书等非讼法律事务，帮助继承人顺利完成被继承人的遗产交接和过户等事宜。公证机构也需要与时俱进，发挥自身优势，在实务中率先实践公证调解和继承协议相关公证，在非讼层面为满足人民群众的继承法律服务需求提供有力保障。

---

* 许婧，江苏省无锡市梁溪公证处公证员，法学硕士。

〔1〕［美］劳伦斯·M. 弗里德曼：《遗嘱、信托与继承法的社会史》，沈朝晖译，法律出版社 2017 年版，第 4～6 页。

## 一、继承协议溯源

继承协议制度,源自日耳曼法,在封建法时代末期逐步发展起来。广义上的所谓继承协议,兼指继承权的赋予和抛弃两种契约,狭义的继承契约,则专称继承权的赋予。[2] 由此可知,广义的继承协议包含继承权的赋予和抛弃两种,而狭义的继承协议,则专指继承权的赋予。狭义的继承协议根据不同的内容被分为两种,一种为被继承人与继承人设定的协议,即一方指定另一方为其全部或一部分遗产的继承人的协议;另一种为以遗赠为内容的协议,即一方以他方为其遗产中的物或权利的继承人的协议。继承抛弃协议,是指家子曾于分家别居或结婚时,分得其父的财产,则不得再分得其父的遗产。中世纪时期,欧陆各国贵族采取长子继承制来维持其家产的繁荣存续,次子以下仅酌给财产,以维持生计。接受其父酌给财产的次子及其以下,须对其他人做出抛弃其继承权的意思表示,该意思表示即为继承抛弃协议的体现。[3] 订立遗嘱的行为在罗马法中是转移死者的法律地位的公法行为,而死者财产的移转只是死者法律地位移转的财产性标志,将财产的转移行为以协议形式规定是对罗马法的身份继承制度的违背,因此罗马法严格禁止继承协议。[4] 中世纪后期,继承协议制度虽然伴随着欧陆各国对罗马法的普遍继受而被尘封,但也在德国、瑞士、奥地利、匈牙利等国的法律制度中被继承和发扬。德国和瑞士是公认的对继承协议制度的继受较为完整的国家,这两个国家的民法典均对继承协议制度作出了详细的规定。

《德国民法典》第 1941 条规定,被继承人与他人订立的以指定继承人、指示遗赠和负担为内容的协议是继承协议。《瑞士民法典》第 494、495 条规定,继承协议是被继承人与继承人或继承人以外的当事人订立的有关继承权的抛弃与买回,或是对方、第三方取得遗产、遗赠的协议。《匈牙利法典》中对继承协议的相关规定与我国的遗赠扶养协议有相似之处,该法典第 665 条规定,继承协议是被继承人与他方当事人互负义务的协议,被继承人指定他方当事人为其继承人,他方当事人则对被继承人负有扶养和支付终身定期金的义务。从以上三国的法条规定中可以看出,三国在本质认识方面没有分歧,只是在具体的表述上存在一定差异,主要表现为制度内容认识上的差异。

---

〔2〕 李宜琛:《日耳曼法概说》,中国政法大学出版社 2003 年版,第 217 页。

〔3〕 李宜琛:《日耳曼法概说》,中国政法大学出版社 2003 年版,第 218~219 页。

〔4〕 费安玲:《罗马继承法研究》,中国政法大学出版社 2000 年版,第 109 页。

## 二、我国学界和实务界对继承协议的认识

我国学术界对继承协议的界定有以下几种:其一,大多数学者将其定义为:"在夫妻或未婚夫妻等两个或两个以上家庭成员中间订立的以遗产继承为内容的协议。"即被继承人与他方当事人订立的以继承或遗赠为内容的协议,订立继承协议的他方当事人可以是任何人,但通常为法定继承人。而受益人的范围较广,既可为继承协议的订约相对人也可为第三人。其二,部分学者认为,广义上的继承协议,兼指继承权的赋予与抛弃两种,狭义上的继承协议则专指继承权的赋予。"继承协议是被继承人与其法定继承人或其他民事主体之间订立的关于指定继承人、遗赠、负担、抛弃继承期待权等与继承相关事项的双方法律行为。订立协议另一方与第三人都可以被指定为继承人或受遗赠人。""继承协议是被继承人指定继承人以及做出遗赠和遗产信托、抛弃继承权的协议,通过这种协议,他方当事人被指定为其相续人或与其对继承权为处置。"其三,也有少数学者认为,继承协议是被继承人与除被继承人以外的第三人达成的以继承权或受遗赠权的取得或消灭为内容的合意。由此可知,人数的多寡与是否具有法定继承人的资格都不会成为协议相对人的限制条件,任何人都可以作为订立继承协议的相对人。因此,遗赠扶养协议也属于继承协议的范畴。

司法实务中,被继承人与法定继承人订立关于财产分配和扶养的协议而引发争议的案例越来越多,当前立法无相关规定,法院在审理案件时无法律上适用的依据。有法院认为协议本质是附义务的遗嘱;有法院认为继承协议就是遗赠扶养协议;有法院认为继承协议是普通的合同,对双方当事人具有拘束力;有法院认为继承开始前,继承人放弃继承,协议无效。因此,本文结合当前立法现状和社会实际需求,对继承协议相关实务问题进行研究解决,以期能够从实务层面推动立法进程。

## 三、以继承协议公证模式作为传统继承公证的补充

传统的继承公证无法完全满足和适应社会经济的发展及个人、家庭的需求。公证机构在继承领域拥有专业的家事法律团队,处理了大量的遗嘱检验识别、查明继承关系、确定继承人的身份等相关事务,积累了继承事务处理包括法定继承公证、继承后的析产公证、继承协议公证、遗嘱公证、遗嘱继承公证、域外遗产继承、外国人在我国遗产继承等诸多方面的丰富经验。就现实而言,公证非讼遗产继承模式和法院诉讼遗产继承模式各司其职,涵盖了绝大多数的继承事务,从中

国传统思维习惯来说,当事人更倾向于公证的无纠纷处理和“息讼”方式,公证无疑是处理继承事务的首选。

传统继承公证的证明对象主要为继承人资格、继承或放弃继承的意思表示等,继承公证的核心对象为明确继承人的范围的基础上确认最终的继承人。公证程序的重点在于审查申请人资格及其意思表示、提供的证明材料的真实性、合法性,故而法院对继承公证以审查为主,缺乏综合法律服务功能;公证文书类似一份判决书,而不是公证应有的以证明法律事实为内容的证明文书。目前,在折价补偿情况下的部分继承人放弃房产或者在办理存款、房产、股权等多样化遗产形式的继承公证中,继承人有时只放弃特定房产或存款而不对其他遗产一并放弃,有时是不同的继承人分别继承不同种类的财产,有时是继承人按份继承相同的财产。但对继承公证来说,其实质就是继承人在公证员的帮助和指导下,根据其意愿和一致意见,确定由谁继承的过程,遗产分割就是继承公证需要解决的核心问题。在这种思路下,我们需要从传统的非放弃就接受继承或非接受就放弃继承的模式向继承协议(遗产继承分割协议)等模式转变。

鉴于我国长期以来实施遗赠扶养协议制度,笔者认为,该制度是与继承协议制度并列互补的关系。遗赠扶养协议是被继承人与继承人以外的人签署的协议,是遗赠人与扶养人签订的、由扶养人承担遗赠人生养死葬的义务,遗赠人将自己的合法财产的一部分或全部于其死后转移给扶养人所有的协议。继承协议则是被继承人与继承人之间签署的协议,是继承人尽到协议约定应付出的义务而获得继承财产回报(可以是较其他继承人多分得财产)的有偿行为。

在本文中,笔者将继承尚未发生时,被继承人与法定继承人之间签署的继承协议称为预设继承协议;同时将继承已经开始时,继承人之间或利害关系人之间签署的继承协议称为既成继承协议,也就是遗产分割协议。

### (一)预设继承协议

#### 1. 被继承人参与签署的预设继承协议

2022年2月,笔者关注到厦门法院有这样的一则案例:老王夫妇育有四子,因老王夫妇为二儿子王二清偿了外债,经商议,王二签下其放弃对老王夫妇所有财产继承权的声明。王二、老王夫妇相继离世后,王二之子小王以“王二放弃继承行为无效”为由向其叔伯主张对老王夫妇的财产享有代位继承权,未获法院支持。以上判例,法院认为父母与子女经过商议所形成的书面文件,或协议内容符合公平和公序良俗,同时与被继承人的赡养以及遗产分割相关,或互有继承权的双方互相放弃权利，这些情况均具有合同性质，并不是单纯的放弃继承。被继承人死亡时，如遗产范围没有改变，其也未对遗产进行其他处分，承担义务的一方按照继承协议的约定行使权利、履行义务的，申请按照合同约定切分遗产的，法院可支持其诉求。从法院的意见来看，父母与子女经过商议所形成的书面文件，因同时具备被继承人的遗嘱属性及继承人单方的承诺属性，应认定是双方合意达成的协议，属于双方法律行为，对双方均有法律约束力。由此，公证机构在较多类似需求的继承事务中，可以将被继承人为主导参与签署的、存在一定遗嘱属性的预设继承协议，纳入公证法律服务的范围，采用创新思维解决相关继承问题。在预设继承协议的公证中，可以是被继承人与全部法定继承人签署的预设继承协议，也可以是被继承人与特定法定继承人签署的预设继承协议，这一新举措既可以保护被继承人的意思自由，也可以保护继承人承担相应义务之后的继承自由，有利于促进养老新风尚，解决社会纠纷，加快实现养老保障。同时，还可以通过公证遗嘱，进一步将相关意愿加以明确，由公证机构参与设计方案、起草文本，从而最大限度地体现当事人最真实的意思表示，坚持贯彻权利义务相一致原则。当然，预设继承协议与遗嘱不会在同一时间完成，预设继承协议是公开透明的，由双方共同商讨确定，而遗嘱则是保密的，是被继承人生前单独的嘱托。

2. 仅法定继承人签署的预设继承协议

依照法律规定，[5]在被继承人死亡前，继承人作出放弃继承的表示或继承人之间仅就将来遗产处分的协议不受法律保护。首先，从通说来看，继承人抛弃继承（放弃继承），应在继承开始之后进行。其次，继承人在被继承人生前直接订立预设继承协议，不能穷尽继承人的范围并存在被滥用的风险，违反了家庭伦理道德和社会公共利益，可能出现特定继承人的继承权益落空、生存权益被削弱的情形，难以实现继承的正义性。最后，仅法定继承人在被继承人生前就协商签署继承协议，违反了公共秩序、善良风俗，不应提倡预先订立。因此，对此类预设继承协议的公证要求，公证机构不应直接受理，并应向当事人解释说明并指出合适的路径。

---

〔5〕《民法典》第1124条规定："继承开始后，继承人放弃继承的，应当在遗产处理前，以书面形式作出放弃继承的表示。没有表示的，视为接受继承。"从最高人民法院《关于贯彻执行〈中华人民共和国继承法〉若干问题的意见》第49条和第51条规定中也可以看出，放弃继承的意思表示作出的时间应当是在继承开始后，遗产处理前。

### (二)既成继承协议(继承发生后的遗产分割协议)

在公证实务中经常会遇到这样的情况:耄耋老夫妻(均已去世)有三个子女甲、乙、丙,遗产为房产。甲一直和父母共同生活在该房中,照顾年迈的父母最多,有意继承房产;乙自愿无条件放弃继承房产;丙不愿无条件放弃继承房产但也无意直接继承房产,并希望甲给予其一部分现金补偿。在传统继承公证模式中,甲、乙、丙先行在家中将继承事宜商量妥当,有必要的时候还会签订一份家庭内部的继承协议,甲承诺继承房产后给予丙一定金额的现金补偿(也存在丙在公证机构签署完毕放弃继承声明书后立即转账等情况)。在公证机构正式申请办理公证时候,乙、丙均明确表态无条件自愿放弃继承房产,由甲一人继承。传统继承模式下,这样的做法是最为简单方便的,但还是忽略了当事人的合理需求,并存在法律风险。笔者经办的一个公证继承案例中,也曾经遇到三姐妹继承父母的房产(价值百万元),老大继承房产,老二、老三均放弃继承,办理公证继承的当天,老大向老二和老三各转账10万元。在这种情况下,如果引入既成继承协议(遗产分割协议),就能真实反映上述案例中甲、乙、丙的诉求。这类继承协议也就是遗产分割协议,就是指继承发生后,有继承资格的继承人之间在平等自愿协商的前提下达成的一致意见,符合《民法典》的规定。[6] 继承协议的模式可以很好地解决家庭内部协议与公证法律文书的冲突问题,也能进一步解决继承遗产的人与放弃遗产的人之间的信任危机。

上述继承协议广泛适用于无民事行为能力人或限制民事行为能力人的继承人,如与其他继承人共同均等地继承遗产将带来不便,需要按相应比例继承遗产的情况。比如,在有未成年子女、心智障碍人士或有失能失智的老人的家庭,一旦他们作为继承人,需要继承房产、车辆、股权、现金存款的时候,按照传统继承模式,只能做到所有的财产均等继承,每种财产都各占一份。但是在共同继承后,共有人转让房产份额必须纳税,给当事人增加了经济负担,转让程序也比较繁琐。在继承协议的模式中,在不损害上述继承人所继承财产权益的前提下,可以通过未成年子女、心智障碍人士或者失能失智老人的监护人作为代理人签署协议,将遗产的继承方案进行优化配置,无民事行为能力人或限制民事行为能力

---

〔6〕《民法典》第1132条规定:"继承人应当本着互谅互让、和睦团结的精神,协商处理继承问题。遗产分割的时间、办法和份额,由继承人协商确定。协商不成的,可以由人民调解委员会调解或者向人民法院提起诉讼。"

人以继承存款和不考虑变现的不动产为主,其他人则继承车辆、需要出售的不动产,一次性解决遗产中不动产、股权、车辆等登记过户等问题。必要时,还可以在公证中使用资金提存方式为继承协议的适当履行进一步保驾护航。又如,法定继承中,在符合法律法规的前提下,约定满足一定的条件,第一顺序继承人放弃,由第二顺序继承人继承遗产。在实务中遇到的较多是被继承人未婚无子女,遗留房产,祖父母和外祖父母已故,父母健在,有兄弟姐妹的情况,这类情况也与预设继承协议相似。此外,在涉及必留份等制度的适用上,尤其是"可以分给适当的遗产"问题,公证实务由于没有调查权和自由裁量权,仅仅按照传统继承公证模式较难把握,但采用遗产分割协议的方式,在没有争议的前提下就可以将利害关系人、遗产受益人(包括受遗赠人、对继承人以外的依靠被继承人扶养的人,尽了主要赡养义务的丧偶儿媳,丧偶女婿等,并考虑保留胎儿的份额)都一并纳入协议主体,按照继承人、遗产受益人、利害关系人共同协商确认的结果取得各自的继承份额,实现继承的公平和便捷。此外,在办理遗产分割协议和继承公证时,公证人员会面临一定的家事分析、判断以及调解工作,需要综合运用法律和社会学、心理学的知识处理问题,让继承事务得到适当处理,融洽继承人家庭成员的关系,提高整个家庭的凝聚力,甚至还能修复当事人的心理创伤,让人生有来处亦有归途。

值得一提的是,该继承协议需区别于继承后的析产协议。析产协议发生在明确由谁继承之后,由于法定继承的财产属于夫妻共同财产,则要进而考虑继承之后继承人的夫妻共同财产的处分问题,通常签署析产协议需要征求继承人配偶的意见。同时,在税务层面,直接以继承协议方式进行继承与继承人共同继承之后再签署析产协议,也存在不同。

## 四、结语

继承协议目前尚未有统一的理解,区分不同的情况,也有不同的效力。遗产分割的继承协议可以对传统继承公证模式进行有利的补充,更好地适应社会经济发展和人民群众的合理需求。继承作为民事法律的重要组成部分,与所有人都有密切的关系。公证机构可以提供综合继承法律服务,适时调整改革继承公证模式,向前延伸(意定监护协议、生前预嘱、遗赠扶养协议、预设继承协议、赠与、居住权合同公证、遗嘱公证)、事中监督(电话联系询问和实地监督相关协议的履行、有关协议履行凭证资料收集保存)、向后深化(遗产管理人资格确认、遗产分割协议、继承公证,以及继承后的代办不动产登记等),打出组合拳,全方位、多角度地促进和确保遗产得到妥善管理、顺利分割和继承。另外,我们还要逐步思考解决预设继承协议在继承发生后的使用和衔接问题,后续是需要继承人进行追认还是其他的处理方式,都是值得进一步探讨的问题。同时,公证人员还需转变"申请什么公证就办什么公证"的固化思维,结合《民法典》实施以来的遗产管理人、居住权等新制度,开拓定制化综合继承公证法律服务的新领域,更好地使用非讼程序保障各方的合法权益,为法院系统进一步筑牢防线,为社会主义法治贡献力量,维护好社会的和谐稳定。

# 涉房屋拆迁继承纠纷实务问题研究

赵朝霞*

涉房屋拆迁继承纠纷，是指被继承人所有或与他人共有的房产在被继承人死亡前或死亡后被国家有权机关征收，继承人之间、继承人与案外人之间因共有物分割、分家析产、继承房产拆迁安置利益而产生的纠纷。涉房屋拆迁继承纠纷并不是《最高人民法院民事案由适用要点与请求权规范指引》所规定的案由，其同时跨越法定与遗嘱继承纠纷、分家析产纠纷、不动产登记纠纷、所有权确认纠纷、共有物分割纠纷、离婚后财产纠纷、居住权纠纷等多个案由。司法实践中事实认定错综复杂、法律适用既有可能纵跨新旧法律、不同层级法律规范，也经常横跨多个法律部门；既可能涉及一个家庭的祖辈几代人，又涉及房屋拆迁部门、不动产登记机关等。这类纠纷能否公正裁判决定着司法机关解决家庭矛盾与社会矛盾的实效性和公信力，也直接影响家庭和睦与社会和谐。本文结合司法实践中的典型案例，对该类纠纷的裁判规则进行梳理。

## 一、典型案例

**案例一**：多年未居住的农村老宅被拆迁，继承人之一进行了修缮和添附并进行了登记，还属于遗产吗？

许某7、许某5共有物分割纠纷：坐落于某市某区某村17号集体土地上的老宅系许12、孔某某在世时建造，1951年办理了土地房产所有证，登记在许12名下，各方当事人对该事实均无异议。上诉人许某7、许某5认为，1952年许12、孔某某带着全家迁入某市城区生活，户口均迁入城区，其后10年间老宅无人居住、无人管理。1962年，两上诉人的父亲许金某某一家下放农村，户口也迁回农村，才对老宅进行了修缮和添附，并且一直在老宅居住生活。1992年老宅的集体土

* 赵朝霞，南京信息职业技术学院马克思主义学院副教授，朝霞法律工作室主任，江苏钟山明镜律师事务所兼职律师。

地建设用地使用权证登记在许某 5 名下,各被上诉人既没有在老宅居住生活,也没有对老宅进行管理和修缮。许 12、孔某某去世后,各被上诉人也从未提出继承老宅,因此老宅事实上应当属于许金某某一家所有。据此继承人上诉认为案涉房屋的拆迁利益不应当作为遗产进行继承和分配。

**案例二:**在以父亲之名向村集体申请的宅基地上建造的房屋,父亲去世后,如何确定遗产范围?

1987 年,薛某家庭以薛某 2 为户主申请宅基地建房,当时的人口为薛某 2 夫妇及两个儿子薛某 3、薛某 4。薛某 3 结婚后居住在西面二楼二底,1997 年薛某 4 结婚后居住在东面二楼二底,薛某 2 再次申请宅基地建房 56.76 平方米房屋。在宅基地申请表、拆迁补偿协议材料中未登记儿子的名字。1997 年后直至拆迁前,薛某 2 夫妇一直居住在 56.76 平方米房屋中,大儿子一家住西面二楼二底,小儿子一家住东面二楼二底。薛某 2 分别以自己名义签订三份房屋征收拆迁补偿安置协议书:第一份记载:所有权人薛某 2,土地使用权人薛某 2;第二份记载:所有权人薛某 2(薛某 3);第三份记载:所有权人薛某 2,土地使用权人薛某 2。薛某 4 先去世,薛某 2 后去世,均未留遗嘱。薛某 4 的妻子徐某和儿子薛某 1 起诉,请求对所有拆迁利益进行分割(包括东面二楼二底、西面二楼二底和一套 56.76 平方米房屋)。

**案例三:**拆迁协议已经明确被拆迁人,被继承人也留下有效遗嘱,才得知被拆迁人之一无法享受产权置换房,该如何处理?

郝某与朱某系夫妻关系,有三个女儿,分别是郝某 1、郝某 2、郝某 3;两个儿子分别是郝某 4、郝某 5;1989 年郝某与朱某购买了某市建滨江路 3 号 71 平方米房产一套,并取得房屋所有权证。郝某于 2002 年去世,房屋在 2014 年拆迁。拆迁协议书中记载的被拆迁人:郝某(已故)、朱某、郝某 2、郝某 4、郝某 5,郝某 1 和郝某 3 用公证方式放弃了继承。拆迁具结书记载:朱某的补助款 0,实际划款 0;郝某 2 的补助款 60000 元,实际划款 60000 元;郝某 4 的建筑面积 62.125 平方米,补偿款 632060 元,补助款 158336 元;郝某 5 的建筑面积 8.875 平方米补偿款 90294 元,无补助款;后因郝某 4 得知因其曾享受单位一套经济适用房,按照相关政策,不能以自己名义享受本次拆迁安置,故换成其母亲朱某名字。包括《购房款明细确认表》等在内的所有材料,均由郝某 4 代其母亲朱某签字和申购。拆迁安置得到的两套房产均登记为郝某 5 和朱某的名字。朱某于 2019 年去世,后郝某 5 向法院起诉,要求分割两套房产价值的 1/2 份额和继承母亲的份额,理由是登记未约定份额的应当推定为均等份额。

## 二、涉房屋拆迁继承纠纷的实务难点

1.被拆迁房屋本身是否属于遗产及遗产比例难判断。遗产是自然人死亡时遗留的合法财产,在涉拆迁的继承纠纷中,被拆迁者房屋的归属有前提性意义。房屋归属决定着房屋是不是遗产,也决定着遗产的范围和比例。被继承人名下的房产被征收,房屋对应的征收补偿利益应作为遗产转化形式。房产中的遗产范围通常需要考虑的因素有:房产的历史来源,是否家庭共有财产,是否为夫妻共同财产,被继承人死亡时间和拆迁时间等。难点在于,房屋建造主体与登记主体不一致,房地归属不一致(主要体现为农村集体土地的宅基地使用权人与建筑物权利人不一致),经过几代人居住的"祖遗产",未领过土地使用证或土地使用证与实际产权人不一致;有时需要考虑户籍记载的人口,有时则只需要考虑房屋总面积;拆迁前房屋是否被处分及处分是否有效;多位继承人分别实际长期占有是否可以认定为对被拆迁房屋已经事实分割;被继承人与配偶死亡时间先后、有无再婚、遗嘱效力、家庭协议对遗产范围的影响等。

2.房屋拆迁相关补偿奖励项目繁多、是否属于遗产争议大。房屋拆迁合同中涉及的补偿项目有一定的地区差异,一般有:建筑物评估值、装修补偿、附属物补偿、未超过期限的临时建筑补偿、病残困老补助、停产停业补偿、搬迁费、临时安置费、补贴费(含选择货币补偿奖励和补贴等)、奖励费(按时签约、按时腾房等)、空调电话有限电视等日常必备电器、通讯设备移机费。一般认为,建筑物评估值和装修补偿金额、附属物补偿属于对于产权人的补偿,与实际居住人无关;搬迁费、临时补助费、按时签约费等则与已经去世的被继承人无关,是对合同相对人的补偿。但是,建造以及翻修因素,出资因素、户籍因素、共有因素、委托代理因素等,决定了确定遗产范围通常是这类案件审理的最大争议焦点。同时,这类纠纷通常发生在家庭成员之间,各方当事人均欠缺保留证据的意识。个案有很大程度的自由裁量权,有同案不同判的情况发生。争议较大的如:选择货币补贴和奖励是否属于被拆迁房屋共有人(被继承人)的遗产,哪些安置利益源于房屋拆迁,但与被拆迁房屋的自身利益无关。

3.《民法典》实施后,居住权对拆迁安置利益分配的影响有待立法进一步明确。《民法典》物权编第366~371条确立了居住权,规定产权人可以通过合同或者遗嘱的形式为非房屋产权人设定房屋的居住权。居住权的新增将对征地拆迁产生直接、具体影响。在《民法典》出台或者实施前,虽然我们也经常提到居住权,但仅仅是对公民居住权益的一种事实描述,而《民法典》是将居住权正式设定为物权,具体说是一种用益物权。《民法典》第366条规定:“居住权人有权按照合同约定,对他人的住宅享有占有、使用的用益物权,以满足生活居住的需要。”《民法典》将居住权设定为物权,如果房屋被依法征收,居住权人当然可以作为权利人享有获得安置补偿的法定权利。同时《民法典》第327条明确规定:“因不动产或者动产被征收、征用致使用益物权消灭或者影响用益物权行使的,用益物权人有权依据本法第二百四十三条、第二百四十五条的规定获得相应补偿。”不过,《国有土地上房屋征收与补偿条例》等行政法规和地方性规章等均还没有将居住权人纳入被拆迁人的范围,各地也尚未明确针对居住权人的补偿标准。

## 三、涉房屋拆迁继承遗产范围认定的一般规律

1. 对被拆迁房产所有权变动与处分须以被继承人死亡前明确具体的意思表示为前提,进而界定被继承人的遗产范围。被继承人将户口迁出、不再居住,继承人对房屋进行翻建、继承人领取土地使用权证书事实等并不能直接否认原所有权人(被继承人)的权利。放弃所有权的意思表示须明确具体,且已经转移所有权的证明标准较高。

在案例一中,二审终审判决认为,老宅系许12、孔某某在世时建造,所有权归属于许12、孔某某。虽然两人从1952年之后就不在老宅居住生活,户口也迁入某市城区,但并不因此丧失对老宅的所有权。许金某某一家虽然从1962年起在老宅居住生活,户口也登记在老宅,但是上诉人许某7、许某5未提交证据证明许12、孔某某已经将老宅的所有权转移给许金某某,尽管1992年案涉老宅所在的集体土地使用权登记在许某5名下,但并未改变老宅的所有权。上诉人许某7、许某5关于案涉老宅属于许金某某一家所有的主张,法院最终不予支持。[1]

在另一判决中,法院在政府征收部门的文件基础上,要求儿子对父母房子的出资行为进行举证,家庭关系中出资举证普遍难。事实上这种举证责任的分配本身就意味着对所有权保护、对被继承人遗产保护的内在价值:判决指出:首先,关于案涉拆迁补偿款的所有权归属问题。劳某1主张因上述款项属于老房拆迁所得,而该房屋中除28.93平方米之外的面积系其与赵某某夫妻共同建造,故相应款项应由其共有。但对于出资建造一节,劳某1并未提供任何有效证据加以佐证,对其该节主张本院不予采信。根据某市某区人民政府出具的《国有土地上

---

〔1〕 江苏省南京市中级人民法院民事判决书,(2021)苏08民终1378号。

房屋征收范围内未登记建筑认定书》,案涉房屋为国有土地上房屋,该房的暂保使用权证的持证人为赵某某,《房屋收购货币安置协议(非租赁房屋)》中的被收购人亦为赵某某,结合案涉房屋为赵某某与劳某某婚姻关系存续期间建造取得的事实,法院认为,案涉房屋应属于赵某某与劳某某的夫妻共同财产,相应地该房屋因被收购获得的补偿款项也属于夫妻共同财产。不属于劳某1与父母的共同财产,并在此基础上明确了遗产的范围。[2]

有些法院[3]则区分了被继承人生前有无同住继承人以及翻建是否征得其他继承人同意两个因素,不再局限于转移所有权的意思表示的有无。对于被继承人生前居住房屋内有同住继承人,去世后同住继承人翻建房屋,该种情形属于同住继承人作为宅基地使用权人合理改善自身居住条件,其他继承人不享有新翻建房屋的份额,但翻建人应当补偿其他继承人在原房屋中的份额。笔者认为,这样的裁判更细致、更公平。

2. 选择货币补偿奖励和补贴是由被拆迁房屋转化而来的利益,作为共有人应当享有份额,属于被继承人的遗产。在徐某1、徐某2法定继承纠纷中,[4]徐某1向二审提起上诉称:"选择货币补偿奖励和补贴"是对安置人口/家庭选择货币补偿行为的奖励与补贴,而不是对被征收房屋价值的补偿(明显区别于房屋补偿),旨在提升被征收人(安置人口/家庭)选择货币化安置后通过市场购住房的能力。根据某市货币化安置奖励政策,被征收人选择货币化安置的总共可以获得房屋评估价格42%的"货币补贴与奖励"。上诉人徐某1还提交了《某政府关于大力推进住房保障货币化的指导意见》一份,拟证明"选择货币补偿奖励和补贴"是对安置人口/家庭选择货币补偿行为的一种奖励和补贴,而不是对征收房屋价值的补偿(明显区别于房屋补偿)。选择货币补偿奖励和补贴的权利人是上诉人徐某1家庭,与被继承人徐某某无关,依法不属于遗产。二审判决认为:关于"选择货币补偿奖励和补贴"2294871元,该笔款项系对涉案被拆迁房屋选择货币化安置的奖励和补贴,体现的是由被拆迁房屋转化而来的利益,而徐某某为被拆迁房屋的共同共有人,原审认定徐某某对该2294871元享有份额,当属合理。

---

〔2〕 浙江省杭州市中级人民法院民事判决书,(2020)浙01民终7736号。

〔3〕 《类案裁判方法:继承纠纷中涉宅基地房屋拆迁案件的审理思路和方法》,载上海一中院官方微博2019年4月29日,http://weibo.com/391255007? refer_flag=1001030103。

〔4〕 浙江省杭州市中级人民法院民事判决书,(2020)浙01民终7686号。

3. 具有特定人身属性的奖励和费用和拆迁前已经去世的人无关，一般不属于遗产。农村房屋拆迁安置政策，政府除对被拆迁房屋自身的价值进行补偿外，更多的是基于社会保障政策对被拆迁人进行妥善安置，该部分安置利益虽源于房屋拆迁，但专属于具有特定社会成员资格的安置对象，与被拆迁房屋的自身价值无关。

浙江省的一个判决认为，在杨某 2、赵某某过世后，案涉房屋即为二人遗产。房屋因拆迁行为而获得的针对房屋本身的赔偿，为遗产的替代物。由于方某系《房屋征收补偿安置协议书》名下可享受的唯一安置人口，因此根据《房屋征收补偿安置协议书》安置的 75 平方米公寓楼的权利义务应由方某享有和承担，案涉房屋因拆迁取得的房屋评估奖、房屋面积奖、户籍奖、人口奖、未突击装修奖、搬家补助费、临时安置过渡费等，具有其特定的人身属性，应为方某个人所得，并不属于遗产范围，法院在扣除上述款项后认定被征收房屋的评估总价 77637 元及安置后剩余面积的补偿款，系房产征收利益，并作为遗产的替代物进行继承分割，符合法律规定。[5]

另外一个案件中，死亡事实被认为是确定是否为被拆迁人和安置对象的标准。[6] 判决认为：关于本案各方当事人所争议的吴某 2 的遗产范围，因案涉房屋属于孙某 2、卢某、吴某 2 共有，鉴于吴某 2 在 2000 年 12 月 29 日去世时，涉案房屋并未被征收拆迁，吴某 2 对涉案房屋价值所享有的份额，可认定为其遗产。根据某县人民政府拆迁文件的规定，涉案房屋虽因征收拆迁而被转化为新安置房屋，但涉案房屋自身的价值仍可依照拆迁政策的规定予以确定。根据本案现已查明的事实，吴某 2 在涉案房屋征收拆迁之前已经死亡，显然不能作为被拆迁人和安置对象。上诉人主张吴某 2 系被安置对象，进而主张将涉案房屋的安置利益作为遗产范围予以分割，显然缺乏事实与法律依据，法院对其上诉主张不予支持。

4. 有部分类型的安置补助费用不是针对被继承人的补助，实际承担情况是主要考量因素，一般不属于遗产。搬迁费、过渡费需要考虑拆迁房产的居住情况、费用的实际承担与需求情况、拆迁合同的书面相对人等情况确定归属。在上文提到的劳某 1、施某 1 法定继承纠纷一案[7]中，法院认定案涉房屋应属于赵

---

〔5〕 浙江省杭州市中级人民法院民事判决书，(2019)浙 01 民终 3610 号。

〔6〕 浙江省衢州市中级人民法院民事判决书，(2021)浙 08 民终 650 号。

〔7〕 浙江省杭州市中级人民法院民事判决书，(2020)浙 01 民终 7736 号。

某某与劳某某的夫妻共同财产，相应地该房屋因被收购获得的补偿款项也属于夫妻共同财产，儿子未被认定为共有人。对于搬迁费1400元、其他费用中的3340元、临时安置费78779元及一次性补贴过渡费18000元，法院考虑到赵某某系与劳某1一起同住过，劳某1承担了包括搬迁、拆装设备、过渡等费用的实际情况，确认上述款项不再计入赵某某的遗产范围而归属于劳某1所有。

5. 有分家析产传统的农村地区，不以所有权登记为确定遗产范围的主要因素，还需考虑当地习俗和实际居住情况。上文典型中提到的案例二，二审法院支持了一审法院的裁判理由，即案涉被拆迁房屋的宅基地虽均系薛某2代表家庭户申请，但两儿子薛某3、薛某4结婚后已经分列家庭户，分别居住于被拆迁房屋东西两边各二楼二底，薛某2夫妇单独居住在后建的56.76平方米的房屋内。此居住使用情况已逾20年。一审法院认为从农村习俗和常理中可以分析推断得出，薛某2和两个儿子家已达成事实的分家。该认定符合实际，合情合理。从拆迁安置协议看，也是分三处分别签订协议，并非作为一户安置。一审法院据此认定薛某3家庭为西面二楼二底的实际所有权人，薛某4家庭为东面二楼二底的实际所有权人，薛某2夫妇为56.76平方米房屋的实际所有权人。56.76平方米房屋对应的第一份拆迁安置协议的利益归薛某2家庭享有，西面二楼二底所对应的第二份拆迁安置协议的利益归薛某3家庭享有，东面二楼二底所对应的第三份拆迁安置协议的利益归薛某4家庭享有，也符合实际，并无不当。结合三份拆迁协议是分别针对三处签订，法院并没有根据拆迁安置协议中记载的所有权人或土地使用权人情况对三份拆迁协议所涉及的所有拆迁补偿利益作为薛某2的遗产予以认定。因此，儿媳徐某和孙子薛某1不能继承薛某2房产的拆迁利益，薛某4的遗产也就是东面二楼二底的一半的拆迁利益却可以由徐某、薛某1、薛某2、沈某分别继承12.5%。

综上，被继承人死亡时间早于房屋拆迁时间的，其本人不能作为被拆迁人和安置对象，但如果被继承人是房屋的所有权人且未做有效处分的，作为房屋的转化价值的拆迁利益则是其遗产。

### 四、案例三的裁判要点梳理与总结

第一，母亲的遗产范围和份额是本案的争议焦点。母亲的遗产范围包含分割夫妻共同财产的一半和继承其已故丈夫的份额。郝某1和郝某3均放弃继承其父亲的遗产（实际上是郝某4支付了各6万元补偿），父亲的父母均先于其死亡，因此，郝某2、郝某4、郝某5、朱某某是郝某的继承人，各继承1/8。由此得出，母亲朱某某的遗产为滨江路房产价值的 1/2(夫妻共同财产分割所得)+1/8(继承丈夫郝某的份额)=5/8。

第二,在本案中母亲立有数份遗嘱。2012 年,拆迁尚未开始,母亲朱某某以公证遗嘱的方式表示:自愿将滨江路 30 号房产中属于其本人的份额(包括继承已故丈夫的部分)留给儿子郝某 4 继承;2017 年,房屋拆迁安置结束后,母亲朱某某再次立下公证遗嘱,明确表示:拆迁所得的两处房产属于其个人的份额由郝某 4 继承。母亲直至去世前没有作出过相反的意思表示。

第三,依据拆迁补偿协议和拆迁具结书,原告郝某 5 占原房屋面积为8.875 平方米(对应补偿款为 90294 元),郝某 4 占房屋面积为 62.125 平方米(对应补偿款为 632060 元),母亲朱某某、郝某 5、郝某 2,和郝某 4 均签字表示认可。

第四,后因郝某 4 享受过单位的经济适用房,由于政策原因,不得已以母亲朱某某的名义办理了拆迁手续和房屋置换,产权证登记在母亲朱某某和原告郝某 5 的名下,但未约定份额,两套房产分别由郝某 4 和郝某 5 实际居住。在案涉两套房产系父母遗产且已有份额明确约定的事实前提下,如果机械地认为郝某 5 和母亲各占 1/2,不仅不符合房屋的历史来源,也不符合父母的真实意愿,更是违背了各方在拆迁具结时达成的约定。

第五,郝某 4 与郝某 5 曾在拆迁安置期间签订协议一份,约定两套安置房的分割办法,即两个人共同申购,一人一套面积相差不大,但也明确说明,如果郝某 5 不赡养母亲,郝某 5 的所得份额应予以追回。这实际上是一种附条件的赠与。后母亲朱某某赡养权纠纷判决书明确了郝某 5 没有尽到赡养母亲的义务并由法院强制执行。

第六,案涉拆迁安置的两套房产,郝某 4 和郝某 5 均有除拆迁补贴之外的出资行为,故两套安置房在案件审理时的市场总价值扣减出资金额后方可作为父母遗产。在此基础上,计算郝某 5 应该给郝某 4 多少补偿,郝某 5 方可取得其居住的一套安置房的所有权。

综上所述,确定涉房屋拆迁继承中的遗产范围,需要考虑的因素有:房屋的历史来源、所有权归属、夫妻共同财产的分割、有无遗嘱及遗嘱的效力、家庭协议的效力、拆迁奖励补贴的性质与功能等,不动产登记并不是确定遗产的排他因素。在婚姻家事案件中,更追求实质真实、更需要贯彻社会主义核心价值观的裁判取向也在本文所列举的多个案例中展现出来。此外,《民法典》实施后居住权对拆迁安置项目和补偿的影响,有待今后法律和地方性法规、相关政策的进一步明确和细化,方能实现不同部门法之间的衔接。

# 涉外法定继承纠纷的法律适用与裁判思路

吴慧萍　赵宁宁*

## 一、问题的提出

**案例一：**[1]被继承人杨某与张某在汕头登记结婚，1982年生育女儿张某1，1989年生育儿子张某2。此后的20世纪90年代，被继承人杨某、张某、张某1、张某2先后取得中国香港永久居民身份证，并在中国香港居住生活。2004年6月起，被继承人杨某因病就医居住于汕头市。2005年7月，被继承人杨某在汕头市去世。

涉案争议的遗产主要包括汕头市的不动产及公司股权等。法院查明，夫妻双方居住在汕头市期间，婚内购置了数套位于汕头市的不动产，产权人均为张某；自1996年起举家居住在中国香港期间，婚内又购置了数套位于汕头市的不动产，其中1套不动产的产权人为被继承人杨某与张某，其余不动产的产权人均为张某。相关事实情况见图1。

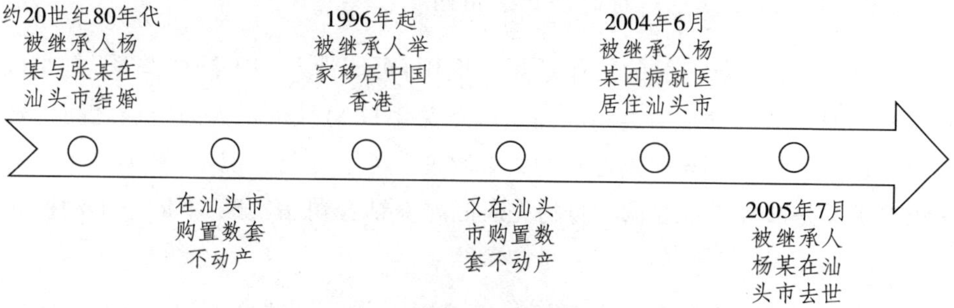


**图1　案例一时间线梳理**

---

* 吴慧萍，万商天勤（上海）律师事务所律师；赵宁宁，万商天勤（上海）律师事务所律师。

〔1〕 再审申请人杨某1等与被申请人张某、原审原告张某1等继承纠纷案，中华人民共和国最高人民法院（2019）最高法民申3532号民事裁定书。

因被继承人杨某生前未立遗嘱,也未与他人签订遗赠扶养协议,案例一系法定继承纠纷,涉案当事人包括杨某的父母、配偶张某、女儿张某1、儿子张某2。另外,诉讼期间杨某的父母先后离世,杨某父母的6名继承人被追加为该案当事人。

此外,案例一再审时的争议焦点可归纳为:(1)如何认定被继承人杨某死亡时的经常居所地;(2)涉案继承纠纷应适用中国法律还是中国香港法律;(3)原审法院对被继承人杨某的遗产范围认定是否准确。

**案例二:**〔2〕1979 年 11 月,被继承人黄某与苏某在佛山市顺德区结婚,婚后育有两个儿子黄某1、黄某2。2008 年 1 月,被继承人黄某在佛山市顺德区死亡,生前没有立遗嘱,被继承人黄某的父母均先于其死亡。另外,配偶苏某以公证声明书放弃继承遗产,儿子黄某2 以经我国驻曼彻斯特总领事馆公证的声明书表示放弃继承遗产。

一审法院认为,夫妻双方均为佛山市顺德人,婚姻关系无涉外或涉港澳台因素,故依据《婚姻法》的规定认定婚姻关系存续期间所得财产。另外,被继承人黄某去世,其配偶苏某与两个儿子黄某1、黄某2 之间的继承法律关系,亦无涉外或涉港澳台因素,故依据《继承法》的规定确定继承人范围。

二审法院认为,夫妻财产关系与法定继承是该案合同纠纷的先决问题,援引《涉外民事关系法律适用法》第 24 条、〔3〕第 31 条,〔4〕最终适用《婚姻法》认定夫妻共同财产范围,并适用《继承法》确定继承人范围。

### (一)涉外法定继承纠纷的法律适用问题

在涉外法定继承纠纷的法律适用问题中,可能涉及多重法律关系,主要包括:(1)被继承人与继承人之间的法定继承关系;(2)被继承人与配偶之间的婚姻关系;(3)被继承人与配偶之间的夫妻财产关系。通常情况下,婚姻关系和夫妻财产关系是涉外法定继承纠纷的先决问题。结合司法实践,不同于不动产所

---

〔2〕 黄艺明、苏月弟与周大福代理人有限公司、亨满发展有限公司以及宝宜发展有限公司合同纠纷案,载《最高人民法院公报》2016 年第 7 期(总第 237 期)。

〔3〕 《涉外民事关系法律适用法》第 24 条规定:"夫妻财产关系,当事人可以协议选择适用一方当事人经常居所地法律、国籍国法律或者主要财产所在地法律。当事人没有选择的,适用共同经常居所地法律;没有共同经常居所地的,适用共同国籍国法律。"

〔4〕 《涉外民事关系法律适用法》第 31 条规定:"法定继承,适用被继承人死亡时经常居所地法律,但不动产法定继承,适用不动产所在地法律。"

在地、婚姻缔结地等静态连结点属于既定事实，经常居所地、国籍等动态连结点可能基于某些法律行为或事件发生变动。连结点变动时，经常居所地的认定标准以及适用不同法律可能产生的法律冲突是亟须解决的难题。

以案例一为例，结婚时夫妻双方均为中国公民，居住在汕头市，20 世纪 90 年代举家移居中国香港并取得中国香港永久居民身份证；显然在婚姻关系存续期间，夫妻双方的经常居所地等连结点已发生变动，由此引发法律适用的问题。具体而言，在处理涉外夫妻财产关系时，若夫妻双方没有协议选择适用的法律，如何确定共同经常居所地？如果以结婚时的共同经常居所地为准，应适用中国法律；如果以购置财产时的经常居所地为准，可以适用中国法律、中国香港法律；与此同时，适用中国法律或适用中国香港法律，对于夫妻共同财产的认定将产生截然不同的法律后果，又该如何处理此类法律冲突问题？此外，被继承人杨某死亡时在汕头市连续居住 1 年以上，涉案当事人对于死亡时经常居所地产生争议，连接点变动时应如何认定被继承人死亡时的经常居所地？

### （二）涉外民事争议援引我国冲突规范的分歧

案例一系涉外法定继承纠纷，案例二系涉外合同纠纷，虽然两者的案由不同，但涉案争议存在交叉关系，共同点在于被继承人去世，生前均未立有遗嘱或预先作出继承安排，且法院待决事项均以明确继承人范围、夫妻共同财产范围，以及遗产范围为前提。值得注意的是，案例二中一审法院和二审法院对相关法律适用问题产生分歧，具体表现为一审法院以涉案夫妻财产关系和继承关系均不存在涉外或涉港澳台因素，直接适用的中国法律，而二审法院则援引《涉外民事关系法律适用法》有关涉外夫妻财产关系和涉外法定继承关系的规定，确定相应的准据法。从法院观点的分歧来看，实质可归结于涉外民事争议在何种情形下应援引国际私法冲突规范确定准据法？何种情形可以直接适用中国法律？

可以肯定的是《涉外民事关系法律适用法》系我国的冲突规范，不同于实体法或诉讼法，其作用在于确定涉外民事争议的准据法。同时，有待统一的是司法实践中如何针对涉案的不同问题采用分割方法确定应当适用的法律。[5]

---

〔5〕 最高人民法院《关于适用〈中华人民共和国涉外民事关系法律适用法〉若干问题的解释（一）》［以下简称《法律适用法解释（一）》］第 10 条规定："涉外民事争议的解决须以另一涉外民事关系的确认为前提时，人民法院应当根据该先决问题自身的性质确定其应适用的法律。"第 11 条规定："案件涉及两个或者两个以上的涉外民事关系时，人民法院应当分别确定应当适用的法律。"

## 二、完善涉外继承关系与涉外夫妻财产关系的法律适用

诚如上文所述,涉外法定继承纠纷通常包含涉外继承关系、涉外夫妻财产关系等多重法律关系。我国现行国际私法冲突规范在一定程度上明确了涉外民事关系的法律适用,但是因连结点变动随之可能产生相应的问题,比如,连结点变动时如何认定经常居所地,如何处理因连结点变动引起的法律冲突。为此,本文针对以上司法实践中存在的问题予以回应并尝试提出相应的解决路径,具体如下。

### (一)连结点变动时"经常居所地"的认定标准

从《涉外民事关系法律适用法》及其司法解释的内容来看,我国法院在处理涉外继承关系和涉外夫妻财产关系时,连结点的设定均包含经常居所地,而有关自然人经常居所地的认定,主要标准是同时满足两项要件且不存在排除适用的情形,即对自然人非就医、劳务派遣、公务等情形,将"连续居住 1 年以上"且"作为生活中心的地方"视为经常居所地。[6] 然而,此标准在法律适用上尚有不明朗的地方,需要结合审判实践进行必要的合理解释。

结合司法实践,法院对经常居所地的认定标准存在差异,例如,在郭某等与李某股东资格确认纠纷案中,法院认为,"在判断是否连续居住时,除了要看当事人在某地居住的连续状态,还要看当事人主观上是否将其作为生活中心的居住意图。在判断当事人是否将某地作为生活中心时,除了要看当事人主观上的居住意愿,还要看当事人的持续居住状态"。[7] 而案例一则通过计算被继承人住院治疗天数,认定被继承人并非以生活为目的居住在汕头,认为被继承人杨某死亡前居住地发生变化的原因是在汕头治疗重病,继而确定中国香港系被继承人杨某死亡时的经常居所地。

诚然,判定是否以生活为目的连续居住于某地时,采用主客观标准能够灵活应对现实生活中居住地变迁的情形,但是主观因素存在较多的不确定性,自由裁量权的行使也有可能引发判决结果是否客观公正的质疑。通过计算实际居住天

---

〔6〕《法律适用法解释(一)》第 13 条规定:"自然人在涉外民事关系产生或者变更、终止时已经连续居住一年以上且作为其生活中心的地方,人民法院可以认定为涉外民事关系法律适用法规定的自然人的经常居所地,但就医、劳务派遣、公务等情形除外。"

〔7〕郭某等、李某与青岛昌隆文具有限公司股东资格确认纠纷案,山东省高级人民法院(2016)鲁民终 2270 号民事判决书。

数,辅助判断居住目的,缺少普遍的参照意义,难以适用于无法清楚判断居住时间以及某地居住时间相差不多的情形。

基于上述立法及司法现状,笔者建议在现有司法解释的基础上进一步确定相关概念。具体而言,"连续居住满 1 年以上"可采用居住目的叠加时间上相对连续的标准,在判决居住目的时,可以借助法院查明的客观事实进行判断,当事人提供的居住证明、出入境记录、生活缴费凭证等可以体现生活轨迹的客观证据,将有助于判定居住的主观意愿,也可以知悉居住时间是否形成相对连续的状态。此外,"作为生活中心的地方"可以采用最密切联系原则,结合婚姻缔结地、争议财产所在地、居住目的及居住情况等因素综合判断。

### (二)连结点变动时法律冲突的解决路径

就涉外夫妻财产关系而言,倘若夫妻双方没有协议选择适用的法律,因连结点变动可能形成多个共同经常居所地;没有共同经常居所地,也可能形成多个共同国籍;抑或因连结点变动,没有共同经常居所地或共同国籍;诸如此类情形,现行《涉外民事关系法律适用法》及其司法解释缺少细化的冲突规范指引,继而依据《涉外民事关系法律适用法》第 2 条第 2 款的规定,[8]适用与该涉外民事关系有最密切联系的法律。

虽然最密切联系原则有助于明确适用的准据法,但是无法回应法律冲突的问题。结合案例一,若以中国法律为准据法认定夫妻财产范围,婚姻关系存续期间登记在夫妻一方名下的财产,无相反证据时应认定为夫妻双方共同共有;若以中国香港法律为准据法认定夫妻财产范围,因中国香港实行分别财产制,登记在夫妻一方名下的财产将认定归该方个人所有。在审理案例一时,法院结合连结点的变动情况,区分不同时期确定准据法,以动态视角解决法律冲突问题具有借鉴意义。

笔者认为,针对动态连结点易发生变化的情形,可以通过司法解释进一步明确连结点变动时法律适用的规则,如基于最密切联系原则,区分连结点变化时不同阶段所对应的法律关系,有针对性地确定适用的法律。同时,也可以通过最高人民法院发布典型案例或指导案例的形式,促使司法实践对连结点变动时法律冲突问题的解决路径逐渐达成共识。

---

〔8〕《涉外民事关系法律适用法》第 2 条第 2 款规定:"本法和其他法律对涉外民事关系法律适用没有规定的,适用与该涉外民事关系最密切联系的法律。"

## 三、涉外法定继承纠纷裁判思路的统一

上述法院在审理案例二时裁判观点的分歧在于涉外民事案件何时须援引我国国际私法冲突规范。笔者赞成一审法院的观点,在识别具体法律关系的基础上,倘若相应法律关系无涉外或涉港澳台因素,应直接适用中国法律。虽然二审法院依据《涉外民事关系法律适用法》最终也确定适用中国法律,但其裁判逻辑有待商榷。对于此类法律适用的分歧,实践中可以通过统一涉外法定继承纠纷裁判思路,提高司法审判的可预期性,具体如下。

1. 区分不同问题采用分割方法确定适用的法律。涉外民事案件应当根据我国国际私法冲突规范的指引,针对涉案的不同问题采用分割方法确定相应的准据法。关于涉外民事案件的判定标准可以参照最高人民法院《关于适用〈中华人民共和国民事诉讼法〉的解释》第 522 条的规定。[9] 同时,对不具有涉外或涉港澳台因素的民事关系,应直接适用中国法律的相关规定。

2. 身份关系和财产关系是继承纠纷的先决问题。身份关系和夫妻财产关系通常是解决继承纠纷的先决问题。在案例一和案例二中,法院在明确遗产范围时首先应确定继承人范围、夫妻共同财产范围(如有)。就确定继承人范围而言,涉及案件程序性事项,意在明确诉讼主体资格;就确定夫妻共同财产范围而言,涉及案件实体审理问题,意在析出属于被继承人所有的遗产。

3. 连结点变动时区分不同阶段确定准据法。连结点变动时,结合最密切原则区分不同时期分别确定准据法。《涉外民事关系法律适用法》自 2011 年 4 月 1 日起施行,对于《涉外民事关系法律适用法》实施以前发生的涉外民事关系,应根据涉外民事关系发生时的有关法律规定确定准据法,若当时法律没有规定,可以参照《涉外民事关系法律适用法》确定准据法。[10]

涉外法定继承纠纷可能涉及多重法律关系,可以结合法律关系发生的时间,

---

〔9〕 最高人民法院《关于适用〈中华人民共和国民事诉讼法〉的解释》第 520 条规定:"有下列情形之一,人民法院可以认定为涉外民事案件:(一)当事人一方或者双方是外国人、无国籍人、外国企业或者组织的;(二)当事人一方或者双方的经常居所地在中华人民共和国领域外的;(三)标的物在中华人民共和国领域外的;(四)产生、变更或者消灭民事关系的法律事实发生在中华人民共和国领域外的;(五)可以认定为涉外民事案件的其他情形。"

〔10〕《法律适用法解释(一)》第 2 条规定:"涉外民事关系法律适用法实施以前发生的涉外民事关系,人民法院应当根据该涉外民事关系发生时的有关法律规定确定应当适用的法律;当时法律没有规定的,可以参照涉外民事关系法律适用法的规定确定。"

区分以下几种情形确定其法律适用问题。

(1)涉外婚姻关系的法律适用。2011 年 4 月 1 日前,主要依据原《民法通则》第 147 条规定,[11]适用婚姻缔结地法律认定婚姻关系;2011 年 4 月 1 日后,依据《涉外民事关系法律适用法》第 21 条、[12]第 22 条[13]确定准据法。

(2)涉外夫妻财产关系的法律适用。2011 年 4 月 1 日前,缺少相应的成文法规定,故可参照《涉外民事关系法律适用法》第 24 条确定准据法继而认定夫妻财产范围;2011 年 4 月 1 日后,应依据《涉外民事关系法律适用法》第 24 条确定准据法。

(3)涉外法定继承关系的法律适用。2011 年 4 月 1 日前,主要依据原《继承法》第 36 条规定[14]确定准据法;2011 年 4 月 1 日后,依据《涉外民事关系法律适用法》第 31 条确定准据法。

4. 依法明确适用的法律并解决涉案争议问题。在识别涉案法律关系的基础之上,根据上述法律适用规则,确定应适用的法律;如确定适用外国法律,应依法查明,不能查明外国法律或者该国法律没有规定的,适用中国法律。[15] 同时区分个案情况,根据准据法分别明确继承人范围、夫妻财产范围、遗产范围,并依法分割涉案遗产。

## 四、结论

《涉外民事关系法律适用法》及其司法解释虽然明确了涉外法定继承纠纷相

---

[11] 原《民法通则》第 147 条规定:“中华人民共和国公民和外国人结婚适用婚姻缔结地法律,离婚适用受理案件的法院所在地法律。”

[12] 《涉外民事关系法律适用法》第 21 条规定:“结婚条件,适用当事人共同经常居所地法律;没有共同经常居所地的,适用共同国籍国法律;没有共同国籍,在一方当事人经常居所地或者国籍国缔结婚姻的,适用婚姻缔结地法律。”

[13] 《涉外民事关系法律适用法》第 22 条规定:“结婚手续,符合婚姻缔结地法律、一方当事人经常居所地法律或者国籍国法律的,均为有效。”

[14] 原《继承法》第 36 条规定:“中国公民继承在中华人民共和国境外的遗产或者继承在中华人民共和国境内的外国人的遗产,动产适用被继承人住所地法律,不动产适用不动产所在地法律。外国人继承在中华人民共和国境内的遗产或者继承在中华人民共和国境外的中国公民的遗产,动产适用被继承人住所地法律,不动产适用不动产所在地法律。中华人民共和国与外国订有条约、协定的,按照条约、协定办理。”

[15] 《涉外民事关系法律适用法》第 10 条规定:“涉外民事关系适用的外国法律,由人民法院、仲裁机构或者行政机关查明。当事人选择适用外国法律的,应当提供该国法律。不能查明外国法律或者该国法律没有规定的,适用中华人民共和国法律。”

关的法律适用问题,但是关于连结点变动时夫妻财产关系潜在的法律冲突,以及连结点变动时“经常居所地”的认定标准缺乏细致的指引,需要法院结合案件的具体情况进行解释判断。对此,笔者建议在识别不同法律关系的基础上区分不同阶段分别确定准据法,并通过司法解释进一步明确以居住目的叠加相对连续居住的标准认定“连续居住满 1 年”,同时“作为生活中心的地方”应结合个案具体情况,采用最密切联系原则认定经常居所地。

此外,为避免司法实践中法院审理涉外民事争议援引冲突规范的分歧,可参照图 2 所示,尝试统一涉外继承纠纷的裁判思路,如识别涉案法律关系,区分相应法律关系是否具备涉外因素,对于具有涉外因素的法律关系依照冲突规范指引确定准据法,对不具有涉外因素的法律关系应适用中国法律。

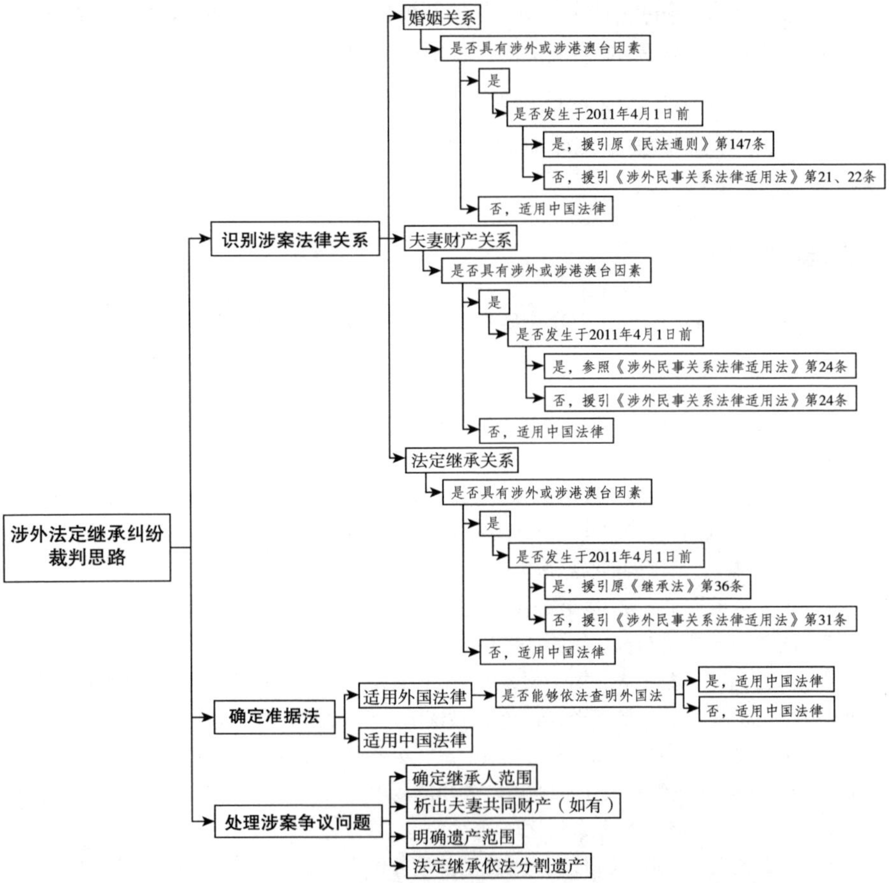


**图 2 涉外继承案件裁判思路梳理**

# 家事审判与程序

# 家庭教育指导制度在家事审判中的运用与完善

## ——以南京市玄武区人民法院审判实践为视角

王　萍　王　婵　李雪静*

2022年1月1日，《家庭教育促进法》正式实施，对家长"依法带娃"提出要求，家庭教育也从传统"家事"上升为重要"国事"。[1] 全国各地多家人民法院也据此陆续开展了试点工作，发出家庭教育令，成立家庭教育指导工作站。[2] 家事案件审理中伦理因素、感情因素交织并存，权利义务关系十分复杂，[3] 当事人往往容易忽略甚至侵害未成年子女的合法权益，在家事案件审理中，司法有针对性地纠正监护缺位问题十分必要。本文拟从理论和现实两个维度分析家事审判中家庭教育指导机制的必要性和存在的问题，并结合现有法律规定和司法实践，提出在我国家事审判中开展家庭教育指导的进路。

### 一、家庭教育指导制度概述

#### （一）家庭教育指导制度背景

习近平总书记高度重视家庭教育，多次发表重要讲话、作出重要指示。家庭教育关乎未成年人的健康成长和家庭的幸福安宁，也关乎国家发展、民族进步、

---

* 王萍，南京市玄武区人民法院审判委员会委员，三级高级法官；王婵，南京市玄武区人民法院法官助理；李雪静，南京市玄武区人民法院法官助理。

〔1〕 彭可馨：《家庭教育法草案：家庭教育不只是"家事"》，载《云南教育（视界综合版）》2021年第2期。

〔2〕 以笔者所在的南京市玄武区人民法院（以下简称玄武法院）为例，该院于2022年1月10日发出南京市首份"家庭教育令"，于2022年1月20日挂牌成立江苏省首家家庭教育指导工作站。

〔3〕 陈爱武：《家事案件审判程序改革的观察与思考——兼议民法典时代我国家事诉讼立法的必要性》，载《法治现代化研究》2020年第4期。

社会稳定。《家庭教育促进法》的正式施行,进一步凸显了家庭教育事业的重大意义,其实质是用法律对家庭教育领域内的关系进行调整。因此,家庭教育指导必须严格遵循家庭教育的自身发展规律,符合家庭教育的应有特点,否则难以发挥法律对社会关系的调节作用,也更加难以规范法律对父母行为的指导,更遑论真正保障未成年人利益。

一直以来,家庭教育被认为是父母和其他监护人的个人事务,属于私人领域的范畴,故而在本质上认为家庭教育的方式及内容应当由父母根据家庭情况、孩子性格自行决定,将家庭教育视为个人自由,避免对家庭教育进行过度干预。随着社会的转型发展,竞争压力不断增加,对家庭教育的功能和要求也有所改变。一方面,较多社会问题尤其是未成年人犯罪问题日益突出。通过对未成年人违法犯罪案件进行梳理发现,实务中涉罪未成年人多存在"家庭教育不当""父母缺乏监管能力""法治观念淡薄"等现象,这无不反映出家庭教育在未成年人成长过程中的重要性。[4] 另一方面,随着生活压力、社会竞争压力的不断增大,部分父母在家庭教育上付出的精力和时间有所减少,也有部分父母更关注孩子的学习成绩、外在表现,而忽略孩子的内在心理感受与思想品德建设,这些问题都不能不引起重视。良好的家庭教育,对于帮助孩子系好人生的第一粒扣子,至关重要。在这种情况下,司法适度介入家庭教育,对不当家庭教育行为进行纠正、引导,对未成年人健康成长给予法律保障,具有特殊意义。

### (二)家庭教育指导制度价值解读

《家庭教育促进法》是为了发扬中华民族重视家庭教育的优良传统,引导全社会注重家庭文明建设,增进家庭幸福与社会和谐,培养德智体美劳全面发展的社会主义建设者和接班人而制定的。该法规定,各级人民政府指导家庭教育工作,建立健全家庭学校社会协同育人机制。人民法院、人民检察院发挥职能作用,配合同级人民政府及其有关部门建立家庭教育工作联动机制,共同做好家庭教育工作。其价值体现在以下方面。

第一,未成年人利益最大化的体现。从立法规定可以看出,家庭教育指导制度将家庭内部教育关系纳入国家公法领域,强化国家的保障,体现了国家对未成

---

[4] 罗爽:《我国家庭教育立法的基本框架及其配套制度设计》,载《首都师范大学学报(社会科学版)》2018 年第 1 期。

年人合法权益保护的进一步强化。[5]《未成年人保护法》《预防未成年人犯罪法》《家庭教育促进法》等法律法规从立法层面确定了"未成年人利益最大化原则"。不仅要求保护未成年人的合法权益,而且要求最大范围地确定未成年人的权利和利益。[6] 因此,父母不再对子女享有绝对的监护权,一旦父母实施家庭教育侵害了未成年人的合法权益,无法保障未成年人的健康成长,甚至损害其利益时,国家公权力应当及时介入家庭管理,对父母实施家庭教育进行监督和指导,帮助父母更好地对未成年人进行教育、监护。《家庭教育促进法》的颁布实施,以国家公权力介入指导父母正确实施家庭教育,进一步保障未成年人利益最大化原则的贯彻实施。

第二,促进社会和谐稳定。未成年人是祖国的未来,民族的希望,做好未成年人保护工作,关注未成年人德智体美劳全面发展,为他们的身心健康发展创造良好的条件和社会环境,对家庭、社会的和谐稳定具有重要意义。通过家庭教育指导,对父母不当的家庭教育方法进行纠偏,引导父母正确履行监护义务,帮助未成年人正确辨别是非对错,抵御不良诱惑,从而更好地实现社会和谐稳定。

第三,弘扬社会主义核心价值观。注重家庭教育指导,在保障未成年人合法权益的同时,引导全社会更加注重家庭文明建设,这对于弘扬和践行社会主义核心价值观具有独特作用。"家"是连接个体与社会,私人领域与公共领域的关键点,无论是未成年人抑或父母,只有在良好的家风家教下,才能培养良好品质,善于待人,自觉遵守社会的法治和正义秩序。通过家庭教育指导,帮助家长学会如何更好地教育孩子,让家长以身作则、言传身教,增强德育的自觉性、针对性,形成长效机制推动家风建设,这对于培育和践行社会主义核心价值观具有重要意义。

## 二、家事审判中家庭教育指导的法律规定和司法现状

### (一)家事审判中开展家庭教育指导的法律依据

《家庭教育促进法》第 8 条规定,"人民法院、人民检察院发挥职能作用,配合政府及其有关部门建立家庭教育工作联动机制,共同做好家庭教育工作",该条

[5] 彭志新:《家事审判中实现未成年人利益最大化的思考》,载《人民法院报》2018 年 6 月 20 日,第 7 版。

[6] 陈立毅、庞庆龙:《"公法化"视野下未成年人监护权撤销与转移制度研究》,载《法制与经济》2021 年第 7 期。

强调人民法院、人民检察院在家庭教育中的职责定位。第 49 条规定,“公安机关、人民检察院、人民法院在办理案件过程中,发现……未成年人的父母或者其他监护人不正确实施家庭教育侵害未成年人合法权益的……可以责令其接受家庭教育指导”。该条规定为人民法院在案件审理中适时开展家庭教育指导工作提供了法律依据。“责令其接受家庭教育指导”其实并非全新的法律概念,《未成年人保护法》第 118 条第 2 款和《预防未成年人犯罪法》第 61 条分别从不同角度予以了规定,因此,《家庭教育促进法》的规定是对现有法律规定的补充。

### (二)家庭教育指导在家事案件审判中的实践

近年来,有些法院在审理涉及未成年人犯罪的刑事案件中探索对未成年人的父母或其他监护人进行强制或非强制亲职教育,取得了一定的法律效果和社会效果,积累了较为丰富的成功经验。[7] 未成年人案件与家事案件同根同源、理念相通,未成年人案件与家事案件在审判原则、裁判方式等方面具有一定的共通性,在当前人民法院探索少年审判与家事审判融合协同发展的背景下,将少年审判中的有益探索实践植入家事审判中也具有可行性。家庭教育指导实际上是从家庭角度强化对未成年人的保护,因此,无论是前期对强制亲职教育制度的有益探索,抑或各地法院家庭教育指导的司法实践,均可以为家庭教育制度在家事案件审判中的构建提供实践样本和经验参照。

《家庭教育促进法》正式施行后,玄武法院注重将未成年人案件审判中的成功经验、理念、裁判原则引入家事案件审判中,在 24 件案件中开展家庭教育指导 42 人次,尤其针对家庭监管缺失,家庭教育不当的父母进行审前、审中、判后的延伸教育,取得了一定成效,现选取其中 4 则典型案例进行具体分析。

1. 未成年人拒绝父亲探望案

张某(女)诉王某(男)离婚纠纷一案中,法院经过调解确定双方婚生女小花(化名)随张某共同生活,王某每周可探望小花一次,每次一天。因张某拒绝王某探望小花,王某遂向法院主张探望权。通常情况下,法院可以要求张某履行义务,也可向张某发出“家庭教育令”。但是法官以“未成年人利益最大化”作为判断标准,综合了考量王某探望小花是否合适,是否有利于小花的正常成长。该案中,法官邀请心理专家对小花进行心理疏导和评估,发现小花对王某有极强的恐

[7] 王贞会、范琳:《涉罪未成年人强制亲职教育制度构建》,载《青少年犯罪问题》2017 年第3 期。

惧与憎恶心理，二人相处并不和谐。心理专家经沙盘分析评估后给出的建议是，小花不适合由王某抚养，且在目前对立情绪下，王某也不适合对小花进行探望，法院最终遂未支持王某的探望主张，判后要求王某接受家庭教育指导，说服王某待作出改进并被小花接纳时再行使探望权。

2. 离异后父母妨碍另一方行使探望权案

在《家庭教育促进法》实施后，玄武法院在一起离婚纠纷的执行案件中，发出了全市首份“家庭教育令”。该案中，李某（男）与赵某（女）因夫妻感情破裂，经法院组织调解，双方达成调解协议：李某与赵某解除婚姻关系；双方婚生女小红（化名）由李某直接抚养，赵某每月支付抚养费 750 元；赵某每月探望小红两次，每次一天。后李某以赵某家有宠物，小红碰到宠物身体出现丘疹为由，拒绝赵某的探望。法院审理后发现，李某仅仅因为赵某在一次探望小红后，小红回家出现丘疹就擅自将小红带至外地，中断赵某对小红的探望，导致小红作为一个未满两周岁的幼儿在较长时间内无法见到母亲，客观上无法接受母亲的探望、教育、照顾，不能享受到母爱。李某的行为不当，依法应当予以纠正。2022 年 1 月 10 日，玄武法院向李某发出“家庭教育令”，责令李某限期到法院接受家庭教育指导，并要求李某从小红的生理、心理发展状况和情感需求出发，按照调解书确定的时间和方式，在不影响小红学习、生活的情况下，履行对赵某探望小红的协助义务，保障赵某每月探望小红两次，便于赵某作为母亲及时了解小红的成长情况和心理状况，对小红在身体素质、生活技能、行为习惯等方面进行培育、引导，保障小红健康成长。“家庭教育令”发出后，法官又邀请了心理专家、教育专家，通过线上线下结合的方式，对身处外地的李某进行家庭教育指导，经过教育指导，李某认识到了母亲的陪伴对于小红的重要意义，承诺会按照约定履行协助赵某探望小红的义务。

上述两个案例均涉及探望权问题，其中第一个案例系未成年人不愿接受父亲探望，第二个案例则系父亲阻碍母亲对未成年人行使探望权，虽然最终处理结果不同，但是在处理时均以未成年人的利益及意愿作为基本考量因素，充分体现了未成年人利益最大化原则。

3. 适时变更抚养关系，保障儿童的受教育权

钱某（女）与孙某（男）系协议离婚，离婚时协议约定 5 岁的婚生子小明（化名）由钱某抚养，孙某每月支付抚养费，钱某也履行了孙某对小明探望的协助义务。孙某在探望小明时了解到，钱某并未让应当接受义务教育的小明正常入学接受教育，对学校、社区的督促置之不理；且对小明的日常照顾并不到位，小明与

同龄人相比明显瘦小，身体发育迟缓。多次沟通无果，孙某遂向法院提起诉讼，主张变更小明的抚养权给自己。法院受理后，多次与钱某沟通，但钱某均拒绝沟通及出庭，且拒不配合送小明入学。法官联合检察、公安机关与教育局、民政局、妇联、社区多次召开联席会议，协调小明入学等事宜。在解决上述问题的基础上，法院依法判令小明由孙某直接抚养，为其营造更加良好的生活环境，并保障了适龄儿童的受教育权。

4. 协同开展家庭教育指导，帮助失足少年回归家庭

小勇(化名)出生后即被养父母领养，虽然养父母对小勇视若己出，但步入青春期的小勇在知道自己的身世后产生叛逆心理，养父母难以与小勇沟通。小勇夜不归宿，多次实施盗窃，所窃财物数额巨大，因涉嫌犯盗窃罪被起诉，被判处有期徒刑一年三个月并处罚金，同时责令其继续赔偿被害人的经济损失。法官了解到养父母对小勇感情较深，但因文化程度较低加之沟通方式存在局限，缺乏正确的家庭教育方法；在对小勇及其养父母进行法庭教育，修复双方的关系后，考虑到小勇很快将刑满，其能否顺利回归社会，家庭是关键。小勇服刑后，法官协同公诉人并邀请了家庭教育专家、心理专家和专业社工从不同角度对小勇的养父母进行有针对性的家庭教育指导，指出家庭教育中存在的失当和不足之处，传授正确的教育理念和方法，提醒家长在小勇刑满后如何与小勇正确相处，如何让小勇的姐姐和弟弟接纳小勇，无歧视地引导小勇走上正道。养父母认识到沟通的重要性，承诺不放弃小勇，多给其关爱，提高小勇的责任感和家庭归属感，帮助其早日回归社会。

上述两则案例案情虽不复杂，事实认定较为清晰明了，但法官均未就案办案，而是充分考虑到如何真正帮助未成年人家庭解决问题。两个案例中，法院均改变了以往"单打独斗"的模式，而是与多机构、部门通力合作，协同维护未成年人的合法权益。保护未成年人也需要全社会共同的努力，完善社会支持体系。正是基于此种考虑，2022年以来，玄武法院成立了首家家庭教育指导站，率先与辖区内的检察院、公安、民政局、妇联、教育局等十部门联动，共同签署《关于在涉未成年人案件中开展家庭教育指导工作的实施意见(试行)》，发布《玄武区全域推进家庭教育指导工作机制》，全方位、全链条推进未成年人保护暨家庭教育指导工作。

### (三)家庭教育指导在家事案件审判中存在的问题

玄武法院在家庭教育指导制度的具体实践中取得了一些成功经验，也帮助

更多未成年人父母及其他监护人切实履行监护职责,但实践中,也存在一些困难和问题,结合对目前各地法院探索实践的梳理分析,发现主要存在下列问题。

第一,法律规定笼统,缺乏可操作性。对人民法院在审理案件中如何开展家庭教育指导,现行法律规定较为笼统,在实践中缺乏统一规则。具体表现在:其一,对法院作出"家庭教育令"的适用情形不明晰,对"不正确实施家庭教育侵害未成年人合法权益的"这一限制性规定过于原则。其二,救济途径不明确。若家事案件当事人对法院作出的"家庭教育令"不服,如何救济缺乏相应规定。实践中,有的法院在"家庭教育令"中明确可以申请复议,但对申请复议期间、复议审查主体、审查复议期限等均没有作出规定。[8] 其三,对违反"家庭教育令"的后果规定不具体。《家庭教育促进法》第49、54条虽规定"可视情节轻重予以训诫,构成犯罪的追究刑事责任",但因缺乏具体的实施细则,难以起到有效督促作用;法官自由裁量权也较大,可能导致司法惩罚措施畸轻畸重的情形。

第二,实践中的适用存在差异。《家庭教育促进法》正式施行后,各地法院相继发出各类"家庭教育令",通过梳理分析,发现不同人民法院在具体适用中亦存在差别,主要体现在以下两个方面:其一,使用的名称不一致,大部分法院采用"家庭教育令"的表述,有的法院则使用"家庭教育督促令",[9] 还有的法院则命名为"责令接受'家庭教育令'"。[10] 为统一本文表述,笔者以大多数法院采用的"家庭教育令"为准。其二,对于家庭教育指导的内容不一致。大多数法院在"家庭教育令"中仅责令"至法院接受家庭教育指导",但缺乏详细的指导方案,有些法院的责令内容为要求监护人履行监护职责,[11] 存在概念范围模糊的问题。对此,笔者认为可以参考域外做法,如英国亲职令中会要求在不超过12个月的时

---

〔8〕 例如,玄武法院在"家庭教育令"中明确"不服本令的,可以自本令送达义务履行人之日起五日内向本院申请复议一次",参见《督促"依法带娃"! 南京市玄武区、江宁区相继发出〈家庭教育令〉》,载澎湃新闻2022年2月22日,https://www.thepaper.cn/newsDetail_forward_16520795。

〔9〕 《"未"爱发"令"! 泉港法院首发〈家庭教育督促令〉》,载澎湃网2022年2月21日,https://m.thepaper.cn/baijiahao_16210869。

〔10〕 《云南一失职家长对子女未尽抚养义务,责令接受"家庭教育令"!》,载网易2022年2月21日,https://www.163.com/dy/article/H0ON19DU0530WETF.html。

〔11〕 《家庭教育公开课:从"家事"到"国事"》,载腾讯网2021年2月24日,https://xw.qq.com/cmsid/20220117A094H100。

间内遵守命令中规定的要求,或者参加不超过 3 个月的指导课程,[12] 以督促儿童父母妥当履行亲职责任。

第三,实施效果不够理想。家庭教育指导具有专业性、综合性等要求,人民法院特别是基层法院办案力量有限,且受专业水平限制,在依法作出"家庭教育令"后,往往跟踪指导力度不足,难以评估实际效果。因此,即使发出"家庭教育令"也会导致流于形式,威慑力不足。虽然,《家庭教育促进法》中规定家庭教育需要社会各界的相互配合、协同发力,但若法院在作出"家庭教育令"后未对接到健全的社会支持体系,实践成效亦会大打折扣。

## 三、家事审判实务中构建家庭教育指导制度的路径选择

### (一)"家庭教育令"性质分析

目前学术界对人民法院发出的"家庭教育令"的性质讨论较少,但厘清法律性质是科学合理构建家庭教育指导制度的前提,鉴于此,笔者结合"家庭教育令"的内容,同时借助现有相关类似制度,将其性质分析如下。

第一,"家庭教育令"是对"督促监护令"的有效补充。我国《家庭教育促进法》施行前,已有法律规定司法机关督促监护人履行职责,例如,《刑法》第 17 条第 5 款规定:"因不满十六周岁不予刑事处罚的,责令其父母或者其他监护人加以管教;在必要的时候,依法进行专门矫治教育。"《刑事诉讼法》和《预防未成年人犯罪法》中均明确要求未成年人父母或监护人对未成年人严加管教,切实履行监护职责,实务中有多家法院与检察机关积极探索实践"督促监护令"。玄武法院、上海市长宁区人民法院早在 2003 年就尝试在未成年人刑事案件审理中探索对涉罪未成年人及其家长发出"监管令",指导家长在未成年子女缓刑考验期内加强监管和教育。最高人民检察院也在总结实践经验的基础上决定自 2021 年 6 月 1 日起在涉未成年人案件办理中全面推行"督促监护令",可见,"监管令""督促监护令"是司法机关监督监护人履行监护职责的直接手段和重要载体。《家庭教育促进法》出台后,在面对监护人不能有效履行监护职责或履行不当时,"督促监护令"和"家庭教育令"都有适用的余地,就两者的区别而言,"督促监护令"的落脚点在预防罪犯,而"家庭教育令"的功能更多的是纠正不当家庭教育行为,对未成年人健康成长给予法律保障,可以说,"家庭教育令"是对"监管令""督促监

〔12〕 梅文娟:《英国亲职令立法考察与借鉴》,载《青少年犯罪问题》2021 年第 6 期。

护令”的有效补充。

第二,“家庭教育令”是具有必为性内容的司法命令。所谓司法命令,是司法机关向特定主体签发的要求其完成特定之作为或禁止其作出一定行为的指令。“家庭教育令”的主要内容为规范家长或其他监护人的不当行为,并对家庭教育予以专业指导,符合司法命令具有一定行为必为性内容的实体特征,〔13〕因此,“家庭教育令”本质上与“人身安全保护令”一样属于司法命令的范畴。按照发出的时间阶段划分,“家庭教育令”可以分为诉前、诉中以及诉后“家庭教育令”。例如,在本文第二部分提及的在探望权执行案件中发出“家庭教育令”,要求未成年子女的父亲接受家庭教育指导,妥善处理探望纠纷。值得注意的是,“家庭教育令”往往在涉及未成年人的案件或者家事案件的诉讼阶段发出,具有依附于审判、执行程序的特点,与适用独立程序的“人身安全保护令”也有明显区别。

第三,“家庭教育令”是依职权实施的救济方式。如何实施家庭教育的确是家庭内部的事情,如果父母或者其他监护人怠于履行家庭教育义务或者实施家庭教育不当的,人民法院可以依据《家庭教育促进法》《未成年人保护法》等法律规定,有针对性地发出“家庭教育令”,进行必要干预,纠正父母或者其他监护人的不当履职监护行为,从而保障未成年人健康成长,促进家庭社会的和谐稳定。因此,“家庭教育令”是司法机关依职权而实施的一种合法权益救济方式。

### (二)家事诉讼中开展家庭教育指导的基本原则

1. 最有利于未成年人原则

“未成年人利益最大化”已成为我国家事立法、司法发展的必然趋势,〔14〕《未成年人保护法》第4条也明确规定了“最有利于未成年人”这一保护未成年人的原则。在司法实践中,家庭教育指导制度的实施,也应当始终以是否实现“最有利于未成年人原则”作为判断标准。比如,在涉抚养权纠纷案件处理中,若夫妻双方育有两个子女且均有抚养孩子之意愿,司法实践的常见处理方式为,夫妻双方每人直接抚养一个孩子,但这样并未完全考虑到未成年子女的内心意愿和感受,强行让两个孩子分离亦不利于孩子的身心健康。“最有利于未成年人原则”就需要更加关注孩子的行为与心理,从孩子的角度探求解决问题的正确方

〔13〕 余文唐:《人身安全保护令的法律性质辨正》,载《人民法院报》2017年2月22日,第7版。

〔14〕 陈奇伟、邱子芮、来文彬:《论“儿童利益最大化”在家事立法与司法中之贯彻与完善》,载《南昌大学学报(人文社会科学版)》2020年第5期。

式。具体到家庭教育指导制度,以“家庭教育令”的适用为例,“最有利于未成年人原则”要求法官根据不同案件的具体情况在个案中具体判断。多数时候,还需要法官借助社会学心理学、教育学等专业知识或借助相关专业人员进行判断。

2. 公权力适度介入原则

依据私法自治理念,公权力对私域的干预在范围和力度上有严格限制,以防止公权力的过度膨胀。[15] 将未成年人的成长监护“公法化”,是为了保护未成年人的利益,将家庭内部监护关系纳入国家公法领域,强化国家的保障,在私领域无法实现对未成年人保护时,以最有利于未成年人利益为导向,注重私力救济和公力干预的立法理念。[16] 也就意味着通常情况下,家庭内部的教育仍应由家庭自行完成,公权力不应过度介入。只有在父母或者其他监护人怠于履行、不能及时履行监护职责或者监护缺失时,国家公权力及时介入未成年人合法权益的家庭保护中,对家庭教育进行“补强”,以发挥家庭对于未成年人成长的积极意义。

在家庭教育领域,应当将父母的家庭教育作为保障未成年人健康成长的基础,而国家亲权贯穿于儿童发展始终。基于对家庭自治的最小干涉,亲权与国家亲权之间应当设立权利边界,适度介入,以实现二者的协同作用。一般情况下,国家亲权的适度介入体现为事前宣传、事中引导与事后监督。即根据家庭教育的应有之义,对父母适时开展宣传引导,实现事前干预;对出现问题的家庭进行针对性的辅导,实现事中引导;对因不当教育出现的特殊问题,如导致子女犯罪等严重行为,强制性进行家庭教育指导与惩戒,实现事后补救。国家亲权的事先干预,事中引导以家庭自治为主,若家庭教育不存在重大问题的尽量避免介入家庭教育。而事后补救多具有强制性,发挥国家亲权保障儿童利益的兜底性作用。[17]

### (三)构建家庭教育指导制度的基本框架

1. 家庭教育指导适用的对象

家庭教育指导是针对未成年人的父母或其他监护人采取的一项教育辅导制

---

〔15〕 参见冯源:《论儿童最大利益原则的尺度——新时代背景下亲权的回归》,载《河北法学》2014 年第 6 期。

〔16〕 李进:《对完善未成年人法定监护制度的思考——监护制度公法化》,载《祖国》2010 年第 14 期。

〔17〕 张鸿巍、于天姿:《亲权与国家亲权间的平衡:探求家庭教育的实现路径——兼评〈家庭教育法(草案)〉》,载《中华女子学院学报》2021 年第 4 期。

度，旨在通过全面系统和有针对性的辅导培训，帮助父母或其他监护人更好地处理亲子关系和家庭关系，正确实施家庭教育指导，从而全方位保护未成年人的合法权益。家庭教育指导在形式上可以分为自愿参加和强制参加两种。通常情况下，应当以未成年人的父母或其他监护人自愿参加为原则，尽可能促使未成年人父母或其他监护人积极参加家庭教育指导。自主自愿参与的形式更能达到家庭教育指导的效果。若父母或者其他监护人拒不履行法定义务，家庭教育不当，侵害未成年人合法权益的，人民法院可以强制未成年人的父母或其他监护人参加家庭教育指导。

2. 家庭教育指导的适用情形

对于家庭教育，需要充分尊重父母或者其他监护人的自主性，最大限度保障父母依法实施家庭教育的权利，而公权力特别是司法干预则应当审慎。在司法实践中，只有在必要情形下才能实施干预，体现国家亲权。[18] 因此，有必要细化《家庭教育促进法》中关于"不正确实施家庭教育侵害未成年人合法权益的"适用标准，本文根据家事案件审判实践，归纳出如下具体适用情形：(1)家事案件审理中发现侵犯未成年人合法人身、财产权益的；(2)被监护未成年人实施严重不良行为或者实施犯罪行为的；(3)不依法履行监护职责，致使未成年人遭受他人犯罪行为侵害的；(4)未成年人的父母或者其他监护人，怠于或不当履行对未成年人的监护职责，法院认为有必要进行家庭教育指导的；(5)其他应当接受家庭教育指导的情形。

3. 家庭教育指导的具体内容

在司法实践中，家庭教育指导应当贯穿涉未成年人家事案件审理的全过程，建立诉前、诉中、诉后"一站式"全流程衔接指导，从而满足不同社会群体中各类涉未成年人家事纠纷的特点与需求。与此同时，还应当区分家庭教育指导的形式和性质，分类进行。法治宣传、家庭教育知识的普及等不具有强制性，可以作为一般性的指导来开展。比如，利用少年法学院、政法网格员、普法进社区等活动，向家长开展良好家风、家教的宣传，向未成年人开展法律知识的宣传等。而在处理涉未成年人家事案件中，如离婚纠纷、抚养权纠纷中，可以针对案件的具体情况向当事人释明家庭教育的重要意义，告知家庭教育的方式方法和沟通技巧，提醒父母及时关注未成年人健康成长。这些事前、事中的宣传与引导虽非强

〔18〕 苑宁宁：《〈家庭教育促进法〉的立法背景与主要内容》，载《少年儿童研究》2022 年第 2 期。

制性干预,但同样是家庭教育指导的一部分,可作开放性列举,并可采用单独辅导、家庭辅导、团体辅导等形式开展,利用线上线下相结合方式,如课堂教学、实境教育、网络指导等,丰富指导形式。

对于事后的强制性措施,如发出“家庭教育令”,责令限期接受家庭教育甚至训诫等,则是对私领域的强力介入,应当明确具体的介入方式与情形,只有在特定事由出现后,才能有针对性地进行处理。在该种情形下,应当采取个性化设计,不同家庭不同方案,根据家事案件审理的实际情形,有区别地要求未成年人父母或其他监护人按照规定完成必要的学时任务。在开展家庭教育指导的过程中,可以吸纳未成年人共同参与,实现双向教育;亦可借助外力,邀请心理专家、教育专家介入,提升家庭教育指导的效果。

4. 家庭教育指导的执行保障

我国台湾地区规定了违反强制亲职教育的处罚内容,即“若法定代理人或者监护人拒不接受辅导或时数不足的,会被处罚新台币 3000 元以上 10000 元以下罚款。经再通知仍不接受者,应当按次连续处罚直到接受为止……”〔19〕人民法院发出的“家庭教育令”,应具有可执行性。如明确父母或者其他监护人接受家庭教育指导的时限要求,包括参与的次数以及参与的时间等,并在结束指导 6 个月内对未成年人及其父母或者其他监护人进行跟踪回访。结合有关社会组织、机构的调查报告,对家庭教育指导效果进行最终评估。在强制力上,也可以适当借鉴我国台湾地区亲职教育制度,采取连续罚款、要求其自行承担亲职教育费用等措施保障强制性亲职教育的实施。

5. 权利救济途径的设置

明确救济方式,可以保障未成年人的父母或者其他监护人对接受家庭教育指导提出复议的权利,并且可以让他们更好地履行对未成年人的监护职责。《家庭教育促进法》未规定具体的权利救济方式,参考人民法院作出其他民事命令的相关法律规定,如我国《反家庭暴力法》中对人身保护令的复议规定等,可以明确对人民法院作出的“家庭教育令”不服的,自该令送达之日起 5 日内可以向作出该令的人民法院申请复议。

〔19〕 肖振国、裴章艺:《少年司法语境下强制亲职教育制度之优化——以台湾地区强制亲职教育制度为镜鉴》,载《人民检察》2019 年第 8 期。

### (四)完善家庭教育指导的配套机制

1. 健全未成年人权益保障机制

在涉未成年人的家事案件办理过程中,在对未成年人的父母或者其他监护人进行强制家庭教育指导时,若发现存在监护缺失等情形,人民法院等司法机关可以组织心理咨询师、专业社工等人员,为未成年人提供心理疏导、临时监护等保障。

2. 完善社会支持体系建设

家庭教育指导是一项开放性的工作,需要社会各界的共同支持。社会支持体系的完善也是人民法院在家事案件审理中实施家庭教育指导机制的重要保障。一方面,人民法院应当积极联合公安、检察、民政、妇联、教育、共青团等单位及组织,引入专业社会力量,发挥各自资源优势和职能作用,密切协作配合,建设完备的家庭教育指导基地,保障强制亲职教育有固定的场所;另一方面,形成体系化工作机制,人民法院可以联合各机构,分阶段、分内容确立各自职责,建立信息资源共享、线索移送、联席会商等机制,逐渐形成全域家庭教育指导工作体系。

# 司法社工嵌入家事调查官制度的路径研究
## ——基于N市Y区人民法院的实证分析

郭莉莉　陈丛蓉　袁晓珺*

## 一、司法社工嵌入家事调查官制度的逻辑起点

### (一)家事纠纷的审判态势

目前,我国正处于经济发展、社会变迁和人口转变的转型期。[1] 新形势下家庭的变迁带来婚姻和亲情的变化,使我国家事案件呈现上升态势。一方面,案件数量的快速增长,社会发展也使新类型案件不断涌现,案情愈加多样和复杂。另一方面,家事纠纷基于身份关系而产生,涵摄了血缘、情感、道德、精神等多重伦理,处理上需要更多考量公益保护和未成年子女的健康成长问题。家事纠纷在表现形式上又有较强隐蔽性、私密性特征,当事人举证和法院查明事实都存在困难,特别是当事人为未成年人、老人等弱势群体,他们的诉讼能力较弱,收集和保存证据的能力不足,加剧了诉讼中举证的难度。这些都是家事案件审理中的难点所在。

习近平总书记指出,家庭是社会的基础。最高人民法院先后于2016年4月、2018年7月发布的《关于开展家事审判方式和工作机制改革试点工作的意见》(以下简称《试点意见》)、《关于进一步深化家事审判方式和工作机制改革的意见(试行)》,使家事审判改革不断深入,我国的家事审判也逐渐明确坚持以人为本,发挥家事审判诊断、治疗、修复的功能,将司法理念和社会治理相结合,建设和谐社会的理念。家事纠纷爆发的背后往往积蓄了各种矛盾冲突,显露出的只是纠纷的导火索。不能发现家事纠纷的根源,也就无法对症下药,这就要求我

---

* 郭莉莉,南京市雨花台区人民法院铁心桥法庭庭长,一级法官;陈丛蓉,南京市雨花台区人民法院四级高级法官;袁晓珺,南京市雨花台区人民法院铁心桥法庭法官助理。

[1] 吴帆:《中国家庭功能变化与家庭发展能力建设》,载《人口计划与生育》2017年第9期。

们必须关注家事证据调查问题。

### （二）家事调查官制度的现状和问题

日本、澳大利亚、中国台湾地区等国家和地区已经成熟的家事调查官制度是家事证据调查的典型制度之一。我国一些法院基于审判工作的实际需要，借鉴少年刑事审判中的社会观护员制度，在家事案件中尝试引入家事调查官。[2] 2016年，最高人民法院在《试点意见》中明确提出探索引入家事调查员等改革新举措，探索相关公益性服务机构及人员配合法院调查审理家事案件。其后，各地法院纷纷探索建立符合我国家事审判实际的家事调查官制度。

从家事调查官制度的运行情况来看，各地家事调查官制度的运行存在一些差异。在家事调查官的来源方面，主要分为：(1)法院内部任命，任命本院书记员、法官助理等司法辅助人员担任家事调查官，如甘肃省庆阳市华池县法院由部分助理审判员和书记员担任家事调查官；[3] (2)社会参与，从社会中聘用家事调查官，其中包括机关和企事业单位退休干部、律师、心理咨询师、社区基层工作者、妇联干部、大学生和有关社会组织人员等。比如，江苏省南通市崇川区法院通过向社会购买服务的方式，由社会团体的人员担任家事调查官。[4] 在家事调查官的任职条件方面，部分法院仅要求家事调查官具有基层群众工作经验、社会经验，如江苏省南京市高淳区法院要求具备两年以上调解工作经历或妇女及青少年维权工作经验，在辖区具有一定的公信力；还有部分法院要求家事调查官具有心理学、社会学、法学等专门知识，如广东省深圳市宝安区法院要求具有法律从业经历或法学专业背景。在家事调查官的职责方面，各地家事调查官都需要进行社会调查，提交调查报告，对案件提出意见和建议，部分法院还会要求家事调查员进行调解、回访等工作，如上海市普陀区法院将相关职位定位为集“庭前调查、庭中调解、案后回访”职责为一体的角色。在调查报告的使用方面，部分法院将调查报告作为证据使用，如山东省武城县法院规定调查报告应当经过当事人质证，如当事人有异议，可要求家事调查官做出说明，法院结合其他证据对调

---

〔2〕 我国各地试点法院在对该制度的探索中，有的使用“家事调查官”一词，有的使用“家事调查员”一词，两者实为同一概念，因N市Y区人民法院使用“家事调查官”一词，且本文需对日本和我国台湾地区的家事调查官制度进行借鉴，故本文称“家事调查官”。

〔3〕 刘敏：《论家事司法中的家事调查员制度》，载《法治现代化研究》2020年第4期。

〔4〕 刘敏：《论家事司法中的家事调查员制度》，载《法治现代化研究》2020年第4期。

查报告是否采纳做出判断。部分法院则将调查报告作为供法庭处理案件的参考,并不作为证据使用,也不在裁判文书中出现。[5]

家事调查官制度的探索形成了不少有益经验,但是我们也从目前的实践中发现家事调查官制度的运行出现一些困境。一是专业能力的局限。家事调查官的基础职能是事实调查,主要是对当事人的心理或生活事实进行调查。由于触碰当事人隐私,多数情况下,当事人并不愿直接陈述,需要家事调查官的引导和分析。同时,为了探知纠纷根源,调查不能仅仅停留在表面,需要结合收集的信息进行分析探究,这就要求家事调查官必须具备心理学、社会学、教育学等多方面的专业知识。目前,大多数家事调查官或者不具备上述专业知识,或者知识储备不全面,不足以应对家事调查的实际需要。二是工作方法和服务内容的单一。受限于软硬件设施,家事调查官的工作方法往往局限于有目的性地与服务对象面谈、走访工作单位或学校等工作,工作方法较为单一,难以实现突破和创新。同时,如在家事调查中发现困境中的当事人或相关未成年人,由于大部分家事调查官难以有效链接与整合各种有效的社会资源,其往往只能提供常规探访服务,服务内容单一,难以真正解决其面临的问题。三是身份定位的困境。家事调查不可避免地接触当事人的隐私,法院外部聘请的家事调查官难以得到当事人认可,当事人不愿配合。法院对外部聘请的家事调查官也难以进行严格的管理,可能出现家事调查官滥用权力,侵犯当事人权利等现象。法院内部任命的家事调查官往往并不具备心理学、社会学等相关专业知识,开展家事调查工作较为吃力,同时消耗司法资源,不利于实现公正与效率兼顾。

### (三)司法社工专业力量的快速发展

社会工作是遵循以人为本、助人自助、平等公正的专业价值观,在社会服务及社会管理等领域,综合运用专业知识、技能和方法,帮助有需要的个人、家庭、群体和社区,整合社会资源,协调社会关系,预防和解决社会问题,促进社会稳定和谐。[6] 司法社工属于社会工作的一个具体范畴,指进入司法领域,以预防犯

---

〔5〕 北京市第一中级人民法院民事判决书,(2016)京01民终5264号。

〔6〕 2007年下半年,国务院学位办组织了社会工作硕士专业学位设置方案的论证工作,先后在北京大学、中国人民大学召开了两次专家论证会议。在2007年12月于中国人民大学召开的第二次专家论证会上,讨论并确定了对“社会工作”的定义。

罪、违法行为矫治、促进个人健康成长和家庭正常运转为目标的服务。[7]

以司法行政部门为主体,上海市从2003年开始率先试点开展了一系列遵循司法社工制度的工作。至今,我国司法社会工作逐渐形成了社区矫正社会工作、禁毒社会工作、未成年人司法社会工作三大服务体系。特别是在少年司法领域,各地社工机构积极与教育、公安、检察、法院等相关部门合作,探索开展了社会调查、合适成年人、[8]涉法涉诉未成年人教育矫正、民事观护、被害人救助等多项服务。[9] 经过多年的实践与探索,首都师范大学北京青少年社会工作研究院在总结各地经验的基础上,研发了《未成年人司法社会工作服务国家标准》,并进入试行阶段。2020年10月1日,《上海市未成年人司法社会工作服务规范》正式实施。司法社会工作朝着标准化、制度化方向不断迈进。

在过去的20年,我国司法社会工作在知识建构、人才培养、专业实践等领域已形成了一定积累,为司法社工嵌入家事调查官制度提供了专业的支持力量。

### (四)司法社工嵌入家事调查官制度的契合性

我国学者王思斌将中国社会工作发展的路径判断称为"嵌入性",即我国的社会工作是对原有制度的嵌入发展。[10] 基于上文的背景分析,笔者认为家事调查官制度在我国家事审判领域的发展完善可以发掘嵌入性思路,借用嵌入性的概念探索司法社工与我国家事调查官制度的结合。司法社工嵌入家事调查官制度的前提是二者在多方面具有契合性,这种契合性包括二者的共通性和互补性。

1. 共通性

司法社工与家事调查官制度在根本目的上存在共通性。同样是为了保护当事人的合法利益,司法社工同家事审判都具有服务性。一方面,司法社工在本质上是提供专业服务,而家事调查官是在家事审判领域通过事实调查等工作,帮助查明事实,以求达到实体真实。另一方面,司法社工通过个案工作、小组工作、社区工作等方式为家事案件相关社会弱势群体提供心理和必要的社会救助,实现家事审判的治愈功能,达到利他目的。

---

〔7〕 席小华:《未成年人司法社工服务的基础和动力》,载《中国社会工作》2021年第3期。

〔8〕 合适成年人制度主要是在未成年刑事诉讼中父母不能或不愿出庭的情况下,为未成年人挑选符合一定条件的合适成年人作为其法定代理人出庭,目的是保护未成年人的合法权益。

〔9〕 席小华:《未成年人司法社工服务的基础和动力》,载《中国社会工作》2021年第3期。

〔10〕 王思斌:《中国社会工作的嵌入性发展》,载《社会科学战线》2011年第2期。

司法社工与家事调查官角色在中立性上存在共通性。价值中立是社会工作者的一项重要原则,是指在任何情境、任何时间里主体对外界某件事物的看法态度都应当保持客观、公正、中立,不受自己的价值观念影响,也不将自身的看法评价通过各种方式传达给他人。家事调查是依职权调查权的一部分,家事调查官作为辅助案件审理的人员,必然不能因自己的感情、道德或者先入为主的价值影响判断,应当和法官一样保持中立态度。因此这一角色也必须坚持价值中立。

司法社工与家事调查官制度伦理责任方面存在共通性。社会工作者的伦理责任要求社会工作者应当尊重当事人的隐私权。如果社会工作者不得不公开当事人的保密信息,应当征得当事人的同意。[11] 家事案件带有亲缘性、隐私性、伦理性等特点,这就要求家事调查官尊重当事人的家庭隐私,在未征得服务对象同意的情况下不可将其资料信息透露给任何人或单位。另外,社会工作者的伦理责任还要求社会工作者不因案主的出身、种族、性别、年龄、信仰、社会经济地位或对社会贡献不同而有所区别。对于家事调查官而言,也应当遵循法律面前人人平等的原则。

2. 互补性

家事调查官的调查权力源于法院依职权调查权,家事调查官在特定事项上辅助法官调查,但两者身份并不相同,在调查范围、权限上有所区分。因此,司法社工嵌入家事调查官制度还需要社会工作与司法审判(以法官为代表)在专业技能方面存在互补性。法官作为审判者,处于严肃公正的裁判地位,应当保持法律理性、客观的思维,法官的职权调查应当主要围绕"法律上的事实"展开。而家事调查官着重对当事人"生活上的事实""心理上的事实"进行调查和分析,更多需要适用心理学、社会学等方面的知识,法官不一定能够胜任。司法社工在专业培训中,接受包括社会学、心理学、教育学等各学科的知识,还要掌握如沟通、倾听等大量专业性的工作技巧,并通过实际操作将各类知识转化为实际的服务。另外,司法社工还可以为当事人提供专业的心理咨询和辅导,"柔顺"家庭关系,帮助当事人化解不良情绪、提升自我机能,让家事审判更加温情,实现家事审判的"刚柔并济"。

## 二、司法社工嵌入家事调查官制度的理论探究

### (一)嵌入对象:家事调查官制度的理论基础

根据裁判依据的事实与证据的收集方式,民事诉讼可分为辩论主义和职权

〔11〕 李迎生主编:《社会工作概论》(第2版),中国人民大学出版社2010年版,第89页。

探知主义。辩论主义强调由当事人主张事实和提供证据资料,法院基于当事人主张的事实和提供的证据作出裁判。[12] 尽管辩论主义带来的诉讼结果并不一定能达到实体真实(如可能存在一方当事人举证能力较弱,甚至出现虚假自认等情况),但这都属于当事人有权处分的事项范围,基于私法自治原则,并无不妥。

但是在涉及公益的民事案件中,如果不限制当事人的处分自由,则可能因未能实现实体真实的裁判对案外人或社会造成不当影响。法院是各类纠纷进行居中裁判的国家机关,也承担着保护国家、社会和公民正当权益的职能。因此,对于涉及公益的民事案件,对于当事人没有主张或当事人之间不争执的、但可能影响案件实体审理结果的事实,作为公益维护者的法院需要依职权探知事实。

家事案件本身属于私益诉讼,但是多数家事案件的裁判结果还可能关系到案外人的利益,甚至影响社会秩序。其一,家庭是社会的基本细胞,家庭稳定是社会秩序稳定的基础,家庭内部出现问题可能会影响整个社会的和谐稳定;其二,家庭承担着儿童初步社会化的功能,[13] 在相关家事案件中对未成年子女的保护关乎全社会的发展;其三,部分家事案件的裁判结果涉及案外人的利益,如对离婚案件中夫妻债务的处理会涉及相关债务的债权人。鉴于辩论主义在发现真实的效果上存在的一定缺陷,加之家事证据又有鲜明的隐秘性和难收集的特点,故需要在家事案件中适用职权探知主义,这也是家事调查官制度的理论基础。

### (二)嵌入意义:从家事审理到社会治理

如上文所述,司法社工嵌入家事调查官制度不仅可以满足家事审判的现实需要,促进家事调查的专业化、提高柔性司法服务水平、推动司法社工专业发展,更能够实现家事审判的社会治理功能,打造共建共治共享的社会治理格局。

家庭建设在国家“五位一体”建设中具有重要意义。最高人民法院院长周强强调,要深入推进家事审判方式和工作机制改革,切实加强新时代人民法院家事审判工作,促进家庭和谐、维护社会稳定……要完善家事审判社会化工作格局。家事审判的功能不仅体现在案件审理本身,也承载了维护婚姻家庭稳定的社会治理功能。家事审判社会功能的实现是审判机关裁判功能的升级,也是家事审

〔12〕 李浩:《民事诉讼法学》,法律出版社2011年版,第36页。

〔13〕 王德新:《家事审判改革的理念革新与路径调适》,载《当代法学》2018年第1期。

判改革的最终意义。[14] 司法社工作为家事调查官参与家事案件审理,不仅可以让法官透过案件本身看到背后的家庭关系和利益诉求,还可以为当事人提供专业的心理咨询和辅导,为家事审判注入了温度,从源头化解家庭矛盾,修复家庭关系,最终达到稳定社会秩序的目的,让家事审判的功能从审理本身延伸至社会治理。

### (三)嵌入经验:司法社工参与家事审判的比较制度考察

日本的家事审判部门设有家事调查机构,在其中任职的家裁调查官是法院的内部工作人员,具有单独序列的管理、晋升体系。[15] 日本对家裁调查官的专业背景要求较高,一般是从理论及应用社会科学专业的大学生中选拔,社会工作专业学生也被纳入选拔范围。上任前后,需要经过一系列的进修与实务训练以维持业务水平。日本的家裁调查官的具体职责主要有:(1)事实调查,根据法官的指令,对少年和家事事件调查事实、收集证据。调查的主要内容包括相关人员的性格、生活经历和家庭环境等,并活用心理学、社会学、教育学、医学等知识,对查明的事实进行专业分析,并向法官出具调查报告。(2)义务履行状况的调查和履行劝告,家裁调查官还需要调查义务人不履行义务的原因,并在此基础上对义务人进行履行劝告。(3)环境调整,家裁调查官还会与儿童相谈所、女性咨询中心、医院、学校等社会机构进行紧密合作,[16] 调整当事人的环境状态,帮助其在稳定的环境中参与调解或审判。

中国台湾地区的家事调查官属于公务员,是法院体制内的正式工作人员。从任职要求来看,中国台湾地区要求家事调查官具有社会学、心理学、教育学、法学、青少年福利保障或其他相关专业知识。司法社工大多具备这些专业知识,因此实践中很多家事调查官是司法社工出身。从职责范围来看,家事调查官除了事实调查、履行劝告外,还要负责与社会主管机关、社会福利机关或其他机构的协调连接。具备社工背景的家事调查官在资源链接方面优势明显,可以快速推进相关工作。另外,中国台湾地区还创设了社工陪同、程序监理人等社工工作机制。由社工陪同行为能力不足者表达意愿、陈述意见或者作证,降低充满对抗性

---

〔14〕 徐月笛、王燕:《家事审判功能的"错位"与"归位"》,载《浙江理工大学学报(社会科学版)》2020年第5期。

〔15〕 张丽:《日本家事调查官制度》,载《人民法院报》2021年2月19日,第8版。

〔16〕 李太正:《家事事件法的理论与实务》,台北,元照出版有限公司2015年版,第119页。

质的庭审对他们的身心造成的伤害，社工的专业性也能够保证庭审的顺利进行；由社工担任的程序监理人，类似于诉讼代理人，能够独立为一切程序行为。[17]

另外，其他国家和地区虽未明确建立家事调查官制度，但是也通过引入司法社工，借助其专业力量，保证家事审判质量。比如，英国的司法社工可以在涉少家事案件审判中提供专家意见，各家事法院设置的英国儿童及家事法院咨询服务从业者协会对司法社工的短期介入进行督导与评估。[18] 再如，在美国纽约州，司法社工可担任监护协调人，当事人在经验丰富的社工协助下，更容易对日常监护事务和探视问题达成一致，更好地对子女进行共同监护。[19] 德国建立了多元的纠纷解决机制，将制度性的规定社会工作者纳入了家事调解员的范围。[20]

可以看出，不少国家和地区在家事审判特别是家事调查方面认识到司法社工的重要性，在家事审判中引入司法社工，提高社工在案件审判中的话语权，以司法社工的专业力量推进家事审判对家事纠纷的预防性和修复性功能，加强对未成年人利益的保护。

## 三、Y 区法院司法社工嵌入家事调查官制度的实践探索

### （一）嵌入背景

近年来，Y 区法院以维护家庭关系和谐稳定、保护未成年人合法权益为出发点和落脚点，创建“希望树”少年及家事审判工作品牌，加强涉少及家事案件的专业化审判，修复和治疗问题家庭关系，助力少年儿童成长。2021 年 1 月 20 日，最高人民法院发布《关于加强新时代未成年人审判工作的意见》，其中要求“人民法院审理涉及未成年人案件，应当根据案件情况开展好社会调查、社会观护、心理疏导、法庭教育、家庭教育、司法救助、回访帮教等延伸工作，提升案件办理的法律效果和社会效果……加强与有关职能部门、社会组织和团体的协调合作，健全完善‘社会一条龙’工作机制，加强未成年人审判社会支持体系建设等”。在此背景下，结合未成年人审判的特点和实际工作难点，Y 区法院多次与多专业的

〔17〕 蒋月、冯源：《台湾家事审判制度的改革及其启示——以“家事事件法”为中心》，载《厦门大学学报（哲学社会科学版）》2014 年第 5 期。

〔18〕 陈莉、向前：《英国家事审判制度及其启示》，载《法律适用》2016 年第 11 期。

〔19〕 齐玎：《论家事审判体制的专业化及其改革路径——以美国纽约州家事法院为参照》，载《河南财经政法大学学报》2016 年第 4 期。

〔20〕 杨临萍、龙飞：《德国家事审判改革以及对我国的启示》，载《法律适用》2016 年第 4 期。

专家学者进行研讨,决定探索司法社工嵌入家事调查官制度,主要方式是聘用司法社工担任专职的家事调查官(以下将由司法社工担任的家事调查官称为社工专业家事调查官)。Y 区法院从未成年人审判领域起步,后将相关实践引入到部分家事案件的审判工作中。经过半年多的探索,已经初步形成了较为完善的工作流程,为司法社工嵌入家事调查官制度的实践操作积累了不少有益经验。

### (二)前期准备

由司法社工担任专职家事调查官在国内尚无经验可循,为了保证良好地运行,Y 区法院与高校的社会工作专业教授合作,为家事调查官提供督导,对典型案例提供个案服务并梳理形成工作经验,研发家事案件社会调查相关操作工具,如亲密关系暴力危险性评估量表、家庭功能评定量表等。2021 年 3 月,Y 区法院发布招聘公告,公开招聘合同制家事调查官,招聘条件包括"具有社会工作专业全日制本科及以上学历,或持有全国社会工作者职业资格证,能够灵活运用专业知识,同时对法律知识具有学习的意愿;有良好的沟通协调能力"等,并明确对合同制家事调查官实行单独序列管理,实行劳动合同保障等。后 Y 区法院招录了两名符合条件的家事调查官。

### (三)工作流程

Y 区法院社工专业家事调查官的工作流程主要分为案前、案中和案后。案前,对于在 Y 区法院进入人民调解程序的相关家事案件,社工专业家事调查官协助人民调解员进行调解,促使当事人达成调解协议;对不接受人民调解或人民调解失败的相关案件,及时与当事人或人民调解员沟通对接,完成《家事案件诉前调解期预估报告》并提交给法官。案中,社工专业家事调查官主要负责开展家事案件社会调查,通过与承办法官的积极沟通,在承办法官的指导下,以面谈、问卷、走访等形式,从"全人角度"〔21〕出发,对案件当事人双方的生理及心理状况、行为特征、受教育状况及社会经历、家庭关系状况及其原生家庭状况、工作与财

---

〔21〕"全人角度"包括:(1)以全面、发展的角度看待人,任何人都有积极发展的潜能和可塑性,即使是目前处于身处逆境的人;(2)不从"问题与缺陷"的角度出发,而是重视人自身的"优势与潜能",将人自身的优势与家庭、学校等社会资源有机地互动和整合,使人获得积极发展;(3)人目前面临的问题和困境,从毕生发展的角度来看,属于正常的生命历程。全人角度强调"问题最小化"和"积极发展最优化"。

产状况、居住情况等问题进行调查和评估，并制作书面分析报告。除此以外，社工专业家事调查官在案中还要组织当事人进行调解、制作管理家事调查台账等。案后，社工专业家事调查官还要对相关家事案件进行定期、主动的回访，及时跟进了解当事人的生活状态，并及时填写《家事案件回访记录表》，为案涉相关未成年人建立成长档案，跟踪记录其家庭、学校、社区的社会支持情况和身心健康状况（对特殊儿童，应额外建立健康档案，内容包括病情记录、治疗记录、所在机构等）；及时整理总结在回访过程中发现的问题，必要情况下通过"希望树"未成年人权益保护社会治理联合体[22]平台转介给其他相关职能部门和专业机构，协助当事人预防和应对问题；对申请法院强制执行的案件，则要与执行法官保持沟通，主动分析执行重点、难点，协助执行法官突破案件"瓶颈"，并保证执行过程中未成年人权益得到保护。在此过程中，法院、社工（家事调查官）、高校指导教授、当事人、未成年子女等形成了紧密融洽的多角色关系（见图1）。

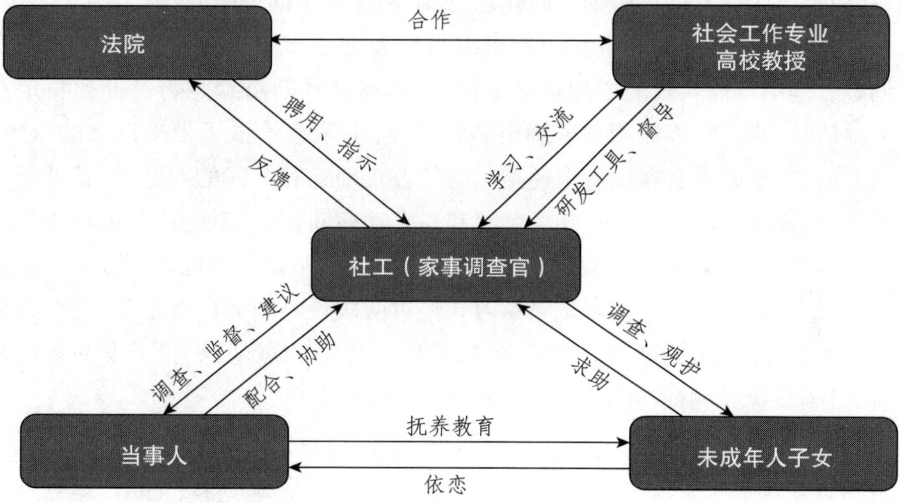


**图1　Y区法院司法社工嵌入家事调查官制度后形成的多角色关系**

（四）实践案例

**案例一：**钱某（女）与赵某（男）登记结婚后，育有二子。长子赵某贤经医院

[22] "希望树"未成年人权益保护社会治理联合体是Y区法院携手相关职能部门、高校、社会组织等12家单位成立的未成年人权益综合保护平台，推动未成年人司法保护和社会保护的有效衔接。

诊断患有多动症。钱某向 Y 区法院提起诉讼,要求与赵某离婚。

立案前,Y 区法院家事调查官协助人民调解员进行诉前调解工作,当事人虽未达成一致意见,但家事调查官在此过程中初步了解了案涉未成年人情况,在立案后以《未成年人保护诉前调解期预估报告》的形式提供给承办法官,协助法官快速了解案件的相关情况。

案件审理过程中,赵某以“孩子需要完整家庭”为由不同意离婚。Y 区法院家事调查官按照法官的要求,与原告、被告及两个孩子分别进行了面谈,考虑到孩子的健康状况和表达能力,家事调查官还运用沙盘游戏等方式对其心理状况进行投射,深入分析家庭亲子关系以及子女的意愿或态度。根据在案证据,结合家事调查官的调查结果,法官查明当事人夫妻感情已经破裂,赵某望子成龙心切,多次以威胁、打骂方式逼迫孩子学习,导致孩子对父亲异常恐惧,多动症不断加剧。家事调查官特别提示法官,赵某对婚姻以及子女教育等方面存在错误认识,这种错误认识不仅让婚姻走向死亡,更不利于孩子的健康成长。

承办法官又与家事调查官一起组织当事人进行调解。一方面,家事调查官在调解过程中穿插大量的心理疏导工作,告知赵某判断婚姻是否已经死亡是看夫妻感情是否破裂,不能用孩子绑架婚姻,这种绑架会给孩子带来巨大的压力。另一方面,家事调查官在调解中还指出赵某教育理念和方式的问题,对其进行了亲职教育,详细讲解了多动症相关情况和与多动症儿童的相处方式,批评赵某的“暴力”教育方式,告知赵某要以平等的眼光、温柔而坚定的态度教育孩子。赵某仔细倾听,全程主动用笔记本记录学习。经过两次长时间的调解工作,当事人都冷静下来,理性分析夫妻感情现状,明确了同意离婚的态度,更将子女利益放在首位,对子女抚养、财产分割等问题顺利做出了约定。

结案后,家事调查官通过上门、电话等方式定期对该案进行回访,及时跟进了解当事人及未成年人的生活状态,并为孩子建立了成长档案。同时,家事调查官将本案相关情况通过“希望树”未成年人权益保护社会治理联合体平台转介给妇联,妇联表示将充分利用妇联资源,提供合适的小托班和针对特殊儿童的托管班,帮助减轻钱某的负担,也让两个孩子在与同龄人多接触的同时,养成良好的生活习惯和独立能力。另外,家事调查官运用社工专业知识,向钱某提供了一些帮扶多动症儿童社会组织信息,帮助钱某链接专业机构,让赵某贤得到更加专业的康复治疗。

分析:上述案例具体展示了司法社工作为家事调查官参与家事案件的工作全流程。无论是作为事实调查者、纠纷调解者还是资源链接的桥梁,司法社工都具备对应的专业知识和技能，专业优势明显。社会工作者在心理学、社会学、教育学等学科都有涉猎，能够更好地研究当事人及相关未成年人心理，开展社会调查，做到对症下药。同时，司法社工能够运用相关专业知识分析调查得到的信息，精准定位纠纷背后真正的症结点，分析相关问题的成因。另外，司法社工可以将科学理论作为基础，整合相关社会资源，在案后的资源链接等方面发挥更大作用，协助当事人更好地适应案后生活，帮助当事人成长，真正做到了通过与各部门的协作配合，充分调动社会资源，助推共建共治共享的社会治理格局。

**案例二：**潘某（男）与徐某（女）系夫妻关系，潘某以夫妻关系破裂为由将徐某诉至Y区法院，要求与徐某离婚，双方所生子潘小某由自己抚养等。徐某认可夫妻感情破裂，同意离婚，但认为潘小某由自己抚养为宜。

家事调查官利用社会工作中常用的个案工作法，对双方当事人进行个案调查，利用结构式访谈分别面谈当事人及未成年子女。调查过程中，聚焦争议点，灵活运用社工技巧。在开始接触当事人时，认真聆听双方需求，了解当事人基本情况，分析当事人对夫妻关系等方面的认知；充分使用同理心技巧，既包括情感上的同理，即觉察与识别当事人的情绪，向当事人传达理解和支持的信号，给予心理支持，如“我能感受你的生气、完全理解你，我也会有相同的感受”，也包括认知上的同理，尊重当事人的想法，让当事人剖析自我。基于继续社会化观点（当被赋予新的社会角色时，个人如果无法顺利适应和胜任自己新的社会角色，将会导致矛盾产生），家事调查官认为双方矛盾的根源在于双方未能顺利转型为丈夫和妻子的角色，特别是徐某，过多依赖父母，未能与原生家庭分开，导致对家庭中心的偏离。潘小某表达了对父亲的畏惧，以及希望与母亲生活的想法。

在抚养问题上，家事调查官认为人不是独立的个体，“人在情境中”，因此重点分析了双方家庭及社会支持情况。家事调查官根据调查结果，从抚养孩子的优势、劣势、机遇和挑战四个方面详细阐述，作出双方在抚养孩子方面的SWOT分析。[23] 分析结果显示，潘某虽具有较高的经济条件，但很不稳定，陷入财务危机的可能性较大，而且工作繁忙，陪伴孩子的时间不多；徐某经济收入低于潘某，但足够抚养孩子，收入稳定，陪伴孩子的时间也较多。潘某个性敏感，安全感不足，情绪控制能力相对较弱，其亲属大多在外地，家庭支持力量相对薄弱；而徐某家庭支持力量较强，其父母等亲属均与孩子建立了较为亲密的关系，孩子如由徐

---

〔23〕 SWOT分析法是一种竞争态势分析方法，主要评价自身的优势（strengths）、劣势（weaknesses）、外部竞争上的机会（opportunities）和威胁（threats）。

某抚养,生活变动风险较小。潘某对徐某及家人的敌对情绪较强,而徐某则表达了对潘某作为父亲的积极评价,从保证探望权行使角度来看,由徐某获得抚养权更适宜。为了保证儿童利益最大化,家事调查官以调查附件——房树人测试取代冷冰冰的提问,对未成年子女进行心理测试,准确投射儿童的内心想法。家事调查官对潘小某的房树人测试作出解读,比如,图画中房屋无门无窗说明对亲情较淡漠,或有抑郁封闭倾向;把人画在房屋内,表明渴望得到他人关爱;太阳和房屋中间的人说明他可能希望得到来自父亲的关爱等,并得出测试结论,潘小某承受着较大压力,家庭关系不佳,情感冷漠,易压抑封闭自己,渴望父亲的关注,也希望得到母亲更多的关爱。综合以上信息,家事调查官认为潘小某由徐某抚养优势较为明显,并提出有必要提供离婚后辅导和心理支持,改善双方关系,满足潘小某对父爱的期待,并促进探望权的顺利行使。

分析:上述案例充分展示了司法社工在家事调查过程中的专业、有效的工作方法。司法社工在家事调查过程中能够严格遵守保密、中立、尊重等专业原则,用足够的耐心和时间倾听调查对象的诉说,观察调查对象的行为及情绪变化,疏导负面情绪,并通过澄清、对焦、摘要等会谈技巧,及时引导与调查对象的谈话,辅助以实地探访、心理测试等手段,全盘、真实、直观地了解未成年子女的生活和学习情况、了解父母双方的抚养条件和能力。最终形成的家事调查报告,有助于法官从父母针对子女抚养权不休的争论中暂时“抽离”出来,从第三方提供的家事报告中,感受未成年人的真实生活情境,在判决时更充分地保护未成年子女利益。

#### (五)成效数据

司法社工嵌入家事调查官制度不仅提高了家事案件的审判质效,还能够帮助当事人提升自我机能,恢复和发展社会功能,最终实现社会治理的目的。时至今日,Y 区法院的司法社工嵌入家事调查官制度工作已推进半年有余,也取得了相应成果。半年来,Y 区法院共受理家事案件 246 件,结案 255 件,收结案比 104%,调撤率 63.14%,服判息诉率 98.82%。司法社工参与的家事案件都有一定难度,半年内司法社工共参与家事案件 38 件,其中调解或撤诉 17 件。通过访谈,接受司法社工服务的当事人均表示司法社工的工作让他们感受到了司法温情和人文关怀,找到了纠纷背后的真正症结并提供了有效帮助,让自己走出困境,得到成长。司法社工还通过“希望树”未成年人权益保护社会治理联合体平台为 4 件案件当事人提供了资源链接,增加社会支持系统的强度。社会问题产生的主要原因在于人与人之间的关系失调,进而失去良性运转的动力和机制,造成不安定因素。司法社工通过在家事案件中以调查、调解、回访等方式帮助当事人及相关未成年人解决面临的问题,化解心结,重新回到正常生活轨道,消除社会不安定因素,达到维持社会秩序的结果。

## 四、司法社工嵌入家事调查官制度的规范构造

### (一)确定适用范围

通过对家事调查官制度理论基础的分析可知,公益性越高的案件,职权探知的需求越高,即家事调查官的调查权力应当限缩在涉及公益的案件。在家事案件中,由于纯粹的身份关系案件和家事非讼案件涉及案外人利益,可以由法院依职权调查(包括委托社工专业家事调查官主动调查)。由身份关系的产生、变更、消灭而衍生的财产性问题,如是纯粹的财产纠纷,当事人对财产具有自由处分权,财产关系清晰,适用辩论主义即可;[24] 如是部分涉及身份关系的财产性案件,如赡养费纠纷、抚养费纠纷,不仅仅是金钱的给付,更涉及当事人尤其是弱势群体的人身权利保护和家庭成员的情感维系,此时应当依法对当事人提出的事实和收集的案件证据予以监督、辅助。以上是对社工专业家事调查官制度适用范围的初步划分,实际审判工作中,还应当立足实现家庭正义、修复情感和保护社会公益的宗旨,根据案件类型及个案需求,对社工专业家事调查官是否介入进行具体分析(见图2)。

### (二)明晰角色定位

司法社工嵌入家事调查官制度,涉及司法社工与司法部门之间的合作方式。各地法院大多引入第三方人员担任家事调查官,但这种做法存在诸多问题。家事调查官设立的一个重要任务就是减轻法官的压力,是法官手脚之延长。[25] 他们的调查权限、工作范围、工作内容均源于法院并受到严格的限制,工作性质上属于司法调查。司法调查具有严肃性,代表着司法的权威和公正,不能轻易让渡,若赋予社会人员以司法调查权,则容易造成司法权的滥用,侵害法律的权威和公信力。

---

〔24〕 王德新:《家事审判改革的理念革新与路径调适》,载《当代法学》2018 年第 1 期。

〔25〕 邓学仁:《家事调查官之伦理规范与运作》,载《法学丛刊》2014 年第 235 期。

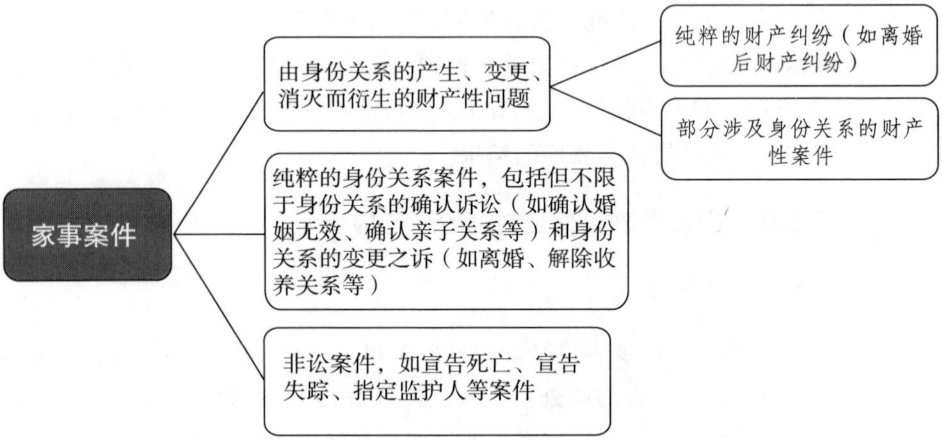


**图2　家事案件的分类**

笔者认为,可以借鉴日本和中国台湾地区将其作为法院体制内正式工作人员的做法,结合Y区法院的经验,聘用司法社工作为专职的家事调查官,定位为合同制的司法辅助人员,明确对合同制社工专业家事调查官实行单独序列管理,给予劳动合同保障。一方面,作为法院内部的自设职位,法院具有一定自主权可以选任具备司法社工专业水平的人员,也方便入职后对他们的统一管理和培训;另一方面,作为法院的专门职位,司法社工具有常设性,可以满足法院日常调查的需要。另外,合同制家事调查官可以在控制在编人员数量的基础上,满足家事调查需求。当然,随着司法改革的不断推进,我们也期待看到在编制允许的情况下将社工专业家事调查官纳入法院公务员队伍的尝试,以便强化管理和培养。

(三)规范制度设计

1. 选任与培养

社工专业家事调查官首先应当具备社会工作专业学历或同等社会工作专业知识背景。其次,家事调查官应该有较强沟通能力,可以应对家庭内部复杂的情感和身份关系。最后,因为家事案件最终要回归法律的适用,家事调查官也需要掌握基本的法律知识。对法律的了解有助于家事调查官抓准调查重点和方向,避免调查方向偏离、无法提供给法官有效信息,可以通过培训等方式实现家事调查官对基本法律知识的掌握。

社会工作专业作为新兴专业,在大陆的发展仅有几十年。这就不可避免地出现招录的社工专业家事调查官过于年轻化,甚至是职场“萌新”的情况。面对纷繁多变的社会情况，实践经验不足的社工专业家事调查官在工作中可能会遇到各种各样的困难。为了保证调查的专业性与高效性，被选任的社工专业家事调查官要参加定期的培训与学习，保证其具备与个案访谈相应的能力和技巧。基于家事案件的特殊性，可以邀请心理学、社会学等领域专家，教授具体办案中的沟通方法、逻辑分析思维和心理疏导技巧等，对法律知识的学习更要常态化。另外，建议建立考核机制，将当事人和法官的意见作为福利待遇水平的标准，有效调动合同制家事调查官的工作积极性，提高工作热情。

同时，法院可以联合社会工作领域的研究人员设计规范量表和提问的语言技巧，比如，家事调查可以设计家庭暴力倾向量表、家庭功能评定量表、家庭信息自填表等；再如，案后回访，可以设计回访问题提纲等，以此辅助家事调查官工作，并确保调查尺度的统一。

2. 职责范围

(1)开展事实调查。社工专业家事调查官最主要的工作就是对案件事实进行调查，帮助法官更全面、更深入地查明当事人关系和纠纷的全貌。家事调查的事项在广义上包括家事案件当事人的客观情况和真实情感状况、老人照顾赡养情况、未成年子女抚养意愿等内容。司法社工应当充分发挥其专业优势，通过对当事人、未成年子女、学校老师、知情近亲属等人员的访谈，实地观察当事人和子女的生活居住环境，辅助以其他调查工具和手段(如房树人测试、单面镜观察等)搜集相关信息，并对获得的调查材料进行整理，活用专业知识进行分析，最终形成家事调查报告提交给法院，辅助法官作出合理判决。

(2)参与案件调解。社工专业家事调查官参与诉前的人民调解工作和审理过程中的调解工作。一方面，社工专业家事调查官在开展事实调查的过程中可以对家事纠纷具有相当程度的了解，此处所称的“了解”，不仅仅是法律上的争议点，更涵盖“当事人的交往史、婚姻史、冲突史、司法史、家庭关系等议题，借以形成最适切之调解策略”。另一方面，经过前期的接触，大多数当事人会对社工专业家事调查官产生亲切感和信任感。在此基础上，社工专业家事调查官可以在法官的指导下，灵活运用社会工作的专业方法，有效推动调解进程。

(3)协助执行。家事案件的执行分为离婚财产分割、给付抚养费、遗产继承等金钱给付的执行和抚养权、探望权等非金钱给付的执行。后者具有特别的履行内容，不仅执行标的抽象，更关乎孩子的情感和成长，盲目对孩子的人身、父母的行为进行强制执行，有可能对孩子的身心及未来造成不可磨灭的影响。前者虽可以通过强制的手段使负有给付义务一方履行金钱给付义务，但很可能会加剧当事人之间的关系恶化。[26] 家事案件执行难最主要的原因是当事人没有从心理上认可家事裁判的效力。结合前期参与过程中对当事人及相关未成年人的了解,社会工作家事调查官利用其专业知识,了解问题症结,具体针对性地对债务人进行履行劝告,一则可以确保法院裁判结果得到执行,二则可以使债务人理解自动履行的好处和对未成年子女的正面影响,从心理上接受裁判结果,帮助解开当事人心中的结,保障未成年人的身心得以健康发展。

(4)资源链接。涉未成年人家事案件,往往涉及更多的人情伦理因素,牵扯到法院、学校、父母、社区等多个层面的协调。在家事案件中保护未成年人利益,需要借助行政、家庭、学校、社区等社会力量,实现与司法的联动保护。Y 区法院通过成立"希望树"未成年人权益保护社会治理联合体,家事调查官借此平台链接资源,形成有效社会合力,为家事案件中的相关未成年人提供帮扶。因此,家事案件结案后,家事调查官可以从保障未成年人利益角度出发定期进行回访工作。回访中发现当事人及相关未成年人处于困境,家事调查官应当与相关部门进行沟通对接,并充分调动社会资源进行帮扶,推动司法力量、行政力量和社会力量相结合的综合协调机制,形成有效的社会治理合力,推进基层社会治理的新发展。

3. 家事调查报告的适用规范

根据家事调查报告的具体内容,家事调查报告通常分为事实调查和综合评估两部分。事实调查部分记录的大多为案件原始材料,如当事人及相关人员的陈述、当事人生活习惯和住所环境的客观描述等,符合证据的客观性、合法性、关联性原则,可以作为证据使用。事实调查部分能够证明案件事实的调查内容,与书证的特征相同,可以将事实调查部分归入书证这一证据种类。各方当事人可以对家事调查报告的事实调查部分根据证据规则进行质证。综合评估是家事调查官运用自己的专业知识和经验,根据事实判断和专业分析给出的倾向性意见,是家事调查官自身的价值评判,存在较大的主观性,不符合证据客观性要求。因此,综合评估部分不宜作为证据,不必向当事人展示,可以作为法官审判的参考。

---

〔26〕 陈爱武:《论家事案件之执行》,载《河北法学》2006 年第 1 期。

# 涉家暴案件的民事诉讼困境审视与公益诉讼路径探索

尚润泽　杜学民*

家庭暴力作为当前一个时期的“热词”在社会上颇受关注，尤其是《民法典》实施后，人民群众对平等、和谐、健康的婚姻家庭关系的讨论愈加热烈。根据最高人民法院公布的数据，近年来因遭受家庭暴力而向法院提起离婚诉讼的案件占比超过20%。2021年年初，媒体人马某瑜的一篇自述遭受家暴的文章《另一个“拉姆”》刺痛了社会公众的内心，该事件也受到中央媒体的关注，家庭暴力已成为家庭关系中的普遍性问题。实践中，种种原因的聚合为受暴者在诉讼阶段证明曾经受到家庭暴力埋下了举证不能的种子。涉家暴民事案件在司法裁判中的证明困境究竟呈现何种样态？对受暴者保护及对施暴者惩戒的现实情况如何？已有研究结论给出的解困之道是否切中肯綮？在妇女儿童权益屡受侵犯却又难以得到保护的困境之下，有必要对上述问题进行回应。本文拟从司法大数据之视角，一窥当前涉家庭暴力民事案件处理的真实过程及结果，以辩证思维与本土化视角得窥反家暴机制的优化路径，提出民事公益诉讼之法作为解困之道。

## 一、返观内照：涉家暴案件民事诉讼现状审视

为了更好地检视家庭暴力在我国家事纠纷审理中的认定情况，本文利用聚法案例平台的“检索功能—关键词数据分析”，分别以“原告诉称”和“本院查明”为检索词，在离婚纠纷、离婚后损害赔偿纠纷、同居关系纠纷、抚养纠纷、赡养纠纷、扶养纠纷案由中，以“家庭暴力”“家暴”“殴打”“辱骂”“打骂”为关键词，从中国裁判文书网中抓取2018～2020年已公布的判决书，通过对数据梳理发现，

* 尚润泽，合肥市庐阳区人民法院审判管理办公室法官助理；杜学民，合肥市庐阳区人民法院立案庭法官助理。

在已知裁判文书内,有20187件案件的原告在起诉时称遭受家庭暴力,其中离婚纠纷占84%,抚养纠纷占6%(1188件),赡养纠纷占5%(1007件),同居关系纠纷占4%(887件)。上述案件中,法院查明部分涉及家庭暴力事实的案件共计2975件,仅占总数的14.7%(见图1)。[1]

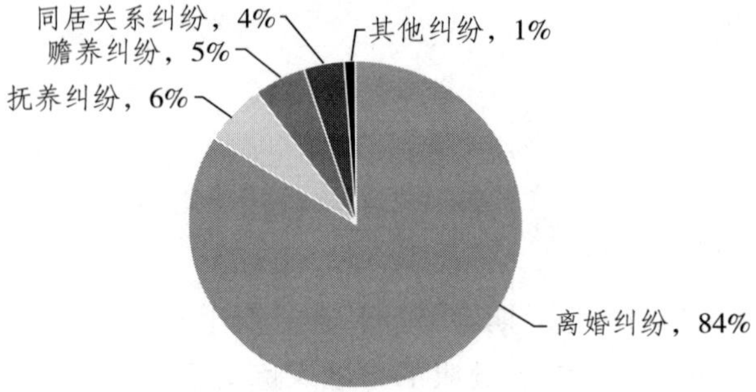


**图1　20187件样本案件中案由分布情况**

为了更为准确地了解案件审理信息,尤其是家庭暴力事实的举证及认定的真实状态,本文在上述"事实查明"部分涉及"家庭暴力"的2975件案件裁判文书中,进一步以随机方式抽取300份为样本,对其主文进行比较、分析,发现以下情况。

第一,家暴认定率总体偏低。在样本中,有163件案件被判决驳回全部诉讼请求(包括不准予离婚),占比高达54%,有73件被判决支持部分诉讼请求,占比24%,有64件被判决全部支持诉讼请求,占比不足22%。这些案件中,认定构成家庭暴力的有122件,占比40%;认定不构成家庭暴力的案件有178件,占比近60%。需要注意的是,该300件案件样本均是原告主张(含子女)遭受家庭暴力,并在法院"事实查明"部分涉及家庭暴力关键词的判决,但是"遭受家庭暴力的事实"在法院事实查明部分得以体现的比例仅为14.7%。据此计算,原告主张被告实施了家庭暴力且被法院最终认定的比例实际上未及6%(见图2)。更令人担心的是,在样本中,有10起案件的被告虽被认定存在家庭暴力,但最终未支持原告要求离婚的主张,有的当事人甚至已是第二次、第三次提起离婚。

---

〔1〕 由于仅做关键词检索,因此不排除一些案件虽然在查明事实部分对家庭暴力的相关情况进行论述,但最终并未予以认定;或因说理时引用法条中涉及"家庭暴力"等关键词而被命中,实际上并没有对家暴事实进行实体分析或认定。

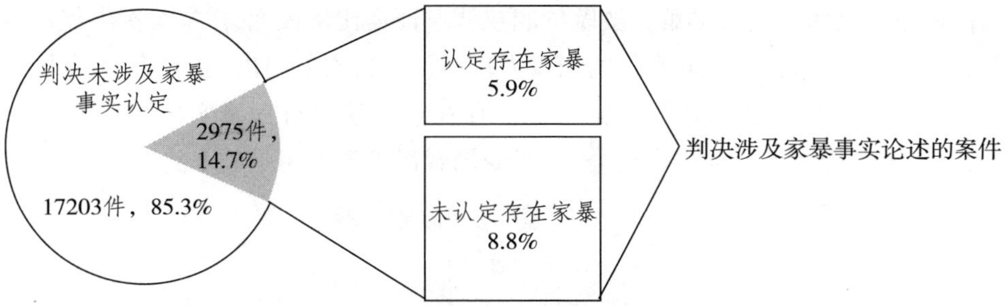


**图 2　样本案例中家庭暴力认定情况**

第二，当事人权利意识薄弱。在样本中，有 242 件案件当事人未主张损害赔偿，占比 80%；在当事人主张损害赔偿的 58 件案件中，法院最终认定存在家庭暴力并支持损害赔偿的仅有 23 件。判决支持的最高金额为 5 万元，最低为 2000 元。在审理形式上，采取公开方式审理的案件为 274 件，占比 91%；不公开审理的案件为 36 件，占比 9%，可以发现涉及家庭暴力民事案件中，当事人对隐私保护意愿或意识不强（见图 3）。

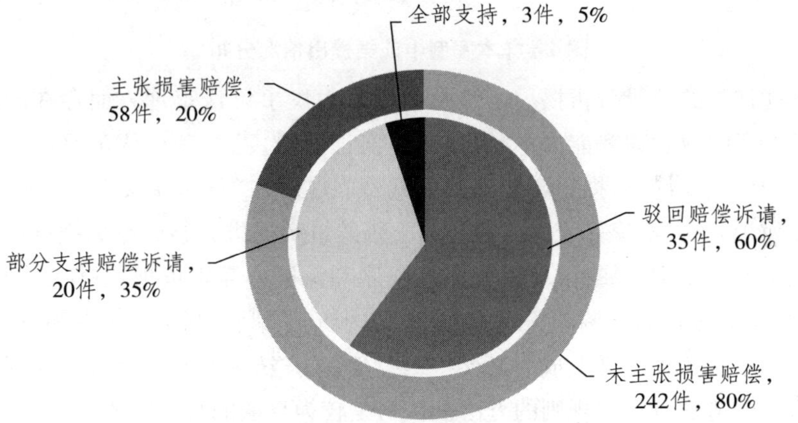


**图 3　样本案例中损害赔偿提出及支持情况**

第三，直接证明家暴事实证据薄弱。在样本中，有 88 件案件未对家庭暴力行为举证证明，占比 29%。在提供了证据证明的案件中，证据形式以警方处理材料（78 起）、保证书（36 起）、视听资料（43 起）、就医材料（23 起）、证人证言（16 起）、自认（16 起）较为常见，但遗憾的是，仍以孤证或证明力较弱的证据居多。当事人提出次数最多的警方的处理材料中，以接出警记录为主，通常接处警记录仅简单记录了出警过程，并不涉及家暴事件的实质性调查，处理方式上往往也只当作普通家庭纠纷进行劝解。法院依职权调取证据比例极低,样本案例中仅有 5 起。值得关注的是,有 4 起案件的当事人提交了由公安部门出具的《家庭暴力告(劝)诫书》,法院以此为依据认定了被告存在家庭暴力行为事实(见图 4)。可见,公权力机构在诉讼前的有效介入,对受暴者保护的作用是显著的。

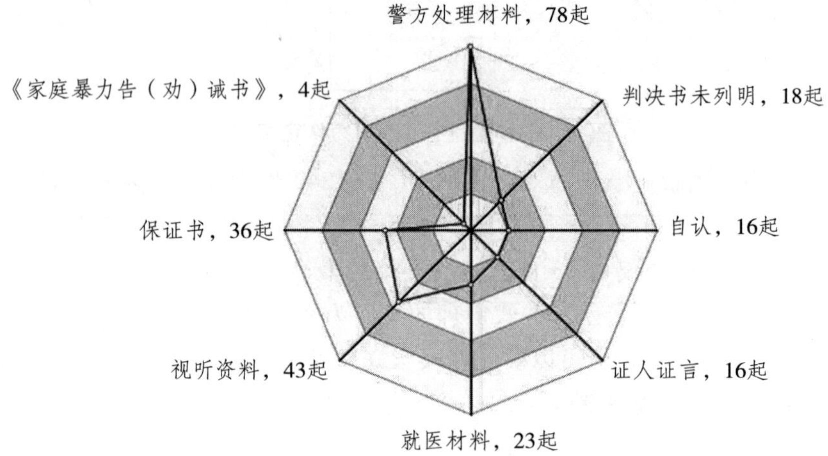


**图 4　样本案例中证据提出情况分布**

上述样本的统计分析揭示了涉及家庭暴力民事诉讼审理方面存在的困境,包括受暴者维权意识和能力不足、家暴事实证明难度大、判决认定比例低、法院依职权调证主动性弱、损害赔偿支持率低等问题。在"辩论主义"语境下进行审视可以发现,一方面家暴受害人需对其主张的事实提供完整的证据锁链;另一方面审判机关囿于中立属性,职权调查的限度和深度亦需审慎把握;加之"案多人少"的现实对法官启动调查程序的主动性也形成了掣肘,当事人举证和法官认定的双重困难在某种意义上成为必然。为纾解家暴案件审理的困境,当前职权探知扩张和改造现有证明规则的方法被认为是较为普遍的解困之道。

## 二、正本清源:职权探知及证明规则改造思路的辩证分析

在对某一社会现象探索破解之路时,应从法律规范的体系建构和解释中寻求办法。在涉家暴案件所处困境的突围上,主流观点可分为两个路径:一是从证据规则及法官裁量上减轻家庭暴力事实证明的举证责任;二是通过外部力量强化家庭暴力受害方主张权利的意识和能力。

### (一)职权探知扩张的中立性异化

审判机关严守中立性,是当事人裁判请求权这一宪法性权利的重要保障,无论时代如何变迁,审判机关的中立属性都不能被削弱,反之随着法治化进程的推进,还应呈现不断加强的趋势。有观点认为,在家暴案件中法院不应再恪守机械中立的角色。[2] 这一观点本意是希望扩展职权探知限度,从而在一定程度上消解家庭暴力受害方诉讼困难的问题,但忽略了消极与中立的思维范式区别。尽管家事纠纷的特殊性要求在制度上强化司法权对案件事实的探知,克服辩论主义诉讼模式招致的实质不平等,并不意味着可以模糊两造双方平等对抗这一民事诉讼逻辑起点。部分法院在实践中对处于诉前阶段的家事纠纷提前介入,对相关事实先行采取有针对性的摸排,甚至指导当事人起诉、收集证据、申请人身保护令,俨然充当起当事人"法律顾问"和纠纷化解"排头兵"角色。倘若法院越俎代庖将属于其他组织的职能揽入怀中,并冠之以司法能动主义[3]之名,显然是对其原旨的误读和盲目扩充,势必扭曲审判权本身的运行轨道。

事实上,法官在处理家事案件尤其是涉家暴纠纷时,已经承担了较普通民事案件更多的阐明工作,由于阐明权与阐明义务在主体上的混同,导致在操作上极为复杂,且对司法人员专业素质和道德水平提出了严格的要求。日本学者谷口安平认为,"法院进行阐明在某一程序内是义务,在该程序以上便成为权限,再过一定限度时则为违法"。[4] 质言之,在缺乏约束机制的情况下,法官进行阐明易发生丧失中立性的风险。同理,调查权的运用同样与法官阐明工作一样,面临着权利与义务主体混同而产生的困境。

退而言之,保护弱势方利益并不必然要求职权主义的强势回归,毕竟在任何案件中都可能存在弱势方,假若以此为由随意在诉讼程序中扩展职权探知的适用,很容易重陷诉讼程序"空洞化"的窠臼之中。当然,本文并非反对在涉家暴民

---

〔2〕 冯俊伟:《论促进家庭暴力认定的证据机制——以诉讼行为的激励作用为视角》,载《法学杂志》2015 年第 5 期。

〔3〕 司法能动主义的本源意义是指法官不囿于先例或者成文法的约束,而是根据社会公共政策、实质正义等要求对立法权或者行政权进行约束,从而为社会不公提供司法救济的法律方法。参见宋远升:《司法能动主义与克制主义的边界与抉择》,载《东岳论丛》2017 年第 12 期。

〔4〕 [日]谷口安平:《程序的正义与诉讼》(增补本),王亚新、刘荣军译,中国政法大学出版社 2002 年版,第 143 页。

事案件中扩展职权探知限度,而是认为反家暴是一项系统性工程,从逻辑上和事实上都应认识到审判机关必须在保证中立性前提下审慎行使权力,否则将对程序正义产生损抑的后果,无异于"捡了芝麻,丢了西瓜"。

### (二)举证责任倒置的合法性风险

家庭是社会的细胞,婚姻家庭类法律规范的价值目标是整合社会道德秩序,防止因家庭关系的异化带来社会秩序的混乱。有观点希望改善家庭暴力的证据机制,试图在认定家暴事实时参照现行民事立法中的特殊侵权举证原则,采用"举证责任倒置"或有条件的"举证责任倒置"模式,以此减轻弱势受害者的举证难度。[5] 问题在于,这一观点的前提预设是几乎所有被告均存在家庭暴力行为,这显然与社会真实状态不相符合。从比较法视角来看,域外法律尚无在涉家暴民事案件中适用举证责任倒置或法官裁量证明责任分配规定。[6] 从法理上分析,举证责任分配是民事诉讼的核心环节,其与最终的裁判结果密切相关,即使家暴事实确实存在举证与认定的双重困境,但从个案处理的视角中,两造双方仍然是平等的主体,裁判者不应在证据之外戴着有色眼镜形成心证。

除此之外,要充分注意到被告是否具有证明能力这一要素,家事诉讼中两造双方并不必然因主体不同而存在诉讼能力的高下之别。假若实行举证责任倒置原则,被指存在家庭暴力的一方将会面临证明某项事实不存在的境地;进言之,承担"消极事实"证明责任的一方必然会陷入百口莫辩的泥淖中无法自拔。在更为根本的层面上,举证责任倒置系用于克服两造双方在信息获取及证据提出上的巨大力量失衡时,适用一般举证原则而导致实体裁判上正义偏离的问题。因此,举证责任分配模式的论证应当遵循极为严谨的推导过程,而非想当然的类推,否则实难逃脱从一个极端到另一个极端的窠臼。

### (三)表见证明引入的技术性困惑

随着理论界对家事领域证明规则思考的不断深入,表见证明的方法逐渐受

---

〔5〕 吴卓、钱仁伟:《我国家庭暴力法律救济问题研究》,载《黑龙江省政法管理干部学院学报》2016 年第 3 期。

〔6〕 夏吟兰主编:《家庭暴力防治法制度性建构研究》,中国社会科学出版社 2011 年版,第 608 ~ 769 页。

到关注。[7] 不过，有研究指出，表见证明运用所依赖的统一规则与体系，要求通过改革审级建构和转变最高人民法院功能方能实现。[8] 这显然在短期内难以达成。在裁判过程中适用表见证明方法需充分回应是凭借何种根据对原则性的证明标准或证明尺度加以改变的，谨防漠视谦抑性原则引发随意适用的司法乱象。[9] 从司法实务的角度来看，表见证明的运用虽被认为没有转变证明责任的分配模式，但其依然是减轻一方当事人举证责任的情形。减轻举证责任，原则上应当由法律明文创设，即便允许法官进行法律续造，也应当基于特别的合法授权和必要理由。[10] 故而，在现行法并未作出规定时，法官仍应审慎处之。[11]

究其本质而言，表见证明是以高度盖然性的经验法则为基础的法官自由心证的过程，一方面经验法则不便抽象成为法律规范，如若不然便难以避免地陷入机械化、教条化的桎梏之中，而且存在标准无法统一肇致界限难以把握的问题，加之法官自身认知及经验水平的不同，裁判尺度的多样性便无法回避，这对于司法权威的折损无须赘言。另一方面，自由心证的落地需要以现代法官制度和审判原则的建立为基础，并对其自身范围进行限制，否则既无法逃离滥用之风险，亦不能回应当事人对事实认定乱象的质疑。毋庸讳言的是，自由心证在我国并未形成完善的制度体系，司法实务中一部分法官出于各方面的考量，对于事实的认定更多的仍是基于法定证据的逻辑推导，且非真正意义的自由心证。具体到涉家暴民事案件中，基于两造双方在民事诉讼程序中平等地位的考量，表见证明的运用亦应保障相对方提出抗辩之机会，这便要求法官适当揭开心证的“神秘面纱”，但现行法律对心证公开的规定仍停留在抽象层面，在司法环境、制度架构缺乏相应支持，在司法公信力有待进一步提升的情况下，法官个人也将面临为心证自由而承担风险的客观现实。

---

〔7〕 对在家事诉讼中引入表见证明方法的探讨，参见张丽：《表见证明在认定家庭暴力中的运用》，载《法治论坛》2018 年第 4 期；石春雷：《德国表见证明理论在家庭暴力民事诉讼中的适用》，载《大连理工大学学报（社会科学版）》2018 年第 6 期；任凡：《民事诉讼中家庭暴力的证明困境及其化解》，载《法治现代化研究》2020 年第 4 期。

〔8〕 周翠：《从事实推定走向表见证明》，载《现代法学》2014 年第 6 期。

〔9〕 ［德］普维庭：《现代证明责任问题》，吴越译，法律出版社 2006 年版，第 136 页。

〔10〕 周翠：《从事实推定走向表见证明》，载《现代法学》2014 年第 6 期。

〔11〕 与“表见证明”相类似的“事实推定”与“法律推定”，便是通过实在法确认后方才在司法裁判中得以运用。如最高人民法院《关于民事诉讼证据的若干规定》第 10 条规定的无须举证证明的事实。

除此之外,表见证明至今仍是整个证明法学领域含混也难以回答的问题之一。[12] 各个学说的主张各有不同,包括英美法系及大陆法系国家或地区的判例亦不甚统一。简言之,国内外对表见证明的认知并不能视为已经成熟。有学者旗帜鲜明地对贸然引入这一裁判思路提出反对意见,认为我国现有理论与司法实践中事实推定运用普遍,引进表见证明将造成现有概念体系的混乱。[13] 围绕表见证明的心证公开在范围、时机等均要求法官灵活、准确且审慎地把握,某种意义上限制了法官适用表见证明方法的主动性。即使通过发布指导案例等形式予以规制,一线法官也可能惮于错误认定事实或对传统事实推理思维的固守而不愿轻易使用表见证明的裁判思路,从而使减轻受暴者举证义务的设想落空。[14]

## 三、解困之道:反家暴机制的理念突破与公益诉讼路径构建

法院转变机械中立的审判思路更为主动地参与到事实查明的过程中能对现有困境产生正向的功用,然而无法回避的问题却是依然局限于目标层面的考量,与之相关的细化规则仍处于缺位状态,界限不明引起部分法院在实践中的失范之举及异化风险已显露苗头。同时,所谓证明规则改造的方法往往仅从应然层面出发,理论证成的成熟度及现实可能性尚存疑问。较为可行的是采用民事公益诉讼的路径。

### (一)反家暴民事公益诉讼的提出

在理性与科学备受推崇的时代,正当性是决定制度能否有效存续的关键。一项改革会因其缺乏正当性基础而沦为一个伪命题,由此产生的诸如风险及其控制等相关问题便无可探讨空间。应否提起公益诉讼,应当从家暴案件的社会属性,以及通过现有诉讼机制无法实现实体法所设想之目的等方面思考。

家庭暴力行为侵犯的不仅是受害者身体健康、人格尊严等私权利,也损害了社会公共利益。[15] 具体而言,家事领域中弱势群体合法权益的保护,是家庭秩序公益和社会公共利益的体现。所涉"公益"主要表现为未成年子女保护之公

〔12〕[德]普维庭:《现代证明责任问题》,吴越译,法律出版社2006年版,第132页。

〔13〕胡学军:《表见证明理论批判》,载《法律科学(西北政法大学学报)》2014年第4期。

〔14〕本文在裁判文书网以"表见证明"为关键词搜索,仅检索到16件案件在裁判理由中予以运用。

〔15〕夏吟兰主编:《家庭暴力防治法制度性建构研究》,中国社会科学出版社2011年版,第329页。

益、家庭身份关系之伦理公益、家事非讼事件之人身安全公益、补足诉讼对审结构之程序公益四个方面。[16] 当前,家事案件具有公益属性的观念已逐渐在理论和实务界形成共识,因此,在家暴受害者所遭受的法益侵害无法通过自诉方式实现实体法所设想之目的,不能较好地对施暴者进行对等惩戒的情况下,由代表公共利益的检察机关和社会团体依照相关法律规定提起民事公益诉讼有其合法性和理论正当性。

同时,对涉家暴案件提起民事公益诉讼,虽在现行法上未以明文示之,且鲜见于已有研究之上,但并不代表缺乏法理依据或违背教义学遵循。《民事诉讼法》和其他有关规定对公益诉讼仅列举了环境污染、消费者权益保护、食药品安全等领域,但《民事诉讼法》第 55 条规定对公益诉讼领域在列举式基础上,以"等"字结尾,不宜认为是穷尽式列举后的煞尾,应理解为是对公益诉讼预留制度缺口的"等外等",即未尽式列举。

除此之外,在制度层面上,中共中央印发的《法治中国建设规划(2020-2025年)》、《中共中央关于加强新时代检察机关法律监督工作的意见》以及最高人民法院发布的《人民法院第五个五年改革纲要(2019-2023)》中均明确提出要拓展公益诉讼案件范围,完善公益诉讼法律制度。2020 年 1 月,最高人民检察院联合全国妇联下发的《关于建立共同推动保护妇女儿童权益工作合作机制的通知》中也明确提出对于侵害妇女儿童权益的案件,检察机关可以发出检察建议,或者提起公益诉讼。在地方立法上,已有包括安徽、江苏、云南等十个地区在省级层面公益诉讼专项决定或意见中明确提出可拓展至妇女、未成年等特殊群体权益损害案件。实践中,各地也不乏检察机关对涉家暴案件提起公益诉讼的探索。

### (二)适格的反家暴民事公益诉讼启动主体

#### 1. 公权力属性的检察机关

《民事诉讼法》第 58 条第 2 款赋予人民检察院在履行职责中发现破坏生态环境和资源保护、食品药品安全领域侵害众多消费者合法权益等损害社会公共利益的行为而无法律规定的机关和组织或该机关和组织不提起诉讼,由其向法院提起诉讼的权力。家庭暴力就个案来说侵犯的可能是弱势群体的私益,检察机关提起公益诉讼针对的是损害社会公共利益行为,但适时扩大公共利益范围,

---

〔16〕 陈爱武:《论家事检察公益诉讼》,载《国家检察官学院学报》2020 年第 5 期。

就是不能用一成不变的标准和静止的眼光看待公共利益,而应当用新的发展观加以判断,以更广阔的视野理解公共利益。[17] 因此,家庭暴力背后所侵犯的是妇女、儿童等群体性社会公益,其理应纳入"等损害社会公共利益的行为"范畴。

检察机关作为社会公益的代表者,在环境资源保护、食品药品安全等领域已通过提起民事和行政公益诉讼的方式发挥自身职能。在家事诉讼领域由检察机关介入借此维护弱势群体权益的制度安排亦有域外经验可循。在日本,根据《日本民法典》的相关规定,检察机关在撤销婚姻、丧失亲权或管理权、解除监护权等案件中,可以作为原告或申请人提起家事诉讼。[18]

2. 社会公益属性的有关组织

现行《民事诉讼法》规定了"法律规定的机关和有关组织"可以提起民事公益诉讼,然因缺乏明确的法律规定指引,民事公益诉讼的行使主体并不明晰。在环境保护、消费者权益保护等常见公益诉讼领域因《环境保护法》《消费者权益保护法》以及相关司法解释的出台逐步赋予了特定环保组织和消费者权益保护协会等提起民事公益诉讼的资格。

《反家庭暴力法》仅规定如妇女联合会、残疾人联合会等社会组织对实施家暴者进行法治教育的权力,家庭暴力行为若被家暴者个人无法通过自诉等途径维护合法权益,具有社会公益属性的特定保护组织可被赋予提起团体民事公益诉讼的主体资格。团体民事公益诉讼模式的优势在于:社会团体较公民个人更具有专业和资源的优势,诉讼效率更高;而比之国家机关、社会团体相对独立,且数量广泛,行为更加灵活。[19] 由于家庭暴力行为侵犯的是特定弱势群体的利益,故针对不同的受暴群体可赋予相应社会公益组织诉讼主体资格。

### (三)反家暴民事公益诉讼相关审判规则的构建

1. 起诉条件的限定

反家暴公益诉讼应是受家暴者无法通过私益诉讼完成自身权利的救济,为了维护特定弱势群体的社会公共利益由检察机关或社会公益团体通过法定程序启动,故也应在《民事诉讼法》的制度框架下设定起诉条件。最高人民法院《关

〔17〕 姜雪莹:《浅论我国民事公益诉讼救济范围的扩大——基于200份裁判文书的思考》,载《安徽行政学院学报》2021年第1期。

〔18〕 陈爱武:《论家事检察公益诉讼》,载《国家检察官学院学报》2020年第5期。

〔19〕 白彦:《民事公益诉讼主体的理论扩张和制度构建》,载《法律适用》2020年第21期。

于适用〈中华人民共和国民事诉讼法〉的解释》(以下简称《民诉法解释》)中关于公益诉讼的起诉条件包括“有明确的被告、有具体的诉讼请求、有社会公共利益受到损害的初步证据以及属于人民法院受理民事诉讼的范围和受诉人民法院管辖”,故反家暴公益诉讼的提起亦应受到上述起诉条件的约束。检察机关提起公益诉讼的目的是保护国家利益和社会公共利益,如果行为人的行为只违反法律,并未造成国家利益和社会公共利益的实质损害,这种情形可以通过检察机关提出检察建议予以纠正,无须采用诉讼方式予以监督。[20] 故在被家暴者未通过或者无法通过自诉等法律途径维护自身权益的前提下,检察机关或社会公益团体应秉持谦抑性原则,在诉前程序搜集能够证明家暴行为存在的初步证据后,妥善提起民事公益诉讼。

同时,检察机关提起反家暴公益诉讼前应充分履行诉前公告程序。最高人民检察院出台的《检察机关提起公益诉讼改革试点方案》(以下简称《检察公益诉讼改革试点方案》)规定:“检察机关在履行职责中发现污染环境、食品药品安全领域侵害众多消费者合法权益等损害社会公共利益的行为,在没有适格主体或者适格主体不提起诉讼的情况下,可以向人民法院提起民事公益诉讼。”从解释论的角度说,只有法律监督没有达到充分保护公共利益的效果,通过督促起诉、支持起诉相关主体也没提起公益诉讼,才满足检察机关提起公益诉讼的条件。[21]

2. 举证责任的明确

民事诉讼中举证责任分配遵循的一般规则是“谁主张,谁举证”,亦适用于反家暴公益诉讼。即使家暴事实确实存在举证与认定的双重困境,在无法律例外规定的情况下,不得径直适用举证责任倒置。因为举证责任分配的基本思路与最终目的均是“达到当事人举证责任的基本平衡,以实现诉讼的公平与正义”。[22] 在检察机关等公益诉讼人有充分调查核实权的前提下相较于普通民事诉讼原告有明显的举证能力优势,此时适用举证责任倒置则造成与被告举证能力的悬殊,不利于实现诉讼的程序正义。表见证明是以高度盖然性的经验法则为基础的法官自由心证的过程,囿于自由心证未形成完善的制度体系导致在司法实践中法官对该规则亦审慎适用。基于上述理由,在反家暴民事公益诉讼中

〔20〕 刘艺:《检察公益诉讼的司法实践与理论探索》,载《国家检察官学院学报》2017 年第 2 期。

〔21〕 吴俊:《环境民事公益诉讼的程序构造》,载《华东政法大学学报》2015 年第 6 期。

〔22〕 张睿:《环境侵权民事诉讼举证责任分配之比较研究》,载《河北法学》2009 年第 3 期。

应坚持“谁主张,谁举证”的一般证明规则,由检察机关或社会公益团体对可能存在的家暴行为承担主要举证义务为妥。

3. 处分原则的限制

传统的两造民事诉讼作为解决私权争议的司法程序,处分原则是其重要核心原则,当事人对诉讼中的民事实体权利和诉讼权利具有自由的处分权,具体表现为有权提出诉求、变更诉求或是撤回诉求等。[23] 而在民事公益诉讼中,被授权提起公益诉讼的机关或社会组织是否享有完全的处分自由则存在争议,其中“实体赋权说”和“程序赋权说”是代表性的两种观点。“实体赋权说”认为,公益诉讼上处分原则应不加限制地予以适用,“程序赋权说”则认为群体诉讼的主体只有对程序性诉讼请求的处分权。处分原则的限制以起诉团体的法定或意定“诉权代理权”为界标,以不伤害被代理人的实体请求权为底线。[24] 在公益诉讼中,启动主体并非实体请求权人,其只能基于诉权代理关系而提起诉讼,故对诉讼标的的处分权应在合理限度内行使,如果滥用处分权如无故放弃变更诉讼请求、撤诉或者达成不合理的和解协议则会损害实体请求权人的利益。

《民诉法解释》第288条明确公益诉讼原告在法庭辩论终结后申请撤诉的法院不予准许,第287条则指出公益诉讼案件可在不违反社会公共利益的前提下进行调解或者和解。检察机关或社会公益团体在征得受家暴者同意或者受家暴者的合法权益得以实现时,在庭审辩论终结前申请撤诉的,除非有法律禁止性规定外,法院可以裁定准许。同时,反家暴公益诉讼多为停止侵害、排除妨害等防御性诉请,当事人的处分自由应大于补偿性请求权的公益诉讼,此时公益诉讼启动主体若与家暴行为实施者就保护受家暴者的人身权益等达成合意,通过和解或调解的方式亦是给予当事人更多的灵活空间,法院可对调解或和解协议的合法性和维护弱势群体权益的目标进行综合审查,进而决定是否出具调解书。

4. 判决方式的选择

《检察公益诉讼改革试点方案》中明确了“检察机关可以向人民法院提出要求被告停止侵害、排除妨碍、消除危险、恢复原状、赔偿损失、赔礼道歉等诉讼请求”。因检察机关或社会公益团体提起反家暴公益诉讼主要是为了停止正在持续发生的侵害妇女、儿童及老年人合法权益的家暴行为,故主要的诉讼请求应为

---

〔23〕 侯登华:《检察机关提起公益诉讼的现实困境与对策研究》,载《法学杂志》2016年第3期。

〔24〕 张陈果:《论公益诉讼中处分原则的限制与修正 兼论〈新民诉法解释〉第289、290条的适用》,载《中外法学》2016年第4期。

停止侵害、排除妨碍、消除危险。赔偿损失作为一种惩罚性的责任承担方式主要是为了维护个体之人身权益，受害者虽可通过私益侵权诉讼的方式予以维权，然若受害者为未成年人和老年人等弱势群体，其自身欠缺完全民事行为能力或者法律意识淡薄，由检察机关或社会公益团体在提起反家暴民事公益诉讼时附带提出人身损害赔偿更为妥当。

法院在审理中若查明，的确存在家庭暴力行为的，可针对不同受侵害群体和侵害程度作出相应判决。当然，法院的判决还应基于原告的诉请，如果法院认为检察机关或社会公益团体提起的诉讼请求达不到合理标准或者不足以保护国家利益和社会公共利益，应向其释明变更或者增加相应的诉讼请求。[25]

## 四、结语

法院通过扩张职权探知或引入表见证明方法，对改善司法实务中家庭暴力认定困境作用有限，存在多种异化风险且难以控制。在现有制度框架和典型案例的实践基础上，应大胆在反家暴领域采用以检察机关为主体的民事公益诉讼方式，在此过程中亦要兼顾家事案件的私密性特征，充分尊重当事人的程序选择权和隐私权。当然，家庭暴力受暴者的权利救济本身并不存在捷径，仅仅通过审判机关和检察机关的“最后一道防线”，无法解决防范、惩戒家庭暴力难题。正本清源的方法还是要提高当事人的权利意识，注重多元主体的参与，尤其是源头的预防及事后的证据固定、介入保护等工作。位于家庭暴力事件处置前端的公安机关出警人员或基层组织工作人员，要进一步提高防治家庭暴力的主动性、敏锐性和专业性，引导、帮助受害者采取固定证据的措施，使其在起诉阶段，法院能够真正接近客观事实，实现公平正义。

---

〔25〕 刘艺：《检察公益诉讼的司法实践与理论探索》，载《国家检察官学院学报》2017 年第 2 期。

# 英国家事诉讼中脆弱人员出庭制度及借鉴*

张艳丽　李亚楠**

## 一、引言：家事诉讼中脆弱人员出庭制度问题的提出

"脆弱人员"（vulnerable person）是指如果不采取特殊方式或措施则可能无法有效参与诉讼活动的人。〔1〕 家事诉讼中的脆弱人员包括未成年人、残疾人以及家庭暴力的受害人等，他们由于年龄、生理缺陷和心理创伤等原因普遍存在有效参与诉讼活动的困难。2019 年年底，北京市西城区法院发布《家事审判改革工作白皮书》，对 5 年来的家事审判工作和经验进行了总结，其中一项分别庭审规则颇为亮眼，即对涉及家庭暴力的离婚案件，因受害人无法冷静地与加害人面对面庭审，法院分别传唤双方到庭陈述、质证的措施。该项措施"既避免受害方受到二次伤害，亦有利于当事人完整地陈述事实、表达意见"，〔2〕凸显我国家事审判中对脆弱人员的特别关注。在贯彻"当事人亲自到庭"和"人性化"家事审判理念的背景之下，如何帮助未成年人、残疾人以及家庭暴力受害人等弱势群体出庭，有效参与诉讼是我国家事审判实践中迫切需要解决的重要问题。

脆弱人员作为诉讼中的弱势群体，受到很多国家的重视，许多国家在刑事诉讼或民事诉讼中确立了脆弱证人作证制度或规定了相关的特殊规定。英国英格兰及威尔士地区于 2017 年在《家事诉讼规则》（Family Procedure Rules）中确立

---

* 本文原载《河北法学》2022 年第 5 期，系北京市社会科学基金重点项目（17FXA001）"北京市基层法院家事审判机制改革研究"和国家建设高水平大学公派研究生项目（留金选［2020］101 号）的阶段性成果。

** 张艳丽，北京理工大学法学院教授，博士生导师；李亚楠，北京理工大学法学院博士后研究员，国家公派牛津大学法学院联合培养博士。

〔1〕 *Prosecuting Sexual Offences*, Justice, 2019, p. 52.

〔2〕 戴睿狄：《西城法院发布家事审判改革工作白皮书》，载北京法院网 2019 年 11 月 29 日，http://bjgy.chinacourt.gov.cn/article/detail/2019/11/id/4695992.shtml。

了脆弱人员出庭制度，不仅规定脆弱证人可采取特殊方式作证，而且规定脆弱当事人也可通过特殊方式参加诉讼，填补了脆弱证人作证制度在家事审判领域的不足，是世界范围内率先根据家事审判特点确立脆弱人员出庭制度的地区，也是首个考虑到脆弱当事人出庭问题的地区。〔3〕鉴于脆弱人员出庭制度的成功确立和实施，2021年2月英格兰及威尔士地区修订《民事诉讼规则》(Civil Procedure Rules)，又将家事诉讼中的脆弱人员出庭制度引入民事诉讼。可见，该制度在英格兰及威尔士地区的家事审判领域已经成熟，要解决我国未成年人、残疾人以及家庭暴力受害人等弱势群体参与家事诉讼活动的困难，可借鉴其先进经验。本文将从英格兰及威尔士地区为何在家事诉讼中确立脆弱人员出庭制度出发，详细介绍其立法及实践经验，以便为我国解决未成年人、残疾人以及家庭暴力受害人等弱势群体出庭参与家事诉讼活动的难题提供可行性方案和立法建议。为方便论述，如无特别说明，本文所称的“英国”是指英国的英格兰及威尔士地区。

## 二、需求与缘由：英国家事诉讼中脆弱人员出庭制度的起因

第一，家事诉讼中的脆弱人员出庭需要得到特殊帮助。“脆弱人员”是英美法律文献中较为通用的学术术语，〔4〕但究竟何为“脆弱”(vulnerable)或“脆弱性”(vulnerability)，英美法系也没有一个明确、普适的定义，通常认为，只要是在参与诉讼的活动中存在困难，影响有效参加诉讼或作证的当事人或证人，都可以

〔3〕笔者通过Westlaw和Lexis检索发现，英美法系中澳大利亚在《2007年家庭暴力法案》(Domestic and Family Violence Act 2007)中规定了家庭暴力案件中的脆弱证人作证制度；苏格兰在《2004年脆弱证人(苏格兰)法案》[Vulnerable Witnesses (Scotland) Act 2004]中规定了刑事诉讼和民事诉讼中的脆弱证人作证制度；英格兰及威尔士于2017年和2021年分别修订《家事诉讼规则》(Family Procedure Rules)和《民事诉讼规则》(Civil Procedure Rules)，规定了脆弱人员出庭制度(包括脆弱当事人参加诉讼和脆弱证人作证)。此外，北爱尔兰和新西兰的法律委员会曾发布咨询报告，讨论过将刑事诉讼中的脆弱证人作证制度移植至民事审判领域。至于大陆法系国家，笔者查阅了法国、德国、意大利、俄罗斯、瑞典、日本、韩国、越南、泰国的民事诉讼法以及德国、日本、韩国的家事诉讼程序法，发现日本、瑞典的民事诉讼法中存在针对脆弱证人作证的相关规定，其他国家民事诉讼法中也有可适用于脆弱人员出庭或作证的特殊规定。从世界范围来看，英格兰及威尔士地区是率先结合家事审判特点确立家事诉讼中脆弱人员出庭制度的地区，也是首个考虑到脆弱当事人参加诉讼问题的地区。

〔4〕2021年8月29日，笔者以“vulnerable person”为关键词在Westlaw的“International Materials”中检索，共检索出期刊656篇。

是脆弱人员。家事诉讼的脆弱人员主要为未成年人、残疾人以及家庭暴力受害人等,他们因为自身的特殊性需要获得帮助才能有效参与诉讼。

其一,未成年人出庭问题。家事诉讼崇尚"儿童最大利益"原则,未成年人是家事诉讼中的重要参与人员。与此同时,未成年人也可能是唯一能够证明案件事实的重要证人。但是,未成年人由于年龄的原因在生理和心理上具有特殊性,语言理解能力和表达能力存在不足。据法学学者和心理学学者的研究,未成年人出庭容易受法庭环境的影响,会对穿制服的工作人员、旁听人员以及法庭的布置等感到紧张焦虑;注意力集中时间较短,不能长时间接受询问;作证的方式和次数会影响其恢复正常生活的速度;多次询问可能导致其记忆扭曲等。[5] 在英国,未成年人在刑事诉讼中作证的情形十分常见,一年内有4万余名未成年人在刑事法庭上作证,[6]法官通常会根据其年龄大小、理解能力、语言表达能力、注意力集中时间等合理安排作证时间、作证方式、作证环境,以其能理解的语言询问,并限制询问的人数、次数、问题的数量等。同理,在家事诉讼中,未成年人出庭也需要这样的特殊帮助。

其二,残疾人出庭问题。家事诉讼处理的是家庭纠纷,许多家事案件不可避免地涉及残疾人的参与。根据《联合国残疾人权利公约》第1条的规定,残疾人包括肢体、精神、智力或感官有长期损伤的人,这些损伤与各种障碍相互作用,可能阻碍残疾人在与他人平等的基础上充分和切实地参加社会活动。2010年,英国司法部对有精神健康状况、学习障碍和智力有限的诉讼参与人进行了调查,结果显示,他们在诉讼过程中都经历了各种各样的困难,例如,不知道如何去法院,在法院等待开庭时出现各种焦虑不安甚至害怕的情绪,在法庭上无法理解专业术语和被问到的问题,感觉自己被排斥在诉讼程序之外等。[7] 身体上的残疾如聋、哑、盲、腿脚不便等更不必说,同样严重影响了残疾人同他人一样顺利地行使诉讼权利。正义是所有人的正义,司法公正是对每一个人而言的。《联合国残疾人权利公约》第13条规定,缔约国应当确保残疾人在与其他人平等的基础上有效获得司法保护,包括为其提供程序便利和适龄措施以便他们在所有诉讼程序

---

〔5〕 张吉喜:《论脆弱证人作证制度》,载《比较法研究》2016年第3期。

〔6〕 Re E (A child) (Evidence) [2016] EWCA Civ 473, [2017] 1 FLR 1675.

〔7〕 Rosie McLeod et al., *Court Experience of Adults with Mental Health Conditions, Learning Disabilities and Limited Mental Capacity*, Ministry of Justice Research Series, Ministry of Justice, 2010.

中切实发挥其作为参与方及证人的作用。因此,家事诉讼需要给予这些残疾人特殊帮助。

其三,家庭暴力受害人出庭问题。众所周知,在遭受恶劣暴力行为的伤害时,受害人通常会留下严重的精神创伤,会因为恐惧、悲痛而无法顺利完成有关暴力行为的事实陈述,容易遭受二次伤害。家庭暴力的受害人亦是如此,由于受到身体和精神上的长期摧残,家庭暴力受害人在庭审中通常会感到恐惧、无助,无法冷静地与加害人面对面庭审,加害人的任何一个眼神、动作或语言上的攻击都可能给受害人带来压力和痛苦,使其难以平静、顺利地参加诉讼、陈述案件事实。因此,家庭暴力受害人同样需要获得特殊帮助。

从总体上看,家事诉讼中的脆弱人员主要是由于以下三种原因中的一种或多种而无法有效参加诉讼或作证:一是不便出庭,如身体上有残疾或重大疾病的人等;二是因内心紧张或恐惧而害怕出庭,如未成年人、家庭暴力受害人、智力有限但具备民事行为能力的人等;三是语言表达能力或理解能力存在不足或障碍,如未成年人、聋哑人、肌张力障碍者等。这三种因素才是导致他们无法有效参加诉讼或作证的根本原因,因而需要通过特殊方式或措施帮助他们出庭。

第二,已有制度无法满足脆弱人员的出庭需要。英国家事诉讼中原则上要求证人出庭,但也存在一些例外方式:首先,英国《1995 年民事证据法》(Civil Evidence Act 1995)彻底废除了民事诉讼中的传闻证据排除规则,当事人可提交书面的证人陈述(witness statement)或录制的证言供法院采纳。其次,证人可通过视频链接(video link)即视听传输技术远程出庭。最后,证人可通过宣誓作证(deposition)方式,庭审之前在法官、法院审查员或其他法院指定人员面前宣誓后作证。这些例外方式为不便出庭的脆弱证人提供了替代出庭方式,一定程度上解决了部分脆弱证人的出庭作证问题,但这些例外方式毕竟不是专门为脆弱人员设置的,不是从脆弱人员的“脆弱性”出发,因此不能满足所有脆弱人员的出庭需要。

其一,准确发现案件事实要求脆弱人员出庭。尽管家事诉讼中可采用书面证言或录制的证言代替证人出庭,但其证明力明显弱于证人亲自出庭作证。首先,用书面证言或录制的证言代替证人出庭意味着证人不能接受交叉询问,证言的真实性、可信度无法通过质询和现场感知得到检验。其次,书面证言或录制的证言承载的内容有限,并不一定能够涵盖与争议事实有关的所有细节和关键之处,并且实践中通常由律师代劳或授意其为之,可能为了己方当事人考虑故意在书面证言和录音录像中避实就虚、避重就轻。为查明事实真相,要求证人出庭进一步详述作证内容通常是十分必要的。最后,在涉及性侵、虐待等暴力行为的家事案件中,尽管不涉及加害人的刑事定罪,但如果认定对这类行为的指控,当事人所受的污名和耻辱不会比他被定罪少多少。[8] 尤其在家事公法案件中(相当于我国的家事公益案件),一旦被认定存在性侵、虐待等不适宜抚养儿童的行为,父母的监护权将被剥夺,孩子会被送交福利机构由他人领养,其严重程度不亚于刑事处罚,若仅凭传闻证据就认定指控未免过于草率。出于公平正义的考虑,对于有可能提供"重要证据"的证人,法院应当传唤证人出庭作证。[9] 因此,在特定情形下,准确发现案件事实、作出公正判决要求脆弱人员必须出庭。事实上,替代出庭方式只是例外情况,并非家事诉讼中的常态,原则上脆弱人员仍需要亲自出庭。

其二,无代理人的脆弱当事人只能亲自出庭。在家事诉讼中,许多案件当事人都没有诉讼代理人。HMCTS[10]数据显示,英国 2019 年上半年的家事私法案件中 56.57% 的原告无代理人,78.46% 的被告无代理人。[11] 脆弱证人尚能通过书面证言、录音录像、宣誓作证和视频链接作证的方式替代出庭,但脆弱当事人若无代理人就只能亲自出庭参加诉讼,并无其他可替代方案。因此,家事诉讼中存在大量无诉讼代理人的脆弱当事人不得不亲自出庭,已有制度无法解决他们的出庭困难。退一步说,即便脆弱当事人有诉讼代理人,他们也依然享有出庭参加诉讼的权利,应当为他们有效出庭参加诉讼提供制度保障。

其三,许多脆弱人员自身有强烈的出庭意愿。长久以来,脆弱人员出庭参与诉讼活动受到了人为的限制和排挤。例如,LM v. Medway Council 一案在英国确立了未成年人作证的规则:"正确的起点是……未成年人非得在抚养诉讼中作证是不受欢迎的,在如此行事之前必须要有特别的理由。"[12]即如无特别的必要,未成年人不出庭作证。2010 年,Re W (Children) (Abuse:Oral Evidence)一案对该规则进行了改进,法院在考虑是否传唤一名未成年人作证时,必须权衡这

[8] Re W (Minors) (Sexual Abuse:Standard of Proof) [1994] 1 FLR 419, at 430.

[9] Dr. Charanjit Singh, *Beginning Evidence*, Routledge, 2014, p. 37.

[10] HMCTS 即 HM Courts & Tribunals Service,是司法部主办的执行机构,负责英格兰和威尔士的刑事、民事和家庭法庭的管理。

[11] Civil Justice Council, *Vulnerable Witnesses and Parties within Civil Proceedings: Current Position and Recommendations for Change*, 2020, p. 29.

[12] LM v. Medway Council, RM and YM [2007] EWCA Civ 9, [2007] 1 FLR 1698.

样做对确定事实真相的好处和可能对该未成年人或其他未成年人的福利造成的损害。[13] 自此以后,申请未成年人出庭作证的数量有增长趋势,但是出于保护未成年人不受伤害的顾虑,申请依然很少获得批准。事实上,未成年人有被倾听的愿望,如果不允许其出庭作证,他可能会认为法官准备直接听取成年人的意见或证言,包括那些对他造成严重伤害的人,自己被不公正地排斥了。[14] 同样地,身体、精神、智力等方面有缺陷的脆弱人员也存在出庭参加诉讼或作证的强烈意愿,他们觉得自己能够参与其中,并且过程公平时,往往会对法律制度有更积极的感受。[15] 例如,一位患有肌张力障碍[16]的脆弱人员积极地在特殊方式的帮助下出庭,庭审前后她发生了翻天覆地的变化:"她似乎变了一个人,从一个尴尬、焦虑的女人变成了一个微笑、大方的女人……在整个判决过程中,我观察到她不断地看向父亲,我猜测可能是一种报复的心理——她被听取了意见,被认为是可信的,而他则被否定了。"[17]

总之,家事诉讼中的未成年人、残疾人和家庭暴力受害人等脆弱人员普遍存在有效参加诉讼或作证的困难,但若不出庭参与诉讼,则会影响案件事实的查清和公正审判。一方面,家事诉讼中大量的脆弱当事人无诉讼代理人,只能亲自出庭;另一方面,家事诉讼中的许多脆弱人员有强烈的出庭意愿,他们希望出庭参与到诉讼中来。但英国已有制度只能为部分脆弱证人提供出庭作证的替代方式,无法从根本上满足所有脆弱人员的出庭需要。因此,英国在家事诉讼中确立了脆弱人员出庭制度,以便从根本上解决脆弱当事人及证人出庭参加诉讼和作证的困难。

---

〔13〕 W (Children) (Family Proceedings:Evidence),Re [2010] UKSC 12,[2010] 1 FLR 1485.

〔14〕 Penny Cooper, *Speaking When They are Spoken to Hearing Vulnerable Witnesses in Care Proceedings*,26 Child and Family Law Quarterly 132(2014).

〔15〕 Jodi A. Quas & Mariya Sumaroka, *Consequences of Legal Involvement on Child Victims of Maltreatment*,in Michael E. Lamb et al. eds. ,Children's Testimony:A Handbook of Psychological Research and Forensic Practice,Wiley - Blackwell,2011,p. 323 - 350.

〔16〕 肌张力障碍是一种神经系统的运动障碍。这种障碍迫使身体陷入扭曲、重复的动作或不正常的姿势。这位脆弱人员的肌张力障碍症状包括颈部、手臂和腿部不受控制的运动、构音障碍(发音困难,在压力下,她的语言发音会恶化,而且她更容易受到痉挛的影响)和吞咽障碍(吞咽困难)。

〔17〕 Gillian Geddes,*Safeguarding Measures*,*Intermediaries and Vulnerable Witnesses*:*Footnotes from the Trenches*,45 Family Law 903 (2015).

## 三、立法与实践:英国家事诉讼中脆弱人员的出庭制度

英国早在 1999 年就确立了刑事诉讼中的脆弱证人作证制度,这给家事诉讼中的脆弱人员出庭制度打下了良好的基础。2014 年,英国家庭事务部主席詹姆斯·莫比(James Munby)指出:“我们在着急重新发明轮子之前必须谨慎。大量的思考已经投入到目前刑事法庭的安排实施上,我们需要考虑在何种程度上修改这项出色的工作,以便用于家事法庭。”[18]在这项理念的指导下,英国家事诉讼中的脆弱人员出庭制度汲取了刑事诉讼相关立法和实践经验,并根据家事审判的特点确立了适宜家事诉讼需要的脆弱人员出庭制度。

### (一)家事诉讼中脆弱人员的认定

保障脆弱人员有效参与诉讼活动的第一步是尽早确定哪些是脆弱人员。由于家事诉讼中脆弱性的涵盖面非常广泛,[19]英国《家事诉讼规则》没有像刑事诉讼中那样明确规定脆弱人员的概念和范围,而是采取了开放式的立法。《家事诉讼规则》3A.7 条规定,法院在认定脆弱当事人或证人时需要考虑以下因素:当事人或证人实际受到或感知到的恐吓的影响;当事人或证人是否存在身体、精神、智力、社会功能等方面的缺陷或障碍;当事人或证人的年龄、成熟度和理解能力、社会文化背景和种族、家庭情况和宗教信仰;案件争议事实以及向证人提出的问题等。同法 PD3AA 3.1 规定,法院应当考虑当事人或证人了解诉讼程序以及了解自身角色的能力;向法庭表达意见的能力;在庭审之前、期间和之后指示诉讼代理人的能力;无明显痛苦地出席庭审的能力,通过这四项标准衡量当事人或证人是否属于脆弱人员。在家事司法实践中,未成年人和家庭暴力受害人属于当然的脆弱人员,他们可以直接获得采取特殊出庭方式的资格。

### (二)家事诉讼中确定脆弱人员出庭的程序

1. 召开作证前预庭审(Re W hearing)决定未成年人是否出庭作证

2011 年,家事司法理事会儿童作证工作组(the Family Justice Council Working Party on Children Giving Evidence)制定了《家事诉讼中儿童作证准则》

---

〔18〕 James Munby, *12th View from the President's Chamber: The Process of Reform: Next Steps*, 44 Family Law 978 (2014).

〔19〕 Natalie Cross, *Vulnerable Witnesses in Care Proceedings*, 50 Family Law 484 (2020).

(Guidelines on Children Giving Evidence in Family Proceedings),规定在儿童作证之前,法院必须首先举行一个作证前预庭审以决定儿童是否出庭作证,并就如何保障其全面参与进行初步审议。[20] 法院需要考虑儿童的意愿和感情(对于不愿意作证的儿童不应强迫其作证)、儿童的特别需要和能力、需要认定的争议事实、ABE 询问[21]的质量和可靠性、儿童的年龄、成熟度、脆弱性及理解能力等 22 项因素,在儿童作证可能对查明案件事实带来的益处以及可能对儿童带来的危害之间进行权衡,并始终考虑可能给儿童带来伤害的风险以及如何降低伤害。[22] 作证前预庭审是家事诉讼中特意为未成年人增设的一道门槛,通过权衡利弊探讨是否有必要让未成年人出庭作证,如果确有必要,再召开基本规则庭审进一步制定未成年人出庭所要采取的特殊方式及措施。

2. 召开基本规则庭审(Ground Rules Hearing)确定参与指示(Participation Directions)

根据脆弱人员的识别标准确定脆弱人员后,法院应当召开基本规则庭审作出参与指示。参与指示通常也被称为基本规则(ground rules),[23]包括两种类型:一类是法律明确规定的特殊出庭方式,即通过遮挡屏、视频链接、辅助设备协助或中间人陪同出庭等特殊出庭方式;另一类是各种事务性安排,即庭审内容和时长上的结构性安排、脆弱人员将要采用的语言表达形式(口头、书写还是手语方式)、安排脆弱人员进入或离开法院大楼、各方使用不同的进出路线、在不同的等候室等候等特殊措施。参与指示可以依申请作出,也可以由法院依职权作出。根据《家事诉讼规则》PD3AA6.1 的规定,申请参与指示的,应当说明:为什么脆弱人员将从中受益;哪些方式及措施可能在切实可行的范围内最大限度地提高证言质量;为什么所寻求的特殊方式及措施可能会提高其参加诉讼的能力或提高其证言质量。如果涉及中间人或专家评估,他们也需要参与讨论,并就脆弱人员如何出庭并有效参与提出建议。[24]

---

〔20〕 Caroline Harris, *What Can the Family and Criminal Jurisdictions Learn from One Another Regarding Vulnerable Witnesses?*, 50 Family Law 317 (2020).

〔21〕 ABE 是 achieving best evidence 的缩写,是刑事诉讼中通过采取特殊措施对脆弱证人进行询问并记录下来的证言。

〔22〕 Guidelines on Children Giving Evidence in Family Proceedings, 2011.

〔23〕 Siân Smith, *Vulnerable witnesses in the Family Court: The Journey So Far*, 50 Family Law 597 (2020).

〔24〕 The Advocate's Gateway, Toolkit 13: Vulnerable Witnesses and Parties in the Family Courts, 2019.

### (三)选择适宜的特殊出庭方式及措施

法院在作出参与指示前应当听取脆弱人员的意见,根据案件实际情况及本人意愿选择确定适宜的特殊出庭方式及措施。《家事诉讼规则》3A. 8 条第 1 款列举规定了以下四种特殊出庭方式。

第一,以不被看见的方式出庭。简单来说,就是在法庭或证人席上设置单向或双向遮挡屏,使脆弱人员通过遮挡屏出庭参加诉讼或作证,从而不被对方当事人或证人看见,以此减轻脆弱人员的心理负担,使他们能够平稳地参加诉讼或作证,这是最简单也是最常用的特殊方式。由于家事法庭的设备不足,司法实践中也通过拉设窗帘的方式来代替遮挡屏。[25]

第二,通过视频链接远程出庭。视频链接是一种声像传播技术,脆弱人员可以在法庭以外的地方通过视频链接参与庭审,法官、当事人和证人之间都可以互相看到、听到对方,只是并不身处同一空间,这种方式能够方便行动不便的脆弱人员以及对出庭感到恐惧害怕的脆弱人员。事实上这一方式早就在《家事诉讼规则》中存在,但只适用于证人,不适用于当事人,且并不普及。[26] 2017 年英国将该方式作为脆弱人员出庭的特殊方式规定在家事诉讼规则中,脆弱当事人也可以通过视频链接的方式远程出庭参加诉讼。目前这种方式现已得到普遍适用。

第三,在辅助设施的帮助下出庭。对存在听力障碍的脆弱人员,为其提供助听设备;对未成年人和其他在语言表达上存在困难的脆弱人员,提供布偶等模型来帮助脆弱人员讲述或演示事情的发生经过,提供写有简单词语的卡片以便脆弱人员通过举牌方式表达自己的意见和需求;对未成年人或精神高度紧张的脆弱人员,提供缓解压力和保持注意力的释压玩具等。[27]

第四,中间人陪同出庭。中间人是具有语言治疗、教学和社会工作等专业背景的人,由司法部招募和培训的中间人是注册中间人,注册中间人不足时也可以由一些其他机构的非注册中间人替代。庭审时中间人坐在脆弱人员身旁,必要时向脆弱人员解释提问的内容或解释脆弱人员提供的答案,其作用是促进各方

---

〔25〕 James Munby, 16*th View from the President's Chambers*: *Children and Vulnerable Witnesses*: *Where are We*?, 47 Family Law 151(2017).

〔26〕 Civil Justice Council, *Vulnerable Witnesses and Parties within Civil Proceedings*: *Current Position and Recommendations for Change*, 2020, p. 49.

〔27〕 The Advocate's Gateway, Toolkit 13: Vulnerable Witnesses and Parties in the Family Courts, 2019.

之间的沟通而不改变提问和回答的内容，性质大体相当于翻译人员。该方式常用于未成年人、有学习障碍或在表达上存在困难的脆弱人员。在庭审之前，中间人先对脆弱人员的沟通需求进行初步评估，向法院提交一份关于脆弱人员沟通需求的详细报告，在基本规则庭审上与法官就处理脆弱人员的出庭事宜达成一致意见，包括提问方式、问题类型、休息时间等。在庭审上，中间人宣誓忠实地履行其职责，只在必要时介入，对提问提出建议。[28]

除上述法定特殊方式外，避免家暴加害人亲自交叉询问受害人也是英国家事审判实践中公认和极力遵守的一项规则，因为允许有控制欲、欺凌欲和威吓欲的家暴加害人在法庭上向受害人提问实际上给加害人提供了另一个行使权力和控制的机会，[29]这本身就是一种虐待。但是，若禁止加害人对受害人交叉询问，为保障加害人的质证权，必须为无诉讼代理人的加害人提供法律援助，由诉讼代理人代其交叉询问。尽管英国社会各界人士多次呼吁立法禁止家暴加害人对受害人进行交叉询问，但由于法律援助的资金支持不到位，《家事诉讼规则》修订时仍未确立这一规则，英国司法实践中仍有约 1/4 的受家暴妇女忍受着加害人的直接询问。[30]

从总体上看，英国家事诉讼中的脆弱人员出庭制度从脆弱人员的脆弱性出发，解决了脆弱人员不便出庭、害怕出庭、理解或表达上的障碍，提高了脆弱当事人参加诉讼的能力以及证人作证的能力，使脆弱当事人或证人能够有效地参与到诉讼中，既保护了脆弱人员免受二次伤害，也有利于案件事实的查清。英国家事诉讼中的脆弱人员出庭制度具有以下几个明显的特征：首先，注重对未成年人的保护。与刑事审判要在“被告人权利”和“查明真相”之间做出权衡不同，家事审判的首要考虑是“儿童最大利益”，[31]不能出于查清案件事实的需要强迫未成年人出庭作证，因为如果出庭作证对未成年人造成伤害要大于出庭带给他们的利益时，这样的出庭便没有意义，反而与保护儿童的精神相悖。因此，家事诉讼中专门增设了作证前预庭审这一门槛，筛选有必要出庭作证的未成年人。其

---

〔28〕 Penny Cooper, *Intermediaries and Vulnerable Witnesses in Family Courts: What do We do Now?*, 42 Family Law 868(2012).

〔29〕 Women's Aid, *Nineteen Child Homicides*, Women's Aid, 2016, p. 27.

〔30〕 Women's Aid, *Domestic Abuse, Child Contact and the Family Courts*, Women's Aid, 2016. p. 14.

〔31〕 Penny Cooper, *Speaking When They are Spoken to Hearing Vulnerable Witnesses in Care Proceedings*, 26 Child and Family Law Quarterly 132 (2014).

次,家庭暴力的受害人作为家事诉讼中脆弱人员的重要类型受到了特别关注和优待。2020年英国内政部发布《家庭暴力法案》(Domestic Abuse Bill 2020),其中"家事诉讼中的特殊措施"部分明确规定所有家庭暴力的受害人在参加家事诉讼或作证时都有资格获得特殊措施的帮助,这说明英国已将家庭暴力受害人与未成年人一样,纳入了当然的脆弱人员。最后,诉讼参与人员的福利(welfare)保障是考虑的重点。与普通民事诉讼中相称原则即适当成本(at proportionate cost)的要求不同,家事诉讼中法院在为脆弱人员考虑采取何种特殊方式及措施出庭时,需要考虑脆弱人员的福利是否得到了切实保障,至于特殊方式及措施的采取是否超过了适当成本并非考察重点。

## 四、比较与借鉴:我国家事诉讼中脆弱人员出庭制度的构建

从英国家事诉讼中的脆弱人员出庭制度经验来看,未成年人、残疾人以及家庭暴力受害人等脆弱人员普遍存在有效参加诉讼或作证的困难。为解决这些脆弱人员的出庭问题,英国规定了多种特殊方式,脆弱人员可根据自身需要及案件情况采取适宜的特殊方式及措施出庭。该制度适用于脆弱当事人及证人,能够保护脆弱人员不受伤害,有利于查清事实并公正审判。我国与英国虽分属不同法系,但脆弱人员的脆弱性及其出庭需要是相同的,如何帮助脆弱人员有效参加诉讼或作证是一个普适性的共同话题。因此,英国家事诉讼中的脆弱人员出庭制度对我国具有极大的参考价值和借鉴意义。

### (一)我国脆弱人员出庭参与家事诉讼的现状分析

我国虽然没有针对脆弱人员的特殊规定,但是存在可适用于脆弱人员的特殊出庭方式或替代出庭方式,如最高人民法院《关于民事诉讼证据的若干规定》第72条第3款规定,证人言辞表达有障碍的,可以通过其他表达方式作证。第76条规定:证人确有困难不能出庭作证的,可以向法院申请以书面证言、视听传输技术或者视听资料等方式作证,申请书中应载明不能出庭的具体原因。根据《最高人民法院新民事诉讼证据规定理解与适用》中的解释,第76条的规定仅适用于证人由于健康原因、路途遥远交通不便、不可抗力等"客观原因"无法出庭的情形,[32]虽然对"健康原因"进行扩张解释能够使生理、精神、智力上有缺陷的

〔32〕 最高人民法院民事审判第一庭:《最高人民法院新民事诉讼证据规定理解与适用(下)》,人民法院出版社2020年版,第677页。

脆弱人员规避出庭，以替代出庭方式作证，但是该条规定毕竟不是从脆弱人员的“脆弱性”出发，无法满足脆弱人员的特殊需要，也不利于案件事实的查清，理由如下。

首先，该条规定只针对证人作证，无法解决脆弱当事人必须出庭参加诉讼以及陈述案件事实的困难。在家事诉讼中，当事人有必要亲自出庭参加诉讼，一方面因为身份关系具有不可替代性，亲自到庭有利于法官查清事实、公正判决；另一方面也有利于当事人消除误会、恢复感情，平和地化解纠纷。[33] 因此，第 76 条的规定远远不能满足家事诉讼中脆弱当事人的出庭需要。

其次，该规定并没有积极促进和帮助脆弱人员出庭，既不符合“接近司法”的理念，也不利于案件事实的查清和公正审判。

最后，该规定仅适用由于“客观原因”不便到庭的脆弱人员，未成年人和家庭暴力受害人等脆弱人员出庭存在的困难主要源自“主观”内心上的害怕或恐惧，无法适用该规定获得帮助。可见，我国现有的法律规定并不能满足家事审判实践中脆弱人员的出庭需要。

在家事审判贯彻“当事人亲自到庭”和“人性化”理念的背景之下，我国需要为未成年人、残疾人和家庭暴力受害人等脆弱人员参加诉讼或作证提供制度保障，这既有利于在查清事实的基础上公正审判或妥善化解家庭矛盾，也有利于保障弱势群体在参与家事诉讼活动的过程中不受情感上的伤害。因此，我国应当正视脆弱人员在家事诉讼活动中的特殊需求，从根本上解决脆弱人员的出庭困难。事实上，我国司法实践中已经关注到未成年人、残疾人和家庭暴力受害人的特殊性，并正在积极探索特殊方式及措施帮助他们出庭。

1. 未成年人方面

我国司法实践中很早就注意到了未成年人生理和心理上的特殊性，例如，2011 年江苏省常州市天宁区法院制定的《关于审理未成年人民事案件的若干规定》第 28 条规定，未成年人作证的，应当有监护人到场。监护人拒绝到场的，可有社区、学校的相关人员在场。第 47 条规定，审判人员应当注意未成年人的心智程度和心理状态，态度和蔼，用语通俗易懂，释明相关法律规定。[34] 2018 年最

---

〔33〕 刘德权、陈裕琨、缪蕾主编：《最高人民法院司法观点集成（民事诉讼卷 2）》（新编版），中国法制出版社 2017 年版，第 1280 页。

〔34〕 常州市天宁区人民法院编：《未成年人民事审判规则研究——“天宁模式”的实践与探索》，南京师范大学出版社 2012 年版，第 17、22、23 页。

高人民法院《关于进一步深化家事审判方式和工作机制改革的意见(试行)》第38条规定,涉及确定子女抚养权的,应当充分听取8周岁以上子女的意见。必要时,法院可单独询问未成年子女的意见,并提供符合未成年人心理特点的询问环境。可见,我国法院在尝试通过他人陪同的方式、审判人员使用简单用语的方式以及提供适宜询问环境的方式消除未成年人的紧张情绪、帮助未成年人理解提问内容。

2. 残疾人方面

我国有8500多万残疾人,涉及2.6亿家庭人口,[35]为"切实保障残疾人合法权益,方便残疾人参加诉讼活动",最高人民法院与中国残联会于2018年联合发布了《关于在审判执行工作中切实维护残疾人合法权益的意见》,在立案、审理、审结方式以及调查取证、担保等各个环节进行了设计,以保障残疾人能够平等、充分地参与诉讼活动。具体规定包括:积极采取网上立案、上门立案、电话立案等绿色通道快速立案;残疾人书写起诉状确有困难的,可以口头起诉;大力推广车载法庭、就地审理、上门调解等巡回审判模式,充分运用信息化手段,通过网上开庭、网上调解等远程视频形式方便残疾当事人诉讼;大力推进法院接待场所、审判场所的无障碍设施建设;根据案件情况允许相关辅助、陪护人员陪同残疾当事人出庭;为残疾当事人提供手语、盲文等诉讼辅助服务等。可见我国对残疾人参与诉讼活动的高度关注,不仅创设了远程视频出庭方式、他人陪同方式、辅助服务协助方式,还采取了多种特殊措施帮助残疾人有效参与诉讼。但是,该意见主要针对身体上有残疾的人,对于精神、智力方面有缺陷但具备民事行为能力或作证能力的广义"残疾人",他们参加诉讼和作证的困难在于无法理解专业术语和被问到的问题,以及随之而来的各种焦虑不安甚至害怕情绪。对这一类脆弱人员,该意见中的特殊方式及措施并不到位。

3. 家庭暴力受害人方面

我国《反家庭暴力法》第2条规定,家庭暴力是指家庭成员之间以殴打、捆绑、残害、限制人身自由以及经常性谩骂、恐吓等方式实施的身体、精神等侵害行为。全国妇联和国家统计局组织的调查数据显示,我国2.7亿个家庭中,约

〔35〕 资料来源:2012年第十一届全国人大常委会第二十八次会议上全国人大常委会副委员长兼秘书长李建国向常委会组成人员作的残疾人保障法执法检查报告。

24.7%存在家庭暴力。[36] 在审判实践中，家庭暴力的受害人通常无法平静地与对方当事人面对面庭审，这给家事审判工作带来了很大困难。为解决这一难题，北京市西城区法院开创性地提出了“分别庭审规则”，即分别传唤双方到庭陈述、质证的特殊方式，可见我国家事审判实践中已经关注到家庭暴力受害人的脆弱性并在尝试解决他们的出庭问题。

总之，我国家事诉讼中同样存在未成年人、残疾人和家庭暴力受害人等脆弱人员，他们也存在出庭困难，需要获得特殊帮助才能有效参与诉讼。我国司法实践中已在积极探索，但目前仍缺乏明确的法律规定，也未根据家事审判的特点考虑出庭制度的制定与实施。我国已有一些合理的特殊出庭方式及措施，可在此基础上借鉴英国经验，构建符合我国家事审判需要的脆弱人员出庭制度。

### （二）我国家事诉讼中脆弱人员出庭制度的构建设想

1. 脆弱人员的界定及范围

考虑到我国法律规定上没有使用“脆弱人员”这一术语的传统，可仅在理论探讨上保留这一概念，在立法中避免使用“脆弱人员”这一生僻术语，直接采用“未成年人”“残疾人”“家庭暴力受害人”“弱势群体”等通俗易懂的词语。在具体的审判实践中，考虑到未成年人生理和心理上的特殊性以及家庭暴力受害人所持续受到的身心伤害，为切实保障未成年人和家庭暴力受害人的情感利益，可借鉴英国的做法，直接将未成年人和家庭暴力受害人作为脆弱人员对待，规定他们有资格采取特殊出庭方式及措施。考虑到残疾人（尤其是广义上的残疾人）并不一定需要采取特殊出庭方式，也并不一定愿意被视为特殊人员，[37] 法院应当根据残疾人是否实际存在参与诉讼的困难以及本人意愿确定其是否为脆弱人员。在评估残疾人或其他人员是否属于脆弱人员时，应当考虑这些人员是否由于智力障碍、身体残疾或害怕等原因，影响其完整、连贯、准确陈述案件事实的能力，向法院表达意见的能力，了解诉讼程序并作出相应回应的能力等。

2. 脆弱人员出庭的程序问题

对于采取通常出庭方式不能有效参加诉讼或作证的人，当事人可以向法院

---

〔36〕 北京市东城区源众家庭与社区发展服务中心：《北京市涉家庭暴力案件司法大数据分析报告》，2021 年 3 月 1 日，第 1 页。

〔37〕 例如，轻度残疾的人或智力稍有缺陷的人可能基于自尊心的考虑拒绝被认定为脆弱人员，而更愿意采取普通出庭方式参加诉讼或作证。

申请采取特殊方式出庭。申请书应当说明理由以及说明需要采取的特殊方式。不能仅仅以不想见到对方为由要求以特殊方式出庭,只有那些按照通常出庭方式确实会产生不利影响,致使其无法有效参与诉讼的人才有资格采取特殊出庭方式。在案件的审理过程中,若法院发现当事人或证人存在参加诉讼或作证的困难,也可以依职权决定采取特殊方式及措施。

法院在决定是否采取以及采取何种特殊出庭方式时,应当询问脆弱人员的意愿,并综合考虑案件情况、脆弱人员的年龄、成熟度、理解能力、身体状况、与对方当事人的关系,焦虑及恐惧的程度等。无论法院决定当事人或证人是否采取特殊方式出庭,都应当在庭审中公开说明原因。脆弱人员也可以放弃特殊出庭方式,选择采取通常方式出庭。

由于家事诉讼遵循"儿童最大利益原则",对于未成年人,应当结合其出庭的必要性及出庭意愿决定其是否出庭。不得为了查清事实,强迫不愿出庭的未成年人出庭作证。未成年人确有出庭必要,且愿意出庭的,才让未成年人出庭,并根据未成年人的意愿和需要采取适宜的特殊方式及措施,最大限度地降低出庭对未成年人的不利影响。

3. 明确脆弱人员的特殊出庭方式

结合我国司法实践中已经出现的各种特殊出庭方式及措施,我国可明确规定以下多种不同方式,以满足不同脆弱人员的出庭需要:第一,以不被看见的方式出庭,即在法庭内设置屏风或窗帘使脆弱人员在不被对方当事人或证人看见的情况下参加诉讼或作证,以减轻脆弱人员的心理负担。第二,通过视听传输技术远程出庭。我国已有证人可通过视听传输技术作证的规定,但未规定当事人可以通过视听传输技术参加诉讼。2020 年我国最高人民法院发布《关于新冠肺炎疫情防控期间加强和规范在线诉讼工作的通知》,全国各地法院开启了网上庭审新模式的探索,2021 年最高人民法院发布《人民法院在线诉讼规则》进一步规范了当事人及其他诉讼参与人线上远程出庭方式,2022 年《民事诉讼法》第 16 条也规定在线诉讼与线下诉讼具有同等的法律效力,因此完全可以将视听传输技术作为脆弱人员包括脆弱当事人出庭的一种特殊方式,以帮助不便出庭或对出庭有心理障碍的脆弱人员。第三,他人陪同的方式出庭,可允许一名亲人、朋友、脆弱人员要求的或法院认为适当的人员陪同。陪同人员可以在旁护理身体有缺陷或疾病的脆弱人员;帮助脆弱人员消除紧张情绪;必要时帮助脆弱人员理解诉讼进程、提问内容或帮助脆弱人员被理解,但不得歪曲提问内容,不得提示或者以其他方式影响脆弱人员自身意思的表达。第四,在其他必要的辅助设施或服务的帮助下出庭，如为脆弱人员提供帮助陈述或演示事实发生经过的玩偶模型，提供助听设备，提供手语或盲文辅助服务等。

4. 必要时采取分别庭审或书面质证方式审理家庭暴力案件

我国的质证制度不同于英国的交叉询问制度，不存在交叉询问带来的严重负面效应，因此，在审理家庭暴力案件时采取不被对方当事人看见、视听传输技术、他人陪同这几种特殊方式已经基本上能够满足家庭暴力受害人的需要。若家庭暴力案件中的当事人情绪极其激动，采取上述方式也不足以保障审判工作的顺利开展或有效开展时，可借鉴北京市西城区法院的分别庭审规则，采取分别庭审的方式或书面质证的方式审理案件。该方式巧妙地避开了英国法律援助资金不足的尴尬，也更适合我国国情，但应当注意充分保证双方当事人质证和反质证的权利。

5. 改进法院公共设施完善法院服务

庭审环境、座位布置、工作人员的穿着、等候室的条件、进出法院大楼的通道设施等都会对脆弱人员造成影响，因此除上述特殊出庭方式外，还可以采取一些特殊措施帮助脆弱人员出庭，可从改进法院公共设施，完善法院服务入手。具体来说，对于年龄较小的儿童，可以选择在温馨舒适的家事调解室、亲子观察室等处听取其证言或意见；对于身体残障的脆弱人员，推进法院接待场所、审判场所的无障碍设施建设；对于存在严重疾病的脆弱人员，应照顾他们特定的服药或注射药物时间，加强对庭审时长的把控；对于在表达上存在困难的脆弱人员，在桌上设置写有简单词汇的卡片或按钮方便他们表达自己的意见和需求；对于家庭暴力受害人，安排其与加害人采取不同的路线进入或离开法院，避免两人在同一等候室等候、共用同一楼层的卫生间等。总之，加强法院的引导工作，合理利用法院的各项设施，提前为脆弱人员的出庭做好贴心规划和安排。

## 五、结语：立法建议

“法院如何对待那些无助弱小的人是我们社会道德价值的晴雨表。”家事法庭中的许多人都有困难的背景，遭受不利、偏见和虐待。[38] 家事审判崇尚“以人为本”，确保脆弱人员顺利有效地参加诉讼或作证是保障家事审判公平公正的前

〔38〕 Nicholas Green, *Introduction*: *Vulnerable Witnesses in Courts – Why*?, in Penny Cooper & Linda Hunting eds., Addressing Vulnerability in Justice Systems, Wildy, Simmons and Hill Publishing, 2016, p. xiii.

提,也是"人性化"家事审判理念的应有之义,因此有必要在家事诉讼中确立脆弱人员出庭制度。2016年以来,我国进行了家事审判改革,虽然目前尚未将家事审判从民事审判中完全分离出来,但是已在家事审判方面取得了长足的进步,从民事审判中分离出来已是学界共识。[39] 不久的将来我国必定会建立专门的家事审判体系,通过单独的家事诉讼法。因此,笔者建议在未来的"家事诉讼法"中规定以下条款:

人民法院审理家事案件,应当保障和便利未成年人、残疾人、家庭暴力受害人等弱势群体行使诉讼权利。

当事人申请未成年人作证的,法院应当考虑未成年人出庭作证的必要性以及未成年人本人的出庭意愿。

未成年人、家庭暴力受害人以及其他采取通常出庭方式不能有效参加诉讼或作证的当事人或证人,可以通过以下方式出庭:

(一)不被对方当事人或证人看见;

(二)视听传输技术;

(三)一名亲人、朋友、本人要求的或法院认为适当的其他人员陪同;

(四)其他必要的协助设施或服务。

人民法院审理涉及家庭暴力的案件,必要时可以采取分别庭审或书面质证的方式进行审理。

---

[39] 张晓茹:《家事事件程序的法理分析》,载《河北法学》2006年第6期;柯阳友、李琼:《家事审判中程序正义之维护》,载《河北法学》2019年第3期;张艳丽:《我国家事调解程序前置的立法设计》,载《河北法学》2019年第10期。

# 执行异议之诉与婚内夫妻财产分割之诉合并审理的程序构建

## ——以夫妻共同财产执行为视角

张　焱　余　淼*

执行名义确定的债务人为夫妻一方，执行名义并未对债务性质进行明确，债权人申请强制执行，债务人的个人财产无法清偿全部债务时，如何执行夫妻共同财产是司法实践中面临的难题。我国《民法典》"婚姻家庭编"并未将执行夫妻共同财产作为婚内分割夫妻共同财产的情形，同时在程序法上，目前亦未明确执行夫妻共同财产的路径，导致裁判结果不一。因此，有必要从分析执行夫妻共同财产的现状出发，在平衡债权人实现债权的效率价值和债务人配偶权益保护的正义价值基础之上，以诉的合并作为理论支撑，构建执行夫妻共同财产的路径，以期统一司法实践。

### 一、实践剖析：执行夫妻共同财产的现状分析

#### （一）司法现状：执行夫妻共同财产的路径梳理

我国采取的是法定夫妻共同财产制，债务人的责任财产包括个人财产和夫妻共同财产。最高人民法院《关于人民法院民事执行中查封、扣押、冻结财产的规定》（以下简称《查扣冻规定》）第 12 条规定，对被执行人与他人共有的财产，人民法院可以查封、扣押、冻结，但不能直接进行处分，需要共有人提起析产诉讼或者债权人代位提起析产诉讼明确债务人份额后才可以进行处分。然而，由于夫妻共同财产属于特殊的共有财产类型，不仅涉及财产关系而且涉及人身关系，是否适用该条规定，司法实践中存在较大争议，进而产生了多条执行夫妻共同财产的路径。笔者以"执行""夫妻共同财产""婚内财产"为关键词，在中国裁判文

* 张焱，北京市昌平区人民法院法官；余淼，北京市昌平区人民法院法官助理。

书网上检索到相关法律文书 126 份,综合分析后归纳出以下四种路径(见图 1)。

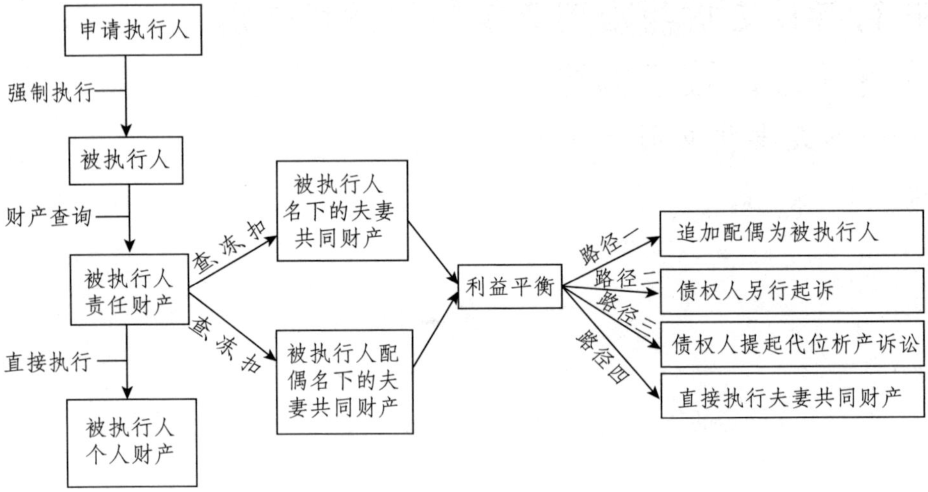


**图 1　执行夫妻共同财产的四种路径**

第一,追加配偶为被执行人。债权人在起诉时,基于合同的相对性原则或者缺少债务人配偶的身份信息,为了更快地确定债权,一般只起诉债务人一方,最终确定夫妻一方为债务承担者。在执行过程中,在发现债务人财产不足以清偿债务时,部分执行法官会直接确认债务性质为夫妻共同债务进而追加债务人配偶为被执行人,通过执行债务人配偶的个人财产和夫妻共同财产实现债权(见图 2)。

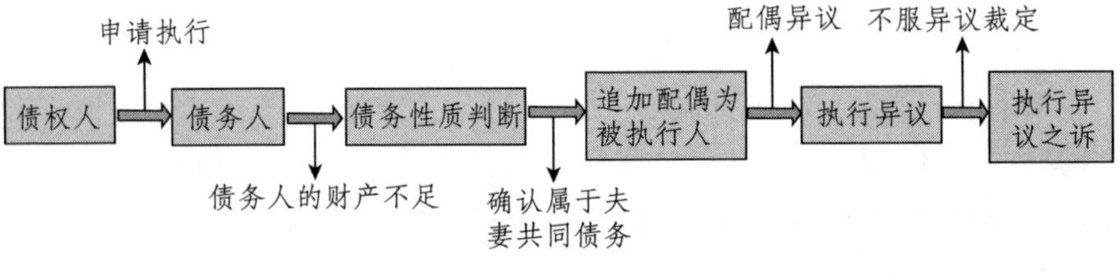


**图 2　追加配偶为被执行人路径**

存在的问题:直接追加债务人配偶,既能够快速、经济地实现执行债权人的债权,又能兼顾保障执行债务人的程序利益和实体利益。[1] 但该路径在理论上存在较大争议(见表 1)。

---

〔1〕 肖建国、刘文勇:《论执行力主观范围的扩张及其正当性基础》,载《法学论坛》2016 年第 4 期。

**表 1　追加配偶为被执行人的理论争议**

| 理由 | 同意 | 不同意 |
|---|---|---|
| 理由一 | **追加配偶为被执行人属于执行力主观范围的合理扩展。**基于夫妻共同债务实体利益归属的一致性,将执行力扩张至配偶有一定正当性基础,追加配偶为被执行人既能够迅速、经济地实现债权人的债权,又能够兼顾保证债务人的实体利益和程序利益 | **追加配偶为被执行人违背了既判力的相对性原则。**根据既判力相对性原则,债权人将执行名义确定的债务人列为被执行人申请强制执行,不得强制执行名义之外的第三人 |
| 理由二 | **追加配偶为被执行人是执行程序效率价值的体现。**执行程序以实现债权人的权利为根本原则,追求的是效率价值,通过追加配偶为被执行人,既能够快速实现债权人的债权,又能够减少当事人的诉累,提高了执行的效率 | **追加配偶为被执行人违背了程序公正的价值理念。**通过执行程序直接确定债务性质为夫妻共同债务,配偶一方失去了程序利益,这种完全从保护债权人利益出发,势必影响配偶的程序正义的价值 |
| 理由三 | **追加配偶为被执行人是缓解执行难的现实需要。**执行难不仅影响债权人权利的实现,也损害了司法的权威。通过在执行程序中追加配偶为被执行人,便于查找可执行的责任财产,避免了恶意规避执行的行为,提高了执行的效率,解决了执行难题 | **追加配偶为被执行人违背了民事诉讼程序审执分离原则。**执行程序的目的在于通过强制执行实现执行名义确定的权利,执行以执行名义作为依据,严格按照执行名义确定内容执行。涉及实体争议时,应当通过诉讼程序解决,而不应当在执行程序中直接解决 |

资料来源:张海燕:《执行程序中被执行人配偶追加问题研究》,载《当代法学》2019 年第 1 期;唐东楚、高松琼:《追加配偶作为被执行人的反思》,载《济宁学院学报》2020 年第 1 期。

实务中,对债权人申请追加债务人配偶为被执行人也存在不同的观点,笔者选择其中三个典型的案例作为代表进行分析(见表 2)。

表2 实践中追加配偶的不同观点

| 案例 | 裁决机关 | 处理结果 |
| --- | --- | --- |
| (2015)执复字第3号执行裁定书 | 最高人民法院 | 福建省高级人民法院认为,被执行人所欠申请执行人转让款系被执行人夫妻关系存续期间所欠债务。根据最高人民法院《关于适用〈中华人民共和国婚姻法〉若干问题的解释(二)》第24条的规定,应当按夫妻共同债务处理,由夫妻共同偿还,配偶承担连带清偿责任,裁定追加配偶为本案被执行人。最高人民法院认为福建省高级人民法院依照该规定认定配偶应当对婚姻关系存续期间债务人个人债务承担清偿责任的结论具有事实和法律根据,维持追加的裁定 |
| (2015)执申字第111号执行裁定书 | 最高人民法院 | 执行程序中追加被执行人,意味着直接通过执行程序确定由生效法律文书列明的被执行人以外的人承担实体责任,对各方当事人的实体和程序权利将产生极大影响。因此,追加被执行人必须遵循法定主义原则,即应当限于法律和司法解释明确规定的追加范围,既不能超出法定情形进行追加,也不能直接引用有关实体裁判规则进行追加。从现行法律和司法解释的规定看,并无关于在执行程序中可以追加被执行人的配偶或原配偶为共同被执行人的规定,裁定驳回追加的申诉请求 |
| 最高人民检察院制发第二十八批指导性案例(检例第110号) | 最高人民检察院 | 执行程序应当按照生效判决等确定的执行依据进行,变更、追加被执行人应当遵循法定原则和程序,不得在法律和司法解释规定之外或者未经依法改判的情况下变更、追加被执行人。对于执行程序中违法变更、追加被执行人的,人民检察院应当依法监督 |

最高人民法院《关于民事执行中变更、追加当事人若干问题的规定》征求意见稿中规定可直接追加配偶为被执行人,但最终稿删除了该条规定,最高人民法院《关于依法妥善审理涉及夫妻债务案件有关问题的通知》中规定,未经审判程序的确认,不得要求未举债的夫妻一方承担责任。由此可见,最高人民法院对直接追加配偶为被执行人持否定的态度。

第二,债权人另行起诉,确认执行名义债务性质为夫妻共同债务。为扩大债务承担主体及责任财产的范围,债权人通过另案起诉请求确认执行名义确定的债务的性质为夫妻共同债务,从而将夫妻双方均列为被执行人,以保障债权的实现(见图3)。

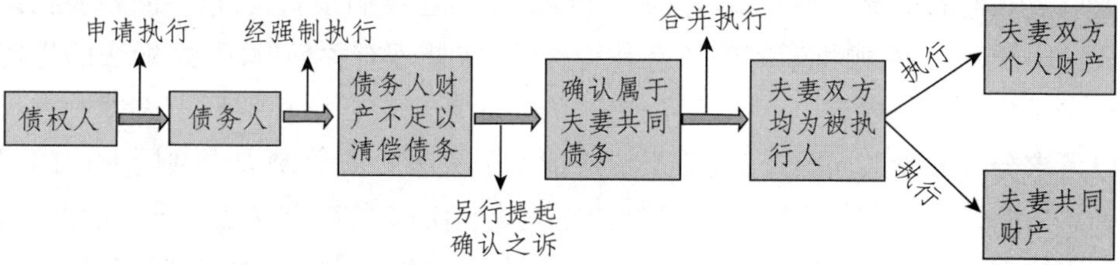


**图 3　债权人另行提起确认债务性质路径**

存在的问题:债权人另行起诉是否属于一事不再理的范畴,实践中主要观点认为,另行起诉只是对债务性质的确认并不影响前判决的既判力,此时可以受理并进行判断。[2] 虽然通过另案确认债务性质为夫妻共同债务保障了债务人配偶一方的程序利益,但其问题也比较突出,特别是在目前司法实践对夫妻共同债务认定标准较为严格的情况下,若无法确定为夫妻共同债务,执行夫妻共同财产问题便得不到解决,同时会拖延执行期限,增加债权人的诉讼成本,为债务人恶意转移财产提供机会。

第三,债权人提起代位析产诉讼。《查扣冻规定》第 12 条第 3 款规定了申请执行人可以代位提起析产诉讼,将被执行人的责任财产份额从共有财产中分离出来。实践中,债权人便依据该条款提起债权人代位析产之诉,请求将债务人责任财产份额从夫妻共同财产中分割出来(见图 4)。

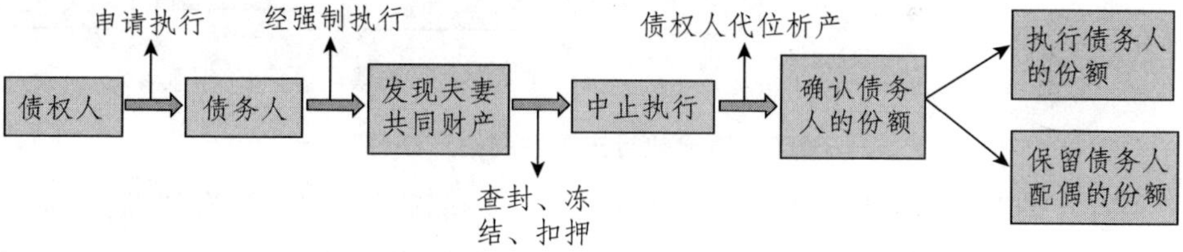


**图 4　债权人提起代位析产路径**

存在的问题:夫妻共同财产属于夫妻共同共有,夫妻双方对夫妻共同财产享有平等的权利,一般情况下不得进行分割。《民法典》第 303 条规定,共同共有人在共有的基础丧失或者有重大理由需要分割时可以请求分割,该条沿用了原《物权法》的规定,为债权人代位分割夫妻共同财产提供了依据,但有学者指出,"《物权法》起草共有关系这块,着眼点并不在家庭共有关系,而考虑更多的是合

〔2〕 (2020)最高法民申 2755 号民事裁定书。

伙以及其他的情况。关于婚姻家庭的问题,以后还要搞亲属法,很多问题要在亲属法中予以完善,婚姻家庭问题有其特殊性,在处理有关问题时,婚姻法的规定优先于物权法的规定"。[3] 《民法典》第 1066 条规定在两种情形下夫妻一方可以请求分割夫妻共同财产,赋予了特殊情形下夫妻一方分割夫妻共同财产的权利。由此,《民法典》第 303 条及《查扣冻规定》第 12 条规定仅适用于一般共有,如因法定继承、合作经营等,债权人无权因执行夫妻共同财产而代位提起析产诉讼。

第四,直接执行夫妻共同财产。为快速实现债权人的债权,减少当事人的诉累,打击恶意规避执行的行为,部分法院执行机构采取了直接执行夫妻共同财产的路径,对登记在债务人名下的财产予以全部执行,对登记在债务人配偶名下的财产经过初步判断属于夫妻共同财产时,采取查封、冻结、扣押等控制性措施并及时通知债务人配偶或者直接处分夫妻共同财产的一半份额,与此同时赋予债务人配偶救济权利(见图 5)。

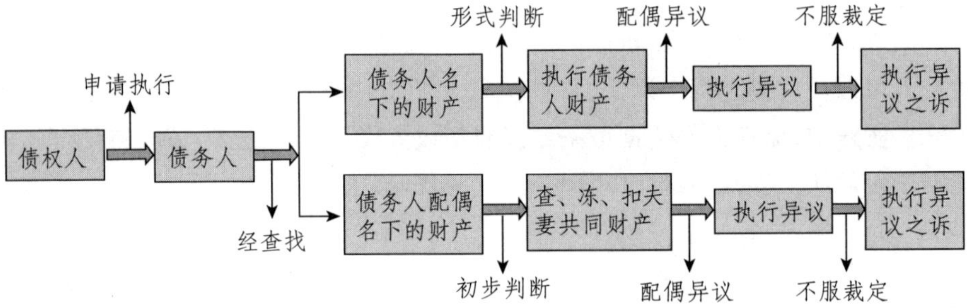


**图 5 直接执行夫妻共同财产路径**

存在问题:直接处分夫妻共同财产中的一半份额在法律上没有依据,同时在债务人配偶不提起执行异议的情况下,只能对夫妻共同财产一直采取控制性措施。实践中,虽然大部分配偶提起了执行异议,但在执行异议之诉中,部分法院以执行夫妻共同财产不属于婚内分割夫妻共同财产的情形而不予分割,[4] 从而导致债务人的责任财产份额不明确,执行机构仍无法采取处分性措施。

小结:上述四种路径均在一定程度上缓解了执行夫妻共同财产的难题,但路

---

〔3〕 童付章:《执行夫妻共有财产的法律探讨——以夫妻一方作为被执行人为视角》,载《法治研究》2014 年第 4 期。

〔4〕 (2018)京 01 民初 489 号民事判决书。

径的不统一严重影响了债权人的权利实现，特别是在债权人同时选择其中两种以上路径主张权利时，若不同法院作出的判决不一致，便会严重影响司法公信力。此外，债务性质属于债务人个人债务时，前两个路径未必能达到执行效果。

### （二）立法现状：执行夫妻共同财产缺乏统一的适用规范

通过执行夫妻共同财产实现债权人权利是司法实践的迫切需求，但目前我国法律并未形成统一的规范，从而导致在处理执行程序能否确认债务性质、能否直接追加配偶为被执行人等问题无依据可循。然而，为了更好地统一本辖区内处理此类问题的路径，部分地方法院纷纷出台了指导性意见（见表3）。

**表3 部分地方法院出台的指导性文件**

| 指导性文件名称 | 出台法院 | 能否追加配偶 | 执行阶段能否判断债务性质 | 债权人能否提起代位析产 | 能否直接处置夫妻共同财产 |
|---|---|---|---|---|---|
| 《北京市法院执行案件办理规范（2017）》 | 北京市高级人民法院 | 否 | 否，需另行起诉确定 | 能 | 否，可以查封、冻结、扣押 |
| 江苏省高级人民法院《关于执行疑难问题的解答》 | 江苏省高级人民法院 | 未规定 | 未规定 | 未规定 | 能 |
| 江苏省高级人民法院《执行异议及执行异议之诉案件审理指南（二）》 | 江苏省高级人民法院 | 未规定 | 未规定 | 未规定 | 能 |
| 上海市高级人民法院《关于审理分家析产案件若干问题的意见》 | 上海市高级人民法院 | 未规定 | 未规定 | 通过该解答特别规定债权人享有代位析产的权利 | 未规定 |
| 上海市高级人民法院《关于执行夫妻个人债务及共同债务案件法律适用若干问题的解答》 | 上海市高级人民法院 | 能 | 能，无法确定时可另行起诉 | 能 | 在判定债务性质为夫妻共同债务后可直接执行 |

续表

| 指导性文件名称 | 出台法院 | 能否追加配偶 | 执行阶段能否判断债务性质 | 债权人能否提起代位析产 | 能否直接处置夫妻共同财产 |
|---|---|---|---|---|---|
| 浙江省高级人民法院《关于执行生效法律文书确定夫妻一方为债务人案件的相关法律问题解答》 | 浙江省高级人民法院 | 无须追加 | 能,无法确定时可另行起诉 | 未规定 | 能 |

从上述文件可以看出,关于如何执行夫妻共同财产,地方法院的观点差别较大,上海市高级人民法院、浙江省高级人民法院、江苏省高级人民法院以突出执行效率为价值取向,对追加配偶为被执行人、直接执行夫妻共同财产持肯定的态度,北京市高级人民法院从配偶权益保护出发,处理此类问题较为慎重。由于缺乏统一的规范,使执行夫妻共同财产的难题一直未得到解决,因此,为满足司法需求,解决执行难题,势必需要构建一条统一且明确的路径。

## 二、理论证成:执行异议之诉与婚内夫妻财产分割之诉合并审理的可行性分析

婚姻关系中应当突出对夫妻双方权利的保护,当债务人因其个人负债影响配偶一方的财产权益时,为维系家庭生活、夫妻关系及社会公正,应当允许配偶提出婚内分割夫妻共同财产,在我国不断完善执行异议之诉制度的背景下,借鉴诉的合并理论,将执行异议之诉与婚内夫妻财产分割之诉合并审理,以便在高效执行债务人责任财产的同时保护配偶的实体与程序利益,节约司法成本,维护司法统一性。

### (一)价值追求:债权人实现债权的效率价值与配偶权益保护的正义价值

效率和公正是既相适应又相矛盾的社会价值,它们之间的冲突并不是不可调和的。调和二者之间冲突的润滑剂就是完善的制度,通过合理制度的设置尽量平衡关系,缩小矛盾,划清它们之间的边界,使效率和公正能够得到平衡。[5]将执行异议之诉与婚内夫妻财产分割之诉合并审理就是执行夫妻共同财产中缓

[5] 张文显主编:《法理学》(第 2 版),高等教育出版社、北京大学出版社 2003 年版,第 362 页。

和价值冲突的润滑剂，调和效率与正义的价值冲突，是解决执行夫妻共同财产难题的必然选择。

1. 债权人实现债权的效率价值

执行与审判有不同的价值追求，强制执行在价值取向上注重效率，审判在价值取向上以追求程序公正和实体公正为其基本使命。[6] 执行夫妻共同财产争议发生在执行阶段，我国法律已经构建了完善的执行异议、执行复议、执行异议之诉制度，因此应当在执行程序中解决该问题，如果赋予当事人通过另行提起确认之诉或者债权人代位析产之诉解决执行夫妻共同财产问题的权利，将严重影响执行的效率。在已启动的执行程序中解决执行争议，减少了另行提起诉讼的成本，避免两个程序作出不同的裁判结果，维护司法权威。

2. 配偶权益保护的正义价值

实践中存在直接追加配偶为被执行人和直接执行夫妻共同财产中一半的情形，虽然达到了保障执行效率的效果，但是忽略了债务人配偶权益的程序保障。在诉讼过程中，当事人和法官均应当充分发挥能动性，共同主导程序的进行，确保各种权利主张能够充分提出，围绕权利主张所需要的各种证据能够充分展现。[7] 债务人配偶是否应当作为被执行人及执行财产份额的确定，应当是在充分保障程序利益的前提下作出，而不是作出相应决定后再赋予其救济权利，与审执分离原则相违背。因此，通过赋予债务人配偶提起执行异议之诉及婚内分割夫妻共同财产诉讼的权利，既保障了债务人配偶的程序利益，又确定了可供执行的责任财产份额。

### （二）实体上正当性：执行夫妻共同财产符合婚内夫妻财产分割的情形

第一，责任财产理论作为执行夫妻共有财产的理论基础。责任财产理论是民法上债权保障法律制度的组成部分，是用于保障民法债权实现方面的理论依据。责任财产，是债权人用于履行债务及承担民事责任的财产。[8] 责任财产属于侵权责任法中的范畴，是指债务人用于履行债务及承担民事责任的财产。就种类债权而言，债权产生便以债务为媒介将其效力指向了债务人的全部财产，即

〔6〕 肖建国：《审执关系的基本原理研究》，载《现代法学》2004 年第 5 期。

〔7〕 陈桂明：《程序公正与诉讼保障：民事诉讼程序之优化》，中国法制出版社 1996 年版，第 84 页。

〔8〕 肖建国：《论财产刑执行的理论基础——基于民法和民事诉讼法的分析》，载《法学家》2007 年第 2 期。

债务人所有的物以及具有金钱价值的各种权利的总和。[9] 根据我国婚内夫妻财产法定共有制,债务人对夫妻共有财产享有权利,因此应当作为债务人的责任财产对外承担清偿责任,执行机构有权通过执行该财产实现债权人的债权。

第二,保护配偶家庭利益,维护家庭稳定性。在夫妻未对财产制进行特别约定的情况下,夫妻对其婚后所得财产共同享有所有权,属于典型的共同共有关系,除非共有关系消灭,否则各共有人原则上不得对共有物进行分割。[10] 然而随着社会的发展,生活中时常发生夫妻一方损害另外一方财产利益的情况,此时则需要在婚姻关系未解除的情况下分割夫妻共同财产,以保护被侵害一方的利益,因此婚内分割夫妻共同财产成为生活中的需求。我国《民法典》第1066条赋予了夫妻一方在两种情形下提起婚内分割夫妻财产的权利,该制度赋予司法干预婚姻存续期间夫妻财产关系调整权,其目的不仅在于解决夫妻之间发生的财产纠纷,而且旨在防范夫妻因重大财产利益冲突危及婚姻稳定。[11] 因债务人单方举债导致执行夫妻共同财产,将给债务人配偶一方带来不利,此时为了维护婚姻关系的稳定,保障家庭成员的生存权益,应当允许婚内分割夫妻共同财产。在婚内分割夫妻财产的诉讼中,债权人作为参加诉讼的当事人,其权利亦应受到保障。通过赋予债务人配偶在执行异议之诉中一并提起分割夫妻共同财产诉讼的权利,不仅维护了配偶一方的合法权益,而且保护了债权人的利益,保障了案件的顺利执行。

### (三)程序上的正当性:“诉的合并”运行之可能

第一,执行异议之诉的目的及性质支持诉的合并。关于执行异议之诉制度设置的目的,一种观点认为,案外人异议之诉的目的在于排除强制执行,实体权利只是排除执行的原因;[12] 另一种观点认为,案外人异议之诉的目的兼有确认实体权利和排除法院的执行行为,主张实体权利应当作为异议之诉的诉讼请求之一。[13] 笔者认为,执行异议之诉的目的具有双重性,主要目的是通过对实体

---

〔9〕 崔建远、韩世远:《债权保障法律制度研究》,清华大学出版社2004年版,第29页。

〔10〕 梁慧星、陈华彬:《物权法》(第5版),法律出版社2010年版,第245页。

〔11〕 蒋月:《论婚内分割夫妻共同财产制及其完善》,载《云南师范大学学报(哲学社会科学版)》2021年第1期。

〔12〕 齐奇主编:《执行实务与新类型法律问题研究》,人民法院出版社2010年版,第151页。

〔13〕 陈旻、李馨:《执行异议之诉案件裁判思路与操作》,中国法制出版社2012年版,第7页。

法上权益的实质审理,确认案外人对标的物是否享有权益,进而判断该权益能否足以排除强制执行,保障案外人的权利,当案外人权益不足以排除强制执行时,应当排除执行障碍,促进案件的执行。

执行异议之诉的性质目前存在六种学说,[14]通说认为属于形成之诉,即第三人对执行标的物,主张有所有权或其他得阻止物之交付或让与之权利,而请求宣告不许对执行标的物为强制执行。[15] 执行异议之诉的审理必然涉及对标的物实体权利的判断,如果不在该诉中一并解决权利主体及享有份额问题,就无法避免通过另案处理造成相异的结果。

因此将执行异议之诉与婚内夫妻财产分割之诉合并审理,既维护了案外人的利益,又保障了执行的效率,符合执行异议之诉制度设立的目的。同时,在执行异议之诉只对能否排除强制执行作出裁判时,其实体判断并不具备既判力,只有通过婚内夫妻财产分割之诉将债务人的责任财产份额予以确认,才能保障执行的推进。

第二,诉的合并实现执行夫妻共同财产的目的。诉的合并是指将分别提起的两个或两个以上有某种联系的诉合并在一个诉讼程序进行审理和裁判的诉讼制度。[16] 在同一个诉讼程序中审判几个相关联的诉有利于减轻当事人进行诉讼的负担,特别是避免了相互关联的诉重复审理因而作出相互矛盾的判决的尴尬情形,从而增强了民事诉讼的功能。[17] 在执行夫妻共同财产的案件中,涉及主体为债权人、债务人、债务人配偶,需要解决的问题包括债权人能否执行标的物实现债权、债务人配偶对标的物是否享有权益、债务人配偶享有权益时权益的性质及份额如何认定,通过合并审理能够保证三方主体参与到案件审理中,维护各方参加诉讼的权利,同时能够一并解决能否执行及执行份额的问题,最终促使夫妻共同财产得以顺利执行,解决执行难题。

## 三、解决之道:执行异议之诉与婚内夫妻财产分割之诉合并审理的程序构建

为构建执行夫妻共同财产的具体路径,笔者以《民事诉讼法》第 227 条规定

---

〔14〕 六种学说包括:确认之诉、给付之诉、形成之诉、命令之诉、救济之诉、新形成之诉。

〔15〕 杨与龄:《强制执行法论》,中国政法大学出版社 2002 年版,第 201 页。

〔16〕 江伟主编:《民事诉讼法》(第 3 版),高等教育出版社 2008 年版,第 63 页。

〔17〕 李龙:《民事诉讼诉的合并问题探讨》,载《现代法学》2005 年第 2 期。

为依据,结合《查扣冻规定》第 12 条的规定,同时根据实践中存在登记在债务人及债务人配偶名下夫妻共同财产两种情形,分别构建了两条路径(见图 6)。

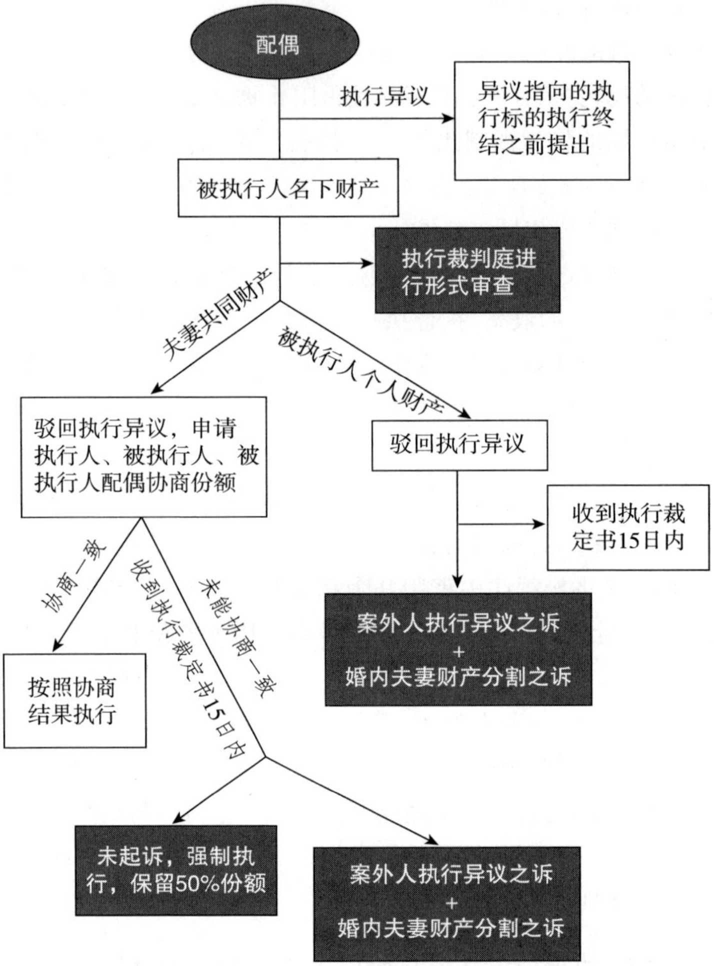

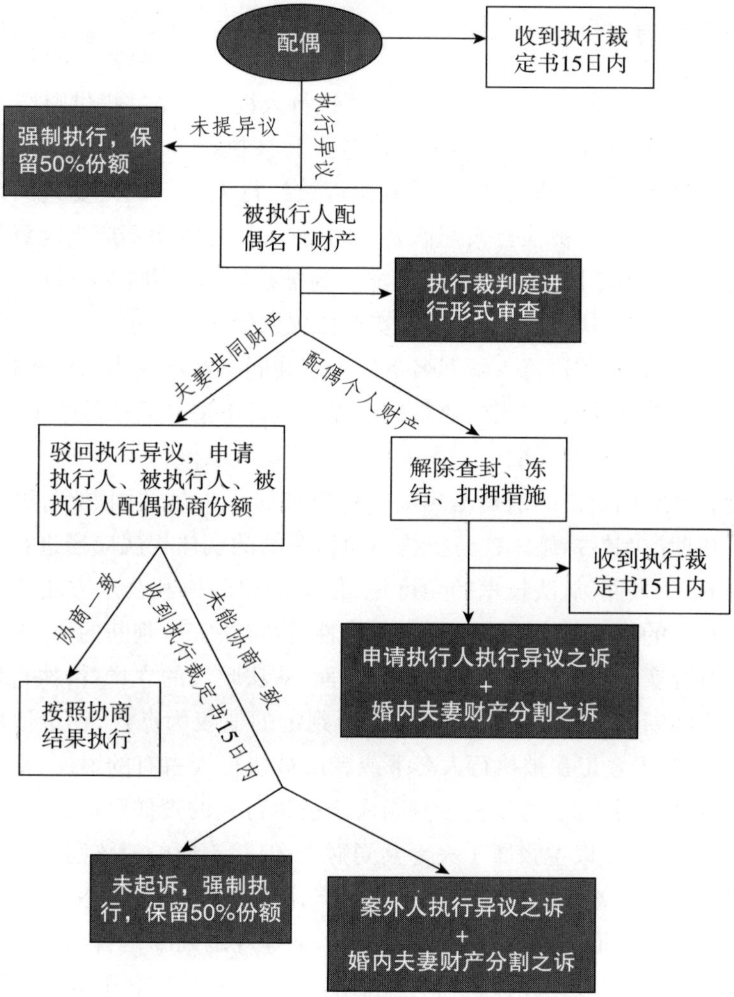


**图6　执行夫妻共同财产的两条路径**

两条路径均分为两个部分，包括执行异议前置程序及诉讼程序，在前置程序中对夫妻共同财产采取控制性措施，同时赋予债务人配偶救济的权利，债务人配偶放弃救济权利时，直接执行夫妻共同财产，保障执行效率。在诉讼程序中，将执行异议之诉与婚内夫妻财产分割之诉合并审理，将债务人的责任财产份额分割出来，进而处分债务人的份额，保留债务人配偶份额[详见附件一《关于夫妻共同财产执行问题的若干意见》（建议稿）、附件二最高人民法院《关于审理执行异议之诉案件适用法律问题的解释一》（建议稿）]。

## (一)前置程序

1. 执行夫妻共同财产的启动——申请执行人提出申请并提供财产线索

执行机构应当以执行名义确定的债务人为被执行人,通过执行被执行人的责任财产实现债权人的债权,因此强制执行被执行人名下的夫妻共同财产并不存在启动问题,但对于被执行人配偶名下的财产,执行机构不应当随意扩大执行名义既判力的主观范围追加被执行人配偶为被执行人,同时对执行力的客观范围,也不得随意扩大执行标的,即用以实现债权人债权的属于债务人责任财产之物或者权利,因此对被执行人配偶名下的夫妻共同财产不应当依职权进行,申请执行人为了实现其债权,应当向执行机构提出执行申请并提供财产线索。

2. 财产权利的判断标准——夫妻关系存续期间取得

执行夫妻共同财产的前提是判断哪些财产属于夫妻共同财产,进而采取查封、冻结、扣押控制性措施。执行机构对执行标的的实体权属应当进行形式审查并作出判断,一方面,从法技术的角度说,依据法定的权利公示方法所呈现的权利状态与真正的权利状态具有高度的吻合性,执行法官所判断的形式物权、权利外观往往符合实质物权、真实权利;另一方面,从法政策的立场看,执行程序以快速、及时、不间断地实现生效法律文书中所判定的债权为己任,在价值取向上注重效率。[18] 对于登记在被执行人名下或者由被执行人占有的财产,根据物权公示原则及权利外观主义,可以初步判断属于被执行人的责任财产,应当予以全部执行,债务人配偶可以主张属于夫妻共同财产,但并不影响对该财产采取控制性措施。对于登记在被执行人配偶名下的财产,应当采取审慎的态度,根据是否为夫妻关系存续期间取得及《民法典》第 1062 条等规定判断是否属于夫妻共同财产。实践中,主要对登记在被执行人配偶名下的房屋及其名下的银行存款提起异议较多,因此在采取控制性措施之前应当以上述标准判断是否应当采取强制措施。

3. 执行异议提起的时间——执行案款发放之前或收到执行法律文书起 15 日内

登记在被执行人名下或者由被执行人占有的财产,可以在采取查封、冻结、扣押等控制性措施之后径行进行整体处分,无须通知被执行人配偶,被执行人配

〔18〕 肖建国:《执行标的实体权属的判断标准——以案外人异议的审查为中心的研究》,载《政法论坛》2010 年第 3 期。

偶认为侵害其权益时,有权以属于夫妻共同财产为由提起执行异议救济其权利。笔者认为,此时提出执行异议的时间应当在执行标的执行终结之前,具体到案件中即在执行案款发放给申请执行人之前。对登记在被执行人配偶名下或者由被执行人配偶占有的财产采取控制性措施之后,应当及时将执行法律文书向被执行人配偶送达,被执行人配偶收到执行法律文书之后,亦可以对标的物享有权利为由提出执行异议。如果其不提出异议,执行标的物不应当无限期处在被控制状态而不被处分,此时应当规定一个合理的期间,在该期间不提出异议可以直接处分该财产,同时考虑财产属于夫妻共同财产的性质,参考夫妻共同财产分割的一般原则,保留被执行人配偶一半的份额,如被执行人配偶提出异议,笔者认为,可以参考执行异议之诉提起的期间规定,赋予被执行人配偶在收到执行法律文书起 15 日内提起执行异议的权利。

4. 执行异议阶段的证明责任——初步证明责任

申请执行人向执行机构提出执行被执行人配偶名下夫妻共同财产的申请,应当在提起申请的同时提供财产线索,申请执行人在提供财产线索时无须证明该财产确系夫妻共同财产,不应当课以申请执行人繁重的证明责任,只需要有合理的怀疑即可。执行机构的职责在于通过强制执行力实现债权人的债权,同时也是避免法律文书成为一纸空文,维护司法的威慑力,因此执行机构在申请执行人提供财产线索后,应当依职权以该财产是否为夫妻关系存续期间取得等为标准,判断是否属于夫妻共同财产,进而采取控制性强制措施。

### (二)诉讼程序

1. 提起婚内夫妻财产分割之诉的主体——被执行人配偶

夫妻共同财产是一种特殊的共同财产,不仅涉及财产关系,还影响夫妻关系的稳定,涉及双方的人身关系,我国对夫妻关系未解除即共有关系未消灭之前分割夫妻共同财产持慎重的态度,因此对提起婚内分割夫妻共同财产的主体应当进行严格的限制,只有权益受损的夫妻一方有权提出。实践中争议最大的为债权人能否提起,对此笔者认为,不应当赋予债权人主体资格,如果第三人可以随意对他人之间的婚姻关系提出异议,将不利于夫妻关系的稳定,破坏社会的和谐。在执行异议之诉与婚内夫妻财产分割之诉合并审理中,债权人参与到夫妻共同财产分割案件的审理中,已可以合理维护其权益。如果被执行人配偶不提起分割夫妻共同财产的诉讼,通过法律规定明确其放弃权利的后果,笔者认为,结合夫妻财产分割的一般原则,赋予执行机构直接执行标的物的一半份额,此时债权人的权利亦能得到实现。

2. 分割的原则

离婚纠纷中夫妻财产分割目前有完善的法律规定,但婚内分割财产的标准并不明确,笔者认为,应当从保障债权人权利得以实现与被执行人配偶权益受到保护这一根本目的为出发点确定分割的原则。

第一,协商一致原则。在执行异议与诉讼阶段均应当尊重当事人的意愿,如果申请执行人、被执行人、被执行人配偶关于如何分割执行标的达成一致意见,应当尊重三方的意见,按照协商的结果予以执行。

第二,保护债权人利益原则。分割夫妻共同财产系由被执行人配偶提出,目的在于保护其权益,但考虑到其系在执行阶段提出,应当在保护被执行人配偶权益的同时,保障债权人的权利得以实现,不应过于强调被执行人配偶权益的保护,导致夫妻双方恶意损害债权人的权利。

第三,夫妻权利平等原则。在没有特殊情况下,应当从夫妻双方对夫妻共同财产享有同等权利的原则出发,保护夫妻双方的权利,在分割标的物时确认双方各占一半的份额。

第四,照顾女方及子女利益原则。夫妻关系中,往往女方更需要保护,同时在子女尚小需要家庭保护时,应当从伦理道德角度在分割标的物时照顾子女及女性一方。

第五,照顾无过错方的原则。由于被执行人原因导致夫妻共同财产被采取强制措施,配偶一方的权利因此受到影响,无过错方因此遭受了不利,在申请执行人的权利能够得到充分保障时,应当在分割财产时照顾无过错一方。

3. 分割之后的法律效力——不影响夫妻婚内共同财产制

夫妻婚内分割共有财产后,会产生两个问题,第一个问题是是否导致夫妻婚内财产共有制被破坏,第二个问题是婚内财产对第三人的责任是否发生变化。对此笔者认为,在执行语境下讨论夫妻婚内财产的分割的目的在于如何通过国家强制力实现债权人的债权,并非着重于婚内财产的分割问题,因此以实现执行夫妻共同财产为目的即可,并不导致夫妻共同财产制的变化。

4. 裁判主文

根据被执行人配偶是否提起执行异议之诉,裁判的方式包括裁定和判决两种。其中,裁定主要适用于执行异议阶段,包括以下几种情形,第一,执行标的为被执行人配偶个人财产,裁定解除强制措施;第二,申请执行人、被执行人、被执行人配偶协商确定了夫妻的财产份额,裁定执行被执行人的责任财产份额,保留被执行人配偶份额;第三,执行标的属于被执行人财产或夫妻共同财产,裁定驳回异议请求;第四,在被执行人配偶收到查封其名下财产的执行法律文书后未在规定期间内提起执行异议,或收到驳回异议裁定后未在规定期间内提起执行异议之诉的,裁定执行执行标的一半份额,保留被执行人配偶一半份额。

判决主要适用于诉讼阶段,包括:第一,不应当执行执行标的,判决解除对执行标的采取的强制措施;第二,应当执行执行标的,对标的一并进行分割,按照协商确定的份额或法院裁判的份额执行并保留被执行人配偶份额(见图7)。

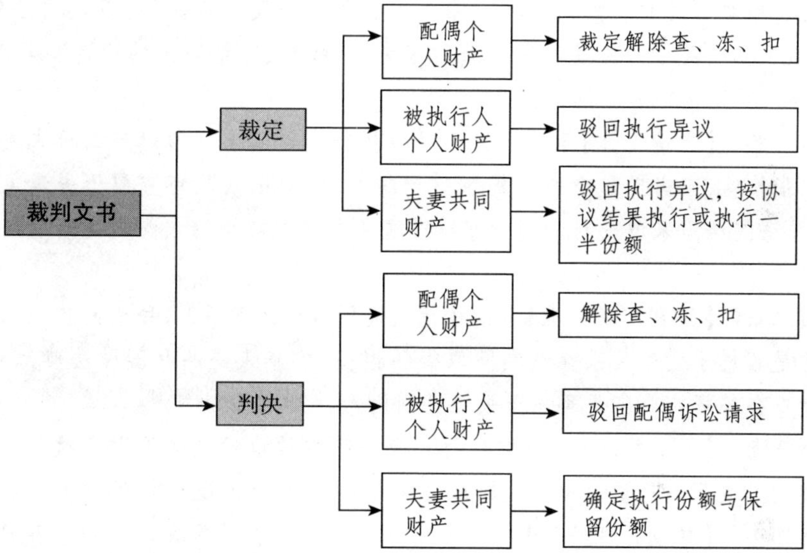


**图7 裁判的主要方式**

## 四、结语

通过执行夫妻共同财产以实现债权人的权利已是司法的迫切需求,但是司法实践中的混乱处理模式不仅影响了司法权威,而且不易于执行难题的解决。将执行异议之诉与婚内夫妻财产分割之诉合并审理,能够解决债务性质为个人债务时执行夫妻共同财产的问题,同时使债权人权利实现效率价值与债务人配偶权益保护正义价值得以平衡,凸显了执行效率亦维护了公平正义。

**附件一**

# 《关于夫妻共同财产执行问题的若干意见》
# (建议稿)

为贯彻以人民为中心的思想,持续推动解决执行工作中的难题,提高执行案件的执行效率,同时维护婚姻家庭稳定,保障夫妻双方利益,促进社会和谐健康发展,根据《中华人民共和国民法典》《中华人民共和国民事诉讼法》及其司法解释、《最高人民法院关于人民法院民事执行中查封、扣押、冻结财产的规定》等相关规定,结合人民法院审判实际,制定本意见。

第一条 【申请主体】申请执行人以被执行人配偶名下的财产属于夫妻共同财产主张执行,应当提起申请并提供财产线索,经人民法院审查属于夫妻共同财产,人民法院应当采取查封、扣押、冻结措施并及时向被执行人配偶送达相关法律文书。

第二条 【权利判断标准】申请执行人提供财产线索后,人民法院应当根据执行标的是否属于夫妻关系存续期间取得并根据《中华人民共和国民法典》第一千零六十二条等规定判断是否属于夫妻共同财产。

第三条 【异议提起时间】被执行人配偶可在被执行人名下财产执行终结之前及收到其名下财产被采取强制措施法律文书起 15 日内提起书面执行异议。

第四条 【异议处理结果】人民法院应当自收到书面异议之日起十五日内审查,理由成立的,裁定解除查封、扣押、冻结措施;理由不成立的,裁定驳回异议申请。被执行人配偶以执行标的为夫妻共同财产为由主张解除查封、扣押、冻结措施,人民法院应当裁定驳回异议申请。

第五条 【未提异议后果】被执行人配偶未在规定的期间内提起执行异议,人民法院可以处分被执行人配偶名下执行标的一半份额,对于不可分割执行标的,人民法院可以整体进行处分,将执行案款的一半预留给被执行人配偶。

第六条 【执行异议阶段协商】执行异议审理阶段,申请执行人、被执行人、被执行人配偶可协商确定被执行人的财产份额,人民法院应当按照协商结果予以执行。

第七条 【提起执行异议之诉时间及审理范围】申请执行人、被执行人配偶对裁定不服,可以自裁定书送达之日起十五日内向人民法院提起诉讼。债务人配偶在执行异议之诉中提起分割执行标的的诉讼请求的,人民法院应当一并进行处理。

第八条 【诉讼地位】被执行人配偶提起执行异议之诉的，应当以申请执行人为被告。被执行人反对其配偶异议或执行标的分割方案的，应当以被执行人为共同被告；被执行人不反对其配偶异议及执行标的分割方案的，应当将被执行人列为第三人。

申请执行人提起执行异议之诉的，应当以被执行人配偶为被告。被执行人反对申请执行人主张或其配偶分割方案的，应当以被执行人配偶和被执行人为共同被告；被执行人不反对申请执行人主张及其配偶分割方案的，应当将被执行人列为第三人。

第九条 【未提执行异议之诉的后果】人民法院以被执行人配偶名下的执行标的属于夫妻共同财产为由驳回了被执行人配偶的异议申请，被执行人配偶未在规定期限内提起执行异议之诉，执行机构可直接执行执行标的一半的份额，对于不可分割执行标的，人民法院可以整体进行处分，将执行案款的一半预留给被执行人配偶。

第十条 【执行份额确定】婚内夫妻分割财产之诉审理过程中，申请执行人、被执行人、被执行人配偶可就夫妻财产份额进行协商，协商一致，按照协商确认结果执行；如不能协商一致，应当以夫妻权利平等、照顾无过错方、照顾子女及女方利益为原则确定被执行人的财产份额。

第十一条 【裁判】人民法院通过对被执行人配偶权益能否排除执行及执行标的分割进行审理后，按照下列情形分别予以处理：

（一）执行标的属于被执行人个人财产，判决驳回被执行人配偶的诉讼请求；

（二）执行标的属于被执行人配偶个人财产，判决解除查封、扣押、冻结等执行措施；

（三）执行标的属于夫妻共同财产，判决确认被执行人责任财产的份额，保留被执行人配偶财产份额，驳回被执行人配偶解除查封、扣押、冻结等执行措施的诉讼请求。

第十二条 本意见自发布之日起施行。

**附件二**

# 最高人民法院《关于审理执行异议之诉案件适用法律问题的解释一》（建议稿）

为正确审理执行异议之诉案件，根据《中华人民共和国民法典》《中华人民共和国公司法》《中华人民共和国民事诉讼法》等法律规定，结合审判实践，就民事诉讼法第二百二十七条规定的执行异议之诉适用法律的若干问题，制定本解释。

……

第十七条 【被执行人配偶提起执行异议之诉的处理】

金钱债权执行中，被执行人配偶以执行标的属于夫妻共同财产为由，提起执行异议之诉，请求排除对执行标的执行的，人民法院不予支持。被执行人配偶在执行异议之诉中就执行标的提出分割诉讼请求的，人民法院应予审理，并以夫妻权利平等、照顾无过错方、照顾子女及女方利益为原则确定可供执行的被执行人财产份额，同时对被执行人配偶的财产份额予以保留。

……

# 关于婚姻家庭案件“裁判文书”释法说理的重要性及可(上)诉性的实务探讨

公维亮　王洁莹*

## 一、问题的由来及“不服一审裁判”而提起上诉的情形概述

人民法院的裁判文书应当“以事实为根据,以法律为准绳”,这是人尽皆知的道理,但是,不可否认的是,我们很多时候在评判一个案件的判决是否“以事实为根据,以法律为准绳”时往往局限于裁判文书的“判决主文”,俗称“结果论”。这并没有错,无论法院如何审理案件,如何查明事实和进行说理,最终的判决结果是一方当事人想要的结果且该结果并没有超出“失利”另一方当事人的预期时,“胜诉”的一方自然欢喜,“败诉”的一方因为结果在预料之中,大多也不再“抗拒”。

比如,在一个普通的民间借贷案件中,原告甲向被告乙出借 100 万元人民币,有银行转账记录,虽无借条借据,但在甲、乙的微信聊天记录中有关于“乙向甲借款的意思表述”,也有“缓几天再还”的意思表达,最终人民法院经审理认为,“本案虽无证据证明甲乙之间存在借款合意,但根据在案证据和事实,本院有理由相信甲向乙转账 100 万元,乙未能说明该甲向其转账 100 万元的合理理由,且未曾将该 100 万元转回给甲……判决如下:被告乙应在本判决生效之日起 10 日内偿还甲人民币 100 万元”。那么,这个案件中,法院在释法说理上是否恰当呢? 这到底是债权债务纠纷还是不当得利纠纷? 法律适用或原告甲获得 100 万元的权利基础是什么? 站在甲的角度上,明明就是借款纠纷,怎么就是没有借款合意,还需要法院“有理由相信”进行定夺? 站在被告乙的角度上,既然法院认定不存在借款合意,是否还有进一步上诉或其他利益寻求空间? 当然,这个判决从

* 公维亮,北京天驰君泰律师事务所上海分所高级合伙人;王洁莹,北京天驰君泰律师事务所上海分所律师。

结果上符合原告甲的预期和诉求,甚至也未超出被告乙的预料。最终很可能的结果就是双方均服判了事。

如上民间借贷纠纷案件的判决,虽有"不妥"之处,但尚不足以引起明显不恰当的法律后果。但是,在离婚案件中,因为法院释法说理不清或查明事实不当,即便判决结果无误,也可能会引起不利于一方当事人合法权益维护的不良"法律后果"。比如,以法院查明事实错误为例进行说明:"原告张某女起诉被告李某男离婚,张某女在庭审中指出,双方自 2020 年 2 月起就因为感情不和开始分居,至今已经满 2 年,符合法律规定的判决准予离婚的条件,应依法判决准予双方离婚,况且双方在 2021 年 3 月签署'分居协议',再一次确认了分居的事实。被告李某男辩称,2020 年 2 月因为疫情原因造成双方两地分居,并非因为感情不和,不符合法律规定的分居条件。但对双方于 2021 年 3 月签署的'分居协议'予以认可。最终法院因未满足法律规定的判决准予双方离婚的条件而依法判决不准双方离婚。"对于这个判决结果,双方其实均不持异议,因为根据法庭查明的事实,双方 2020 年 2 月分居确系疫情原因所致,之后双方虽有不和,但并未真正分居,法院对于原告张某女主张自 2020 年因感情不和而分居的事实未予认定。但是,对于已经查明且双方认可的 2021 年 3 月分居协议签署及签署后实际分居的情形未进行认定。该种案例中的"查明事实"和"法院说理(认定)"并不影响最终"判决不准离婚"的结果,但是,极有可能会影响张某女第二次提起离婚诉讼时法院对"法定判离条件"的认定。此时,对于张某女来说,上诉与否就陷入了两难境地。虽然可以针对判决主文(不准离婚)进行上诉,一并提出对法院认定事实的不服,这符合正常的上诉逻辑(既然针对判决主文上诉,自然需要从查明事实、适用法律不正确入手),但是,上诉改变一审结果的可能性极小,是否存在使离婚周期变得更长的可能性?如果不上诉,如果第二次起诉,仍未认定双方分居,那么,不存在法定判决准予离婚条件的情形下,是否会获得再次判决不准离婚的可能性?

因此,对于"人民法院一审判决不服"不应仅限于裁判主文,对于法院的事实查明和释法说理也应纳入范围。

一般来说,对一审法院判决或裁定的不服而提起上诉的情形至少包括以下三种情形:

其一,对裁判主文不服,相应地对查明事实和法院释法说理不服而提起的上诉,这是实务中最为常见的情形,我们通常提起上诉也是因为该种情形。

其二,对裁判主文虽然不服(或不满意),但是法院得出的裁判结论并没有违反法律规定,上诉的目的主要是针对法院查明事实和释法说理。该种情形在离婚纠纷案件中比较常见,只是最终由于各种原因(如离婚周期会变得更长等)最终未提起上诉。显然,没有提起上诉,不代表法院的判决无懈可击。

其三,对裁判主文没有异议,但是法院的事实查明和释法说理存在重大错误而提起上诉的情形。也就是说“服判(判决结果)”但要提起上诉的情形。这在实务中比较少见,也比较复杂,如离婚纠纷案件中,被告不同意离婚,法院也判决不准离婚,但是在释法说理和查明事实中存在明显不利于被告的错误。此时是否要上诉,如何上诉,法院会不会支持?我们后面会举例进一步说明。

## 二、法院释法说理的法律依据及重要性简析

《民事诉讼法》第 7 条规定,人民法院审理民事案件,必须以事实为根据,以法律为准绳。这是民事诉讼法的基本原则之一。这就要求司法机关办理案件要在查明案件事实的基础上,依照法律规定,对案件作出正确的处理,正确认定当事人之间的民事权利义务关系。

人民法院经过案件审理最终得出正确的判决结论所依据的应当是“正确查明的事实”以及建立在“正确适用法律”的基础之上,如果所依据的事实错误,所适用的法律错误,即便结果正确,也是一份经不起推敲的判决。如前述的民间借贷纠纷案件和离婚纠纷案件的事例,对于当事人来说,难以实现最佳的“息诉平判”的法律效果,甚至还会引发当事人之间不必要的纠纷或嫌隙,这在离婚纠纷尤其是涉及子女抚养事宜的离婚纠纷案件中尤为明显。

所以,人民法院审理案件加强和重视“释法说理”“真正实现案结事了”的重要性是不言而喻的。对此,最高人民法院也是高度重视:为进一步加强和规范人民法院裁判文书释法说理工作,提高释法说理水平和裁判文书质量,结合审判工作实际,最高人民法院曾在 2018 年 6 月 1 日下发《关于加强和规范裁判文书释法说理的指导意见》(法发〔2018〕10 号)。同时,结合新的实际情况,为深入贯彻落实中共中央关于进一步把社会主义核心价值观融入法治建设的工作要求,正确贯彻实施《民法典》,充分发挥司法裁判在国家治理、社会治理中的规则引领和价值导向作用,进一步增强司法裁判的公信力和权威性,努力实现富强、民主、文明、和谐的价值目标,努力追求自由、平等、公正、法治的价值取向,努力践行爱国、敬业、诚信、友善的价值准则,结合审判实践,最高人民法院又在 2021 年 1 月 19 日下发《关于深入推进社会主义核心价值观融入裁判文书释法说理的指导意见》(法〔2021〕21 号)。

以法发〔2018〕10 号文为例,其在第 1 条就明确指出:裁判文书释法说理的目的是通过阐明裁判结论的形成过程和正当性理由,提高裁判的可接受性,实现法律效果和社会效果的有机统一;其主要价值体现在增强裁判行为公正度、透明度,规范审判权行使,提升司法公信力和司法权威,发挥裁判的定分止争和价值引领作用,弘扬社会主义核心价值观,努力让人民群众在每一个司法案件中感受到公平正义,切实维护诉讼当事人合法权益,促进社会和谐稳定。

因此,裁判文书强调释法说理是必要的,当裁判结果正确,释法说理存在问题时,应予纠正,这就使仅对一审法院查明事实或释法说理(本院认为)部分提起上诉提供了重要依据和必要的参考。

## 三、仅对"一审法院释法说理部分"进行上诉的实务分析

接下来与大家分享一个"单纯对法院的说理部分提起上诉"的实务案例,供大家参考:原告孙某(女)以杜某(男)为被告提起离婚纠纷诉讼(第一次起诉),诉请为:准予双方离婚;女儿随原告共同生活,被告每月支付 5000 元抚养费;依法分割夫妻共同财产;被告赔偿原告精神损害抚慰金 20 万元。被告答辩:双方感情未破裂,不同意离婚。

法院经审理查明的事实除了双方结婚时间、恋爱时间、生女儿时间、双方财产的基本状况以及双方实际仍共同生活在一起(未分居)外,还查明:被告在 2017 年 3 月曾写一份保证书,内容为"为了挽回婚姻,保证以后不再对着原告发脾气,尽量不争吵",法院同时在查明事实中确定:被告性格急躁,婚后时常打骂原告。查明上述事实后,法院在本院认为中进一步阐述"夫妻平等和谐、互爱互谅、互相忠实、互负家庭责任感,是中华民族的优秀传统品德,更是我国婚姻家庭法律的基本要求。从本案的诉争焦点看,主要是被告是否存在暴力倾向,并因此影响了夫妻感情……双方感情基础深厚,然而,被告没有珍惜这份来之不易的爱情,具有一定的暴力倾向,并因此而影响了夫妻感情。对此,本院认为,影响原被告夫妻感情的主要原因,是被告的性格确有些急躁与粗狂,其灵魂深处的确有点大男子主义在作祟,缺乏我国婚姻法倡导的男女平等、互爱互谅的观念,尽管其行为尚不足以认定为法律意义上的家暴行为,但是,被告也的确不应该对自己的妻子多次'动手动脚'……彻底纠正并坚决杜绝这种有辱自己人格、声誉及风度的错误做法"。

最终法院以不符合法律规定的夫妻感情彻底破裂的条件为由判决不准予双方离婚。

这是一起典型的判决结果符合“被告的诉求(不同意离婚)”,但判决的事实查明和释法说理明显与事实不符的案例,是否上诉,着实纠结。如果上诉,如何上诉,判决结果是正确的,单独针对判决理由上诉的情形在实践中确实比较少;如果不上诉,在接下来的离婚纠纷中,法院的判词和释法说理势必会对被告造成不利影响。

当事人经慎重考虑后,选择提起上诉,因其对一审法院的判决结果满意,因此上诉请求为:(1)请求贵院依法更改原审判决中关于“被告性格急躁,婚后时常打骂原告”的事实认定;(2)请求贵院依法更改原审判决中关于“被告具有一定的暴力倾向……被告性格确有些急躁与粗狂,其灵魂深处的确有点大男子主义在作祟……缺乏我国婚姻法倡导的男女平等……彻底纠正并杜绝这种有辱自己人格、声誉及风度的错误做法”等明显带有主观偏见的观点陈述。

二审法院查明的事实为:根据现有在案证据,一审法院认定“被告性格急躁,婚后时常打骂原告”缺乏依据。一审法院查明的其余事实无误,本院予以确认,并在释法说理中认为:上诉人上诉称一审法院认定其性格急躁,婚后时常打骂原告、灵魂深处“大男子主义在作祟”、缺乏“男女平等”观念等均属错误。根据现有在案证据及双方当事人在一审、二审所作陈述,无法认定上诉人有性格急躁,婚后时常打骂被上诉人的行为事实存在,也无法得出上诉人灵魂深处“大男子主义在作祟”、缺乏“男女平等”观念的结论,故对一审法院作出的上述相关不实认定与表述,本院予以纠正。但一审法院从一审原告、被告两人的婚姻基础、婚后感情、孩子因素、上诉人所持态度等方面综合考虑,对本案经审理后,判决驳回一审原告要求与被告离婚的诉讼并无不当,本院依法予以维持。

这个案例也充分说明,单纯针对法院的事实查明及判决理由进行上诉是可行的。《民事诉讼法》第 171 条规定,当事人不服地方人民法院第一审判决的,有权在判决书送达之日起 15 日内向上一级人民法院提起上诉。当事人不服地方人民法院第一审裁定的,有权在裁定书送达之日起 10 日内向上一级人民法院提起上诉。

可见,《民事诉讼法》中上诉的原因为“不服”,至于是对判决结果不服,还是对判决理由不服,并未具体规定。在司法实践中,当事人通过对一审判决主文部分“认定事实错误”“认定事实基本不清”“适用法律错误”等方面的上诉,推翻一审判决结果。似乎上诉的最终落脚点是在判决结果上,事实认定、法律适用等方面的错误不过是追求推翻判决结果的手段,但社会情况纷繁复杂,我们不能否认当事人上诉之目的不在于推翻判决结果,而只在于纠正错误的事实认定或法律适用这种情形的存在。再回看《民事诉讼法》第 171 条规定,笔者认为,在法律未明确规定或规定过于原则的情况下,当事人当然有权在不推翻一审判决结果的情形下,提起对其不利的事实认定的上诉。

如前所述,法发〔2018〕10 号第 1 条就为该类情形提供了强有力的意见支撑。

"释法说理"就是要阐明事实和阐明法理。阐明事实要求展示案件的客观性、公正性和准确性。很明显,原审法院在阐明事实和观点方面丧失了客观性、公正性和准确性的情况下,有必要进行纠正。上述案件中,二审虽判决驳回上诉,维持原判,但对相关不实认定与表述予以纠正。在司法实践中,一审判决认定事实或适用法律均有错误或失当,但判决结果是正确的情形也确实存在。作为生效的法律文书,特别是离婚纠纷案件中,上一次的判决书很可能作为下一次诉讼的证据提交,而法院的查明事实部分很可能影响下一次诉讼中法官的自由心证。

所以,人民法院审理案件应该贯彻"释法说理",明确裁判理由,而不是简单的事实查明和说理后得出一个判决结果,一份完整的判决文书,不仅仅是判决结果这么简单。在涉家事案件中,更是如此。